JN261258

年齢差別禁止の法理

櫻庭涼子 著

信山社

はしがき

　雇用における年齢差別（age discrimination）禁止の法理はアメリカで最初に生まれた。カナダ等の諸国にも広がり，2000年には遂にEUにも伝播している。

　これに対して日本では，高年齢者の雇用促進は純然たる雇用政策の問題だと考えられ，定年延長の推進が主なアプローチであった。ところが，雇用情勢が悪化するなかで中高年齢者や年長若年層の極度の就職難，公的年金の支給年齢と定年年齢との乖離が社会問題として提起されるに及び，諸外国のような年齢差別禁止立法が必要ではないかが議論され始めた。2001年には，募集・採用にあたり年齢にかかわりなく均等な機会を与える努力義務が事業主に課された。これは2007年6月に強行規定化されている。

　もっとも全面的に問題解決に至ったわけではない。法的に保障される60歳定年と年金との間の空白はいまだ埋められていない。年齢を用いた雇用管理は，定年制や採用年齢制限以外にもある。高齢化が進展するなかで年齢差別を検討する必要性は今後もますます高まっていくであろう。他方で，年齢による雇用管理は，定年制・年功賃金・退職金等，日本の雇用システムの根幹をなすものであり，単純に差別として把握できるのか，疑問も提起されている。このような状況のなかで，諸外国の年齢差別禁止法理の特質を制定過程や基本趣旨に踏み込んで考察することが求められている。とりわけ性差別禁止等，他の差別禁止法理と何が違うのかということが注目されよう。

　本書のもとになったのは，2004年から2005年まで，5回にわたって法学協会雑誌に掲載された論文「年齢差別禁止の差別法理としての特質(1)～(5・完)―比較法的考察から得られるもの」（法学協会雑誌121巻12号，122巻3号・5号・6号・9号）である。この論文は，2004年2月に東京大学から博士号（法学）を授与された論文に，加筆修正して発表したものであった。年齢差別禁止法理とはいったい何なのか，性差別禁止等と比較した場合にいかなる特質があるのかを明らかにするよう試みるという視点は，博士論文執筆以来，本書に至るまで変わっていない。本書の刊行にあたっては，その後の立法や議論の動向に関する研究成果（「雇用における年齢差別の禁止―イギリスとドイツを中心に―」

i

はしがき

神戸法学雑誌 56 巻 4 号）も加えるよう努めた。検討課題がなお残されていることは否めないが，今後さらに研究を深めていく所存である。

　本書を完成することができたのはひとえに，大学院修士課程以来，菅野和夫先生に，手厚いご指導を頂いてきたからである。未熟な筆者を博士論文執筆まで導いて下さった学恩には，言葉では到底言い尽くせないほど感謝している。また，菅野先生が東京大学法学部の学部長に就任され，ご多忙を極めておられた時期には，荒木尚志先生にたいへん貴重なご指導を頂いた。偉大な先生方にご指導頂けた自分の幸運を改めて感じるとともに，拙い書ではあるが，深甚の謝意を込めて，本書を捧げたい。

　筆者は 2003 年 4 月に神戸大学大学院法学研究科に就職し，現在に至るが，その間，濱田冨士郎先生と大内伸哉先生のもとで研究教育を行ってきたことの影響も大きい。両先生には折にふれ重要なご教示を頂いてきたからである。東京大学労働法研究会，関西労働法研究会，神戸労働法研究会における先生方・同輩の議論からも常に多くのことを学ばせて頂いている。この場を借りて御礼を申し上げる。

　本書の刊行にあたっては，追手門学院大学非常勤講師のオランゲレル氏，神戸大学大学院法学研究科博士後期課程の本庄淳志氏，神戸大学法学部プロジェクト研究室の藤本智子氏，同学部研究助成室の林咲子氏に校正・資料収集・索引作成等の骨の折れる作業を手伝って頂いた。信山社出版の渡辺左近氏と木村太紀氏には，たいへん行き届いたお世話を頂いた。記して謝意を表したい。

　なお，本書は，科学研究費補助金・若手研究(B)（平成 17・18 年度），科学研究費補助金・基盤研究(B)（平成 18 年度〜）の研究成果の一部である。刊行に際しても，科学研究費補助金・研究成果公開促進費（平成 19 年度）の助成を受けた。

　2007 年 8 月

櫻 庭 涼 子

目　次

はしがき

第1章　雇用差別禁止法制の趣旨 …………………………………………1

第1節　本書の目的 ………………………………………………………3
第2節　伝統的な雇用差別禁止法制 ……………………………………9
 Ⅰ　歴史的経緯 ……………………………………………………………10
 Ⅱ　形式的平等と実質的平等 ……………………………………………11
  1　形式的平等 …………………………………………………………11
  2　実質的平等 …………………………………………………………13
 Ⅲ　使用者の自由との調整 ………………………………………………16
  1　目的・手段の審査 …………………………………………………16
  2　差別的取扱い・直接差別 …………………………………………18
  3　間接差別・差別的インパクト ……………………………………20
第3節　日本の問題状況 …………………………………………………22
 Ⅰ　年齢による雇用管理の形成 …………………………………………23
  1　年功賃金・定年制・退職金の出現 ………………………………23
  2　長期雇用制・年功賃金の普及 ……………………………………25
  3　定年制の確立 ………………………………………………………25
 Ⅱ　中高年齢者の雇用政策の展開 ………………………………………26
  1　就職促進政策の開始 ………………………………………………26
  2　定年延長政策の展開 ………………………………………………27
  3　60歳未満定年の禁止 ………………………………………………28
  4　高年齢者雇用確保措置の義務化 …………………………………30
  5　中高年齢者の雇用政策の性格 ……………………………………32
 Ⅲ　中高年齢者の雇用をめぐる裁判例 …………………………………35
  1　定年制 ………………………………………………………………35
  2　中高年齢者の賃金減額 ……………………………………………37
  3　中高年齢者の解雇 …………………………………………………39
 Ⅳ　学説の検討 ……………………………………………………………41

iii

目　次

　　　　　1　定年制 …………………………………………………… 41
　　　　　2　賃金と解雇における年齢基準 ………………………… 44
　　　Ⅴ　年齢差別禁止に向けた議論と法改正 ……………………… 46
　　　　　1　立法的論議 …………………………………………… 46
　　　　　2　採用条件における年齢制限についての規制 ………… 50
　　　Ⅵ　小　括 …………………………………………………………… 55

　第4節　国際的動向 ……………………………………………………… 59
　　　Ⅰ　アメリカ ……………………………………………………… 59
　　　Ⅱ　カナダ・オーストラリア・ニュージーランド ……………… 61
　　　Ⅲ　EU加盟国――2000/78指令採択前 ………………………… 62
　　　　　1　年齢差別を禁止していた諸国 ………………………… 62
　　　　　2　政策的対処を行っていた諸国 ………………………… 64
　　　Ⅳ　EU加盟国――2000/78指令採択後 ………………………… 68
　　　　　1　EC指令の概要 ………………………………………… 68
　　　　　2　加盟国の対応 ………………………………………… 69

　第5節　検討の視角 ……………………………………………………… 71

第2章　アメリカ法 ………………………………………………………… 77
　第1節　雇用における年齢差別禁止法の成立 ………………………… 79
　　　Ⅰ　年齢差別禁止法前史 ………………………………………… 79
　　　　　1　差別禁止法の発展 …………………………………… 79
　　　　　2　州の年齢差別禁止立法 ……………………………… 81
　　　　　3　連邦の法政策 ………………………………………… 83
　　　Ⅱ　ワーツレポート ……………………………………………… 84
　　　　　1　レポートの概要 ……………………………………… 84
　　　　　2　恣意的な年齢制限禁止の勧告 ……………………… 86
　　　　　3　中高年齢者に間接的に不利な措置への対処 ……… 87
　　　　　4　まとめ ………………………………………………… 89
　　　Ⅲ　議会における審議 …………………………………………… 89
　　　　　1　Johnson大統領の要請 ……………………………… 89
　　　　　2　委員会・本会議の議論 ……………………………… 90

目次

  Ⅳ ADEAの内容 ……………………………………………………93
    1 目的・背景 ………………………………………………93
    2 年齢差別禁止規定 ………………………………………95
    3 年齢差別禁止の例外 ……………………………………96
    4 調査研究 …………………………………………………97
  Ⅴ 小　括 ……………………………………………………98
    1 ADEAの立法趣旨 ………………………………………98
    2 ADEAの特質 ……………………………………………99
第2節 定年制撤廃と1978年・86年法改正 ……………………………100
  Ⅰ 定年制の歴史 ……………………………………………100
  Ⅱ 法の適用対象年齢の上限 ………………………………101
  Ⅲ 企業年金制度に定める定年制 …………………………103
    1 裁判例の展開 …………………………………………103
    2 合衆国最高裁判決と1978年法改正 …………………105
  Ⅳ 法の適用対象年齢の上限の引上げ・撤廃 ……………106
    1 1978年・86年法改正の概要 …………………………106
    2 法改正の趣旨 …………………………………………107
    3 定年制撤廃が及ぼす影響 ……………………………109
  Ⅴ 定年制撤廃の例外 ………………………………………115
    1 特定の職務についての定年制 ………………………115
    2 上級管理職の65歳定年制 ……………………………118
  Ⅵ 小　括 ……………………………………………………120
第3節 労働者給付と年齢差別規制 ……………………………………122
  Ⅰ 1990年法改正前の状況 …………………………………122
  Ⅱ 1990年法改正の内容 ……………………………………124
  Ⅲ 1990年法改正の特徴 ……………………………………126
  Ⅳ 若年であるがゆえの差別をめぐる解釈の展開 ………127
第4節 中高年齢者に間接的に不利な基準をめぐる判例法理の分析 ……131
  Ⅰ 予備的考察 ………………………………………………131
  Ⅱ 差別的取扱い法理の展開 ………………………………132

ⅴ

　　　　　1　Hazen Paper 事件判決以前 …………………………………… 133
　　　　　2　Hazen Paper 事件判決以降 …………………………………… 134
　　　Ⅲ　差別的インパクト法理の展開 …………………………………… 136
　　　　　1　Hazen Paper 事件判決以前 …………………………………… 136
　　　　　2　Hazen Paper 事件判決以降 …………………………………… 139
　　　　　3　Smith 事件判決 ……………………………………………… 141
　　　　　4　Smith 事件判決以降 ………………………………………… 144
　　　Ⅳ　小　括 …………………………………………………………… 145
　第5節　年齢差別禁止法が雇用慣行に及ぼす影響 ……………………… 145
　　　Ⅰ　雇用関係の終了 ………………………………………………… 145
　　　　　1　中高年齢者の解雇 ………………………………………… 146
　　　　　2　私的年金と早期退職勧奨 ………………………………… 149
　　　　　3　訴権放棄 …………………………………………………… 151
　　　Ⅱ　募集・採用 ……………………………………………………… 153
　　　　　1　年齢を理由とする採用差別の立証 ……………………… 153
　　　　　2　新卒採用と年齢差別規制 ………………………………… 154
　　　　　3　BFOQ ……………………………………………………… 155
　　　　　4　救　済 ……………………………………………………… 156
　　　Ⅲ　賃金・処遇 ……………………………………………………… 157
　　　　　1　年功賃金 …………………………………………………… 157
　　　　　2　昇給額の差異と賃金減額 ………………………………… 158
　第6節　アメリカ法総括 …………………………………………………… 160
　　　　　1　立法・改正の趣旨 ………………………………………… 160
　　　　　2　雇用慣行・労働市場に及ぼすインパクト ……………… 161
　　　　　3　差別法理としての特質 …………………………………… 163

第3章　EU法 ………………………………………………………… 167

　第1節　EC指令採択前――ドイツの場合 ……………………………… 169
　　　Ⅰ　平等保障 ………………………………………………………… 169
　　　Ⅱ　中高年齢者に対する解雇 ……………………………………… 170
　　　　　1　年齢を理由とする解雇 …………………………………… 170
　　　　　2　経営上の事由による解雇 ………………………………… 172

Ⅲ　定　年　制 …………………………………………………… 174
　　　1　前提的考察 ……………………………………………… 174
　　　2　定年制の有効性——初期の判例の展開 ……………… 177
　　　3　基本法に基づく審査 …………………………………… 181
　　　4　社会法典第6編による規制 …………………………… 184
　　　5　最近の判例の展開 ……………………………………… 192
　　　6　学　説 …………………………………………………… 194
　　　7　まとめ …………………………………………………… 197
　　Ⅳ　年齢を用いた雇用政策 …………………………………… 198
　　Ⅴ　採用・労働条件における年齢基準 ……………………… 200
　　　1　労働法上の平等取扱原則 ……………………………… 200
　　　2　事業所組織法による規制 ……………………………… 202
　　　3　判　例 …………………………………………………… 203
　　Ⅵ　小　括 ……………………………………………………… 205
　　　1　中高年齢者の雇用に関する法政策・判例の趣旨 …… 205
　　　2　中高年齢者の保護 ……………………………………… 206
第2節　EC指令による年齢差別規制 ……………………………… 207
　　Ⅰ　人権保障としての年齢差別禁止 ………………………… 207
　　　1　EUにおける差別規制の沿革 ………………………… 207
　　　2　ローマ条約13条の新設 ………………………………… 209
　　　3　EC指令の採択過程 …………………………………… 212
　　Ⅱ　雇用政策としての年齢差別禁止 ………………………… 214
　　　1　引退政策と高年齢者の雇用促進政策 ………………… 215
　　　2　雇用差別規制の政策的側面 …………………………… 217
　　　3　例外規定の挿入 ………………………………………… 218
　　Ⅲ　EC指令の内容 …………………………………………… 219
　　　1　包括的な差別規制 ……………………………………… 219
　　　2　年齢差別規制の特徴 …………………………………… 221
第3節　EC指令がドイツに及ぼす影響 …………………………… 229
　　Ⅰ　EC指令国内法化以前の学説 …………………………… 229
　　　1　定年制 …………………………………………………… 229

	2	中高年齢者の解雇 ……………………………………… 233
	3	年齢を基準とする労働条件 …………………………… 235
	4	募集・採用時の年齢による取扱い …………………… 239
	5	年齢を基準とする政策 ………………………………… 241
II	一般平等取扱法の成立 ……………………………………… 241
	1	法の概要 ………………………………………………… 241
	2	年齢差別禁止の例外 …………………………………… 244
	3	新法に関する解釈問題 ………………………………… 246

第4節　EC指令をめぐる裁判例の展開 ……………………………… 251
  I Mangold事件 ………………………………………………… 251
  II Palacios事件 ………………………………………………… 253
      1 法務官意見 ……………………………………………… 253
      2 欧州司法裁判所先決裁定 ……………………………… 255
  III ドイツの一般平等取扱法に関する裁判例 ……………… 258

第5節　EC指令がイギリスに及ぼす影響 ………………………… 259
  I 規則制定の経緯 …………………………………………… 259
  II 規則の概要 ………………………………………………… 261
      1 違法な行為 ……………………………………………… 261
      2 履行確保 ………………………………………………… 262
      3 正当化のための一般条項 ……………………………… 263
      4 年齢差別禁止の例外 …………………………………… 264
  III 採用過程における年齢による取扱い …………………… 265
      1 差別の禁止 ……………………………………………… 265
      2 遂行される職務内容に応じた例外 …………………… 266
      3 引退年齢を超える者についての例外 ………………… 266
      4 積極的差別是正措置 …………………………………… 266
      5 正当な目的および比例性の要件を充たす場合 ……… 267
  IV 労働条件における年齢による取扱い …………………… 268
      1 差別の禁止 ……………………………………………… 268
      2 勤続期間による取扱いについての例外 ……………… 268
      3 EC指令との関係 ……………………………………… 269

Ｖ　引退規制 …………………………………………………………270
　　　1　概　要 …………………………………………………………270
　　　2　解雇規制 ………………………………………………………271
　　　3　雇用終了理由としての引退 …………………………………273
　　　4　手続的義務 ……………………………………………………274
　　　5　引退と不公正解雇 ……………………………………………276
　第6節　EU法総括 ……………………………………………………280
　　　1　中高年齢者の雇用をめぐる法の趣旨 ………………………280
　　　2　年齢差別規制が雇用慣行に及ぼしうるインパクト ………282
　　　3　EC指令の差別法理としての特質 …………………………283

第4章　年齢差別禁止の差別法理としての特質 ………………………287
　Ⅰ　中高年齢者の雇用をめぐる法規制の趣旨 ……………………289
　　　1　中高年齢者の雇用政策としての日本とドイツの法規制 …289
　　　2　人権保障を目的とする差別規制としてのADEA・EC指令 ……292
　　　3　ADEA・EC指令における雇用政策としての側面 ………293
　　　4　小　括 …………………………………………………………294
　Ⅱ　中高年齢者の雇用をめぐる法規制のインパクト ……………295
　　　1　日本とドイツの法規制 ………………………………………295
　　　2　EC指令 ………………………………………………………295
　　　3　ADEA …………………………………………………………296
　　　4　年齢差別規制を可能とする雇用慣行・労働市場 …………297
　　　5　小　括 …………………………………………………………300
　Ⅲ　年齢差別規制の差別法理としての特質 ………………………302
　　　1　雇用促進・保護の志向 ………………………………………302
　　　2　雇用慣行・労働市場への影響についての配慮 ……………304
　　　3　小　括 …………………………………………………………306
　Ⅳ　アメリカ法とEU法が日本法に与える示唆 …………………309

雑誌略語一覧

〈邦語文献〉

季刊労働法	季労
最高裁判所民事判例集	民集
最高裁判所刑事判例集	刑集
ジュリスト	ジュリ
日本労働協会雑誌	労協
日本労働研究雑誌	労研
日本労働法学会誌	労働
法律時報	法時
労働関係民事裁判例集	労民
労働経済判例速報	労経速
労働判例	労判
労働法律旬報	労旬

〈英語文献〉

Albany Law Review	Alb. L. Rev.
Cambridge Yearbook of European Legal Studies	CYELS
Comparative Labor Law Journal	Comp. Lab. L. J.
Common Market Law Review	CMLRev
European Court Reports	ECR
European Law Journal	ELJ
European Law Review	ELRev
Equal Opportunities Review	EOR
Harvard Law Review	Harv. L. Rev.
Industrial Cases Reports	ICR
Industrial Law Journal	ILJ
Industrial Relations Law Reports	IRLR
Maastricht Journal of European and Comparative Law	MJ
New York University Law Review	N.Y.U.L.Rev.
North Carolina Law Review	N.C.L.Rev.

イギリス法文献の出典表示は，表記の統一のため，原則としてアメリカ法文献の出典表示に従っている。

〈ドイツ語文献〉

Arbeit und Recht	AuR
Betriebs-Berater	BB
Der Betrieb	DB
Juristen Zeitung	JZ
Neue Juristische Wochenschrift	NJW
Neue Zeitschrift für Arbeitsrecht	NZA
NZA-Rechtsprechungs-Report Arbeitsrecht	NZA-RR
Recht der Arbeit	RdA
Zeitschrift für Arbeit	ZfA

ドイツ語論文については，初出のみタイトルも引用し，以後は雑誌名のみによる。

第1章　雇用差別禁止法制の趣旨

第1節　本書の目的

　現在，日本では，年齢を基準とする人事管理・処遇制度を年齢差別として禁止すべきかどうかが議論になっている。この議論は，企業が設ける定年年齢と公的年金の支給開始年齢に開きがあるという状況で開始された。定年制撤廃によって高年齢者の雇用機会を確保することがめざされたのである。最近では，中高年齢者の再就職や若年層の安定した雇用への就職を促進するため，募集・採用時の年齢制限についても規制が強化されてきている。これらの動きの背景には人口構成の高齢化の進展があり[1]，年齢差別問題を検討する必要性はいっそう高まっている。

　アメリカは1967年以来，「雇用における年齢差別禁止法（Age Discrimination in Employment Act．以下ADEAという。）」[2]により年齢差別を禁止している。また，年齢差別禁止というアプローチをとってこなかったEUでも，ローマ条約[3]13条に基づいて「雇用及び職業における平等取扱いの一般的枠組を設定する2000年11月27日の理事会指令」（同年12月2日施行。以下「2000/78指令」又は「EC指令」という。）[4]が採択された。加盟国は，雇用・職業の領域に関し，宗教・信条，障害，性的指向に基づく差別とならんで，2006年12月までに年齢差別を禁止することを求められた（性差別と人種・民族的出身による差別については別途指令がある[5]）。アメリカ・EU以外の国でも既に年齢差別を禁止したところがある。

1　日本は，2005年には，高齢化率（総人口に占める65歳以上の人口割合）がイギリス，アメリカ，フランス，ドイツ等を上回る21.0％に達しており，高齢化の最も進んだ国の1つとなっている。『平成18年版厚生労働白書』7頁以下を参照。

2　Pub. L. No.90-202, 81 Stat. 602 (1967) (codified as amended at 29 U.S.C.§621 et seq.).

3　Treaty establishing the European Economic Community（マーストリヒト条約（1992年）改正後はTreaty establishing the European Community）。

4　OJ［2000］L 303/16．実施期限は2003年12月であるが，年齢差別については欧州委員会への報告を条件として，3年間，延長することができるため（18条），期限を延長していたイギリス・ドイツ・スウェーデンについては実施期限が2006年12月となっていた。

諸外国の動向は、日本において年齢差別を規制すべしとする有力な論拠として援用されるが、前提として、諸外国の年齢差別規制の差別法理としての特質を考察し、年齢差別規制とは何であるのか、その性格を明らかにしておくことが必要である。そして、その特質を明らかにするために次のような分析を要する。

第1に、諸外国の年齢差別規制が立法・採択に至った趣旨である。日本では、採用年齢上限の規制は、中高年齢者の再就職や若年層の就職を促すという政策目的のもとに論じられてきており、定年制撤廃の議論も高年齢者の雇用の安定を企図したものである。では、諸外国の年齢差別規制もそのような政策目的の実現の手段として導入されたのだろうか[6]。それとも、人種差別や性差別の禁止等、各国の憲法や国際人権文書に定められる平等保障の延長線上にあるものとして、つまり人権保障としての差別禁止の1つとして把握されているのだろ

5　性差別については、ローマ条約旧119条に基づく、男女同一賃金原則の適用に関する75/117指令（OJ［1975］L45/19）、ローマ条約旧235条（共同市場の運営のために理事会が適当な措置をとる旨の規定）に基づく、雇用へのアクセス、職業訓練、昇進及び労働条件における男女平等取扱原則についての76/207指令（OJ［1976］L39/40）、その他の男女平等に関する指令として、社会保障についての79/7指令（OJ［1979］L6/24）、職域社会保障についての86/378指令（OJ［1986］L225/40, amended by Directive 96/97/EC（OJ［1997］L46/20）、自営業についての86/613指令（OJ［1986］L359/56）、挙証責任に関する97/80指令（OJ［1998］L14/6, amended by Directive 98/52/EC（OJ［1998］L205/66））、76/207指令を改正する2002/73指令（OJ［2002］L269/15）と、それらを統合する2006/54指令（OJ［2006］L204/23、同指令は2008年8月までに実施されなければならず、必要な場合は、1年の延長が認められる。）がある。人種・民族的出身による差別については2000/43指令（OJ［2000］L180/22）がある。なお、equal treatmentは均等待遇と訳されることも多いが、ドイツ語のGleichbehandlungは平等取扱いと訳されることも多く、差別規制は労働条件だけでなく採用過程にも及んでいることから、本書では平等取扱いと訳している。また、表記の統一のため、原則として「EU」と「EC指令」の用語を使う。

6　比較法的考察をふまえ、差別への取組みには人権保障として把握するものと雇用政策として把握するものがあると論じた先駆的業績として、Sugeno, Discrimination in Employment: Dynamism and the Limits of Harmonization in Law, in I. Discrimination in Employment 5 (Blanpain ed., XV World Congress of Labour Law and Social Security, 1998)がある。

7　本書でいう「人権」は、平等原則や平等権の系譜に属するものである。平等原則は、近代国家の法秩序の基本的な原則であり（芦部信喜『憲法学Ⅲ　人権各論(1)〔増補版〕』2-3頁（有斐閣、2000年））、平等権は包括的基本権として位置づけられる（佐藤幸治『憲法〔第3版〕』465頁以下（青林書院、1995年））。

うか[7]。あるいはそれらの趣旨が併存しているのか。仮に諸外国の年齢差別規制の立法趣旨が，現在の日本の議論が想定する趣旨（中高年齢者の雇用機会確保の政策）と異なる（人権保障としての差別禁止）とすれば，諸外国の立法動向とは別個に，日本における規制の必要性を慎重に吟味すべきことになろう。年齢によって別異に取り扱われない権利を保障しようとするときは，中高年齢者の雇用促進という結果実現のために差別禁止というアプローチが有用かどうかにかかわらず，年齢による別異取扱いを原則として包括的に禁止することになると考えられる[8]。これに対し，中高年齢者の雇用確保を目的として年齢差別の禁止を構想するときは，それは政策目的実現のための選択肢の1つということになり，まず規制の必要性と実効性をいくつかある選択肢と比較しながら検討しなくてはならないし，規制が必要との判断に至るとしても，たとえば募集・採用年齢の制限のみ禁止する，高年齢者に不利なものだけを違法とするといったように，当該政策目的に照らし必要な範囲でのみ，年齢を用いた雇用管理を禁止することになるであろう[9]。

　第2に検討すべきことは，諸外国の年齢差別規制が，一般的な雇用慣行や労働市場のあり方に根本的な変革を迫るような甚大なインパクトを及ぼすものなのかどうか，である。特に定年制や解雇等，雇用の終了にかかわる規制のあり方は注目される。日本では，定年制には雇用保障機能（定年制が雇用調整の手段として機能するがゆえに，定年に達するまでは労働者[10]の能力欠如・成績不良を理

---

[8] アメリカのBrown事件判決（Brown v. Board of Education, 347 U.S. 483 (1954)）が参考になる。そこでは，公立学校教育においてアフリカ系アメリカ人の子供を白人の子供と分離し別学とすることは，たとえ物理的施設等有形的諸要素が同じであっても，社会における彼らの地位について劣等感を感じさせ，その精神に回復することのできない影響を与えるゆえ，平等保護条項（合衆国憲法第14修正）に反すると判示された。人種差別禁止の趣旨が被差別者の具体的な利益の確保にとどまらないことを読みとることができよう。この点に関連して，日本の憲法学においては，「平等」に固有の問題領域が探究され，「平等」が問題になるのは「比較」ということが実体的な意味をもつ場合である，と論じられている（奥平康弘「『基本的人権』における『差別』と『基本的人権』の制限―『法の下の平等』を考える」名古屋大学法政論集109号245頁（1986年））。

[9] EU法でも，国籍差別の禁止（ローマ条約12条）に関しては，外国人に比べて自国民を不利に取り扱うことは違法にならない。同条は，別異取扱いの禁止それ自体ではなく域内の自由移動の保障を目的とするところ，自国民を不利に扱ってもその者の移動を妨げることにならないからである。Case 175/78, R v. Saunders [1979] ECR 1129.

由とする解雇を避けることができるという機能)が備わっていると考えられ，定年制を違法とする年齢差別禁止はむしろ中高年齢者の利益に反すると論じられている[11]。これに対してアメリカでは，定年制も年齢差別として禁止されているが，そこでは解雇に正当理由を要しないとする随意的雇用（employment at will）原則が支配しており，定年制を撤廃してもそのことにより新たに雇用が不安定化するという懸念がないからこそ，そのような規制が可能であったとの仮説が成り立つ可能性がある。そして，労働条件その他の局面についても，仮に年齢差別規制の立法趣旨が人権保障にあったとしても，既存の雇用慣行に対する過剰な法的介入にならないからこそ，そのような趣旨に基づく包括的規制が行われるに至っているのかもしれない。実際，本書で検討するように，人権保障のための法規制として理解されているADEAやEC指令のもとでも，雇用慣行や労働市場への過剰な法的介入にならないかについて慎重な考慮が払われている。この分析は我々を次の第3の論点の分析へと導く。

　年齢差別規制をその他の差別規制，たとえば人種差別や性差別の規制と比較した場合の特質である。一般に雇用差別禁止法理とは何かについて人種差別や性差別を念頭に置いて述べると（詳しくは本章第2節を参照），人種や性別を理由とする別異取扱いを，極めて限定的な場合を除き，包括的に禁止するものといえる。この包括的な差別禁止の対象には逆差別（reverse discrimination）も含まれ，歴史的に差別されてきたアフリカ系アメリカ人（黒人）や女性を優先的に雇用・昇進させることも，白人や男性に対する逆差別として禁止されると解釈されている。また，使用者その他の主体の差別意思が認定される場合（直接差別（direct discrimination）ないし差別的取扱い（disparate treatment）の類型）のみならず，差別意思のない中立的な行為が特定の人種や性に属する者に対してより不利益な効果をもつ場合（間接差別（indirect discrimination）ないし差別的インパクト（disparate impact）の類型）も差別規制の対象となる。そして，直接差別が例外として許容されるのは，ある人種・性別に属することが当該職務の遂行に必要な場合に限定され，この例外に該当するか否かについては厳格な解釈が行われる。このように当該事由によるあらゆる差別を包括的に禁止するという差別規制の基本的なあり方は，人種差別・性差別に関する限り，

10　アメリカ・イギリス法におけるemployeeやドイツ法におけるArbeitnehmerは「被用者」と訳されることが多く，またそれぞれの概念も様々であるが，本書では，用語を統一する必要から原則として「労働者」と表記していることを了解いただきたい。

11　菅野和夫『新・雇用社会の法〔補訂版〕』97-98頁（有斐閣，2004年）。

第1節　本書の目的

アメリカをはじめとする英米法系の国々においても EC 指令に則した規制を施す EU 加盟国においても変わらず，先進諸国においてほぼ普遍的なものとなっている。それは，それらの差別規制が，女性等に対し自らの属性により別異取扱いを受けない人権を保障するという目的をもつからだと考えられる[12]。

そのような差別規制のあり方は，年齢差別規制もまた差別規制の1つであることからすると，基本的に踏襲されているかもしれない。しかし，第1・第2の論点に関する分析からは，逆差別（若年であるがゆえに高年齢者より不利な取扱いを受けるという差別）が禁止されない，間接差別が違法になりにくい，差別規制の例外が広く認められる等，他の差別法理にみられない特質があるのではないかと推測される。そして，そのような年齢差別規制の特質が一国の法規制に限定されることなく相当程度共通するならば，年齢差別規制の特質を一般的なものとして議論できると考えられる。この点を論じることにより，年齢差別規制とはいったい何なのか，その性格・特質を明らかにすることをめざす。

要するに本書では，年齢差別規制が人権保障としての差別禁止の1つとして把握されたのか，雇用促進の政策手段として導入されたのか，あるいはそれらの趣旨が併存しているのか，そして仮に人権保障としての差別禁止の1つと把握されるとしても，それは一般的な雇用慣行への強力な法的介入を行うものなのかという視角から，諸外国の法規制を分析・検討する。そして，この検討を通じて年齢差別禁止の差別法理としての特質を析出することを試みる。

12　アメリカの学説および判例を詳細に検討し，平等の人権価値は「自尊」にあるとするものとして，安西文雄「法の下の平等について(1)～(4・完)」国家学会雑誌105巻5・6号1頁（1992年），107巻1・2号173頁（1994年），110巻7・8号1頁（1997年），112巻3・4号69頁（1999年）がある。
13　花見忠「アメリカの年齢差別禁止法の施行状況と問題点」労協273号54頁（1981年），石橋敏郎「アメリカにおける年齢差別禁止法」労働70号128頁（1987年）。ADEA に関し実態にも踏み込んだ詳細な検討を行う，近年の重要な論稿として，森戸英幸「高齢者の引退過程に関する立法政策」ジュリ1066号103頁（1995年），同「労働市場の変化と高齢者雇用に関する政策」『労働市場の変化と労働法の課題』71頁（日本労働研究機構，1996年），アメリカの「雇用における年齢差別禁止法」研究会『アメリカ年齢差別禁止法下での退職管理に関する実態調査報告』（年金総合研究センター，2000年），森戸英幸「雇用における年齢差別禁止法―米国法から何を学ぶか」労研487号57頁（2001年），同「雇用政策としての『年齢差別禁止』」清家篤編『生涯現役社会の雇用政策』85頁（日本評論社，2001年），同「雇用・労働におけるエイジ・フリーの法的意義」清家篤編『エイジフリー社会』73頁（社会経済生産性本部，2006年）。

検討の対象は，アメリカの法規制（ADEA）（第2章）と2000/78指令，同指令がドイツ・イギリスに及ぼす影響（第3章）である。これらについては相当程度，研究の蓄積がある。特にADEAの制定・改正の経緯や概要を検討した論稿は多い[13]。同法には「雇用差別禁止法」と「高年齢者雇用保障法」の2つの理念があるとの分析や[14]，年齢差別禁止法には多様なモデルがあるという分析は[15]，本書の分析軸と重なる面がある。しかし本書では，人種差別・性差別規制との比較を基軸に据え，ADEAの立法改正の理念にも踏み込んだ考察を行う[16]。同法に関する特定の解釈問題についての詳細な先行研究もふまえ[17]，ADEA全体の趣旨との関係で整理する作業も行っている。EU法も含めた総合的考察を行うことにより新たな分析も加えている[18]。

このような比較法的考察をふまえて，本書は，雇用関係における年齢差別をめぐる日本の議論に対する示唆を得ることをめざす。それぞれの法規制の検討に先立ち，本章では，年齢差別規制の特質を明らかにする際の分析軸について詳述する（第2節）。その分析軸をふまえて日本の問題状況を検討する（第3節）。さらに国際的動向も紹介した上で（第4節），本書が特にアメリカとEUの法規制をとりあげる意義について論じる（第5節）。

---

14 奥山明良「高齢者の雇用保障と定年制問題―アメリカの年齢差別禁止法との比較で―」成城法学50号33頁（1995年）。

15 柳澤武『雇用における年齢差別の法理』（成文堂，2006年）。

16 立法改正時の議論を検討するものとして，阿部弘「アメリカにおける1967年年齢差別禁止法の制定と効果」レファレンス279号39頁（1974年），同「雇用における年齢差別の規制について―アメリカの1967年年齢差別禁止法の改正―」レファレンス339号3頁（1979年），桑原靖夫「アメリカにおける中・高年問題の展開―平等の追求と新しい労働法体系の崩芽」労協250号37頁（1980年）があるが，本書では，立法資料をより幅広く収集し分析を行っている。

17 藤本茂「定額損害賠償の検討―アメリカ年齢差別禁止法を中心に―」法学志林88巻4号49頁（1991年），末啓一郎「米国年齢差別禁止法に基づく差別訴訟事件の実際（要件事実及びその主張立証方法の研究）」季労175・176号189頁（1995年），井村真己「高齢者の退職に伴う放棄契約の締結と雇用差別禁止法―アメリカにおけるADEAの改正を契機として―」季労182号127頁（1997年），柳澤武「雇用における年齢差別禁止法理の変容―アメリカ年齢差別禁止法の下におけるインパクト法理」九大法学81号546頁（2001年），同「賃金コストを理由とする解雇・採用拒否と年齢差別―アメリカADEAにおける判例法理を手がかりに―」季労201号172頁（2002年），同「研究ノート：年齢差別訴訟における正当化基準をめぐる争い―California州Marks事件と公正雇用住宅法改正―」九大法学84号237頁（2002年）。

第2節　伝統的な雇用差別禁止法制

　年齢差別禁止法理の特質は，差別禁止法一般のあり方を鏡とし，それに映し出してみて初めて明瞭になる。そこで典型的な差別法制として，アメリカとEUで発展してきた人種差別・性差別規制を略述しておきたい。そして，それらの法制と年齢差別規制の性格を明らかにするための検討視角として，日本の憲法学と諸外国の議論を手がかりに，次の2つの視点を用いることにしたい。すなわち，雇用分野における人種差別・性差別法制が要請するのは，形式的平等（formal equality）なのか実質的平等（substantive equality）なのかという視点であり，いま1つは，ある者の平等権を保障することがその他の者の権益を侵害するとき，それら衝突しあう権益はいかに調整されているか，という視点である。これら2つの問いは，雇用差別禁止法が求めるのは絶対的（absolute）平等か，それとも相対的（relative）平等か。すなわち，各人の属性の差異を考慮することなくあらゆる取扱いに関して絶対的に平等に扱うべしと考えられているのか，それとも，合理的差別を許容するのか。もし相対的平等だと

---

[18] EC指令については，家田愛子「EUにおける新たな雇用差別禁止指令および人種差別禁止指令の提案」労旬1492号25頁（2000年），濱口桂一郎「EUの『年齢・障碍等差別禁止指令』の成立と，そのインパクト」世界の労働51巻2号36頁（2001年），同『EU労働法の形成—欧州社会モデルに未来はあるか？〔増補版〕』（日本労働研究機構，2001年），川口美貴「EUにおける雇用平等立法の展開—2000/43指令，2000/78指令，および1976/207指令改正案の紹介を中心として」法政研究（静岡大学）6巻3・4号689頁（2002年）。特に，労働政策研究・研修機構政策調整部編『欧州における高齢者雇用対策と日本—年齢障壁是正に向けた取り組みを中心として—』（労働政策研究・研修機構，2004年），濱口桂一郎『EU労働法形成過程の分析(2)』267頁以下（東京大学大学院法学研究科附属比較法政国際センター，2005年），同「EUにおける年齢差別是正への取組み」清家・前掲注13エイジフリー社会87頁は詳細な検討を行っている。本書では，EC指令が採択に至った趣旨とそれが加盟国に及ぼす影響の2つに力点を置いた検討を試みる。

[19] 日本の憲法14条1項は，判例・通説によると，絶対的平等ではなく相対的平等を求めると解されている。また，形式的平等が原則的な要請であるが，実現されるべき生活事実を均等にするための実質的平等も許容されると解されている。最大判昭和39・5・27民集18巻4号676頁，安西文雄「平等」樋口陽一編『講座憲法学(3)権利の保障(1)』76頁（日本評論社，1994年）。

すると，どのような性格の取扱いが，どの程度許容されるのか，という問いに言い換えることもできる[19]。

I　歴史的経緯

　平等思想と人種差別・性差別規制が発展してきた経緯を簡単に振り返ると，次のようになろう[20]。

　平等の理念は，アリストテレスが立てた平等命題としてしばしば参照される「等しき者は等しく取り扱え」にみられるように，古代ギリシャ哲学の正義論に開始される。その後，キリスト教の「神の前の平等」という教義や自然法の観念に基礎を得て，平等思想は，近代以降の人権観念に不可欠のものとなった。

　これらの平等思想を初めて謳った文書は，市民革命期のいくつかの人権宣言であった。すべての人は平等に造られているとするアメリカの独立宣言（1776年）や，フランスの人権宣言（1789年）1条・6条は，その代表といえる。平等思想は18世紀末から20世紀にかけて欧州諸国の憲法の中でも実定化されていった[21]。もっとも，近代の平等思想や人権宣言は，政治的には君主制に対抗するために，経済的には取引を行う自由を要請するために，現れた。それゆえ女性や奴隷等，「合理性に欠ける」とされた者たちに平等権を与えることまでは想定されなかった。

　しかし平等原理は，奴隷や女性にも法の下で等しく権利を与えるべしとする政治的スローガンとして力を発揮する。その代表的な例として，アメリカで南北戦争後，黒人にも訴訟提起や契約締結の権利等を保障するために，1866年公民権法（Civil Rights Act of 1866）が制定され，その立法根拠規定として，

20　以下の記述はFredman, Discrimination Law 4-7 (2001)，井上典之「平等保障の裁判的実現(1)―平等審査の方法とその権利保護―」神戸法学雑誌45巻3号533頁（1995年）。

21　フランスでは，1793年6月の憲法をはじめとしてほとんどすべての憲法に平等保障の規定が置かれた。ドイツでも，19世紀初期の諸憲法以来，ほとんどすべてのものが法律の前の平等を保障する規定を設けている。

22　世界人権宣言（1948年）1条，2条，7条，人権及び基本的自由の保護のための条約（ヨーロッパ人権条約。1950年）14条，A規約（1966年）2条2項，3条，B規約（1966年）2条1項，3条，26条，あらゆる形態の人種差別撤廃に関する国際条約（人種差別撤廃条約。1965年），女子に対するあらゆる形態の差別の撤廃に関する条約（女子差別撤廃条約。1979年）。

1868年に州は法の平等な保護を拒んではならないとする合衆国憲法第14修正が設けられたことを指摘できよう。

第2次世界大戦後に採択された国際人権文書でも平等原則に関する定めが置かれる[22]。それらの文書は差別禁止事由のカタログを示すことが多く、人種・性別その他の事由（宗教・政治的意見・出身・皮膚の色・言語・信仰・財産等）による差別があげられる[23]。憲法も同様であり、たとえば日本国憲法14条1項は、人種・信条・性別・社会的身分又は門地により差別されないと定めている。

このようにして人種差別・性差別に関する平等は、完全ではないにせよ、達成されてきた。しかし、これだけで社会における実際上の平等を実現することはできない。賃金格差等の社会問題が残されるからである。そこで次の段階として、諸外国において、雇用分野等を対象に差別禁止立法が導入されるようになる[24]。なかでも次にみるアメリカ・EU諸国は特に雇用差別禁止立法が発達している。

II 形式的平等と実質的平等

1 形式的平等

アメリカ・EUの立法の基礎にある平等理念には、形式的平等と実質的平等の2つがあるといわれる[25]。

アメリカで1964年に制定された連邦法「公民権法第7編（Title VII of the Civil Rights Act of 1964. 以下「第7編」と略すことがある。）[26]」の中核的規定を

---

23 世界人権宣言2条は、「すべての者は、人種、皮膚の色、性別、言語、宗教、政治的意見その他の意見、国民的若しくは社会的出身、財産、出生又は他の地位等によるいかなる差別もなしに、この宣言に規定するすべての権利及び自由を享有する権利を有する」と謳っている。障害を理由とする不利益な取扱いを禁止する例（1994年に挿入されたドイツ基本法3条3項2文等）、年齢差別を禁止する例（カナダ等）もあるが、稀である。

24 差別撤廃に関する条約として、ILOの、雇用及び職業における差別に関する条約（第111号）（雇用・職業差別禁止条約、1958年）も採択されている。

25 Barnard, EC Employment Law 333-338 (3rd ed., 2006). 東京大学労働法研究会編『注釈労働基準法・上巻』69頁以下〔両角道代執筆〕（有斐閣、2003年）。

26 Pub. L. No.88-352, 78 Stat. 241 (1964) (codified as amended at 42 U.S.C. § 2000e et seq.).

みよう。そこでは、使用者の次の差別行為が禁止される（703条(a)）[27]。「人種、皮膚の色、宗教、性別又は出身国を理由として、個人を雇用せず若しくは雇用を拒否し若しくは個人を解雇すること又は雇用における報酬、条件、権利について個人を差別すること」である。この規定により、人種や性別等の要素に基づいて使用者が意図的に差別を行う「差別的取扱い」は包括的に違法とされる。

EUでも、雇用の全局面に関して人種差別や性差別を禁止するよう加盟国に求める指令が採られてきた[28]。性差別を例にとると、禁止される差別の1つとして直接差別があげられ、それは「ある者が性別を理由として、他の者が比較可能な状況において取り扱われ、取り扱われた又は取り扱われるであろう場合よりも、不利に取り扱われている」場合に存在するものと定義される（76/207指令2条2項、2006/54指令2条1項(a)）。適用の場面も、雇用へのアクセス（昇進や訓練を含む。）や労働条件（解雇および賃金を含む。）と幅広い（76/207指令（2002/73指令による改正後。以下同じ。）3条1項、2006/54指令14条1項）。

このようにアメリカとEUの雇用差別法制は、使用者に対し、その意思決定に際して人種や性別を考慮せずに個人の能力や特性に応じた取扱いをするよう求め（形式的平等）、それにより個人の尊厳（dignity）を保護しようとしている。

ただ形式的平等の理念には限界もある。たとえば女性は、家庭責任を専ら担っている現状がある。男性と同等に働くことは実際には難しい。性別にかかわりのない一貫した取扱いが達成されても、女性は、現実の不利な立場を克服できないことが多い。そこでさらに、女性や人種的少数派等、労働市場で不利益を受けやすい集団がもつ特性に着目し、それらの者が不利益を被らないように

---

[27] アメリカ法については、奥山明良「アメリカにおける雇用差別とその法的救済(1)～(3)―公民権法第7編を中心に―」成城法学4号1頁、5号145頁（1979年）、6号29頁（1980年）、花見忠『現代の雇用平等』59頁以下（三省堂、1986年）、藤本茂「アメリカ合衆国における雇用上の平等(1)～(3・完)―1964年公民権法第7篇訴訟における差別の成立について―」法学志林85巻1号69頁、2号89頁、3号93頁（1987年）、特に、中窪裕也『アメリカ労働法』182頁（弘文堂、1995年）、藤本茂『米国雇用平等法の理念と法理』（かもがわ出版、2007年）を参照してまとめた。

[28] 性差別に関するEC指令について論じたものとして、浅倉むつ子『男女雇用平等法論―イギリスと日本』369頁以下（ドメス出版、1991年）、黒岩容子「着実に前進するEUの男女平等法制―欧州連合12ヵ国のめざすもの―」賃金と社会保障1140号23頁（1994年）、濱口・前掲注18労働法の形成、西原博史『平等取扱の権利』（成文堂、2003年）、柴山恵美子・中曽根佐織『EUの男女均等政策』（日本評論社、2004年）、同『EU男女均等法・判例集』（日本評論社、2004年）、濱口・前掲注18形成過程の分析等を参照。

する，結果志向（resuls-oriented）の方策が求められる。

2　実質的平等

(1)　差別的インパクト・間接差別法理

　結果志向の表れとして，アメリカで判例法理として形成された差別的インパクト法理をあげることができよう。この法理を確立したGriggs事件[29]で，使用者は，発電所の作業員の採用にあたり，高卒以上の学歴と一般的知能・理解力テストへの合格を要求していた。合衆国最高裁は，これらの要件は，過去に教育上の差別を受けてきた黒人に対して差別的な効果を及ぼすこと，業務上の必要性や職務関連性が認められないことから，先に引用した第7編703条違反が成立すると判示した。性差別の事例でもこの差別的インパクト法理は適用されている。刑務所の看守について課された身長・体重要件が女性に対して差別的効果をもち，かつ職務関連性が認められないとして同条違反の成立が認められた，1977年のDothard事件合衆国最高裁判決である[30]。

　1991年にこの差別的インパクト法理は明文化され，次の3段階の立証枠組で判断される旨規定されている（703条(k)(1)）。①原告が一応の証明として，表面上は中立的にみえる行為が，相当程度に差別的な効果をもつことを証明する。②被告が，その行為について，業務上の必要性ないし職務関連性が存在していたことを反証する。③原告が，被告の利益は，「差別的インパクトがより少ない別の方法」によって十分に達成可能であることを証明する，というプロセスを辿る。

　この差別的インパクト法理に相当するEUの法理が間接差別の概念である。男女同一賃金規定（ローマ条約119条（現141条））違反は，性別を直接の理由としていなくても成立しうる。このことを明確に判示した最初の欧州司法裁判所判決は1986年のBilka-Kaufhaus事件判決[31]であった。この事件は，職域年金制度の受給資格を，パートタイム労働者の場合は20年以上勤務しその間15年以上フルタイムで勤務した者に限り付与していた事案である。欧州司法裁判所は次のように説示する。パートタイム労働者が職域年金から除外され，この除外が，女性について，男性と比較して著しく多くの者に影響を及ぼすという

---

[29] Griggs v. Duke Power Co., 401 U.S. 424 (1971).
[30] Dothard v. Rawlinson 433 U.S. 321 (1977).
[31] Case 170/84 Bilka-Kaufhaus ［1986］ ECR 1607.

場合，企業側が，パートタイム労働者を除外することに，性差別に関連しない客観的正当化理由があることを証明しない限り，119条に抵触する。当該目的のためにとられた手段が，企業側の真の必要性によるもので，当該目的を達成する適切かつ必要な手段といえなければ，正当化はできない。

間接差別法理はその後の判例の蓄積もふまえ，1997年に挙証責任に関する97/80指令において規定された後，2002/73指令によって修正された形で定義されている（2条2項，2006/54指令2条1項(b)）。それによれば，表面上は中立的な規定，基準または慣行が，一方の性別の者に対し，他方の性別の者と比較して特に不利益（particular disadvantage）を及ぼすであろう場合には，その手段（means）が，適切（appropriate）かつ必要（necessary）であり，正当な（legitimate）目的によって客観的に正当化されない限り，間接差別に該当する。

(2) 積極的差別是正措置

この間接差別法理は強力なものであるが限界がないわけではない。ある属性をもつ者への不均等な効果の立証を要するところ，この立証は難しいことが多く，仮に差別的効果を立証できても使用者には正当化の余地が残されているからである。そこでさらに結果志向寄りのアプローチとして，積極的差別是正措置が容認されている。

アメリカでは，差別是正のために使用者が自主的に少数派や女性の登用を行う「アファーマティブ・アクション（affirmative action）」の適法性が争われてきている[32]。合衆国最高裁は，白人や男性に対する差別も違法になりうることを肯定しつつも[33]，次の2つの要件を充たすものは適法なアファーマティブ・アクションとして容認する。すなわち，①伝統的に隔離がなされてきた職で明白な不均衡が存在し，かつ，②白人や男性を解雇したり完全に排除したりする等，それらの者の権利を不必要に侵害するような方法が用いられていないという要件である。伝統的に黒人が排除されてきた熟練職が，地域の人種比率を反映するようになるまで，訓練プログラムの半分を黒人のために確保する旨を定める労働協約は，上記の要件を充たすと判断され，適法と認められてい

---

[32] この他に，連邦政府との事業契約者に対して求められるアファーマティブ・アクション（ジョンソン大統領による1965年大統領命令11246号），差別が認定されたときに裁判所が命じるアファーマティブ・アクションもある。

[33] McDonald v. Santa Fe Trail Transp. Co., 427 U.S. 273 (1976). 運送会社の労働者で荷物を着服したことを理由に解雇された2名の白人が，当該解雇は人種を理由とした差別であるとして提訴した事件である。

る[34]。また，熟練職の女性比率の向上のため，昇格者の決定に際して性別を考慮してよいという方針をとっていたところ，資格要件を充たす9人の中で，面接委員により推薦された男性ではなくアファーマティブ・アクションで選ばれた女性が選考されたという事案について，その取扱いは適法だと判断されている[35][36]。

EUでも，少数派や女性を優遇することは，ポジティブ・アクション（positive action）として容認されることがある（ローマ条約141条4項，76/207指令2条8項，2006/54指令3条，2000/43指令5条）。たとえば女性を優先的に採用・昇進させる制度は，絶対的に女性を優先させてはならないが，同等の適格性をもつ男性の求職者の状況が，すべての候補者それぞれの個人的状況を考慮に入れた客観的な評価の対象となり，その結果として男性求職者のほうが良いと判断されるときには男性が採用されるという仕組みになっていればよいと解されている[37]。

以上の検討からは，アメリカとEUの人種差別・性差別法制をみると，単に

---

[34] United Steelworkers of America v. Weber 443 U.S.193 (1979).

[35] Johnson v. Transportation Agency of Santa Clara County 480 U.S.616 (1987).

[36] 合衆国憲法第14修正の平等保護条項との関係では，合衆国最高裁は，人種的少数派を優遇する措置も人種を理由とする取扱いとして厳格審査されるとする。人種による区別が合憲であるためには，そのような考慮がやむにやまれぬ利益（compelling interest）であり，その利益を達成するために厳密に調整されて（narrowly tailored）いなければならない。ミシガン大学入学試験のアファーマティブ・アクションの合憲性が争点となった近年のGrutter v. Bollinger, 539 U.S. 306 (2003)では，少数派に属することを総合評価の一要素として考慮していたロースクール入試は平等保護条項に反しないとされた一方，Gratz v. Bollinger, 539 U.S. 244 (2003)では，自動的加算を行っていた同大学の学部入試は同条項違反とされた。

[37] Case C-450/93 Kalanke ［1995］ ECR I-3051；Case C-409/95 Marschall ［1997］ ECR I-6363；Case C-158/97 Badeck ［2000］ ECR I-1875；Case C-407/98 Abrahamsson ［2000］ ECR I-5539；Case C-476/99 Lommers ［2002］ ECR I-2891. 諸外国の積極的差別是正措置については，東京女性財団『世界のアファーマティブ・アクション：諸外国におけるアファーマティブ・アクション法制（資料集）』（東京女性財団，1995年），東京女性財団『諸外国のアファーマティブ・アクション法制：雇用の分野にみる法制度とその運用実態』（東京女性財団，1996年），山田省三「ヨーロッパ司法裁判所におけるポジティブ・アクション法理の展開―カランケ・マルシャル・バデック・アブラハムソン事件4部作の検討―」中央大学比較法雑誌34巻4号1頁（2001年），辻村みよ子編『世界のポジティヴ・アクションと男女共同参画』（東北大学出版会，2004年）所収論文，藤本茂「雇用における積極的差別是正措置」駒澤法学6巻1号1頁（2006年）等参照。

それらの属性を考慮しないこと（形式的平等）を要請するだけではなく，現実の不平等を克服するための法理が発展してきているといえる[38]。差別的インパクト・間接差別法理は，中立的な基準が集団に対して及ぼす効果に着目するものであり，積極的差別是正措置として人種や性別を考慮に入れた取扱いが平等実現のために許されることに照らすと，それらの差別法制には結果志向の面があるといえよう。

ただ他方で，積極的差別是正措置が容認されるとはいえ，女性等を過度に優遇するときは違法になりうる。女性や黒人等のための無条件の割当枠（quota）は違法と解されよう。したがって，アメリカもEUも，形式的平等の理念と完全に訣別して結果の平等（equality of results）に移行したわけではない。その意味で現在の雇用平等法制は機会均等（equality of opportunity）の理念に則るものだといえよう。形式的平等を基礎としつつ，女性等，労働市場で不利な立場に置かれる者が同じスタート地点から競争できるようにするための施策を容認するものだからである[39]。

III 使用者の自由との調整

1 目的・手段の審査

このように雇用差別禁止法制が広範に及ぶとすれば，使用者の経営上の権益への配慮が優先されることは全くないのか（絶対的規制か）。もし優先されうる相対的規制であるなら，いかなる場合に，あるいはどのような判断基準をパスすれば容認されるのか。これらがさらに考察すべき論点として浮上しよう。問題になるのは主として2つの文脈，すなわち，第1に，直接差別や差別的取扱

---

[38] Schiek, A New Framework on Equal Treatment of Persons in EC Law?, 8 ELJ 290, 302-308 (2002). 浅倉・前掲注28・476頁以下。

[39] Fredman, *supra note* 20, at 7-15 (2002); Barnard, *supra note* 25, at 338; Bell & Waddington, Reflecting on Inequalities in European Equality Law, 28 ELRev 349, 350-358 (2003). アメリカでは，平等保護条項から，反差別（anti-discrimination）と反従属（anti-subordination）の原理ないし視点が導き出せるとし，差別的インパクト法理やアファーマティブ・アクションは，反従属原理によって説明できると議論されることも多い。安西・前掲注19・88頁以下。Jolls, Antidiscrimination and Accommodation, 115 Harv. L. Rev. 642, 696 (2001).「機会の平等」と「結果の平等」の多義性については，棟居快行『人権論の新構成』120頁（信山社，1992年）。

いが認定されたとしても容認される例外や、そもそも適用対象から外される適用除外は、どのような場合に認められるのかという文脈と、第2に、間接差別や差別的インパクト法理のもとで、差別の成立を阻むために使用者がどのような反証をなしうるかという文脈である。

　以下でみるように、アメリカ・EUの雇用平等法制は——アメリカの人種差別禁止規制は例外であるが——使用者の権益を優先させることもある相対的な規制である。問題は相対性の程度であり、これを量るために判断基準の厳格度の検討を要する。この判断基準の厳格度については憲法14条1項に関する議論を手がかりに、目的と手段の2つの視点から分析したい[40]。すなわち、①問題になっている取扱いの目的は、職務に関連している（job related）必要があるか、それとも経営上の理由（business reason）も認められるか[41]。②当該取

---

[40] 棟居・前掲注39・129頁以下は、平等保障を別異取扱いからの自由という消極的自由権と把握した上で、第1に、憲法14条1項の差別禁止事由は当該事項に基づいて人を範疇化することの絶対的禁止を定めたものとみる。第2に、それ以外の場合は、①立法目的について、確立した法原則からみて顧慮すべきでない事実上の差異を理由とするのかという合理性の基準による目的審査を行い、②別異取扱いによる平等保障の制約が、それによって達成されようとしている立法目的との相関関係においてバランスがとれているかという、厳格な合理性の基準による手段審査を行うべきだとする。諸外国でもドイツの憲法裁判所は基本法3条による平等保障に関し、「単なる恣意の禁止が求められる場合」と「比例性の要請への厳格な拘束が求められる場合」とを分け、後者については目的の正当性と、目的達成のために必要かつ適合的かを審査するとする判例法理が示されている（井上典之「平等保障の裁判的実現(1)～(4・完)—平等審査の方法とその権利保護—」神戸法学雑誌45巻3号533頁以下（1995年）、46巻1号127頁以下（1996年）、46巻4号693頁以下（1997年）、48巻2号301頁（1998年））。アメリカでも合衆国憲法第14修正を解釈する際の審査基準として3つの基準があるとされる。第1に、人種等の疑わしい（suspect）基準による取扱いについては厳格な審査が妥当し、やむにやまれぬ利益（compelling interest）があることを要求される。第2に、法律の目的との関係で合理性があるか否かのみを問う合理性の基準がある。この2つの基準の中間に位置する第3の基準が、性別等、準・疑わしい（quasi-suspect）分類について適用される厳格な合理性の基準であり、重要な政府の目的があるかどうか、その目的と手段とが実質的に関連しているかについて審査がなされる（戸松秀典『平等原則と司法審査—憲法訴訟研究Ⅰ—』25頁以下（有斐閣、1990年））。

[41] EU法の正当化理由を、職務に関連している理由と経営上の理由、公共政策上の理由の3つに分けて検討する文献として、Hervey, Justifications for Sex Discrimination in Employment in the EC (1993).　また、ECの差別法制で比例性審査が行われてきている点については、西原博史「平等と比例原則—平等権を『規制』する理由について」法時73巻8号97頁（2001年）、同『平等取扱の権利』（成文堂、2003年）。

扱いはその目的との関係で不可欠な手段たることを要するか，不可欠とまでいえなくても比例原則（principle of proportionality）――達成すべき目的と比較して均衡を失するような不利益を労働者に課すような手段をとってはならないこと――に適合している必要があるか，あるいは合理性を備えていれば足りるのかという視点である。

2　差別的取扱い・直接差別

まず，差別的取扱い・直接差別が認定されるときは，職務に関連した例外のみが容認され，さらに，例外に当たるかどうかについての基準も厳格であることを指摘できる。

アメリカでは，性別を基準とする明白な差別は，性別が真正な職業上の資格だといえる場合（Bona Fide Occupational Qualification; BFOQ）には違法にならない[42]。ある特定の職務の遂行のために男性または女性でなければならないという状況では，性別に依拠した取扱いを行っても適法と認められる。妊娠や出産を理由とする異なる取扱いも，BFOQ に該当すれば，許容される[43]。その一方で，人種差別についてはこの BFOQ すら規定されていない[44]。この面に着目すると人種差別禁止は絶対的規制であり，性別による差別を受けない権利は，絶対的にではなく，使用者の権益にも配慮した形で保障されているといえよう。

しかし，それ以外の場面では，前記アファーマティブ・アクションを除くと，明白な性差別を正当化することはできないと解されている。たとえば，労働者の年金保険の掛け金につき，女性の平均寿命が男性より長いことを理由として額に差を設けることは，公民権法 703 条(a)(1)の性差別禁止規定に反すると合衆

---

[42] 「宗教，性別又は民族的出身が特定の事業又は企業の標準的な運営のために合理的な必要である真正な職業上の資格である場合に，宗教，性別又は民族的出身を基準として採用することは違法でない」と定められる（第7編 703 条(e)(1)）。性差別について BFOQ が設けられた背景については，性差別を禁止することについての一般の議論が当時混沌とした状態にあり，女性運動の中でも差別禁止を求める立場と女性保護立法を求める立場との分断がみられたという状況があったとされる。Graham, Civil Rights and the Presidency: Race and Gender in American Politics 1960-1972, 109 (1992).

[43] Player, Federal Law of Employment Discrimination 61 (4th ed., 1999).

[44] それゆえ俳優やモデルの場合にも人種を基準にするのは許されないのかどうかが問題になるとされる。Id.

国最高裁は判示している[45]。性別による一般化（generalization）は、たとえそれが真実であっても許されず、個々の労働者に応じた対応が要請されるとするのである。

BFOQ該当性判断の厳格度も極めて高い。①業務運営そのものの本質的要素として、②合理的に必要であるという2段階の審査をパスしなければならない。②の点についても、他方の性別の者ではほぼ全員が遂行不可能であるか、あるいは、それらの者につき個別審査を行うことが実際上不可能であることが必要であると解されている。鉛を取り扱うバッテリー工場で妊娠可能性のある女性の使用を拒否したという事案でさえも、合衆国最高裁は、BFOQは極めて狭い（narrow）例外と解すべきだと指摘し、女性であっても当該作業を遂行できないわけではなく、妊娠していた場合の胎児の安全を理由としてBFOQに当たるともいえないとしている[46]。

要するに、職務上の必要性（BFOQ）を示さなければ事実の一般化によって正当化することはできず、さらにBFOQ該当性の基準も厳格で、一方の性別の者であることが職務遂行上、不可欠なときでなければ認められない。こうして性別を理由とする差別的取扱いは厳格度の極めて高い規制に服している。

EU法も、概ねこれに等しい。性差別や人種差別で直接差別が正当化されるのは、一定の職業活動（occupational activity）の性質（nature）またはそれが遂行される状況（context）を理由として、ある性・人種に属することが、真正（genuine）かつ決定的な（determining）職業的要件（occupational requirement）を構成している場合に限定され（76/207指令2条6項、2006/54指令14条2項、2000/43指令4条）、その他は妊娠・出産に関する女性の保護規定を理由にする場合（76/207指令2条7項）と積極的差別是正措置が認められるにとどまる。これらの例外規定に依拠しないと、通常の解釈によれば、性別等による取扱いが許容されることはない[47]。

そして、真正かつ決定的な職業的要件といえるためには、目的が正当でありその要請が比例的でなくてはならない。北アイルランド王立アルスター警察隊で、女性職員にピストル等を扱わせないこととされ、女性職員が契約更新を拒

45　Los Angeles Department of Water & Power v. Manhart, 435 U.S. 702 (1978).
46　Automobile Workers v. Johnson Controls, Inc., 499 U.S.187 (1991).
47　Barnard, *supra note* 25, at 321-323. 職業条件の場合以外にも正当化の余地を認めるべきとする見解もある。Bowers & Moran, Justification in Direct Sex Discrimination Law : Breaking the Taboo 31 ILJ 307 (2002).

否された事例のJohnston v. Chief Constable of the RUC事件において，先決裁定を求められた欧州司法裁判所は次のように判示する。

「男女間の平等取扱いのような個人の権利からの逸脱（derogation）の範囲を決めるにあたっては，比例原則を遵守しなくてはならない。法の一般原則の１つであり，共同体の法秩序の基礎だからである。この原則によって次のことが要請される。このような法規制からの逸脱は，当該目的達成のために適切かつ必要な範囲に収まっていなくてはならない。公共の安全の要請――これは当該活動の状況にかかわる重要な事情である――と平等取扱原則とは，可能な限り調和されるべきである」。

最近の指令では，男女平等原則の基本的（fundamental）性格を強調するため，目的の正当性と手段としての比例性を要するという文言が付け加えられている[48]。

3　間接差別・差別的インパクト

次に間接差別・差別的インパクト法理に関してみてみよう。

アメリカでは先にみたように，労働者側が差別的効果を立証すると，使用者は，その行為について，業務上の必要性（business necessity）ないし職務関連性（job relatedness）が存在していたと反証する必要がある。これは，差別的取扱い法理との対比でいうと，より緩やかな基準であるといえる。当該取扱いが職務遂行上不可欠だとまでいえなくてもよいからである。ただ，さらに原告が，被告の利益は「差別的インパクトがより少ない別の方法」によって十分に達成可能であることを証明すると，やはり差別は成立すると規定されていることから，目的との関係で相当な範囲に収まっていることは必要である。つまり，

48　Case 222/84 [1986]　ECR 1651. Hervey, *supra note* 41, at 106.　ドイツ国防軍において女性が就労可能な作業を医療関連および音楽関連に限定していた事例で比例性をみたさないとされた，Case C-285/98 Kreil ［2000］　ECR I-69がある。

49　もっとも，これらの点に関する解釈は，最高裁判決が出ていないこともあり，まだ固まっていない（藤本・前掲注27 雇用平等法276頁）。ある基準が不均等な効果を及ぼすとき，使用者が示さなくてはならないのは，その基準が，当該職務を十分に（successfully）遂行できる最低限の資格（minimum qualification）を測るものであることだと説示する控訴裁判所判決があるが（Lanning v. Southeastern Pennsylvania Transportation Authority, 181 F. 3d 478 (3rd Cir. 1999)），その基準は管理的職員かどうか等，事例によって異なりうるとも議論されている（Spiropoulos, Defining the Business Necessity Defense to the Disparate Impact Cause of Action. 74 N. C. L. REV. 1479, 1516-20 (1996)）。

BFOQ該当性の判断ほど厳格ではないが，差別的効果をもたらす取扱いは比例原則に適合していることを要するとみることができよう[49]。

EUでも間接差別は，不均等な効果の存在が立証されたときも，当該規定・基準・慣行が，適切かつ必要であり，正当な目的により客観的に正当化されたときは，許容される。目的の正当性については，単なる一般化によるもの，たとえば，パートタイム労働者はフルタイム労働者と比較して企業に依存していないといった理由は認められない[50]。当該取扱いをやめるとコストがかかるという理由も正当とは認められない[51]。団体交渉によって決定されたという理由は，考慮要素にはなりうるが，直ちに正当化理由とは認められない[52]。他方で，欧州司法裁判所は，経営上の理由による正当化の可能性を認めている。たとえば前記のBilka-Kaufhaus事件では，使用者は，フルタイム労働者は雇用に伴うコストがより小さく，開店時間のどの時間帯でも使用できるという利点があり，それゆえできるだけフルタイム労働者として勤務してもらうためにパートタイム労働者を職域年金から除外しているのだとして正当化を試みた。同裁判所はこの理由による正当化の可能性を認めている。したがって，職務との関連で正当化しなくてはならない直接差別よりは，正当な目的は広く認められうることになる。

目的が正当と認められたときは，さらに，手段としてみて，当該目的を遂行するために適切かつ必要であるといえなくてはならない。先のBilka-Kaufhaus事件では，差別的でない措置があるならその措置をとらなければならないとされた。ドイツの国内裁判所はこの判断基準に則り，当該事案では土曜勤務の労働者を企業年金に組み込む一方でパートタイム労働者のみを企業年金から除外していたことから，目的達成のための適切な手段とはいえないと判断した[53]。

手段としての適切性・必要性が要請され，比例原則に服しているという意味では直接差別と同じであるが，目的が職務内容に由来するものに限定されておらず，企業の経営上の必要性も目的として認められることや，手段として不可欠であることまでは求められない点で，間接差別の判断基準は相対的に緩やか

---

50 Case 171/88 Rinner-Kühn ［1989］ECR 2743.

51 Case C-243/95 Hill ［1998］ECR I-3739.

52 Case C-127/92 Enderby ［1993］ECR I-5535; Case C-400/93 Dansk Industri ［1995］ECR I-1275.

53 BAG v. 14.10.1986, AP Nr. 11 zu Art 119 EWG-Vertrag.

だといえる。

　要約しておこう。平等保障が雇用差別禁止規制として行われるとき，それは必然的に使用者の自由を制約する。それゆえ，差別規制によって守られる権利の重要性や差別によって受ける侵害の程度と，使用者の権益との間で，バランスをとる必要がある。

　人種差別・性差別についての諸外国の法規制をみると，直接差別・差別的取扱いの場合は，積極的差別是正措置以外でも職務に関連した正当化を認めることにより（アメリカの人種差別規制はこれも認めないが），使用者の利益に配慮がなされている。しかしそれ以外の例外は認められないと解されている上，人種や性別を職業条件として認めるか否かの判断基準は厳格であるべきことが強調されてきている。

　間接差別・差別的インパクト法理についてみると，当該取扱いが目的達成のための合理的な手段といえるだけでは足りない[54]。差別的インパクトを生まない手段が他にあるときは，当該取扱いは違法な差別に当たるとされ，比例原則が妥当する[55]。しかしながら，経営上の理由等，必ずしも職務に関連しない理由による正当化が可能とされており，それによって使用者の利益は，直接差別の場合よりも優先されていることになる。

　平等保障と使用者の権益とを秤にかけた結果として，現在のような差別法制に発展してきたといえよう[56]。

第3節　日本の問題状況

　前節で略述したアメリカ・EUの人種・性差別規制は，人種や性別による別

---

[54] 比例原則には，当該手段が目的との関係で合理的であれば足りるとする弱い比例原則と，当該手段が必要以上に権利を侵害していないことを求める強い比例原則があると述べるものとして，Leader, Proportionality and the Justification of Discrimination, in Discrimination Law, Concepts, Limitations and Justifications 110 (Dine & Watt eds., 1996).

[55] Ellis, The Concept of Proportionality in European Community Sex Discrimination Law, in The Principle of Proportionality in the Laws of Europe 165 (Ellis ed., 1999).

[56] Bourn, Equal Treatment and Managerial Prerogatives, in Dine & Watt (eds.), *supra note* 54, at 45.

異取扱いを受けない権利を保障するという目的を実現しようとするものであるため，適用対象は広範囲に及び，また差別禁止からの例外を認めるかどうかの審査基準は厳格なものとなっていた。この法理に対し，経済的・社会的弊害への対処が主旨とされているときは，問題解決に必要な部分のみが禁止の対象になる。しかも既存の人事管理や公共政策に求める変更を最小限にとどめながら行われることになりそうである。異なる取扱いの正当化に関する裁判所の審査基準も厳格にはならないであろう[57]。

日本では，年齢による人事管理について，このような政策的アプローチがとられてきた。年功賃金や定年までの長期雇用等，年齢による取扱いは，日本では広く行われているが，差別と把握されることはなく，むしろ定年延長を基軸として，60歳未満定年禁止等の雇用政策が展開されてきたのである。判例や学説の大勢もそれに沿うものであった。しかし近年では変化も生じている。バブル経済崩壊後の不況のなか，中高年齢者の再就職が困難になり，年金政策の展開とも呼応して，年齢制限を是正する取組みが開始されてきている。

I 年齢による雇用管理の形成

1 年功賃金・定年制・退職金の出現

年功賃金から成果主義賃金へ，これが今日の雇用社会の趨勢であるといえようが，ではそもそも，年功賃金に代表される年齢による雇用管理はどのように形成されたのか[58]。その起源は明治・大正期に遡る。

より高い賃金を求めて移動する職工を指して「渡り職工」と呼んだ，当時の

---

[57] O'Cinneide, Comparative European Perspectives on Age Discrimination Legislation, in Age : as an Equality Issue 195, 196 (Fredman & Spencer eds., 2003). O'Cinneide は権利（rights-based）アプローチと功利主義（utiritarian）アプローチないし最小主義（minimalist）アプローチとして分類する。同様に Hepple は，高年齢者のための政策には権利アプローチと市場（market-based）アプローチがあるとする。Hepple, Legislation Against Age Discrimination in Employment : Some Comparative Perspectives (Jill Forum Special Series No.19, 2004). Hepple によれば，権利アプローチでは，年齢による別異取扱いは，平等に取り扱われ尊重されるという基本権の侵害と把握される。例外は，権利侵害の程度ができるだけ小さくなるよう，厳格に解される。市場アプローチは，個別の労働者の労働市場における現実の状況を考慮して，高齢層の労働市場への参加を高めるために多様な政策をとるものだとする。

重工業の大企業では，職工の移動を防ぐため，長期勤続を促す施策が打ち出されてきていた。いわゆる定期昇給制度，すなわち毎年定期的に一定の幅の範囲内で昇給を行う方式はその1つであり，退職金制度も導入された。これらの施策は効果を上げ，勤続年数は延び，内部昇進がある程度慣行化していった。

しかし長期勤続の慣行ができると，労働者を高年齢まで雇うことになり，長時間労働に耐えうる若年者を従業員構成の中心に置きたいという経営側の要求には相反する。また，年功賃金制度のもとでは，高齢になればなるほど賃金と技能水準とが必ずしも照応しない事態が生じやすくなり，賃金コストも膨張するから，高年齢者を排除したいという欲求が使用者に生まれる。これらの理由に加え，1929年の世界恐慌を契機として世界的大不況が生じ，政府が産業合理化運動を展開したことの影響もあり，定年制を雇用調整の手段として導入する企業が増加していく。1930年代前半には，大企業の半数近くが50歳ないし55歳定年を設けていたという。

1936年に退職積立金及び退職手当源法において労働者50人以上の事業所では労使が積み立てた手当を退職時に支給すべきことが規定されると，定年制導入の動きに拍車がかかった。同法が制定されたのは，前述の不況と合理化に伴い解雇が断行されるなか，解雇手当等の未整備ゆえに労働争議が頻発し，解雇手当・退職手当問題が社会問題として提起されるようになったからである。企業は，この法律に応じて退職手当制度を整備すると同時に退職手当を支給する事由として定年退職を打ち出すようになり，定年制はいっそうの普及をみた。

定期昇給制は，その後，第2次世界大戦中に政府の方針によっても後押しされていく。たとえば1942年には，重要事業場に対し，少なくとも年1回従業員を昇給させることを盛り込んだ昇給内規を設けるよう，政府による指導がなされているが，これは，年齢や勤続に応じた基本給制度を確立し，生活の恒常性を確保することによって，「職分奉公」の精神，すなわち国家奉仕のために各々が自己の職分を全うすべきとする精神を振起しようとするものだった。

---

58 以下の記述は，黒住章『停年制』（日本評論新社，1957年），同『定年制・退職金・退職年金』（労働旬報社，1966年），荒木誠之「定年制をめぐる法的問題」法政研究38巻2-4合併号361-364頁（1972年），荻原勝『定年制の歴史』（日本労働協会，1984年），野村正實『終身雇用』（岩波書店，1997年），兵藤釗『労働の戦後史（上）（下）』（東京大学出版会，1997年），森戸・前掲注13「雇用政策」113頁以下，山口浩一郎・小島晴洋『高齢者法』（有斐閣，2002年），柳澤・前掲注15・245頁以下，濱口桂一郎「年齢差別」法時79巻3号53頁（2007年）を参照してまとめた。

2　長期雇用制・年功賃金の普及

　この年齢や勤続に応じて賃金を増額させる制度は，敗戦を経て労働者の生活状況が厳しいなか，労働組合の要求に応じて継承され，強化されていった。たとえば電力産業の賃金体系（電産型）は，生活保障給（本人給・家族給）・能力給・勤続給の3項目をもって基本賃金を構成する方式をとるものであり，生活保障給には平均で73％という大きなウェイトが付与された上，その額は生計費を算定基礎とし，年齢・家族数を指標として決められた。このような電産型賃金体系・生活給体系は中小企業も含め広く普及する。しかし，1950年代から，経営合理化を目的とした賃金体系変更への試みが企業側から開始される。その1つは欧米型の職務給化を探る動きであったが，職務給化は，次に述べる長期雇用慣行と相容れないと懸念されたこともあり，挫折する。

　長期雇用慣行は，1960年代に定着し始めたというのが1つの説である。高度成長が本格化すると大企業は，新設工場の要員を，既設工場の合理化で余剰となった従業員を配置転換することによって確保した。1950年代に合理化を進めた大企業の中に指名解雇を断行するものが現れ，労働組合との間に深刻な争議を招いたことへの反省から生まれた慣行だったという。

　こうした長期雇用制下で行われる機動的な運営，すなわち業務量の増減に応じて別個の業務分野に既存の従業員を配置するという方法は，職務給を入れると阻害されてしまう。また，上位職務への昇格・昇進は勤労意欲維持の点から避けがたいところ，職務給とすると，定期的な昇格・昇進が難しくなる。そこで賃金改革は，年功賃金の脱却そのものでなく，年功賃金の欠陥を克服する方向に進んでいく。個々の労働者の職務遂行能力を反映させた「職能資格制度」にもとづく職能給である。職能給とは，一般的には，職務遂行能力を分類し，資格とその資格内での等級を定め，基本給額を資格・等級に応じて定めるものだといえる。各労働者の昇格・昇級は，その資格・等級内での勤務年数の基準の枠内で上司の人事考課によって決定されるため，基本給額は，個人の評価を織り込んで，かつ勤続年数との関連をなお保っていた。

3　定年制の確立

　先にみたように，戦前の定年制は，大企業を中心に導入され，中小企業や零細企業には普及していなかった。また，戦争に突入すると，深刻な労働力不足により，定年制を一時的に廃止する企業も現れた。しかし戦後，生産設備が荒

廃して復員等により労働力が過剰になるなか，雇用調整を行う必要が生じると，定年制を復活させたり導入したりする企業が相次いだ。定年制の普及率は1955年頃には，大企業ではほぼ100％，中小企業では70％から80％に至る。

このような戦後の定年制の普及は労働組合の支持の上に実現されたものでもあった。労働組合が定年制を支持したのは，敗戦後の経済の混乱と人員整理の横行のなか，定年制が労働者の雇用を維持する手段として期待され，また賃上げ・退職金要求を貫徹するためには使用者側の対案である55歳定年制を拒否するのではなく，むしろ定年制を前提に賃金体系や退職金制度を整備していくという戦術のほうが，より効果的で有利だと判断したからである。

このように，定年制・長期雇用・年功賃金・退職金といった年齢を基準にした取扱いは，相互に関連しながら，不況や戦争等の時々の事情を背景としつつ，労働組合に支持されて，広く普及していったといえる。

最近では成果主義への移行が進んでいる。これは典型的には年俸制への移行として現れるが，年齢給の廃止や，昇給・賞与における人事考課部分の拡大，賞与での業績給部分の拡大，定期昇給の停止としても現れている。ただ，現在でも，「職能資格制度を完全に廃止している企業は少なく，職能資格制度の年功序列を維持しつつ，成果給ベースを拡大しているケースが多い」とされている[59]。また後述するように，定年制はなお維持されている。年齢を用いた雇用管理はいまだ広く行われている状況にあるといえよう。

II 中高年齢者の雇用政策の展開

1 就職促進政策の開始

このように年齢による扱いが定着する一方，中高年齢者に向けた雇用政策が展開されてきた[60]。

中高年齢者を対象とした雇用政策は，その就職支援からスタートした。1963年には職業安定法改正により，「中高年齢失業者等に対する就職促進の措置」の制度が設けられた。これは，中高年齢（35歳以上）の失業者に対して専門の就職促進指導官を置くこと等を内容とした。

---

[59] 労働政策研究・研修機構編『日本の企業と雇用　長期雇用と成果主義のゆくえ』138頁（労働政策研究・研修機構，2007年）。

また、この頃、中高年齢者の適職を選定し、雇用率を設定するという政策も採用された。職業安定法では、中高年齢者（35歳以上）に適するとして選定された職種について、労働大臣は雇用率を設定できるとされ（47条の2第1項）、雇用主は、当該職種の中高年齢者の比率が所定の雇用率以上になるよう努めなくてはならないと規定された（2項）。この制度は、1971年に「中高年齢者等の雇用の促進に関する特別措置法」が制定されると、同法に移されて規定された（7条）。著しい困難がないにもかかわらず雇用率未達成の事業主に対して、労働大臣は、雇入れを要請することもできた（9条）。これらの施策は、憲法27条1項に定める勤労権に由来する労働市場法の一環として行われたものだった。もっとも、現実に民間事業所について設定された45歳以上の者に関する雇用率はあまり効果はなかったようである。

2　定年延長政策の展開

このように戦後、職業安定法制の中で高年齢者の再就職支援に焦点を当てた施策が展開されたが、急速に高齢化が進展し、他方で石油危機をきっかけとして日本経済が低成長時代へ突入するなかで、企業内での雇用維持に政策の重点が移り、重要課題の1つとして定年延長がとりあげられるようになる。1973年には雇用対策法の一部改正により、「定年の引上げの円滑な実施を促進するために必要な施策を充実すること」が国の施策とされた（3条1項4号の2）。1976年には、中高年齢者の雇用の促進に関する特別措置法の一部改正が行われ、それまでの雇用率制度が高年齢者雇用率制度へと改められ、55歳以上の者についての職種にかかわらない一律6％の雇用率へと転換された（10条2項。1986年に廃止）。

1980年には、60歳未満の定年を、罰則をもって禁止すること等を内容とし

60　岩村正彦「変貌する引退過程」『岩波講座・現代の法（12）職業生活と法』301頁（岩波書店、1998年）、阿部和光「高齢者就労社会の雇用政策」日本労働法学会編『講座21世紀の労働法(2)労働市場の機構とルール』176頁（有斐閣、2000年）、森戸・前掲注13「年齢差別禁止」113頁以下、厚生労働省職業安定局編『高年齢者雇用対策の推進』（労務行政、2003年）、北浦正行「中途採用時の年齢制限緩和策について」労研521号17頁（2003年）、荒木尚志「労働立法における努力義務規定の機能―日本型ソフトロー・アプローチ？―」中嶋士元也先生還暦記念論集『労働関係法の現代的展開』19頁以下（信山社、2004年）、濱口桂一郎「高齢者雇用政策における内部労働市場と外部労働市場」季労204号172頁（2004年）、同『労働法政策』145頁（ミネルヴァ書房、2004年）等を参照。

た,「定年制及び中高年齢者の雇入れの拒否の制限等に関する法律案」が社会党・公明党から提出された。しかし労使間の意見の隔たりは大きく,定年延長の進展動向をみながら当面は行政指導や相談支援を強化するものとされた。

その後,本格的な高齢化社会の到来を迎えて高年齢者の就業問題が国民的課題となってきたこと等から,1986年に,中高年齢者等の雇用の促進に関する特別措置法が全面的に改正され,「高年齢者等の雇用の安定等に関する法律」(以下,高年齢者雇用安定法と略する。)が成立した[61]。最も重要な点として,事業主は,定年を定める場合にはそれが60歳を下回らないよう努めなければならないと規定されたことがあげられる(86年法4条)。労働大臣が60歳未満の定年年齢を引き上げるよう要請すること(4条の2),引上げ計画の作成を命令し勧告すること(4条の3)も可能とされた。

60歳への定年延長は,労働側の強い要望と行政の誘導により着実に進んでいくが,年金支給開始年齢の引上げ問題がとり上げられてきたこと等から,次なる課題として,60歳から65歳までの雇用をいかに確保するかということが浮上してくる。1990年改正により,60歳から65歳の定年に達した者が雇用の継続を希望するときは,事業主はその者を65歳に達するまでの間雇用する努力義務を負うことが規定された(90年法4条の5)。

3　60歳未満定年の禁止

60歳定年は広く普及するに至ったが,バブル経済崩壊後,60歳代前半層の雇用情勢は極めて厳しくなった。一方,厚生年金の支給開始年齢が2001年度より3年ごとに1歳ずつ引き上げられ,2013年に65歳とされることになった[62]状況下で,1994年,高年齢者雇用安定法の改正により,60歳定年が義務化されることになった[63]。企業が定年を定める場合,その年齢は60歳以上でなければならないとして,旧4条が強行規定化されたのである(1998年から施行)[64]。同条違反の効果については,旧労働省は,60歳に満たない定年年齢を定める就業規則や労働協約の規定はその部分について無効となり定年の定めが

---

[61] 昭和61年法律第43号。
[62] 平成6年法律第95号附則19条,20条。ただし,報酬比例部分の支給開始年齢については,2013年から引上げが開始され,65歳への引上げが完了するのは2025年である。
[63] 平成6年法律第34号。
[64] 船員と公務員については高年齢者雇用安定法自体の適用がなく(3条),例外は坑内作業従事者についてのみ認められた(施行規則4条の2)。

ない労働契約となるという立場をとり[65]，他方，定年年齢を60歳とする労働契約が成立するという見解も存在した[66]。60歳未満定年が無効になることについては争いがなかった。

　この法改正と併せて，65歳までの継続雇用制度の導入・改善計画を作成するよう労働大臣が指示しうること等が定められた（94年法4条の3，4条の4）。そして2000年に報酬比例部分についても年金支給開始年齢が引き上げられることになると，再び高年齢者雇用安定法は改正され，継続雇用の努力義務に定年の引上げという選択肢がプラスされた（2000年法4条の2）。

　以上のような法政策は，政府が1990年以来描いてきた高年齢者の雇用政策に関する政策ビジョンに沿うものであった[67]。すなわち，高齢社会における雇用システムの理想が，高年齢者がその年齢にかかわらず各自の希望と能力に沿って雇用に就ける「エイジレス社会」にあるとしながら，当面は65歳までの雇用機会を確保される「65歳現役雇用システム」を推進するとの目標である。65歳までの雇用機会確保は，65歳定年制，もしくは60歳定年制プラス65歳までの同一企業または関連企業における雇用継続のいずれかを労使が選択することによって実現していくことが構想される。そのような構想が，高年齢者雇用安定法による60歳未満定年の禁止と65歳までの継続雇用の奨励政策の基礎となったのである。

　65歳までの雇用確保に向けた施策は年金支給開始年齢の引上げに呼応して逐次強化されてきたものの，65歳までの雇用確保は実際は十分でなかった。2004年雇用管理調査によれば65歳以上の定年を設ける企業は6.5％にすぎない。定年があっても，それ以降の勤務延長制度や再雇用制度（定年到達時にいったん契約を終了させた後，新しく労働契約を締結しなおすという制度）を設ける企業は7割以上存在した。その場合でも，希望者全員を雇用するところは2割程度にとどまっていた。

---

[65] 岸本武史「これからの高齢者雇用対策―高齢者雇用安定法の改正にともなって―」季労171号39頁（1994年），菅野和夫『労働法〔第7版補正2版〕』57頁（弘文堂，2007年）。この解釈を示す裁判例として，牛根漁業協同組合事件・鹿児島地判平16・10・21労判884号30頁。

[66] 岩村・前掲注60・354頁，西村健一郎「65歳現役社会と定年制の課題―法律学の観点から―」労研456号5頁（1998年）。

[67] 65歳現役社会政策ビジョン研究会『高齢者が参加する経済社会とそれに対応した労働市場の展望と課題―活力ある高齢化（アクティブ・エージング）の実現を目指して―』（65歳現役社会政策ビジョン研究会，1999年）。

4　高年齢者雇用確保措置の義務化

　近年，年金制度改革についての議論が高まってきたこともあり[68]，従来の取組みが転換されてきた。2003年7月の「今後の高齢者雇用対策に関する研究会」報告書では，60歳定年制を基盤とする取組みを「定年年齢の引上げを基本とした取組による65歳までの雇用確保を基盤とし，併せて65歳までの多様な働き方を支援する取組」に転換していくことが提言されている[69]。この研究会報告書をふまえて同年9月から労働政策審議会での検討が行われ，2004年1月に「今後の高齢者雇用対策について（報告）」が建議され，同年6月に改正高年齢者雇用安定法が成立した[70]。

　大きく変わったのは65歳までの雇用確保措置が事業主の義務になったことである。事業主は，65歳までの雇用確保措置として，①定年の引上げ，②継続雇用制度の導入または③定年の定めの廃止のいずれかを行わなければならない（9条1項）[71]。継続雇用制度については，定年後の雇用継続を希望する者の中から，能力や健康状態等を考慮して一部の者のみを選抜して雇用することも可能である。ただし，その場合は，どのような者であれば継続雇用制度の対象となるのか，その基準を過半数組合または過半数代表者との労使協定で定める必要がある（9条2項）。

　この規定には経過措置がある。雇用確保措置を設けなければならない年齢は，年金支給年齢に対応して2013年までに段階的に65歳まで引き上げられる（附則4条1項）[72]。継続雇用制度の対象者の基準は，労使間の協議が調わないとき

---

[68] 2004年の公的年金改革については，「特集・少子高齢化社会へ向けての法施策」ジュリ1282号（2005年）所収の各論文を参照。

[69] 今後の高齢者雇用対策に関する研究会『今後の高齢者雇用対策について―雇用と年金との接続を目指して―』(2003年)。

[70] 平成16年6月11日法律第103号。この法改正については，柳澤武「新しい高年齢雇用安定法制」ジュリ1282号112頁以下（2005年），山下昇「高年齢者の雇用確保措置をめぐる法的諸問題」労研550号43頁以下（2006年）を参照。

[71] この措置を導入していない事業所において60歳定年で退職扱いとなった労働者による労働契約上の地位を有することの確認請求が認容されうるか，という問題については，高年齢者雇用安定法に基づいてこれを肯定するのは難しい（拙稿「高年齢者の雇用確保措置―2004年法改正後の課題」労旬1641号46頁（2007年））。就業規則の合理的解釈からこのような請求を導くことができるとする見解として，三井正信「高年齢者雇用安定法9条をめぐる解釈論的諸問題(1)」広島法学30巻3号10頁以下（2007年）。

は，大企業の場合は施行後3年，中小企業の場合は施行後5年まで，使用者が就業規則により定めることができる（附則5条）。

雇用確保措置を設けていない事業主に対しては，厚生労働大臣による助言，指導または勧告がなされうる（10条）。雇用確保措置をめぐって紛争が生じるときは，当事者の申立てにより，個別労働関係紛争の解決の促進に関する法律に基づき，都道府県労働局長が助言または指導を行う。ただ，罰則はなく企業名公表制度もない。

継続雇用措置として様々な形態の措置が含まれうることにも留意が必要である。継続雇用措置の内容については，法文上は，「現に雇用している高年齢者が希望するときは，当該高年齢者をその定年後も引き続いて雇用する制度をいう。」と定義されているにすぎない（9条1項2号）。厚生労働省が示した「改正高年齢者雇用安定法Q&A（高年齢者雇用確保措置関係）」によると，継続雇用を希望する者について，定年後，子会社やグループ会社に転籍させる，子会社で派遣労働者として継続雇用させる等の措置も，会社との間に密接な関係があるという「緊密性」と，子会社において継続雇用を行うことが担保されているという「明確性」の要件を充足しているときは，継続雇用制度（高年齢者雇用確保措置）を講じたものとみなされる[73]。定年退職者を継続雇用するにあたり，パートタイマー等従来の労働条件を変更する形で雇用することや1年ごとに雇用契約を更新する形態も認められるとされている。

65歳までの雇用確保措置のうち，定年を延長する，継続雇用制度を導入する，定年を廃止する，いずれをとるかの判断は，後述するように，使用者に委ねられると解される。年齢にかかわりなく働き続ける社会を志向するならば，定年制の廃止を一律に義務づけることも考えられる。しかし，改正高年齢者雇用安定法は，これを1つの選択肢として導入するにとどまった。この理由については，「定年制をはじめ年齢という要素が未だ大きな役割を担っており，年

---

[72] 2006年4月から2007年3月は62歳，2007年4月から2010年3月は63歳，2010年4月から2013年3月は64歳，2013年4月からは65歳となっている。

[73] http://www.mhlw.go.jp/general/seido/anteikyoku/kourei2/qa/index.html 緊密性を充たす場合とは，具体的には，「親会社が子会社に対して明確な支配力（たとえば，連結子会社）を有し，親子会社間で採用，配転等の人事管理を行っていること」を指し，明確性を充たす場合とは，「親会社においては，定年退職後子会社において継続雇用する旨の，子会社においては，親会社を定年退職した者を受け入れ継続雇用する旨の労働協約を締結している又はそのような労働慣行が成立していると認められること」を指す，とされている。

齢に代わる基準が確立されていないわが国の雇用管理の実態にかんがみれば」、直ちにこうした手法をとることは「労働市場の混乱を招くおそれがあり困難である」、と説明されている[74]。定年年齢の65歳への一律引上げという方策も考えられる。しかし、「経済社会の構造変化等が進む中で厳しい状況が続く企業の経営環境等を考慮すれば、65歳までの雇用確保の方法については個々の企業の実情に応じた対応が取れるようにすべきである」とされた。改正高年齢者雇用安定法9条が、継続雇用制度を、しかも希望者のなかからの選別を容認した理由は、「一律の法制化では各企業の経営やその労使関係に応じた適切な対応が取れないとの意見もあることから、各企業の実情に応じ労使の工夫による柔軟な対応が取れるよう」にする趣旨であると説明された。

　厚生労働省が2006年5月に300人以上規模企業を対象として実施した調査によれば、改正法に沿った雇用確保措置が導入されている企業は95.6％に達している。雇用確保措置の内訳をみると、導入済み企業のうち「定年の定めの廃止」や「定年年齢の引上げ」の措置を講じた企業は6.8％と少なく、93.2％の企業が勤務延長制度や再雇用制度等の継続雇用制度を導入している。継続雇用制度導入企業のなかで、希望者全員の継続雇用制度を導入した企業は20.4％であり、対象となる高年齢者についての基準を定めた企業は79.6％に上る。継続雇用制度を導入した企業のうち、労使協定ではなく就業規則で基準を定めた企業は11.3％となっている[75]。定年制廃止という方策は当面はめざされることはないと思われる[76]。

5　中高年齢者の雇用政策の性格

　以上のような政策に貫かれているのは、高年齢者の雇用機会を確保するという目的に向けて、定年制の雇用保障機能に着目し、それを雇用政策の手段として利用するという基本的な姿勢である。また、65歳までの雇用機会の確保が

---

[74] 今後の高齢者雇用対策に関する研究会・前掲注69。
[75] 「改正高年法に基づく高年齢者雇用確保措置の導入状況について」。同調査は厚生労働省ウェブサイトに掲載（http://www.mhlw.go.jp/houdou/2006/06/h0609-1.html）。
[76] 企業を対象に内閣府が2005年1月に行った調査でも、年齢にかかわりなく働けるシステムの構築条件として定年制度の廃止・見直しをあげる企業は34.8％に上るが、そのうち定年制度の廃止をあげるのは12.4％にとどまる。高齢社会対策の総合的な推進のための政策研究会「高齢者の社会参画に関する政策研究報告書―高齢社会対策の総合的な推進のための政策研究―（企業調査編）」（2005年）。

めざされる理由は，それが将来的な公的年金の支給開始年齢であるからであり，日本の高年齢者雇用政策は，引退時の所得保障が得られるまでの就業機会確保を主たる目的としている。

このことは，高年齢者雇用安定法の改正過程とも符合する。つまり，同法1990年改正において65歳までの継続雇用の努力義務の設定を促したのは，当時議論されていた年金支給開始年齢引上げの問題であり，1994年改正で60歳定年が義務化されたときには，同時に年金支給開始年齢引上げが決定された。また，65歳までの雇用確保措置を事業主の義務とした2004年法改正は，年金改革（給付水準を現役世代の賃金の50％とする等）と併せる形で行われたものである。

定年制が基本的に維持されてきた理由は，それが年功賃金や退職金制度等と一体のものとして理解され，その撤廃がそれらの雇用慣行に影響を及ぼすことが懸念されたからでもある。かかる理由から労働組合も，定年制の撤廃ではなく，定年年齢の延長を求めてきたといえる。

高年齢者雇用安定法は，60歳未満の定年を設定することを禁止していることに着目すれば，年齢を理由とする異なる取扱いを規制するものと捉えられそうである。しかし同法はあくまで労働市場法制の枠内の立法にすぎない。同法は3つの目的，すなわち高年齢者の安定した雇用の確保，高年齢者等の再就職の促進および高年齢退職者への就業機会の確保を掲げる（1条）。そして，これらを通じて，「高年齢者等の職業の安定その他福祉の増進を図るとともに，経済及び社会の発展に寄与すること」，これが高年齢者雇用安定法の究極的な目的とされる（同条）。この目的規定に表れているように，高年齢者雇用安定法は，体系的には労働市場の法に属する。憲法27条1項の勤労の権利によって，国は，労働者がその能力を有効に発揮できる労働機会を得られるようにする政策義務を負っている。高年齢者雇用安定法は，この政策義務を実施するための法律の1つなのである。このような系譜を有するものであるがゆえに，同法は，定年制を完全に撤廃するのではなく，雇用機会確保という目的の手段として必要な限りにおいて部分的に（60歳未満の定年に限定して）規制していることになる。

年齢に関連した施策が労働市場法制の中で展開され，平等保障のための取組みが行われることがなかったのは，憲法においてそのような明示の定めがなかったためでもある。日本では戦後に初めて憲法に平等保障条項（14条1項）が置かれたが，差別が明示的に禁じられたのは「人種，信条，性別，社会的身分

又は門地」であった。ここでいう「社会的身分」に年齢が含まれるかは，解釈の余地がありそうだが，そのような議論はほとんどみられなかった[77]。裁判例でも，70歳に達したことを免職事由とする公証人法15条は憲法14条1項に違反しないと判断されるなど，年齢を基準とした取扱いの合理性・合憲性は繰り返し肯定されてきており，憲法上疑義が向けられることはあまりなかったのである[78]。

　労働分野での差別的取扱いを禁止する立法として，戦後に制定された労働基準法（以下「労基法」という。）は，国籍，信条及び社会的身分による差別と男女賃金差別を禁止した（3条，4条）。その後1985年に至り，「雇用の分野における男女の均等な機会及び待遇の確保等女子労働者の福祉の増進に関する法律」が制定される（後に「女子労働者の福祉の増進」は削除される。以下「男女雇用機会均等法」という）。これらの差別が特に禁止されたのは，国際的状況の影響が大きい。たとえばヴェルサイユ条約で男女同一報酬の確保を規定して以来（1919年），外国人の取扱いについては「外国人労働者ノ相互的待遇ニ関する勧告（ILO2号勧告）」等の条約・勧告が採択されてきていた。人種・信条・性別にかかわらない平等も「国際労働機関の目的に関する宣言」で確認されていた（1944年）。男女雇用機会均等法の成立についても，1979年の女子差別撤廃条約の採択を受け，条約批准のための国内法整備が差し迫った政策課題となっていた事情が背景にある。日本の雇用差別についての規定は国際基準を成文化するという性格が強かったのである。

　それらはまた，当時の社会問題の解決のための規定でもあった。たとえば国籍差別が禁止されたのは，ILO勧告の存在もさることながら，戦時中の中国・台湾・朝鮮人労働者への差別的取扱いへの反省があったからであるといわ

---

[77] 阿部照哉・松井幸夫編『ハンドブック憲法』74頁〔米沢広一執筆〕（有信堂高文社，1990年）は，年齢は社会的身分に含まれないとし，初宿正典『憲法2 基本権〔第2版〕』160頁（成文堂，2001年）は，年齢は疑わしい範疇ではないとする。佐々木弘通「『人権』論・思想良心の自由・国歌斉唱」成城法学66号25頁以下（2001年）は，男女差別定年制は平等問題なのに対し，55歳の労働者に試験を受けさせ，一定水準をクリアしなかった者は定年退職とすることを平等違反とするのは困難ではないかとする。

[78] 東京地判昭和27・7・24行集3巻6号1328頁。未成年者についての年齢を理由とする取扱いも合憲であるとされてきている（裁判例・判例については，浅田訓永「公務員採用試験における受験資格の年齢制限と憲法14条—国家公務員採用III種試験受験資格確認等請求事件を素材として」同志社法学59巻1号131頁（2007年））。

れる[79]。立法過程では，児童に対し不当に安い賃金を払うこともあるから年齢差別も禁止しようという議論もあったが，年功でもって賃金が段々に上がっていく日本の当時の慣習に著しく反するとして，差し控えられた[80]。

つまり，労働法分野での戦後の平等保障は，国際基準の実現と顕在化している具体的な問題の解決に向けられたものだった。差別としての規制が国際基準になっておらず，慣習として受け容れられている年齢による雇用管理が，平等保障問題と把握されなかったのは，このような経緯からすれば，自然なことであった。

III　中高年齢者の雇用をめぐる裁判例

1　定年制

以上でみたように，年齢による取扱いは差別問題として把握されず，むしろ定年制の雇用保障機能に着目しそれを尊重する政策がとられてきた。とはいえ，定年制がもたらす不利益が全く問題にならなかったわけではない。老齢厚生年金の支給開始年齢が55歳から60歳に引き上げられた後の1960年代頃からは55歳定年制の効力を争う訴訟が出現している。

就業規則に新設した55歳定年制の効力が労働者に及ぶかどうかが争われた秋北バス事件[81]において，最高裁は次のように判示する。定年制は「一般に，老年労働者にあっては当該業種又は職種に要求される労働の適格性が逓減するにかかわらず，給与が却って逓増するから，人事の刷新・経営の改善等，企業の組織および運営の適正化のために行なわれるものであって，一般的にいって，

---

[79] これらの経緯については，浅倉むつ子「均等待遇」日本労働法学会編『現代労働法講座第9巻労働保護法論』178頁（総合労働研究所，1982年），木村愛子「性差別の排除」同書204頁，中窪裕也「労働保護法から労働基準法へ」労働95号126頁（2000年）等。

[80] 1946年8月に開催された第2回労務法制審議会の議事速記録参照（渡辺章編集代表『労働基準法〔昭和22年〕(2)日本立法資料全集52』509頁（信山社，1998年））。

[81] 最大判昭和43・12・25民集22巻13号3459頁。合理的な内容の就業規則が労働契約の内容になること，変更されたときも合理的であれば契約内容になることは，労働契約法（平成19年法律第218号）7条，9条・10条で規定されている。なお，定年制には定年解雇制と定年自動退職制とがあるが，前者には解雇権濫用法理が及ぶと解されていることもあり，以下では主に定年自動退職制を念頭に置いて論じる。

不合理な制度ということはでき」ない。また，55歳という具体的な定年年齢についても，最高裁は，「わが国産業界の実情に照らし…低きに失するものとはいえない」と判示した。

秋北バス事件最高裁判決以降も，55歳定年制が年齢差別に該当し憲法14条1項違反でないか，公序に反しないか，として争われている。憲法14条1項は「人種，信条，性別，社会的身分又は門地」により差別されないと規定するから，年齢差別は明示的には禁じられていないが，判例はこれを例示列挙であると解釈しており[82]，そこにあげられていない事由による別異取扱いであっても合理的な理由がなければ同条の禁止する差別に該当する。また，最高裁は，憲法の基本的人権に関する規定は私人相互間の関係を直接規律するものではないとするが[83]，他方で憲法の定める法の下の平等が民法90条の公序を構成しうるとする[84]。公序違反となるのは，個人の基本的な自由や平等に対する具体的な侵害があり，その態様，程度が社会的に許容しうる限度を超えるときである。したがって，定年等の年齢を理由とする異なる取扱いも，合理的理由がないとすれば，憲法14条1項の趣旨を反映した公序（民法90条）違反として無効になりうることになる。

55歳定年制の違法性が争いになったアール・エフ・ラジオ日本事件（当時，高年齢者雇用安定法は55歳未満の定年制を禁止し，55歳以上の定年制は許容していた。）[85]では，裁判所は，秋北バス事件最高裁判決と同様の理由（使用者側の必要性）に加えて，定年制は形式的には平等であり，労働者の側からみても利益があると述べている。すなわち，裁判所は，「一般に，定年制は，定年に達したすべての者に対して機械的かつ一律的に適用されるものであって，いわゆる形式的平等は満たされている」こと，「定年制は…終身雇用制と深い関連を有し，定年制が存するがゆえに，労働者は，使用者による解雇権の行使が恣意的になされる場合は，これが権利濫用に当たるものとして無効とされ，その身分的保障が図られているものということができ，また，若年労働者に雇用や昇進の機会を開くという面」があることから，55歳定年制の合理性を肯定し憲法上の平等原則に違反しているとみることはできないと判示した。裁判所はまた，

---

82 最大判昭和48・4・4刑集27巻3号265頁。
83 三菱樹脂事件・最大判昭和48・12・12民集27巻11号1536頁。
84 日産自動車事件・最三小判昭和56・3・24民集35巻2号300頁。
85 東京地判平成6・9・29労判658号13頁，東京高判平成8・8・26労民47巻4号378頁。

「わが国においては，年功賃金や退職金，私的退職年金制度がこれらの社会保障制度に代わる機能を果たしていたということができ，年金支給開始年齢と定年年齢との間に開差があることをもって，直ちに違憲・違法とまではいえない」としている[86]。

要約すると，1960年代から定年制の不利益が意識されその効力をめぐる訴訟が提起されているが，裁判所は定年制の合理性を肯定し，憲法14条1項ないし公序に違反しないとしている。定年制は形式的には平等であり，定年までは雇用が保障される上，若年者に雇用・昇進の機会を開き，使用者も賃金コストを抑制し人事を刷新できるからである。つまり，日本型雇用慣行のもとで定年制を違法とすることは，高年齢者の雇用安定のために必要ではないし，企業の人事管理や若年層の雇用・昇進機会に不利益を及ぼすという弊害もあるため，適切でない，という立場がとられたといえよう。このような解釈が前記の定年延長の政策展開の前提をなしていた。

2　中高年齢者の賃金減額

1970年代からの定年延長推進政策は60歳定年の義務化に結実したが，定年を60歳に延長することを義務づけられた企業の多くは，定年延長と同時に賃金カーブを修正し，55歳から60歳の間の賃金を減少させるといった対応を行った。これに対し訴訟が提起され，高年齢者への不利益な取扱いは憲法14条1項ないし労基法3条——労働者の国籍，信条または社会的身分を理由とする，賃金，労働時間その他の労働条件についての差別的取扱いを禁止する——に反するとして争われている。

日本鋼管（賃金減額）事件[87]は，55歳定年制から60歳定年制に移行する際に，労働協約によって賃金制度が同時に改定された事案である。原告は，当該賃金改訂は，55歳以上の組合員に対して大幅な減額措置を行うものであるから年齢差別であり合理性がないとして，本件改訂前の賃金との差額を求めて提訴した。

86　60歳定年制が憲法14条1項違反かどうかが争われた東京大学（助手定年制）事件・東京地判平成9・4・14労判717号31頁でも，職員の新陳代謝を計画的に行うことにより組織の活力を維持し，それにより公務能率の維持増進を図ることと，所定の年齢まで職員の勤務の継続を保障して，安んじて職員を公務に専念させることといった目的に一応の合理性が認められるとして憲法14条1項に反しないと判示された。
87　横浜地判平成12・7・17労判792号74頁。

裁判所は，本件において中高年齢者を不利に取り扱うことは，憲法14条1項の定める平等原則に違反しないとした。判旨はまず，年功賃金制度の合理性を次のように肯定している。すなわち，「労働者の生活費の多寡を賃金決定の際に考慮し，その結果として，同一労働に対する賃金額が異なってくるとしても，不合理ということはできない。そして，通常，年齢に伴い生活費の多寡が変動する以上，年齢に応じて賃金の額を変動させることもその内容が生活費の傾向を反映したものであり，かつ，賃金の低い労働者の賃金額が不当に低いものでなければ，決して不合理ではない」。「我が国においては，勤続年数や年齢につれ賃金が逓増するいわゆる年功賃金の制度が多く用いられているが，このような制度も，我が国においては長期雇用制度がかなり一般的に採られていることを考えれば合理的な制度である」。

次いで裁判所はこの事件の賃金改訂は，若手従業員を定着させ能力主義を強化するという目的のために，55歳以上の組合員の賃金を減額し，その賃金原資により，若年・中堅層の賃金を上昇させるものであるところ，「数多くの従業員を有する大企業においては，各年齢層の従業員がほぼ等しく存在することが適正な業務への適正な人員配置を図る面や技術等の継承の面で望ましい」，「若年労働者の新規採用に苦心する状況にあり，若年労働者の採用を伸ばすための何らかの方策をとる必要性があったことが認められる」として，合理的であるとした。

この他にも55歳定年を60歳に延長する過程で行われた賃金減額の効力が争われた事例はいくつか存在するが，いずれも結論においてその有効性は認められている。日本貨物鉄道（定年時差別）事件[88]で裁判所は，労基法3条に列挙された事由を例示的なものと解し，合理的理由なくして年齢を理由として労働条件について差別することは許されないと説示した。しかし，55歳から60歳までの労働者は定年延長の利益を受けることになることから，賃金等の面でそれらの者を不利益に取り扱う就業規則の不利益変更の合理性は肯定されるとし，そこから差別の合理的な理由の存在も導いている[89]。

同様の事案について争われた日本貨物鉄道事件[90]では，労基法3条にいう社

---

[88] 名古屋地判平成11・12・27労判780号45頁。
[89] 兼松（男女差別）事件・東京地判平成15・11・5労判867号19頁，NTT東日本（北海道・配転）事件・札幌地判平成18・9・29労判928号37頁でも同様の主張が否定されている。
[90] 東京地判平成11・8・24労経速1733号3頁。

会的身分による差別に年齢差別は含まれないとする。「『社会的身分』は、生まれによって決定されるものを指すと考えるか、後天的なものを指すと考えるかの見解の対立はあるにしても、社会において占める継続的地位であり、他者とは違う存在であることを前提とするが、一定の年齢（55歳）に達したことは、誰でも同じように不可避的にその年齢に到達するといえる」からである。

以上のように、高年齢者雇用安定法により定年制については60歳未満のものは禁止されることになったが、60歳未満の労働者についてある年齢層の賃金を減額しても、直ちには違法と解されていないことになる[91]。

3　中高年齢者の解雇

解雇・雇止めにおいて中高年齢者を対象として選定することも必ずしも合理性を否定されてこなかった。

三井石炭鉱業事件[92]では、満53歳以上という整理解雇基準が問題となった。日本では近年まで法律上、解雇に正当事由を要するという規定はなかったが[93]、判例において解雇権の行使は客観的に合理的な理由を欠き社会通念上相当として是認することができない場合には権利の濫用として無効になるという法理が確立されており[94]、なかでも整理解雇については、解雇の必要性、解雇回避努力を尽くしたこと、被解雇者選択基準が合理的であること、十分に手続を履践したことという4要件が課されている[95]。当該事件における満53歳以上という整理解雇基準につき裁判所は、「年齢による整理解雇基準の設定は客観的基準であり主観的要素が入り込まないこと、高齢者から解雇していく場合は、その再就職が困難である等の問題点も多いことは確かに否定できないが、退職金等によりその経済的打撃を調整できること、炭鉱経営者が高齢者の体力面や機械化への適応性に不安をもつのも一概に理由がないとはいえないこと」から合

91　定年延長とは直接に関連づけられていない高年齢者の賃金減額が就業規則変更により実施されたみちのく銀行事件において、最高裁は、当該賃金減額が高年齢者のみに偏って不利益を及ぼすものであること等に言及して、不利益変更の効力が原告に及ぶことを否定した（みちのく銀行事件・最一小判平成12・9・7民集54巻7号2075頁）。ただこれは年齢による差別的待遇だという観点ではなく、「一部の」労働者に不利益を及ぼすという観点から合理性が否定されたものである。

92　福岡地判平成4・11・25労判621号33頁。

93　解雇権濫用法理は2003年改正労基法18条の2で成文化された後、労働契約法16条で規定されている。

94　日本食塩製造事件・最二小判昭和50・4・25民集29巻4号456頁。

理性ありと判断した。

業務整理により冗員になる45歳以上の者という基準の合理性が争われたエヴェレット汽船事件では、「人件費の削減を図り必要最小限の人員で事業を継続するという本件合理化の目的に照らせば、人件費コストの高い高年齢の従業員を解雇の対象とすることは誠に止むを得ないところであるから」不合理ではないと判断され、人件費負担の大きさが決め手になっている[96]。

つまり、被解雇者選択のための年齢基準の合理性は、能力やコストとの関連性、形式的平等性を理由に肯定されてきたといえる。もっとも近年のヴァリグ日本支社事件判決[97]は、年齢基準の合理性を否定し、注目を集めた。幹部職員で53歳以上の者という解雇基準について裁判所は次のように説示する。すなわち、「定年年齢まで7年間…もの期間が残存し、残存期間における賃金に対する被用者の期待も軽視できないものである上、我が国の労働市場の実情からすれば再就職が事実上非常に困難な年齢であるといえるから、本件の事実関係のもとにおいては、早期退職の代償となるべき経済的利益や再就職支援なしに上記年齢を解雇基準とすることは、解雇後の被用者及びその家族の生活に対する配慮を欠く結果になる…。加えて…原告らの担当する幹部職員としての業務が、高齢になるほど業績の低下する業務であることを認めるに足りる証拠はない」とされる。

ただ本判決でも、早期退職の代償となる経済的保障が十分でないこと、幹部職員については高齢になるほど業績が低下するといえないことに特に言及しており、年齢を被解雇者選択の基準として用いることを全く認めない趣旨ではないと考えられる[98]。

つまり現在の裁判例の傾向からすると、退職の代償措置として給付が提供されたり、加齢によって職務遂行能力が低下する職務であるときは、被解雇者選

---

95 いわゆる整理解雇の4要件について解雇権濫用判断のための4つの「要素」にすぎない、つまり4つの事項がすべて充足されている必要はないとする立場も有力になっていた（たとえばナショナル・ウェストミンスター銀行（第3次仮処分）事件・東京地決平成12・1・21労判782号23頁）。しかし、整理解雇の有効性について厳格な判断を行う姿勢に大きな変化はみられず、実際上、いずれかの要素を欠けば解雇権濫用となることが通常であり（山川隆一『雇用関係法〔第3版〕』255頁（新世社、2003年））、裁判所は使用者の恣意的な解雇をチェックする姿勢を堅持している（菅野・前掲注65・432頁）。

96 東京地決昭和63・8・4労判522号11頁。

97 東京地判平成13・12・19労判817号5頁。

択の基準として年齢を用いることも許されうる。高年齢者雇用安定法により60歳未満の定年制が禁止されたが，整理解雇の場合に年齢を被解雇者選択基準として用いたとしても，そのことから直ちに解雇権濫用とは判断されていないのである[99]。

IV 学説の検討

1 定年制

上記のように日本では，定年制を基軸とする政策が進められてきており，判例も定年制が日本型雇用慣行の不可欠の構成要素であること等からその適法性を認めている。

これに対し，前掲秋北バス事件最高裁判決が，定年制を新設する就業規則の効力を認めたこと等に端を発して，定年制を違法・無効なものとする学説が登場した[100]。木村教授[101]，横井教授[102]に続いてこの点を論じた島田教授は，一律定年制は，「労働者の労働力の質に関する個別具体的な判断を無視して，一律的に労働継続の意思と能力を有するものを労働関係から排除する」ので，労働権・生存権の侵害であり，年齢差別として憲法14条1項・労基法3条にも

---

[98] 同様の裁判例として，天間製紙事件・静岡地富士支判昭和50・8・19労判238号65頁がある。高年齢者が解雇者選定基準の1つとされ，解雇された51歳から54歳の原告らが解雇の無効を争った事案である。裁判所は，高年齢者という基準は「それ自体としては疑問がないわけではない」としながら，被解雇者に対して規定の3割増の額（定年まで勤務した場合と同額）の退職金が支払われており，正常操業に復した場合には優先して再雇用するといった条件が付けられているという事情と併せ考えれば，このような整理基準も客観的合理性があるとしている。

[99] 国家公務員Ⅲ種試験における年齢制限の違法性が争われた裁判例もあるが憲法14条1項に抵触しないと判断されている。浅田・前掲注78・150頁。

[100] 学説については，森戸英幸「文献研究・労働契約の終了（2・完）」季労173号105頁（1995年）が詳細な紹介・分析を行っており，ここでの検討は同論文に多くを負っている。

[101] 木村五郎「停年についての2，3の覚え書き」愛媛大学紀要第4部社会科学第5巻第3号第1分冊（法学）17頁（1966年），同「民間企業における定年制固有の若干の法的問題」神戸法学雑誌19巻1・2号108頁（1969年。木村五郎『労働契約解消法の諸相』7頁（成文堂，1996年）も参照），同「定年制をめぐる法的問題」労働56号20頁（1980年）。

[102] 横井芳弘「定年制と労働契約（その1）」労判119号10頁（1971年）。

反し，そのような解雇事由ないし解雇基準の設定は公序良俗違反として無効になると主張した[103]。

しかしこれらは少数説にとどまり，通説は定年の合法性を肯定した。その主たる論拠は，以下にみるように，定年制が形式的には平等を満たすこと，定年までの雇用を保障し，年功的処遇を可能にする機能を営んでいることに求められきた。

蓼沼教授は，年功賃金・生涯雇用の慣行が違法といえないとすれば，生涯雇用の終了時期を個々の労働者に対する「解雇」という形式で行うのを避け，一般的労働能力の喪失をきたす老齢に近接した年齢を選び，この年齢に達した労働者は例外なく「後進に道をゆずる」という理由のもとに定年退職するという制度を設けることで，労働者側からの抵抗の緩和を期待しつつ終身雇用の終点を定めようとすることも，違法とはいえないと論じた[104]。馬渡教授も，労働能力という直接的な退職基準を用いることは高年齢者に労働無能力者の烙印を押して追放するような方法であり，そのような方法が年功を尊ぶ日本の社会で受容されるとは思えないとしている[105]。浅倉教授は，定年制の反公序性を説くよりも定年延長を推進する方向でいくべきだと論じている[106]。その理由として，定年制は人事停滞や勤労意欲減退の防止に資するので労働者側にとって利益でもあること，定年制を違法・無効とすると能力低下による解雇という代替手段を奨励することになること，一定年齢への到達は誰にでも平等に生ずるものであり，他の差別よりも合理性の範囲は広くとれること，ある年齢に達した者は労働権の主体としてではなく社会的休息権の主体として把握すべきことをあげている。菅野教授は，一定年齢層の者に対し成績・能力等の評価によって適格性の選別を行い不適格者を排除する「選別制に比べれば，定年制はそれなりに労使双方にとっての公平性・合理性を有すると認められる」とする[107]。下井教授も同様に，定年制は徹底した形式的平等主義の制度であって年齢によ

---

103 島田信義「定年制『合理化』論の法的批判」季労 86 号 59 頁（1972 年）。橋詰洋三「定年制」季労別冊 1 号 142 頁（1977 年），舟生耿一「定年制の現状と違法性」長崎大学教育学部社会科学論叢 27 号 13 頁（1978 年）も参照。
104 蓼沼謙一「定年」石井照久・有泉亨編『労働法大系 5 巻労働契約・就業規則』213 頁以下（有斐閣，1963 年）。
105 馬渡淳一郎「定年制の基本問題と公務員の定年制」労働 56 号 47 頁以下（1980 年）。
106 浅倉むつ子「男女差別定年制の反公序性」季労 112 号 134 頁以下（1979 年）。
107 菅野和夫『労働法』332 頁（弘文堂，1985 年）

る差別ではなく，またもし定年制がすべて違法・無効なら「仮借ない実力主義による人事管理，あるいは解雇権濫用法理の大幅な緩和を受容せざるをえない」とする[108][109]。

さらに，定年制の合法性を場合ごとに吟味すべきだとする説も有力に主張された。その代表といえる荒木誠之教授は，55歳定年制は労働者の労働の意思と能力を無視して一律に労働の機会を奪うものであり公序良俗違反の性格が濃いとして，男子60歳，女子55歳（当時の老齢厚生年金の支給開始年齢）以下の定年年齢で退職を強制することは労働者の労働権・生存権を侵害することとなるとする[110]。具体的には，定年制の法的効果を認めるための条件は，その年齢が一般的に労働能力および労働意思喪失の時期と一致していること，労働生活からの引退によって，生活保障給付——公的老齢給付もしくは私的老齢年金——が受けられることであり，したがって男子60歳，女子・坑内労働者55歳が最低の定年年齢となるとする。

また，手塚教授は，雇用・身分保障が定年まで厳格に行われ，退職金・企業年金等で老後保障が図られている場合は，定年制に合理性ありとする[111]。渡辺教授は，定年年齢の合理性判断基準として，国民の平均余命（医療，衛生科学の発達状況），老齢厚生年金の支給開始年齢，当該産業における定年制の一般的状況や労働環境の整備状況等をあげ，60歳定年の合理性を肯定した[112]。この他，松林教授は，年金保障と接続しない定年制については労働権侵害と年金保障の欠如による休息権侵害として，年金保障と接続している定年制については憲法13条の自己決定権と労働権の侵害として違法と推定する。ただし，年金保障がある場合には，解雇権の濫用でないことの立証義務をその分緩やかに解し，当該企業における他の労働者との比較による相対的な立証でもよいと議論する[113]。

高年齢者雇用安定法旧4条が60歳以上の定年年齢を定めることを努力義務として規定すると，学説では，これが定年の公序違反性の基準になるとする立場が表明されるようになった。柳沢教授は，同法の成立により60歳未満の一

---

108 下井隆史『雇用関係法』146頁（有斐閣，1988年）。
109 この他，本多淳亮「朝日新聞の停年制」労働法6号114頁（1956年）。
110 荒木・前掲注58・374頁以下。
111 手塚和彰「60歳定年制時代とその法的諸問題」季労別冊9号160頁（1986年）。
112 小西國友ほか『労働関係法』155頁〔渡辺章執筆〕（有斐閣，1992年）。
113 松林和夫「高齢者の雇用保障」労旬1245号12頁（1990年）。

律定年制の社会的妥当性や合理性が疑わしいものとなり，同条の規定が私法上も権利濫用や公序良俗違反の判断基準として機能することもありうるとする[114]。清正教授[115]や良永教授[116]も同様の議論を展開した。

要するに，学説は，定年制を違法とする説，定年制の雇用保障機能等に着目しこれを合法とする説，年金支給開始年齢への接合等を考慮して部分的に有効性を認める説に分かれて展開された。もっとも，学説の大勢を占めたのは定年制を合法とする説と部分的に有効性を肯定する説であった。また，定年制違法論を唱える学説も，定年制と一体のものとして発展してきた年功賃金や退職金等を問題にするものではなく，中高年齢者の雇用機会の確保を主に念頭に置くものであったといえよう。

2　賃金と解雇における年齢基準

高年齢者の賃金減額についても，年齢差別という観点から違法と論じる学説は，これまでのところ見当たらない。

前記裁判例での主張の1つは，労基法3条に定める差別禁止事由を例示列挙と解すると，年齢基準による賃金減額は労基法に違反することになるというものだったが，このような解釈について大内教授は，労基法に刑罰法規としての性格が備わっていることを無視することになるから例示列挙と解すべきではないと批判する[117]。また，労基法3条の差別禁止事由を例示列挙とすることを肯定した裁判例を支持する土田教授も，同判決が就業規則変更の合理性と年齢差別の合理的理由を同一視していることは，年齢差別規制が強行的法規範として確立していないことの証左であると分析し，合理性を肯定した裁判例の結論に賛成している[118]。柳澤准教授も，「60歳未満の段階で『年齢』のみを理由とする『極端な労働条件の切り下げ』を就業規則によって行うこと」は，高年齢

---

[114] 柳沢旭「高年齢者雇用安定法と定年法理」季労141号23頁（1986年），同「高齢者雇用に伴う法律問題」労働70号30頁（1987年）。

[115] 清正寛「高年齢者雇用安定法と雇用政策の課題」季労141号9頁（1986年），同「高齢化社会における雇用政策と労使関係」労働70号21頁（1987年），同「定年制と再雇用をめぐる法問題―最近の判例をてがかりに―」熊本大学法学部創立十周年記念『法学と政治学の諸相』489頁（成文堂，1990年）。

[116] 良永彌太郎「定年の法制化―高年齢者雇用安定法の成立―」労協329号19頁（1986年）。

[117] 大内伸哉「60歳定年延長に伴う賃金額規定の新設とその拘束力―日本貨物鉄道（定年時差別）事件」労判781号12頁（2000年）。

者雇用安定法8条の趣旨に反し，公序良俗違反で無効という結論を導きうるとするが[119]，これも極端な労働条件の切り下げに限った議論であり，年齢を理由とすることから直ちに違法だとするわけではない。

高齢を整理解雇基準とすることを合理的とみる裁判例が多いことは既に述べた[120]。この傾向について山川教授は，年齢基準を用いるときは退職金の上乗せといった補償の措置がとられる必要があると論じる[121]。「高齢者を解雇対象とする場合も，能力・成績を勘案したり，早期退職金を支給したりすることが求められる」とする土田教授の見解も同趣旨といえよう[122]。高齢という整理基準は，判例にいう被解雇者選択基準の合理性の要件を充たさないと柳澤准教授は主張するが[123]，これは，年齢差別というよりあくまで高年齢者雇用安定法が60歳未満定年を禁止している（8条）趣旨に照らしての議論である。つまり学説は，対象者選定基準として年齢を用いる合理性を簡単には認めていないが，退職金の上乗せを行っているとき等は年齢基準を用いることも認めており，完全に否定しているわけではないといえる。

年齢や勤続年数を昇給や昇進の基準とする年功的処遇も，それを積極的に支持する見解こそなかったものの，違法だという見解が示されることはなかった。定年制は年齢差別として違法だと述べる論者も，年功の処遇もまた差別として違法になるのかという点には全くふれていない。定年制をめぐる議論に終始しており，年齢を用いた雇用管理を全体として年齢差別として規制すべきかどうかを論じるまでには至っていなかったのである。年齢の高さや勤続年数の長さが年齢の高い者に有利に働く限り，それを疑問視する見解は見当たらない[124]。

---

118 土田道夫「就業規則に基づく定年延長に伴う賃金減額規定の新設とその拘束力―日本貨物鉄道事件」ジュリ1200号218頁（2001年）。
119 柳澤・前掲注15・270頁。
120 松本哲泓裁判官は，上記の裁判例の傾向について，「高齢者は，年功序列賃金制の下でその労働生産性以上の賃金を得ていることが，抵抗の少ない理由かも知れない」とし，「合理性を持つためには，退職に伴う補償の程度を考慮すべきであろう」とする。松本哲泓「整理解雇」林隆一・山川隆一『新・裁判実務体系第16巻　労働関係訴訟法Ⅰ』（青林書院，2005年）148頁以下。
121 山川隆一「事業部門の閉鎖による担当業務の消滅と整理解雇」山本吉人監修『「労働判例リーディングケース」に学ぶ人事・労務の法律実務』208頁（産労総合研究所出版部経営書院，2001年）。
122 土田道夫『労働法概説Ⅰ雇用関係法』240頁（弘文堂，2004年）。
123 柳澤・前掲注15・270頁。
124 濱口桂一郎「賃金制度と労働法政策」季労212号212頁（2006年）。

V　年齢差別禁止に向けた議論と法改正

1　立法的論議

　日本の中高年齢者の雇用政策は，定年延長を推進することによって高年齢者の雇用の安定を図るということに焦点を当てて展開されてきた。この状況に近年変化が生じている。

　年齢差別規制をめぐる立法的論議が開始されたことがその変化の1つである。まず，「60歳代前半層高齢者の採用，という限定的な局面についてのみ年齢差別概念による保護を及ぼしてはどうか」という見解が，森戸教授によって示された[125]。また，定年を有効と解する判例・学説が前提とする雇用慣行は今日既に崩れており，定年制は，合理性を欠き，無効と解すべしとの主張がなされた[126]。高齢労働者の雇用調整が人件費削減の手段として恒常化している現実に照らせば，定年までの雇用保障は非現実的なものになっており，また年功賃金体系の見直しが積極的に行われ高齢労働者の賃金や退職金の大幅な削減がなされているから，高齢労働者の人件費が高いとは一概にいえないとされる。労働経済学の立場からも，アメリカのように，定年制を廃止し募集・採用時の年齢制限を禁止する年齢差別禁止法を導入すべしと主張された[127]。さらに，将来的に年齢差別禁止法制定の基盤が整ったときには年齢差別禁止法を導入すべきだとする積極的見解が，藤本教授によって提示された[128]。

　近年では，厚生労働省等において立法的論議も活発に交わされている。2000年に出された「雇用における年齢差別禁止に関する研究会・中間報告」は，高齢化社会の進展や経済・産業構造の変革をふまえて「年齢にとらわれずに働く

---

[125]　森戸・前掲注13「立法政策」108頁。

[126]　蛭原典子「高齢者雇用と定年制―定年制法理の再検討―」大河純夫ほか編『高齢者の生活と法』184頁（有斐閣，1999年）。

[127]　清家篤『定年破壊』（講談社，2000年）。横溝雅夫・北浦正行『定年制廃止計画』（東洋経済新報社，2002年），清家篤・山田篤裕『高齢者就業の経済学』108頁以下（日本経済新聞社，2004年）も参照。

[128]　藤本茂「年齢差別禁止立法化の前提―経済企画庁『雇用における年齢差別禁止に関する研究会中間報告』を読んで」労旬1493号8頁（2000年），山田省三「雇用における高齢者処遇と年齢差別の法的構造」毛塚勝利ほか『労働保護法の再生　水野勝先生古稀記念論集』324頁（信山社，2005年）。

ことができる社会」の創設を謳い，その手段の1つとして年齢差別禁止法の導入について検討している[129]。年齢差別禁止法に際して整備すべき条件として，成果主義による賃金・人事処遇制度，公正な職務評価制度，自発的な退職を勧める制度や企業の雇用調整手段が必要になるとされる。内閣府に2001年から2003年にわたって設置されていた総合規制改革会議（委員として清家教授が参加）も，円滑な労働移動を促進する観点から，中長期的に，募集・採用時の年齢制限を禁止すべきだとの見解を表明している[130]。

そして，柳澤准教授は，比較法的考察から，諸外国で，「エイジ・ブラインドともいうべき法理念が急速に広がりつつ」あり，日本においても「『エイジ・ブラインド』に限りなく近い思想を中核に据え」，「雇用の場面においては若年者も含めた『年齢基準の排除』を指向する」という立場を提唱する[131][132]。

以上のように，経済学者・法学者から，定年制の撤廃ないし年齢差別規制の必要性を唱える見解も現れている。

ただ，多くの論者の立場は，少なくとも定年制の撤廃については，雇用慣行の変化が前提となるとするものである。たとえば菅野教授はその体系書を1994年に改版するときに，「ただし，年功制・長期雇用制は国際競争の進展と人口の高齢化の中で修正されつつあり，定年制の基盤は揺らぎ始めている」という一節を挿入しているが[133]，「企業における雇用保障や年功的処遇が弱まって，定年制のプラス面があってなきがごとき状態にならなければ，定年制を違法とする年齢差別禁止はむしろ中高年齢者の利益に反する」とも論じている。近年の著書では，「年齢差別禁止法は，年功処遇システムがほぼ崩壊し，機能

---

[129] 経済企画庁『雇用における年齢差別禁止に関する研究会・中間報告』労旬1493号57頁（2000年）。

[130] 『規制改革の推進に関する第3次答申―活力ある日本の創造に向けて―』雇用・労働3頁（2003年）。

[131] 柳澤・前掲注15・241頁以下。

[132] 年齢差別という観点からではないが，高年齢者雇用安定法が2004年改正によって強化されたことを受け，高年齢者の雇用確保措置を伴わない60歳定年制を定める就業規則の効力を否定すべきとの見解が，清正教授，山下准教授によって表明されている。清正寛「高齢者雇用の法的課題―高年齢者等雇用安定法2004年改正をめぐって―」毛塚・前掲注128労働保護法の再生285頁以下，山下・前掲注70・43頁以下。ドイツ法の検討をふまえ，公的年金支給と連動しない60歳定年制は勤労権・生存権の侵害であり無効だと論じるものとして，山川和義「ドイツにおける定年制の法理―定年と年金の連動（3・完）」名古屋大学法政論集219号172頁以下（2007年）。

[133] 菅野和夫『労働法〔第3版補正版〕』372頁（弘文堂，1994年）。

別・職業能力別賃金となった雇用社会,つまりは外部労働市場中心の雇用社会で初めて必要かつ適切な構成原理となる」とされている[134]。

岩村教授も,「アメリカの年齢差別禁止法は,解雇の自由が貫徹しているアメリカの雇用システムを背景として成立している」として,「年齢差別禁止法を導入して一気に従来の雇用システムを変革することは,差し控えるのが妥当と考えられる」とする[135]。森戸教授も,アメリカでは随意的雇用原則を前提としてADEAが存在していること,ADEAについては採用差別の是正にあまり効果がないとされていることから,日本で定年制が禁止されると企業がより頻繁に解雇という手段に訴えるようになる一方で高年齢者の新規雇用は進まないといった事態が起こる可能性もあると懸念を示す。そして,当面は定年年齢を65歳まで引き上げることをめざすことを提案している[136]。

また,従来の政策的対処から年齢差別禁止アプローチへ移行することへの疑問も投げかけられている。たとえば笹沼教授は,中高年齢の労働者には管理職クラスの者も多く,「社会において劣位に属するとされている集団」とはいい難いとし,中高年齢者の再就職については「むしろ職業安定法制度そのものの問題であり,また中途採用に関する課題として捉えるべき」であると論じている[137]。

2003年1月に出された「年齢にかかわりなく働ける社会に関する有識者会議報告書」[138]も,年齢差別規制の必要性について「誰もが高齢期を迎えるという意味で『年齢差別』という概念が他の差別と異なるという点等を勘案しつつ,高齢者の雇用の促進のためにはいかなるアプローチがより効果的であるかといった観点から」検討する必要があるとする。特に定年制については,「定年年齢まで高齢者の雇用機会を確保するという役割を実質的に果たしてきている」とし,「定年制を廃止した場合に,雇用調整の手法をどうするかが大きな課題となるが,客観的で公正な能力評価制度が確立されていない中で,解雇の対象者を選定するに足る基準を設定し,かつ,対象者の納得を得ることは困難であり,できたとしてもそのために要するコストは多大なものとなる」とする。そ

---

[134] 菅野・前掲注11・97-98頁。
[135] 岩村・前掲注60・360頁以下。
[136] 東京大学労働法研究会・前掲注25・348頁以下〔森戸英幸執筆〕。
[137] 笹沼朋子「募集・採用差別」日本労働法学会編『講座21世紀の労働法第6巻労働者の人格と平等』225頁(有斐閣,2000年)。
[138] http://www.mhlw.go.jp/shingi/2003/01/s0114-2a.html#3-4-4

して今後，年金の動向，能力・成果に対応した賃金・人事処遇制度の普及，労働移動の状況も含めた実際の労働市場の状況をみつつ，処遇を見直して定年延長・継続雇用によるコストと，定年をなくした場合に雇用調整に要するコストの比較を行いながら，退職過程のあり方全体について検討する必要がある，としている。

2003年7月の「今後の高齢者雇用対策に関する研究会」の報告書も，全般的な年齢差別禁止によって対処することは適当でないとする[139]。年齢差別禁止という手法をとった場合には労働市場の混乱を招くおそれがあり，定年制を禁止すると高年齢者の雇用機会の確保に却って悪影響を及ぼすおそれがあるからだとされる。そして，年齢差別禁止ではなく，募集・採用時の年齢制限の是正を図ったり，定年制を活用しつつ高年齢者の雇用機会の確保を図ったりする等，それぞれの場面ごとに，政策目的に応じた対処をとることが適切であるとされている。

つまり，現在の立法的論議は，年齢差別規制や定年撤廃について，中高年齢者の雇用機会確保という目的を達成する一手段としてとらえ，それが定年延長等の高年齢者雇用促進の手段と比較して必要かつ効果的なものなのかどうか，雇用調整のあり方や従来の賃金・人事処遇制度にあまりに急激な変革を求めることにならないかを吟味するものなのである。

2002年3月に国会に提出され，2003年10月に廃案になった人権擁護法案でも，人種，民族，信条，性別，社会的身分，門地，障害，疾病または性的指向を理由とする，労働関係に関する差別をしてはならないとされたが，年齢差別はこれに含まれなかった[140]。雇用の場面では定年制等の年齢を基準とする雇用慣行が存在し，許されない差別の範囲が必ずしも明確でなく，積極的救済の対象とすることが困難だからである[141]。日本において，年齢を用いた雇用管理が，人権保障としての差別禁止の対象と把握されていないことを示すものといえよう。

---

[139] 今後の高齢者雇用対策に関する研究会・前掲注69。
[140] http://www.moj.go.jp/HOUAN/JINKENYOUGO/refer02.html
[141] 人権擁護推進審議会の答申。http://www.moj.go.jp/SHINGI/010525/010525-04.html#1-2-1

2 採用条件における年齢制限についての規制

(1) 2001年雇用対策法改正

このように年齢差別について議論が沸き起こるなかで、使用者は、募集・採用時の年齢制限を設けないよう求められることになる。

政府は、バブル経済崩壊後の不況の深化・長期化のなか、一企業の中での雇用維持を図る政策にとどまらず、外部労働市場を整備し円滑な再就職を支援する政策を重視し始めていた。その一環として、「経済社会の変化に対応する円滑な再就職を促進するための雇用対策法等の一部を改正する等の法律」[142]が2001年4月に制定された。これにより「労働者がその有する能力を有効に発揮するために必要であると認められるときは、労働者の募集及び採用について、その年齢にかかわりなく均等な機会を与えるよう」努める義務が事業主に課されることになったのである（2001年雇用対策法7条）。雇用状況が特に困難な中高年齢者の再就職を促すためである。

もっとも、同条に関する指針[143]は、年齢制限が認められる場合を広く定めた。後述する10個の事由のいずれかに該当し、かつ、事業主がその旨を職業紹介機関、求職者等に対して説明している場合である。そこにあげられた事項には、日本の雇用慣行と整合的であるよう配慮するという立場が表れていた[144]。

年齢制限が認められる10個の事由は次の3つに分けられた。第1に職務上の要請に起因するもの、第2に一定年齢層の雇用促進または保護のためのものである。これらは諸外国の年齢差別禁止法のもとでも適法と認められうるものであるが、第3の類型として日本型雇用慣行に配慮するものも含まれている（分類は筆者による）。

第1の職務上の要請に起因するものとしては、①「特定の年齢層を対象とし

---

[142] 平成13年法律第35号。山下昇「雇用対策関連法制の問題点と課題」労働98号241頁（2001年）、同「募集・採用における年齢制限緩和と中高年齢者の再就職促進」労旬1525号21頁（2002年）、大原利夫「募集・採用時における年齢制限緩和の努力義務」労働99号154頁（2002年）、有田謙司「雇用のミスマッチと労働法」季労199号8頁（2002年）。

[143] 「労働者の募集及び採用について年齢にかかわりなく均等な機会を与えることについて事業主が適切に対処するための指針」平成13・9・12厚労告第295号。

[144] 指針にも、「我が国の雇用慣行、近年における年齢別にみた求人及び求職の状況、特に中高年齢者の再就職をめぐる実態等を考慮」した上で策定されたと記されている。

た商品の販売やサービスの提供等を行う業務について，当該年齢層の顧客等との関係で当該業務の円滑な遂行を図る必要」がある場合（指針第3の5），②「芸術・芸能の分野における表現の真実性等の要請」がある場合（指針第3の6）――たとえば，劇団が演劇の子役を募集・採用する場合――，③「労働災害の発生状況等から，労働災害の防止や安全性の確保について特に考慮する必要があるとされる業務」（指針第3の7），④「体力，視力等加齢に伴いその機能が低下するものに関して，採用後の勤務期間等の関係からその機能が一定水準以上であることが業務の円滑な遂行に不可欠であるとされる当該業務」の場合である（指針第3の8）。

第2の，ある年齢層の雇用促進・保護目的のものとして，①「行政機関の施策を踏まえて中高年齢者に限定して募集及び採用を行う場合」（指針第3の9），②「労働基準法等の法令の規定により，特定の年齢層の労働者の就業等が禁止又は制限されている業務」の場合である（指針第3の10）。後者の例として労基法62条の危険有害業務についての18歳未満の就業禁止等がある。

そして第3の日本型雇用慣行に配慮するものとして，①「長期勤続によるキャリア形成を図る観点から，新規学卒者等である特定の年齢層の労働者を対象」とする場合（指針第3の1），②「企業の事業活動の継続や技能，ノウハウ等の継承の観点から，労働者数が最も少ない年齢層の労働者を補充する必要がある状態等当該企業における労働者の年齢構成を維持・回復させるために特に必要があると認められる状態」にある場合（指針第3の2），③「定年年齢又は継続雇用の最高雇用年齢と，労働者がその有する能力を有効に発揮するために必要とされる期間又は当該業務に係る職業能力を形成するために必要とされる期間とを考慮」した場合（指針第3の3），④「年齢を主要な要素として賃金額を定めている就業規則との関係から，既に働いている労働者の賃金額に変更を生じさせることとなる就業規則の変更が必要となる状態」にある場合が列挙される（指針第3の4）。

以上のように検討すると，指針に多くの例外が設けられたことについて批判も存在したが[145]，諸外国でも特に第1の類型（職務上の要請に起因する場合），第2の類型（一定年齢層の雇用促進または保護を目的とする場合）については，それが規制の対象とならない，あるいは規制の例外として許容されていること

---

[145] 2001年雇用対策法7条および指針の実効性に疑問を呈するものとして，森戸・前掲注13「雇用政策」126頁。

が多い。したがって，特に指針に固有の特徴といえるものではない。指針の特徴は第3の類型，すなわち日本型雇用慣行とかかわりのあるような募集・採用の年齢制限について例外を定めていることにあったと考えられる。

(2) 2004年高年齢者雇用安定法改正

雇用対策法7条の実効性には，以上のような限界があり，その点について批判が加えられた。そして，むしろ，年齢制限を課す理由を求人広告上で，あるいは求職者に対し直接開示しなければならないという説明義務を課すほうがよいとする見解が示された[146]。また，2003年7月の「今後の高齢者雇用対策に関する研究会」報告書は，年齢不問とする求人の割合は同年5月時点で13％程度，年齢制限の上限は平均して45歳程度となっているとして，中高年齢者の再就職促進のために，募集・採用時の年齢制限是正への取組みをさらに強化することが必要である，とした。具体的には，募集・採用時の年齢制限を設けることを禁止するか，あるいは年齢制限を設ける事業主に説明義務を課すことにより，年齢制限是正の実効性を確保することが提言された[147]。

こうした主張・提言を受け，2004年高年齢者雇用安定法改正において，労働者の募集及び採用をする場合において，やむをえない理由により一定の年齢（65歳以下のものに限る。）を下回ることを条件とするときは，求職者に対し，当該理由を示さなければならないことが定められた（18条の2第1項）。厚生労働大臣は，理由の提示の有無又は当該理由の内容に関して必要があると認めるときは，事業主に対して，報告を求め，又は助言，指導若しくは勧告をすることができる（18条の2第2項）。一定の年齢を上回ることを求める年齢制限のみが対象とされる，つまり年齢の低い求職者・応募者を排除する年齢制限が対象とならないのは，同法が，高年齢者の雇用を促進するという目的をもつからであろう。

募集・採用時の年齢制限についての説明義務の意義は，2003年の研究会報告書では，「年齢制限が真に必要なものか否か，ひいては，高齢者をその職務に活用できないのか，ということを改めて考えてもらうため」と説明されている。もっとも，この規制も2001年雇用対策法も，募集・採用に関する年齢制限を強行的に禁止するものではないので，既存の慣行を大幅に変革するような効果はなかったものと考えられた[148]。

---

146 森戸・前掲注13「雇用政策」126頁。
147 今後の高齢者雇用対策に関する研究会・前掲注69。

(3) 2007 年雇用対策法改正

　このように募集・採用に関する年齢制限についての規制は緩やかなものにとどまっていたが，1990 年代のいわゆる就職氷河期に学校を卒業した人々が正社員として採用されず中年に達してきている問題（いわゆる年長フリーター）が，少子化の進展や所得格差の拡大のなかでクローズアップされてきた。こうした事情を背景に，2007 年 6 月，雇用対策法改正により，年齢制限の禁止が強行規定化されるに至る（同年 10 月に施行）。同改正により設けられた新 10 条は，「事業主は，労働者がその有する能力を有効に発揮するために必要であると認められるときとして厚生労働省令で定めるときは，労働者の募集及び採用について，厚生労働省令で定めるところにより，その年齢にかかわりなく均等な機会を与えなければならない」と定める。

　この新 10 条は，文言に着目すると，性別を理由とする募集・採用時の差別を禁じる男女雇用機会均等法 5 条を範としており[149]，人権保障としての差別禁止アプローチに着想を得たものといえよう。また，強行規定化された点も重要であろう。年齢制限を設けていると，事案によっては不法行為（民法 709 条）に該当しうるからである[150]。しかも，参議院厚生労働委員会の付帯決議では，「真に実効性あるものとなるよう，従来，例外的に年齢制限が認められる場合として指針に定められてきた事項を抜本的に見直し，必要最小限に限定すること。」とされている。その結果，以前の指針で列挙された例外のうち 3 つ，すなわち顧客の年齢層等との関係からの年齢制限，体力・視力等加齢に伴いその機能が低下する業務や，既に働いている労働者の賃金額に変更を生じさせる場合の年齢制限は削除されている。

　ただ，そもそも雇用対策法改正は，中高年齢者の再就職の促進を目的とする職業安定法制の一環で行われたものである。そのため政策の対象は，当該政策

---

[148] 55 歳から 65 歳の失業者の約半数が仕事に就けない理由として求人の年齢と自分の年齢が合わないことをあげている（『平成 18 年版国民生活白書』124 頁）。前掲注 69 報告書では，募集・採用時の年齢制限を法律上禁止したとしても，事業主が真に納得した上でないと実質的に中高年齢者が排除されてしまう可能性があること，募集・採用の場面で労使ともに混乱を招くおそれがあること等も指摘された。

[149] 「事業主は，労働者の募集及び採用について，その性別にかかわりなく均等な機会を与えなければならない。」と定められている。

[150] ただ，年齢を理由に採用が拒否されたと認められても採用請求権は与えられないと解される。男女差別の場合も採用請求権は与えられないと解されているからである。山川・前掲注 95・54 頁。

目的を達成するために必要な，募集・採用時の年齢制限の禁止に絞られ，その他の年齢を基準とする人事管理・処遇制度は扱われていない。定年制も規制の対象外とされている。

また，募集・採用の際に年齢制限をしていても，次のいずれかの例外事由に該当すれば，違法にならない（雇用対策法施行規則1条の3第1項）。

・定年年齢を上限として，当該上限年齢未満の労働者を期間の定めのない労働契約の対象として募集・採用する場合（1号）
・長期勤続による能力の開発・向上を図る観点から，新卒の若年者等を期間の定めのない労働契約の対象として募集・採用する場合（3号イ）
・技能および知識の継承の観点から，特定の職種において労働者数が相当程度少ない特定の年齢層に限定し，かつ，期間の定めのない労働契約の対象として募集・採用する場合（3号ロ）
・60歳以上の高年齢者又は特定の年齢層の雇用を促進する施策の対象となる者に限定して募集・採用する場合（3号ニ）

上記3号ロにいう「特定の年齢層」は，30歳～49歳のうち特定の5～10歳幅の年齢層とし，「相当程度少ない」には，その年齢幅の上下の年齢層と比較して労働者数が2分の1以下である場合が該当する，とされている（雇用対策法施行規則第1条の3第1項第3号ロに基づく厚生労働大臣が定める条件）。

定年までの長期雇用を基本とする日本型雇用慣行をふまえた例外は依然として残存しており，60歳以上の高年齢者の雇用の促進を目的とした場合も許されていることは，雇用対策法の政策的趣旨を示すものといえる[151]。

雇用対策法10条は，年齢差別禁止アプローチの萌芽の域を出るものではないといえよう。

---

[151] その他，芸術・芸能の分野における表現の真実性等の要請がある場合（3号ハ），労基法等法令の規定に応じて年齢制限が設けられている場合（2号）も例外とされる。これらの例外事由に該当しないにもかかわらず年齢制限を設けていると，行政による指導を受けたり，公共職業安定所等で求人を受理されなかったりすることもありうる。なお，雇用対策法10条が禁止するのは「年齢」制限の設定であり，「来年3月卒業予定の方を募集」のように，新規学卒者のみを募集する場合は，年齢制限に該当せず，規制の対象にならない。

VI 小　　括

　以上で検討した日本の法政策について，その趣旨と雇用慣行に及ぼすインパクトという観点から考察するとともに，判例が保護するとしている法益や学説の立場についても包括的に検討を加えると，包括的な年齢差別禁止法理が確立したとまではいえない。

　第1に，日本では，中高年齢者の雇用をめぐる問題については，雇用機会の確保を目的とした政策としての対処がなされてきたといえる。

　日本の中高年齢者の雇用政策は，現在のところ，60歳未満の定年制禁止と65歳までの継続雇用の奨励（2004年法改正により継続雇用措置は義務となった。）により65歳までの雇用機会を確保すること，募集・採用時の年齢制限の緩和等を通じて中高年齢者の再就職を促進することを中心とする。

　定年延長の政策は，高年齢者の雇用機会確保という目的を基礎として，定年制をその目的達成の手段として活用するという姿勢を示すものである。つまり，高年齢者雇用安定法による政策は，年齢による不公正な差別を禁止するという観点ではなく，高年齢者の雇用機会確保という観点から規制を行うものである。それゆえ，雇用保障機能を有すると把握される定年制は，完全に撤廃されるのではなく，雇用機会確保という目的の手段として必要な範囲でのみ（60歳未満に限定して）規制されている。採用年齢制限是正の政策も中高年齢者の人権保障として募集・採用時の年齢制限の緩和を推進しているのではなく，中高年齢者の再就職の促進を目的としてそれを行うものである。そのため，政策の対象は当該政策目的を達成するために必要な募集・採用時の年齢制限に絞られ，その他の年齢を用いた賃金・人事処遇制度は扱われていない。

　現在の中高年齢者の雇用政策は年齢に着目した雇用管理について一部規制を行っているが，それらを包括的に規制するものではない。それは，それら諸規制が，年齢による不公正な差別を禁止するという観点からのものではなく，中高年齢者の雇用機会の確保を目的とする政策であるからだ，と把握できよう。

　このような中高年齢者の雇用政策の性格は，性差別に関する法規制と比較すると明瞭になる。周知のとおり，日本の男女雇用機会均等法は1985年に制定された当初，解雇に関する男女差別等は強行的に禁止したものの，募集・採用，配置・昇進に関する男女差別は努力義務規定による規制を採用するにとどまった。女性の就業意識や就業実態を無視して禁止規定により規制することとすれ

ば，企業の雇用管理のみならず労働市場にも大きな混乱をもたらしかねないという理由による。しかし，努力義務規定のもと，諸種の行政上の施策による履行確保が図られ，是正が進み，人々の意識の変革をもたらし，遂に1997年には法改正がなされ，募集・採用，配置・昇進が強行規定化されるに至った（5条，6条）。現在では，雇用の入口から出口まで，ほとんどの局面における性別を理由とする差別的取扱いが禁止されている。

また，高年齢者の雇用政策が65歳までの雇用機会確保を目標とするのは，65歳という年齢が将来的な公的年金の支給開始年齢であるからである。学説上有力であった55歳定年制が公序良俗違反であるとする説も，老齢年金が受けられること等を条件として定年制の効力を認めていた。仮に年齢を基準とする雇用管理が不公正な差別的待遇であるというなら，経済的保障が得られることによって，その差別的待遇を禁止する必要がないことにはならないはずである。このような法政策・学説のあり方も，中高年齢者雇用をめぐるこれまでの法制度や議論が，中高年齢者の人権保障ではなく，中高年齢者の雇用促進をめざして政策的観点から展開されていたことの証左であるといえよう。

判例においてもこれまで，55歳定年制や高年齢者に対する賃金引下げが憲法14条1項の平等原則，労基法3条の観点から審査されているが，いずれも合理性が肯定されている。これは，年齢差別がそれらの規定において明示的に禁止されていないことに起因すると考えられるが，年齢差別が人権にかかわるとの意識が希薄であることも影響しているといえよう。男女差別定年制は，男女雇用機会均等法が制定される以前から既に公序に反すると判示されているのと対照的だといえる[152]。日本においては従来，年齢差別は性差別等のような不公正な差別的待遇として位置づけられていないのである。

年齢を基準とする雇用管理のうち中高年齢者に対して不利なもののみが議論されていることも指摘できる。定年制を年齢差別であり違法であるとする学説も存在したが，それらの学説も定年制と一体のものとして定着してきた年功的な賃金・人事処遇制度等，中高年齢者に有利なものを含め包括的に年齢差別の禁止を検討したわけではない。雇用対策法10条は，助成金制度等に応じて中高年齢者のみを募集・採用する場合については，年齢制限をしてはならない義務の対象外としている。これに対し，男女雇用機会均等法については，女性に対する差別のみを禁じるという片面性が長年の課題とされてきて，2006年改

---

[152] 日産自動車事件・最三小判昭和56・3・24民集35巻2号300頁。

正により遂にこれが克服され，性別を理由とする取扱いを女性に不利なものも男性に不利なものもいずれも禁止する両面的な性格を同法は備えるに至っている（5条以下）。年齢を理由とする取扱いが差別問題として把握されていなかったことは，この点にも表れているといえよう。

　日本では中高年齢者の雇用をめぐる問題に関して，専ら中高年齢者の雇用機会の確保を目的とする規制を施してきた。そして，年齢を用いた雇用管理は，不公正な差別として規制の対象となることはなかったといえる。

　第2に，日本の中高年齢者の雇用をめぐる法政策・判例は，企業の賃金制度や人事処遇制度の根本的な変革を迫るものではないということを指摘できる。

　まず，裁判例や通説が定年制の合理性を肯定する際に論拠となったのは，定年までは雇用が保障されること，若年者に雇用・昇進の機会を開くこと，使用者も賃金コストを抑制し人事を刷新することができることであった。日本型雇用慣行のもとでは，定年制を違法とすることは高年齢者の雇用安定を危殆にさらし，また企業の人事政策や若年者の雇用・昇進機会に不利益を及ぼすという弊害もあるため適切でないと考えられてきたのである。近年では労働経済学の立場から，年齢差別禁止法を導入して定年制を廃止すべしとする見解が表明されているが，慎重な考慮を求めるのが大勢である。定年を撤廃すると代替手段として必要となる個別的評価にコストを要するのではないか，年功賃金・人事処遇に甚大なインパクトを及ぼさないかといった点を慎重に吟味すべしとするのである。

　雇用の終了の局面に関しては，定年制のみならず，解雇に関しても一定程度の柔軟性が保持されている。というのは，随意的雇用原則が支配するアメリカと比較すれば，日本では，一面において，企業の雇用調整のあり方にかなりの制約が課せられている。解雇権は濫用してはならないという法理が確立され，労基法に規定されており，なかでも整理解雇については，解雇の必要性，解雇回避努力を尽くしたこと，被解雇者選択基準が合理的であること，十分に手続を履践したことという4要件（4要素）を充たさなくてはならないと解されているからである。しかし他方で，整理解雇の際に被解雇者選択基準として年齢基準の合理性が否定されているわけではないから，配転や退職優遇措置等の解雇回避努力義務を尽くしてもなお整理解雇の必要があるという場合，中高年齢者から解雇したとしても，必ずしも許容されないわけではない。

　募集・採用時の年齢制限を設けない義務を課す雇用対策法の規定は，2007年改正によって強行規定になった（10条）。ただ，適用対象になるのはあくま

で「厚生労働省令に定めるところ」に限られ，年齢を直接の理由とする取扱いであっても許容されるものが存在する。その例外には，長期勤続によるキャリア形成を図る観点からの年齢制限や，定年年齢を募集・採用の年齢制限とすることも含まれる。これらの例外は，定年制等，日本型雇用慣行を構成する基本的な要素と調和するよう配慮され設けられたものと考えられる[153]。

現在の日本では，60歳未満の定年制は禁止され，雇用対策法10条も募集・採用時の年齢制限を課さない義務を設けるものの，それらを除くと強行的に年齢を基準とする雇用管理を違法とする法規制は存在しない。また，60歳未満の定年制が禁止されるとはいっても，整理解雇の被解雇者選択基準として52歳といった年齢を用いることの合理性は必ずしも否定されておらず，定年延長と同時に一定年齢以降（たとえば55歳以降）の賃金を減額することも憲法14条1項・労基法3条に反しないものとされている。

つまり，日本では，中高年齢者の雇用機会確保を目的として，政策的観点からの規制のみが施されており，それらの法規制においては雇用慣行と整合性を保てるように配慮がなされている。

しかし，定年年齢の延長を推進することによって中高年齢者の雇用機会確保に努めてきた日本でも，近年になって，中高年齢者の再就職が極めて困難になっているという事情のもとで年齢差別規制を導入すべきか否かの議論が開始されている。そして，年齢差別規制の有力な論拠として，アメリカをはじめとする諸外国の法規制が援用されている。確かに，アメリカ，カナダ，オーストラリア，ニュージーランド等の英米法系の諸国では既に年齢差別を禁止する法規制が存在し，EU加盟国は，2000/78指令により遅くとも2006年12月までに年齢差別を禁止することを求められている。もっとも，諸外国の年齢差別規制は決して一律のものではなく，その内容は国によって極めて多様であることに留意する必要がある。これは，年齢差別規制には多様なアプローチがありうることを示している。この点を確認し年齢差別規制の特徴を明らかにするため，次節では諸外国の状況を概観する[154]。

---

153 従前の指針についてこのような評価を示すものとして，菅野・前掲注11・98頁。
154 以下で述べる諸外国の状況については，拙稿「諸外国における年齢差別への取組み」労研521号31頁（2003年）。

第4節　国際的動向

I　アメリカ

　最初に，アメリカ（ADEA）の概略・変遷を簡単に述べておく。

　年齢差別の法規制は，1967年，労働長官（Secretary of Labor）ワーツ（Wirtz）が作成し議会に提出したレポート（以下「ワーツレポート」という。）[155]等を契機として制定された。使用者[156]が「年齢を理由として，個人を雇用せず若しくは雇用を拒否し若しくは個人を解雇すること又は雇用における報酬，労働条件，権利について差別すること」をはじめとして，雇用斡旋機関（職業紹介機関），労働団体（労働組合）が行う年齢差別は違法になる（4条(a)・(b)・(c)）。

　この差別禁止規定には例外が設けられる（4条(f)）。年齢が真正な職業上の資格である場合（BFOQ），年齢以外の合理的な要素に基づく場合（Reasonable Factors Other than Age ; RFOA），真正な先任権（seniority）制度・労働者給付制度の条件に従う場合，正当事由（just cause）にもとづいて解雇・懲戒処分を行う場合である。

　ADEAの履行確保のために，労働長官に対しては，調査の実施，調整等によって差別是正を試みる権限，裁判所に救済を求める権限が与えられた。この権限は1978年に，公民権法第7編の履行確保に携わる雇用機会均等委員会（Equal Employment Opportunity Commission. 以下「EEOC」という。）へ移された[157]。被差別者も，州の当局または労働長官（現在はEEOC）への申立て・調整等の手続を尽くした上で，民事訴訟を提起できるとされた（7条）。裁判

---

[155] Report of the Secretary of Labor, the Older American Worker : Age Discrimination in Employment (1965). ワーツレポートの内容の要旨は，阿部・前掲注16「制定と効果」41頁にも紹介されている。

[156] 「使用者」には，制定当初は25人，現在では20人以上の労働者を雇用する者で州際通商に従事する者がこれに該当するものとされる（11条(b)）。

[157] Reorg. Plan No. 1 of 1978, Sec. 2, 43 F.R. 19807, 92 Stat. 3781 (1978).

所の救済としては，差止め（injunction），採用，原職復帰，昇進，未払賃金の支払いが予定されている。この 1967 年 ADEA は，次のような改正過程を経ている。

- 1974 年改正：公共部門の職員への ADEA の適用[158]。
- 1978 年改正：民間の労働者について，適用を画する年齢上限の 70 歳への引上げ。連邦の職員について，適用を画する年齢上限の撤廃。年金プランに定める定年制が違法であることの明確化[159]。
- 1986 年改正：民間の労働者・連邦以外の公共部門の職員について，年齢上限の撤廃[160]。
- 1990 年改正：高齢労働者給付保護法（Older Worker Benefits Protection Act. 以下「OWBPA」という。）による，労働者給付における年齢による区別が原則として違法になることの明確化[161]。
- 1993 年　　　：大学教員の定年制の撤廃。

こうして徐々に適用年齢の上限の引上げ，上限規制の撤廃が進行し，今日では定年制も含めて包括的に，年齢に着目する雇用管理が違法になっている。もっとも，パイロット等特別の職業に関する定年制は，年齢が職業上の適格性を表す指標であることを示せるならば許容され（BFOQ），上級管理職の定年制は 65 歳でありかつ一定額の退職給付が提供されている限りにおいて認められる（12 条(c)(1)）。

アメリカにおけるこの年齢差別禁止立法の制定に次いで，英米法系の諸国（イギリスを除く。）においても年齢差別禁止の法規制が導入された。もっとも，それらの法規制の内容は，定年制が許容されているかどうか等の点において，多様なものとなっている。

---

[158] Pub. L. No.93-259, 88 Stat. 55 (1974).
[159] Pub. L. No.95-256, 92 Stat. 189 (1978). ただし連邦公務員については，外交官，CIA，航空管制官，警察官，消防士について年齢制限が認められた。
[160] Pub. L. No.99-592, 100 Stat. 3342 (1986).
[161] Pub. L. No.101-433, 104 Stat. 978 (1990).

第4節 国際的動向

II カナダ・オーストラリア・ニュージーランド

　カナダでは，1964年にブリティッシュ・コロンビア州で年齢差別禁止立法が初めて導入された。現在，各州において，人種差別や性差別等とならんで年齢差別が禁止されている[162]。年齢差別禁止の例外は州によって異なるが，年齢が真正な職業資格である場合，年金や保険制度で年齢によって取扱いを区別する場合，アファーマティブ・アクション等が認められ，先任権制度を例外とする州もある。適用対象年齢の下限を18歳や19歳に定める州もある。
　特色は，法の適用対象が65歳未満とされている州があることである。オンタリオ州人権法には，適用対象年齢の上限が設けられており（10条1項），その上限が，連邦の1982年「権利及び自由に関するカナダ憲章（Charter of Rights and Freedoms）」15条1項に違反しないかとして，問題になった。同条は差別禁止事由に年齢を含めているからである。しかし連邦最高裁は，定年制が若年者の雇用確保のために必要であること等を理由とし，年齢上限は「自由で民主主義的な社会における合理的な制約（同憲章1条）」である，ゆえに合憲だと判断している[163]。定年制に服する労働者は労働人口の約半数に上るという。
　オーストラリアでは，1970年代から性差別・人種差別等を禁止する立法が州レベルでなされてきた。少し遅れて年齢差別も規制されるようになる。最初に立法化されたのは南オーストラリア州で1990年のことであった[164]。今ではすべての州において立法がある。年齢差別禁止の例外は，一様ではないが，年齢が真正な職業資格である場合は認められており，若年者への低額な賃金の支払いや年金・保険等における年齢を基準とする取扱いを許容する州もある。法の適用対象年齢の上限はなく，定年制も年齢差別禁止立法と同時またはそれと

---

[162] Gunderson, Age Discrimination Legislation in Canada, in Outlawing Age Discrimination 31-42 (Hornstein ed., 2001).
[163] McKinney v. University of Guelph, [1990] 3 SCR 229. 中川純「カナダにおける定年制の法解釈―人権法法理に対する，カナダ憲章の権利制限テスト（OAKES TEST）の影響―」『愛知学院大学法学部同窓会創立35周年記念法学論集(2)』107頁以下（愛知学院大学法学部同窓会，1996年）を参照。
[164] Encel, Age Discrimination in Australia : Law and Practice in Hornstein (ed.), *supra note* 162, at 12-30.

異なる時期に禁止されている。

ニュージーランドでは，1993年人権法（Human Rights Act）が，性差別や人種差別その他の差別とともに，雇用のあらゆる局面における年齢差別を禁止している[165]。差別の概念には間接差別も含まれ，16歳以上の者すべてに適用される。例外として，年齢が真正な職業資格である場合，平等を確保するための措置，20歳までの者についての賃金を低額なものとすること，警察官・軍隊・裁判官についての退職年齢を定める法律・規則等があげられている。従前は，年金（national superannuation）支給年齢である65歳が適用対象の年齢上限であるとされていた。この上限は1999年に撤廃されている。

III　EU加盟国——2000/78指令採択前

上記の諸国の立法は一律なものではなく，相違点がある。適用対象年齢の上限は，アメリカでは1986年以降，オーストラリアでは1990年代から，ニュージーランドでは1999年以降，設けられていないのに対し，カナダの州法の多くはかかる上限をなお維持している。このような相違はあるにせよ，年齢差別規制立法を導入している点で上記諸国は共通している。

これに対し，EU諸国では，年齢差別を規制する国はごく少数であった。2000/78指令採択前はアイルランドとフィンランドだけである。フランス・ドイツ・イギリス等の主要国では，年齢を基準とする雇用管理についての規制を置く場合も，その範囲・効果は限定されてきた。

1　年齢差別を禁止していた諸国

(1)　アイルランド

雇用均等法（Employment Equality Act）1998年改正を経て，性別・人種等を理由とする差別に加えて年齢差別を禁止することになった（6条，8条ないし15条）。間接差別も違法な差別となる（31条）。政治的背景として，法案起草時に労働党が与党と連立政権を組んでいたこと等が指摘されている[166]。

法の適用対象者は，従来18歳以上65歳未満の者（訓練については15歳から65歳）であった（旧6条3項。この年齢上限が2004年法改正により撤廃されたことについては後述する）。この適用対象年齢の上限は，一般的な退職年齢は65

---

[165] Id. at 76.

歳であるということから設けられたが[167]，憲法の一般的な平等条項に反するのではないかと問題になった。最高裁は，65歳という年齢は，多くの者が労働市場から退出する年齢であるから，不合理とか恣意的とはいえないと判示している[168]。

定年制は禁止されない。労働者または一定の等級・職種の労働者集団について異なる引退年齢を設けることは，自発的であるか強制的であるかにかかわらず，差別にあたらないと定められている（34条4項）。40％の労働者が定年制の対象となっており，定年は概ね65歳に設定されているという[169]。

採用者が当該職務を遂行できる水準になるまで同人を訓練するのに要するコストと時間，または引退年齢までに採用者が当該職務を遂行できるようになる合理的な雇用期間が必要であることを考慮した採用年齢上限の設定も，許容される（34条5項）。年齢給は3年の期間を経て禁止されたが（同条6項），先任権・勤続年数に基づく賃金または労働条件における区別は許容される（同条7項）。別異の取扱いが許容されなければ著しいコストの増大がもたらされるという保険数理上またはその他の証拠がある場合も例外とされる（同条旧3項。この規定は後に削除）。

さらに，50歳以上の者の労働市場への統合のためのポジティブ・アクション（33条1項・2項。積極的是正措置のことを指す。），年齢が真正な職業資格である場合（37条3項），航空機・鉄道・船舶の運転資格等，警察・軍隊・刑務所の勤務（17条3項，37条6項）等が年齢差別禁止の例外あるいは適用除外とされる。

(2) フィンランド

性別・障害・年齢等の理由による差別禁止が憲法に定められている（6条2項。2000年施行）[170]。また，雇用契約法は，使用者に対して差別せず公平に労

166　O'Cinneide, *supra note* 57, at 195 ; Reid, The Prohibition of Age Discrimination in Employment : Issues Arising in Practice (Conference on the Race and Framework Employment Directives, unpublished, 2003)を参照。邦語文献として，牧野利香「アイルランドの状況」労働政策研究・研修機構・前掲注18・87頁，柳澤・前掲注15・201頁がある。

167　牧野・同上88頁。

168　In the Matter of Article 26 of the Constitution and in the Matter of the Employment Equality Bill, 1996　[1997]　2 IR 321 (SC).

169　牧野・前掲注166・98頁。

170　Hornstein (ed.), *supra note* 162, at 72-73.

働者を処遇する（採用を含む。）ことを求めており（2001年施行），年齢差別の禁止もここに含まれる。ただし，年齢を理由とする異なる取扱いは，客観的で許容しうる理由がある場合には，許容される。法の適用対象を画する年齢上限は特に定められていないが，年金受給の資格を取得する時点における雇用契約の終了を定めることができる。

政策の力点は従来，早期退職奨励に置かれてきた。高齢化が進展するなかで高年齢者就労促進に転換してきており，年齢差別禁止もこの政策の一環として位置づけられる。

2　政策的対処を行っていた諸国

(1)　ド イ ツ

後述するように，解釈によっては年齢差別を違法としうる根拠として，一般的平等原則を定める基本法（Grundgesetz）3条1項，労働法上の平等取扱原則（arbeitsrechtliche Gleichbehandlungsgrundsatz），高年齢者に対する不利益の防止義務を事業所当事者に課す事業所組織法（Betriebsverfassungsgesetz）旧75条1項2文が存在し，特に定年制（Altersgrenze）については，職業の自由の基本権に関する基本法12条1項，期限（Befristung）を設けることに客観的（sachlich）理由を求める判例法理（民法典（Bürgerliches Gesetzbuch）620条），社会法典（Sozialgesetzbuch）第6編41条2文がある。

しかし定年制は適法と解されてきた。労働条件に関する年齢差別も，これまで争われた事例ではほぼすべて合法とされた。他方，定年年齢に至るまでは，中高年齢者を保護するような法規制が行われてきた。経営上の事由に基づく解雇について，被解雇者を選択するにあたり，年齢，勤続年数等を考慮しなければならないと規定されていることはその典型である（解雇制限法（Kündigungsschutzgesetz）1条3項）。

年齢差別規制は限定的で，むしろ中高年齢者により手厚い保護を施しており，年齢を用いた雇用管理を推進してきたともいえる。

(2)　フランス

新聞や雑誌，定期刊行物の求人広告で，求職者の年齢上限を設定することは禁止されるが（労働法典（Code du Travail）L.311-4条5項1号）[171]，年齢差別

---

[171] この規定に反すると罰則が科される（同法典R.361-1条）。なお，法律や規則に従って年齢条件を定めることは禁止されない。

を包括的に禁止する規制は存在しなかった。

　定年制も全面的に禁止されたことはない[172]。労働者が一定の年齢に達した場合に労働契約関係が終了することを定める条項には，かつて，労使いずれかの意思表示がなくても終了すると定めるものと，当該事業所における標準的な引退年齢を定め労働者がその年齢に達した後に労使のいずれかが意思表示を行うことによって労働契約が終了することを定めるものが存在した。何ら意思表示がなくとも契約関係を終了させる前者の条項は，1987年7月30日の法律第588号により無効であると規定された（労働法典L.122-14-12条2項）。他方，柔軟条項の有効性は認められた（同条1項）。そのなかで，使用者が決定する「強制引退（mise à la retraite）」と労働者が決定する「任意引退（départ volontaire en retraite）」とを区別して規制がなされることとなった。

　強制引退が有効と認められるためには次の2つの要件を充たすことが必要である（労働法典L.122-14-13条3項）[173]。労働者は，労働協約等が定める引退年齢に達していなければならず，社会保障の老齢年金を満額で受給できていなければならないのである。この点に関しては，社会保障の一般制度に属する労働者の場合，①60歳以上であり，かつ，40年にわたって加入していたこと，または②65歳以上であることが必要とされ，60歳定年も場合によっては可能であったが，2003年8月21日の法律第775号により，60歳以上65歳未満の定年も原則として禁止されることになった[174]。

　定年年齢に至るまでは，高齢労働者の雇用を保護する規制が行われてきた。経済的事由による解雇に関しては，使用者は，労働協約が存在しないときは従業員代表の諮問を経て，被解雇者の選定基準を設定しなければならない。その場合特に，家族責任・在職年数に加え，障害者や高年齢者等，再就職を困難にするような特性を労働者が有するかどうかを考慮しなければならない（労働法典L.321-1-1条）。これは解雇に際して中高年齢者を保護する方向に働く。

172　森戸英幸「雇用法制と年金法制(2)―被用者の引退過程に関する立法政策―」法学協会雑誌109巻12号120-139頁（1992年）。

173　これらの要件を充足しないときは解雇の実質的・手続的要件を充たさなければならない。フランスの解雇法制については，野田進『労働契約の変更と解雇―フランスと日本―』167頁以下（信山社，1997年）。

174　嵩さやか「2003年フランス年金改革と『個人の選択の自由』」法学68巻3号13頁以下（2004年）参照。ただし，一定の労働協約に定めがある場合等の例外が設けられている。

中高年齢者の再就職を促進するための各種制度も存在する。50歳以上の者等特定の対象者を，職業安定所を通じて（期間の定めのない契約または12ヵ月から24ヵ月までの有期労働契約により）雇い入れた企業は，最長2年間の賃金補助等を受けることができるとする雇用促進契約（contrat initiative emploi）等である[175]。

年齢を用いた雇用管理が包括的に規制されることはなく，解雇規制において中高年齢者をより保護する規制が行われる一方，その再就職を促進するための政策が施されてきたといえる。

(3) **イギリス**

年齢差別規制は，議会において提案されたことはあるが，制定されるには至っておらず[176]，特定の年齢層の雇用促進のための政策が施されている[177]。たとえば，"New Deal 50 Plus"という政策が存在する。これは，直近の6ヵ月間求職者手当等を受給していた50歳以上の者に，アドバイザーが1対1で相談に応じ，履歴書の書き方を教え，面接のための交通費を支給する等の就職支援プログラムを実施すること等を内容とする。

年齢差別禁止立法が不存在であるゆえ，定年制は許容されてきた。解雇規制についても（第3章第4節を参照），被解雇者が「標準的引退年齢」に達している場合，「標準的引退年齢」が存在しないケースについては被解雇者が65歳に達している場合に，不公正解雇からの法律による保護の規定が原則として適用されないとされていた（1996年雇用権利法（Employment Rights Act）旧109条1項）[178]。標準的引退年齢が存するか否かは，当該労働者が従事する「職務（position）」においてそれが存在するかどうかによる[179]。標準的引退年齢については，「当該職務に就労している労働者の合理的な期待または理解」によっ

---

[175] フランスにおける中高年齢者の再就職を促進するための制度については，嵩・同上のほか，牧野利香「フランスの状況」労働政策研究・研修機構・前掲注18・60頁以下を参照。

[176] 1998年には広告における年齢差別禁止法案が提出されている。このときの議論を含め，イギリスにおける年齢差別禁止に関する動向については，寺田博「イギリスにおける中高年労働者」労旬1444号4頁（1998年），同「イギリスにおける中高年問題と年齢差別禁止」高知短期大学社会科学論集80号1頁（2001年），同「イギリス年齢差別禁止の動向―行為準則から立法へ―」高知短期大学社会科学論集83号271頁（2002年），柳澤・前掲注15・216頁以下を参照。

[177] この政策の内容については，岩田克彦「イギリスの状況」労働政策研究・研修機構・前掲注18・33頁。

第4節　国際的動向

て，判断される[180]。

　剰員整理解雇（redundaney）を行うときに使用者が支払うべき剰員整理手当の権利や，解雇が不公正（unfair）と判断されたときに支払いを命じられる基礎裁定（basic award）の権利は，65歳未満の標準的引退年齢または65歳に達した労働者には与えられなかった（旧119条4項・5項，156条1項）[181]。

　年齢による取扱いが女性に対する間接差別に該当すると判断されたことはある（1975年性差別禁止法（Sex Discrimination Act 1975）1条1項(b)）。その代表例として募集・採用に関する年齢制限をあげることができる[182]。女性は男性に比して育児・介護のために就労を一時中断することが多く，それゆえ，かかる年齢制限は女性の就職を妨げる傾向にあるから間接差別になりうるのである。ただ，このような主張は常に法的に認められるものではない。間接差別を構成するためには，当該条件をみたす女性の割合が，そのような男性の割合よりも相当程度小さいことを要する。また，使用者が，性にかかわりない要素によって正当化することも認められる。

　イギリスではこのように基本的に年齢差別規制は施されてこなかった。もっとも，1999年には「行為準則——雇用における年齢の多様性（Code of Practice : Age Diversity in Employment）」が出されている[183]。この準則は，雇用に関して年齢が基準として用いられないようにすること，企業が最適な人材を選抜・育成する手段を示すことを目的として，募集，選考，昇進，訓練・能力開発，剰員整理，退職の6つの側面につき改善案を提示するものである。しかし，この準則は法的拘束力を伴うものではなく，それを認知している使用者は25

---

[178] Rutherford and Bentley v. Towncircle Limited (In Liquidation, Trading as Harvest) and Secretary of State for Trade and Industry ［2006］ IRLR 551 では，こうした不公正解雇の適用範囲を限定する規定が間接的な性差別であるか否かが争点となったが，男性により不利な影響を及ぼすことが統計証拠によって示されていないとされた。

[179] 「職務」は，当該労働者の地位，その労働の性質及び雇用条件を総合考慮して判定される（1996年雇用権利法235条）。

[180] Waite v. Government Communications Headquarters ［1983］ ICR 653. 60歳に退職年齢を定める公務員賃金・労働条件規則に服していた事案である。当該職務に従事する労働者の約4分の1が60歳以降も雇用を継続していたが，雇用継続が通常の慣行であることが示されていないとされた。

[181] 小宮文人『イギリス労働法』160頁以下（信山社，2001年）参照。

[182] Price v. Civil Service Commission ［1978］ ICR 27.

[183] 行為準則については，寺田・前掲注176「年齢差別禁止」1頁（2001年）。

%から50%にすぎず，それを利用している使用者は10%に満たない等，実効性は高いものではなかった[184]。

IV　EU加盟国──2000/78指令採択後

1　EC指令の概要

EU加盟国の状況に，1997年アムステルダム条約（Treaty of Amsterdam）によるローマ条約改正によって13条が新設され，同条に基づいて2000/78指令が採択されたことにより，変化が生じた。EC指令は加盟国に対し，宗教・信条，障害および性的指向を理由とする差別に加え，年齢による差別を規制することを求めている。6つの差別（上記の事由に人種・民族的出身による差別と性差別を加えたもの）を等しく取り扱う水平的（horizontal）アプローチがとられているのである。

そのため，年齢差別に関する差別概念や差別禁止の例外は，宗教，障害，性的指向を理由とする差別の概念・例外と共通するところがある。公共部門・民間部門の双方につき，雇用・職業へのアクセス条件や職業指導・職業訓練へのアクセス，労働条件，労働者団体・使用者団体の加入資格・給付に関する差別を加盟国は禁止しなければならない（3条1項）。これは両面的な差別禁止規定であり，高齢であるがゆえの異なる取扱いのみならず，若年であるがゆえの異なる取扱いも含まれる。差別の概念には直接差別と間接差別とがある（2条2項）。差別禁止の例外として許容される職業的要件である場合（4条1項），ポジティブ・アクションを認めることができる（7条1項）。同指令は，加盟国の社会保障給付には適用されない（3条3項）。

もっとも年齢差別に関してのみ可能な正当化事由もある。年齢に基づく取扱いが，①雇用政策・労働市場・職業訓練（employment policy, labour market, vocational training）のような正当（legitimate）目的によって，客観的（objectively）かつ合理的（reasonably）に正当化され，②その目的の達成手段（means）が適切（appropriate）かつ必要（necessary）である場合は，差別を構成しない旨，加盟国は定められる（6条1項）。

---

[184] Hepple, Age Discrimination in Employment : Implementing the Framework Directive 2000/78'/IPPR seminar 9 (unpublished, 2002).

第 4 節　国際的動向

　指令の実施期限である 2003 年 12 月までに，イタリア・スペイン等，多くの国で年齢差別規制が導入された。他方，イギリス・スウェーデン・ドイツは，年齢差別規制について実施期限の延長を申請し，後に立法に至る。ドイツ・イギリスは第 3 章で検討するため，ここではフランス・オランダ・アイルランドの対応を紹介する。

2　加盟国の対応

(1)　フランス

　2001 年 11 月 16 日の差別対策に関する法律第 1066 号[185]制定により，従来から禁止されていた性別，人種等を理由とする差別に加え，年齢等を理由とする差別も禁じられることとなった（労働法典 L.122-45 条）。間接差別も禁止される。この差別禁止規定に反する法律行為は無効になる。ただし，年齢差別については次の例外が定められている（差別対策に関する法律 3 条，労働法典 L.122-45-3 条）。

　「年齢を理由とする異なる取扱いは，正当な目的，特に雇用政策上の目的により，客観的かつ合理的に正当化される場合であり，かつ目的を達成するための手段が適切かつ必要である場合には，差別にならないものとする。この異なる取扱いは，特に以下に定める内容となる。
　―若年者及び高齢労働者の保護を保障する目的で，雇用へのアクセスを禁止すること及び特別な労働条件を設定すること。
　―当該ポストに必要な訓練又は退職までの合理的な雇用期間が必要であることを理由として，採用に上限年齢を設けること。」

定年制は，上記規定において明確に年齢差別規制の例外とされていないが，年金支給開始年齢に接合した定年退職は，「引退」として解雇とは区別され，なお許容されると解されている[186]。

(2)　オランダ

　2003 年 12 月に年齢差別禁止立法が制定された[187]。年齢差別禁止の例外とし

- [185]　川口美貴「人的理由による差別禁止法制の展開―2001 年 11 月 16 日の差別に対する闘いに関する法律第 1066 号」労旬 1540 号 32 頁（2002 年）参照。
- [186]　労働法典 L.122-14-13 条 3 項に反する定年は L.122-45 条により無効になる。嵩・前掲注 174・183 頁。
- [187]　オランダの年齢差別禁止法については，岩田克彦「オランダの状況」労働政策研究・研修機構・前掲注 18・71 頁以下を参照。

て，目的が正当かどうか，目的達成のための手段として適切かつ必要かどうか，という基準に照らし，客観的に正当化されうる，と規定される（7条1項c）。老齢年金の受給年齢（65歳）に到達したことを理由とする雇用関係の終了は，年齢差別禁止の対象にならない（7条1項b）。特定の年齢層の雇用を推進する雇用政策又は労働市場政策に基づく場合も例外とされる（7条1項a）。職域年金の加入資格や受給資格等について年齢を基準として用いることも認められる（8条）。

(3) アイルランド

EC指令に適合した規制とするため，2004年に，雇用均等法が改正された[188]。適用対象年齢の範囲は，従前は18歳以上65歳未満とされていたが，年齢上限が撤廃され，下限は15歳となった（採用は18歳を下限とすることができる。6条3項）。また，これまでは年齢による区別を設けないとコストが増大するといえる場合に，年齢差別禁止の例外として許容される可能性があったが（旧34条3項），この部分の規定が削除された。さらに，警察・刑務所業務について一律に年齢差別禁止規制を適用除外とする規定が見直されることとなった（37条4項）。そして新たに規制の例外として，強制引退年齢を超えた者に対して有期の雇用機会を提供することと（6条3項(c)），職域の給付制度（疾病，障害）において加入資格・受給資格が得られる年齢を設けること，保険数理上の計算において年齢を基準とすること，離職手当の計算において退職時から定年年齢までの期間を考慮すること（34条3項）等が許容されることが明らかにされた。

定年制を差別禁止の例外とする規定はなお維持されている。定年制を維持する理由として，定年制の問題は雇用平等の分野にとどまらない，社会経済・労使関係上の影響があり，定年制は労使の交渉により設けられてきたゆえ，定年制を撤廃するかどうかはまず労使が議論する事項であると指摘されている[189]。先任権・勤続年数を基準とする労働条件もなお例外として許される。

---

[188] 改正法の内容については，牧野・前掲注166・95-96頁を参照。

[189] アイルランドの議会の2004年2月18日の委員会における議論を参照した。http://debates.oireachtas.ie//DDebate.aspx?F=SEN20040218.xml&Ex=362

第5節　検討の視角

　アメリカで初めて登場した年齢差別規制は，カナダ・オーストラリア・ニュージーランドでも導入された。ただし，それぞれの法規制の内容は一様ではなく，とりわけ定年制や法の適用対象年齢の上限をめぐって相違がみられる。

　アメリカでは 1967 年制定当初，65 歳が法の適用対象の上限とされた。しかし，この上限は，1978 年に 70 歳に引き上げられ，最終的には 1986 年に撤廃されている。オーストラリアでは，州の年齢差別禁止立法において，立法と同時に，あるいはそれと異なる時期に，定年制が禁止されている。ニュージーランドでも，年金支給年齢を年齢差別禁止規制の適用対象の年齢上限とする規定は削除されている。他方カナダでは，適用対象年齢を 65 歳未満に限定する州も多い。

　EU では，年齢差別を規制する国はほとんどなく，1990 年代後半にアイルランド，フィンランドが年齢差別規制を導入したにすぎない。その他の主要な国，たとえばフランス・ドイツ・イギリスでは，年齢を基準とする処遇・雇用管理を制限しうる法規制が全く存在しなかったわけではないが，その範囲・効果は限定されていた。65 歳定年制を中心として，年金支給開始年齢に接合した定年制は適法と認められてきた。特にドイツ・フランスでは，被解雇者選択の際に高年齢者や勤続年数の長い者を優遇する法規制が行われ，むしろ年齢による雇用管理が奨励されてきたともいえる。

　しかしこの状況に近年変化が訪れた。2000/78 指令が採択され，加盟国は年齢差別規制を導入する義務を負うことになったのである。ほとんどの国は既に国内法化を終えている。

　もっとも，EU の年齢差別規制では，年齢差別を正当化しうる可能性がやや広く許容されている。アイルランドでは，当該職務の訓練に要するコスト・時間，退職前の合理的な期間が必要であることを考慮した採用年齢の上限が許容される。フィンランドでは，異なる取扱いの正当化が，客観的で許容しうる理由がある場合には認められ，年金受給の資格を取得する時点における雇用契約の終了を定めることができる。2000/78 指令も正当化条項を設け，フランスはそれをほぼ引き写す形で国内法に取り込んだ。定年制も許されると解されてい

る。

　要するに，年齢差別禁止法は，アメリカで最初に導入されEUにまで伝播した。ただし，年齢ゆえの異なる取扱いをどのような場合に許容するかに関して，とりわけ定年制を年齢差別規制の例外とするかどうかに関しては，なお相違がみられる。

　これら諸外国の法規制のうち，まず，アメリカのADEAがいかなる立法趣旨のもとに制定されたのかが第1の究明すべき課題となる。なぜなら，年齢差別規制が人権保障としての差別禁止と把握されるのか，あるいは中高年齢者の雇用促進の手段なのかという本書の問題関心からは，世界で最初に年齢差別の法規制を設けたアメリカにおいて，そもそも年齢差別を禁止すべしという議論がどのように形成されたのかを明らかにすることが不可欠だからである。また，アメリカでは，定年制については，ADEA制定時でなく1978年・86年改正を経て撤廃されたという経緯がある。年齢差別規制を開始したときの議論と定年制を規制対象に含めるようになったときの議論とを比較対照すると，そこには注目すべき変化がみられる。このことは，ADEAが人権保障としての差別規制かどうかを考える上で，重要な示唆をもたらすと考えられる。

　アメリカについては，第2に，年齢差別規制と雇用慣行・労働市場とのかかわりについて検討する。たとえば中高年齢者の採用拒否・解雇がその賃金の相対的な高さを理由とするような場合にも，違法な年齢差別と認定されるのか，ということが問題になる。また，アメリカでは1978年・86年改正により定年制が撤廃されているが，これはそもそも解雇が容易なアメリカにおいては，定年制を撤廃したとしてもそれまで享受していた雇用保障が危殆にさらされるという事情がなかったからこそ実施されたのではないかという仮説が成り立ちそうである。この仮説が正しいのかどうか，立法資料を用いて検証する。これらの作業は，世界に先駆けて年齢差別規制を設けて以来40年近い蓄積のあるアメリカについて，その立法趣旨や法理の展開を雇用慣行や労働市場との関連において分析しようとするものである。

　以上の2つの観点からの分析を通じて第3に，ADEAの差別法理としての特質について考察する。年齢は職務遂行能力，雇用に要するコスト，引退行動等の指標となることがある。すべての者がいずれは高齢になる。つまり，年齢差別には他の差別にみられない特殊性がある。そのような特殊性は法規制のあり方にも反映され，逆差別（若年であるがゆえに受ける不利な取扱い）が禁止されない，差別的インパクト法理が適用されない，定年制等が例外として認めら

れる等，年齢差別規制には差別法理一般におけるものとは異なる特質があると推測される。アメリカでは，人種差別・性差別の法規制，年齢差別規制ともに，法改正や判例を通じた解釈の積み重ねにより，その趣旨・内容が明らかになっている。そこで，ADEA をそれらの法規制と比較対照し，その差別法理としての特質について考察することが可能であると考えられる。

　本書では，EU 加盟国の法規制も検討する。検討課題は第 1 に，2000/78 指令に含まれる年齢差別規制はどのような趣旨で設けられたのか，である。同指令は年齢差別を宗教・信条，障害，性的指向に基づく差別とならんで規制するものである。それゆえ，人権保障を目的とする差別禁止の法規制として把握されるのではないかと推測される。他方，EU 加盟国では以前，若年者失業の問題の解決のため，早期引退を積極的に奨励していた。ところがこのような政策は近年，高齢化が進展するなか，転換する必要があると論じられている。かかる政策転換が年齢差別規制の背景となっているとすれば，EU における年齢差別規制は，雇用政策の手段としても把握しうることになる。アメリカに加え，EU の法規制の趣旨を検討することにより，年齢差別規制に関してより多角的な考察を進めることができると考える。

　第 2 に，EU の法規制については，年齢差別禁止というアプローチを従来とってこなかった国々に年齢差別規制の導入が及ぼす影響が検討課題となる。とりわけ日本と同様，またはそれ以上に高年齢者の解雇が厳格に規制される国において，定年制が年齢差別規制の例外とされることはないのか。この点に関し引退時の所得保障の存在が定年制を正当化する根拠として用いられることはないのか。逆に，そのように解雇規制において若年者に比べて高年齢者を保護することが，年齢差別禁止法に抵触することはないのかどうか。このようなことに関する指令の影響も究明すべき課題であるが，そのためには，指令そのもののみならず EU 加盟国の法制度・議論を検討する必要がある。

　ドイツは，高年齢者の解雇が極めて厳格に規制されているという意味において，年齢差別規制が雇用慣行・労働市場に及ぼすインパクトを吟味するのに適している。ドイツでは，経営上の事由に基づく解雇に際して，被解雇者を選択するにあたり，年齢・勤続年数等を考慮しなければならない。これは高齢労働者の解雇を困難にするものであり，定年制による雇用終了の要請が高まるのではないかと予測される。このように解雇に関し厳格な法規制を有するドイツは，解雇に正当理由を要しないとする随意的雇用原則のもとにあるアメリカとは好対照をなしている。年齢差別規制がドイツに及ぼす影響をアメリカと対比して

検討することにより，かかる規制がもつ影響と雇用慣行・労働市場との関係について多角的に論じることが可能となる。

さらに，ドイツでは，これまでも定年制その他の年齢を基準とする処遇の差異について，年齢を理由とする不利益取扱いを禁止する規定（事業所組織法旧75条1項2文）や一般的平等原則を定める基本法3条1項等の観点から裁判所による審査が行われている。また，定年制は，年金に関する規定を置く社会法典第6編改正により一時的に廃止されたこともある。そして，かかる判例・法規制について論じる学説の豊富な蓄積もある。それゆえ，従来の判例・法規制の趣旨や議論のあり方を2000/78指令の内容やそれをめぐる議論と比較することにより，同指令の趣旨をより鮮明に浮かび上がらせ，かつ，同指令が各加盟国に及ぼす影響をより具体的に論じることが可能となると考えられる。

EC指令の実施状況を明らかにし，年齢差別禁止アプローチのあり方をより多面的に考察するためには，ドイツのみではやや不十分である。そこで本書では，イギリスの新たな立法も検討対象に加える。イギリスは，EC指令の実施に向けて幾度か法案・報告書を表明し，労使や市民から意見を聴取しながら，詳細な法律を制定するに至っている。しかも定年に関しては，年齢差別としての実体的規制はさしあたり限定しながらも，年齢を理由にした雇用終了のすべてに手続的規制を課すというアプローチをとっており，年齢差別禁止法のあり方を考える上で極めて興味深い素材を提供してくれる。

これらの検討を通じて，第3に，EC指令の年齢差別規制の差別法理としての特質を考察する。年齢差別は，アメリカでは他の差別規制とは別個の法律により規制されるが，EC指令では，宗教・信条，障害，性的指向に基づく差別とならんで禁止されている。それゆえ，何が差別を構成するかについては他の差別と共通の考え方がとられ，逆差別・間接差別を含めて禁止の対象になる。しかしやはり，年齢差別の特殊性にかんがみると，定年制等，差別禁止の例外はより広く認められるようである。そうしたEC指令の年齢差別規制の差別法理としての特質と，ADEAの特質を比較対照することにより，結局年齢差別規制とは何なのか，年齢差別禁止の差別法理としての特質をより一般的なものとして論じることができると考えられる。

つまり，本書は，雇用保障のあり方等において異なるアメリカとEU諸国（特にドイツ・イギリス）の年齢差別規制について，まず，それぞれの年齢差別規制の立法趣旨を明らかにし，次に，年齢差別規制が雇用慣行・労働市場にいかなるインパクトを与えるものであったのかを立法趣旨との関係において検討

第5節　検討の視角

する。さらに，これらの比較法的分析を通じて年齢差別規制の差別法理としての特質を析出し，日本における議論に有効な示唆を得ようと試みるものである。

　以下，最初にアメリカの法規制について論じ（第2章），2000/78指令の趣旨と当該指令がドイツ・イギリスに及ぼす影響について検討する（第3章）。それらの検討をふまえて，年齢差別禁止の差別法理としての特質，諸外国の比較法的考察から得られる示唆について論じる（第4章）。

第2章　アメリカ法

ADEAは数度の改正を経て現在に至っている。制定当初，法の適用対象は40歳以上65歳未満の者とされたが，1978年改正により，民間企業については40歳以上70歳未満の者とされ，1986年改正により70歳の年齢上限は取り除かれた。この経緯から窺えるように，ADEA制定当初に問題となったのは募集・採用時の年齢制限であり，定年制を禁止すべきかどうかが論争の的になったのは法制定後のことである。そこでまず，募集・採用時の年齢制限がどのような趣旨のもとに規制されることになったのかを分析する（第1節）。次に，定年制が撤廃されるに際してどのような議論がなされたのかを検討する（第2節）。加えて，労働者給付等に関する詳細な定めを置くことになった1990年法改正について考察する（第3節）。さらに，ADEAが雇用慣行や労働市場のあり方にどのような影響を及ぼしうるものなのかについて，判例・裁判例を中心とした分析を行う（第4節・第5節）。

第1節　雇用における年齢差別禁止法の成立

ADEAの立法趣旨は何か。結論を先取りして述べると，人権保障としての差別禁止という趣旨と中高年齢者の雇用を促進する手段としての趣旨が重なり合い，制定されるに至ったものとみられる。本節ではこのことを，ADEA制定前の州法，ワーツレポート，議会における審議，法の内容等を検討して明らかにする。

I　年齢差別禁止法前史

1　差別禁止法の発展

平等立法の法的基礎がアメリカで設けられたのは，既述のように，南北戦争後のことであった（第1章第2節参照）[1]。合衆国憲法に修正条項として1868年に追加された第14修正が，「州は何人に対しても法の平等な保護を拒んではならない」と規定したのである。南北戦争が1865年に終結し北軍の勝利に終わったため，奴隷制度は廃止され，1866年にはアフリカ系アメリカ人に対し広範な平等権を付与する公民権法案等が提出されたが，これに対して憲法上の根

拠を欠いているとの疑義が表明され，そこで設けられたのが，第14修正であった[2]。

ただ雇用分野の差別について連邦レベルの施策が展開されるのは，大統領命令（Executive Order）が出される第2次大戦時，1940年代以降のことであった。1940年大統領命令第8587号は，連邦政府職員任用にあたっての人種差別を禁じた。1941年大統領命令第8802号・1943年大統領命令第9346号は，連邦政府の防衛事業契約や請負契約の中に差別禁止条項を挿入させた。それらの契約の相手方は，人種・信条・皮膚の色・出身国を理由とする差別をしない義務を負うことになった。

20世紀初頭からの州の差別禁止立法も，公立学校の教員に限られる等，適用範囲は狭いものだったが，1945年ニューヨーク州法を端緒として，すべての私企業を対象とする差別規制が制定されていった。公正雇用行為法（Fair Employment Practice Act）や差別禁止法（Anti Discrimination Act）等の名称を付したそれらの法律は，使用者の採用拒否・解雇・賃金その他の条件に関する人種差別等を禁じた。差別禁止立法が戦争の時期に登場したのは偶然ではない。ナチズムとの差異を国内外に示す必要があり，平等法制の整備により国内を統合し，強固な戦時体制を敷くことが求められていたのである。

人種差別等の禁止と並ぶ雇用差別規制の2つめの流れは，男女賃金差別の禁止であった[3]。最も早いのは1919年のミシガン州・モンタナ州の立法であり，

---

1 雇用差別に関する連邦法・州法の展開については，奥山明良「アメリカ雇用差別禁止法制の生成と発展(1)・(2)」成城法学14号67頁，15号83頁（1983年），藤本茂「米国における雇用平等法立法化の背景—1972年法制定に至る社会的背景—」法学志林87巻1号1頁（1989年），同『米国雇用平等法の理念と法理』17頁以下（かもがわ出版，2007年）。第14修正に関しては，戸松秀典『平等原則と司法審査—憲法訴訟研究Ⅰ—』9頁以下（有斐閣，1990年），安西文雄「法の下の平等について(1)〜(4・完)」国家学会雑誌105巻5・6号1頁（1992年），107巻1・2号173頁（1994年），110巻7・8号1頁（1997年），112巻3・4号69頁（1999年），勝田卓也「再建期のアメリカにおける公民権の展開(1)〜(6)—最高裁判決の再評価を目指して—」法学雑誌（大阪市立大学）49巻2号434頁，3号642頁（2002年），4号966頁，50巻1号276頁，2号558頁（2003年），3号860頁（2004年）等を参照。

2 第14修正に続いて1866年公民権法（The Civil Rights Act of 1866）は，合衆国市民権を皮膚の色に関係なく認めること等を定め，次いで同法を強化するために1870年公民権法（The Civil Rights Act of 1870）が制定された。さらに1875年には，輸送機関等一般に公開されている場所における人種差別等を禁止する，1875年公民権法（The Civil Rights Act of 1875）が制定されている。

1943年から1950年までの間にはさらに11の州が男女同一賃金立法を制定した。2つの大戦中に女性労働者が急増し、国民経済に対する彼女らの貢献が認められたことに原動力を得た立法であった。企業が安価な労働力として女性を雇い入れることを防ぎ、男性の雇用を確保するという狙いもあった。連邦レベルでも、1963年に同一賃金法（Equal Pay Act）[4]が制定され、男女賃金差別が禁止された。

2 州の年齢差別禁止立法

これらと並ぶ雇用差別規制の第3の柱、それが年齢を理由とする不利益な取扱いを規制する法律であった[5]。最も早いのは1903年コロラド州法である。これは18歳から60歳までの者に対する年齢を理由とする解雇を禁止した。1934年ルイジアナ州法は、25人以上の労働者を擁する使用者に対し、50歳までの者についての年齢を理由とする採用拒否と解雇を禁じた。マサチューセッツ州でも、1937年に、45歳から65歳までの者に対する年齢を理由とする採用拒否と解雇を禁止する法律が制定された。

中高年齢者の雇用問題として最初に検討されたのは、所得保障を伴わない強制的退職であった。これを解決しようとして導入された1つの施策が1935年社会保障法（Social Security Act）で導入された公的年金プログラム（Old Age, Survivors, and Disability Insurance）であり[6]、もう1つが、上記のような、年齢を理由とする解雇を禁止する年齢差別禁止立法だったのである。初期の年齢差別禁止法はまた、中高年齢者の失業問題解決をも目的としていた。大恐慌に続く不況が長引くなかで、中高年齢者が失業した時の再就職が極めて困難であ

3　アメリカの男女同一賃金立法の歴史については、木村愛子「アメリカにおける男女同一労働同一賃金立法」東京女子大学社会学会紀要1号59頁（1965年）。

4　29 U.S.C. § 206 (d).

5　Report of the Secretary of Labor, The Older American Worker: Age Discrimination in Employment 116-133 (1965) [hereinafter 1965 Wirtz Report]; BNA, State Fair Employment Laws and Their Administration (1964); Hearings on H.R.3651, H.R.3768, and H.R. 4221 Before the Gen. Subcomm. on Labor of the House Comm. on Educ. and Labor, 90th Cong. 16-39 (1967) [hereinafter 1967 House Hearings]. 邦語文献としては、阿部弘「アメリカにおける1967年年齢差別禁止法の制定と効果」レファレンス279号36頁（1974年）がある。

6　同法の立法過程およびその後の展開について詳細に論じた文献として、菊池馨実『年金保険の基本構造』（北海道大学図書刊行会、1998年）。

るという問題が浮かび上がってきていたのである。

　では，なぜ年齢を理由に解雇され採用を拒否されるようになっていたのか[7]。1つの大きな要因は産業構造の変化や技術革新だった。農業社会や職人社会では，高年齢者が長年培ってきた知識・経験・技術は高く評価される。しかし工業化と製造工程の単純化が進むと，高年齢者のそれらの長所は価値を失ってしまう。新しい技能の修得が困難で，速度の早い作業工程や長時間労働に適応しにくい高年齢者は，若年者に比べて不利になるからである。

　初期の3つの州の年齢差別禁止立法は，人種差別規制等の流れのなかで生まれたというより（州で最初に民間企業の人種差別が禁止されたのは1945年である），顕在化した中高年齢者の生活保障問題を解決する1つの方策として登場したものだったといえる。適用対象が雇入れや解雇等に限定されたことにも，この政策趣旨は表れていた。

　その後，人種等を理由とする雇用差別を禁止する立法がいくつかの州で相次いで導入され，それから少し遅れて，年齢差別禁止立法も徐々に制定された[8]。立法の形式には2つあり，1つは，人種差別等の禁止とは独立して年齢差別の法規制を導入するものであった。カリフォルニア州は，失業に関する法典の中に高年齢者雇用法を置き，年齢差別を規制した[9]。そこでは，公正雇用行為法の主たる関心・目的は少数派の保護にあり，それと年齢差別規制は直接かかわりのないものと考えられていた[10]。もう1つは公正雇用行為法等における差別禁止事由の1つとして年齢差別を加えるものであったが，その場合でも，適用対象年齢の上限と下限が設けられ，適用年齢層は限定されていた[11]。一般的には下限は40歳や45歳に，上限は65歳とされた。65歳という年齢に設定されたのは，引退年齢として一般的に受け容れられており，社会保障法によって公的年金が支払われうる年齢だったからだという[12]。また，年齢差別規制を退職制度や年金制度（retirement plan, pension plan）に適用しない州もあった。

---

[7] 柳澤武『雇用における年齢差別の法理』15頁以下（成文堂，2006年）。
[8] 阿部・前掲注5・36頁以下。1965 Wirtz Report, *supra note* 5, at 117-118.
[9] West's Annotated California Codes : Unemployment Insurance Code, Ch. 9.5 § 2070 (1967).
[10] 奥山・前掲注1「生成と発展(2)」94頁。
[11] 1965 Wirtz Report, *supra note* 5, at 116-117.

3　連邦の法政策

　連邦レベルでは，1950 年代初頭には中高年齢者の再就職を支援する取組みが開始されていた[13]。職業紹介機関のマニュアルの中には，中高年齢者の再就職を円滑にするため，求人企業が年齢制限を設けている場合でも中高年の求職者の能力・技能の高さを強調して紹介する等の対応のあり方が盛り込まれた。1957 年には職業紹介機関に中高年齢者の再就職支援を専門とする職員が配置された。

　中高年齢者の再就職支援が進められる一方で，1950 年代初めから年齢差別を禁止する立法も提案された。1964 年には，Johnson 大統領により，連邦との契約者による年齢差別を禁止する大統領命令第 11141 号が発せられた。この命令は，「高年齢者について雇用機会均等の原則が受け容れられることを促進する」という目的のもと，連邦との契約者およびその下請業者に対して，採用・労働条件・解雇等雇用の局面における年齢による差別を禁止するものであった（年齢が職業上の資格である場合，退職・年金制度における年齢制限，制定法による年齢制限は例外とされた）。もっとも履行確保や制裁についての規定がない等，実効性に欠けるという問題があった。

　このように年齢差別への取組みが開始されたのは第 2 次世界大戦後であったが，これは公民権運動が高揚していった時期に重なる。戦争は黒人等の少数派が自信と自覚を深める契機になったという。軍隊でそれまでは遠ざけられていた職務に就き，兵士として平等に戦い，同じ職務を十分遂行できることを示した黒人等の少数派は，自分たちも人間としての尊厳を享受できる存在なのだと自信を深めていった。しかし現実には，交通機関や住宅，公共施設等における人種分離制度が残存するなかで，バス乗車ボイコットやワシントン大行進等，様々な運動が起こる。これらの運動が生み出す社会的緊張を解決する方策とし

12　Department of Labor, Growth of Labor Law in the United States 275 (1962). アメリカの公的年金制度における老齢年金は，65 歳で満額が支給されるものとされてきたが，2022 年までに段階的に 67 歳に引き上げられることが予定されている（満 62 歳での繰上げ受給も可能であるが，この場合，年金額が減額される）。関ふ佐子「アメリカ」法時 76 巻 10 号 40 頁（2004 年）。

13　University of Illinois at Urbana-Champaign, A Review of Federal and State Legislation and Enforcement 29-48 (1977); O'Meara, Protecting the Growing Number of Older Workers: The Age Discrimination in Employment Act 11-15 (1989). 阿部・前掲注 5・40 頁以下，藤本・前掲注 1 理念と法理 44 頁以下も参照。

て登場したのが、公共施設・教育・雇用における人種差別等を禁じる包括的な立法である、1964年公民権法であった。雇用差別は第7編で規定され、人種・皮膚の色・宗教・性別・出身国を理由とする差別が禁じられた。

年齢差別も、第7編の雇用差別禁止事由の1つとして取り入れることが提案された。ただそれは1964年公民権法の制定を妨げることを狙いとするもので[14]、年齢差別規制に賛成したのは南部の議員がほとんどであった。

結局このときは年齢差別の禁止を加えるには至らなかった。その理由として、年齢差別禁止立法についての十分な情報が用意されていないこと、公民権法は年齢差別禁止を想定して整えられていないこと、年齢差別は経済的要因等もあり複雑であること等が指摘された。もっとも労働長官に対し、年齢差別の原因について調査を実施すること、年齢による恣意的な (arbitrary) 雇用差別に取り組むための立法に関し勧告を行うことを求める規定が設けられた（1964年公民権法第7編715条）。これに応じて1965年6月、労働長官Wirtzはレポートを提出した。

II ワーツレポート

1 レポートの概要

レポートは募集・採用年齢の上限の設定を連邦法により規制することを勧告した。報酬、解雇等をめぐる年齢差別には全くふれておらず[15]、当時問題とされていたのが主に募集・採用時の年齢制限であったことがわかる。

レポートの分析内容は、①募集・採用年齢の上限の設定が広くみられ、それらの年齢制限が実際に中高年齢者の雇用を妨げていること、②中高年齢者が失業すると長期にわたることが多く、国民経済的にも中高年齢者個人にとっても不利益が大きいこと、③年齢制限は、中高年齢者の身体的能力を理由とすることが多く、それは恣意的な差別だと考えられること、④州の年齢差別規制の実効性が示されたことであった。

レポートは当時の状況を次のように述べる。年齢差別を禁止していない地域では、45歳以上で就職できなくなる職が4分の1に、55歳になるとそれが半

---

14 O'Meara, *supra note* 13, at 11-12.
15 *Id.* at 13.

分に達する[16]。年齢制限は中高年齢者の雇用を実際に妨げている。年齢制限を設ける企業が中高年齢者を採用する割合は，年齢制限を設けていない企業が中高年齢者を採用する割合の半分にすぎない。年齢差別は国民経済と中高年齢者個人の双方に不利益を及ぼす。国民経済的には，失業した中高年齢者に失業保険給付が支払われること，それら労働者による生産が行われないことによる損失がある。中高年齢者個人にとっては，中高年齢者の失業率の高さと失業期間の長さが問題となる[17]。45歳以上の失業率は35歳以上45歳未満の者よりも2割高く，45歳以上の労働者の失業期間はそれ未満の労働者の失業期間よりも平均すると8週間長くなっている。

　また，年齢差別が恣意的なものかどうかを検討する部分が注意を引く。レポートは最初に，年齢差別について人種差別規制の手法をそのままとり入れることは不適切であるとする[18]。それは次のような理由による。

　〈人種差別は雇用とは関係のない偏見や感情に基づいているが，高年齢者に対しては不寛容（intolerance）や嫌悪感（dislike）に由来する差別は存在しない。加齢のプロセスは避けられないものであり，生きている者すべてに影響する。あらゆる年齢層の者が共同して生活しているのであり，中高年齢者が孤立した社会的・経済的環境で生活しているわけではない。採用担当者は若年者の活力を好むことがあるが，これは若年者を好んでいるのであって中高年齢者に対して敵意を抱いているわけではない。年齢差別は職務内容・賃金をめぐって，職務遂行能力に関連して行われる。この点において職務遂行能力と基本的に関連のない人種差別等とは異なる。〉

つまり，年齢差別は敵対感情による差別ではないということである。レポートは，恣意的な年齢差別といえるのは，年齢が職務遂行能力に影響するという仮定（assumption）に基づく差別である，とする[19]。他方，年齢差別については恣意的といえない場合——年齢と職務遂行能力とが関連している場合，内部昇進制度や年金等，中高年齢者を保護する制度が逆に年齢制限の原因となっている場合——があるとも述べる。職務遂行能力と関連していない人種差別等とは異なる性質の問題が含まれているとされたのである。

　レポートは概要以上のように述べ，次の4点にわたる勧告を行った[20]。①雇

16　1965 Wirtz Report, *supra note* 5, at 6-7.
17　*Id.* at 18-19.
18　*Id.* at 1-2, 5-6.
19　*Id.* at 2.

用における恣意的な年齢差別を撤廃すべきである。このために説得・教育の手法を用いることが重要である。②年金・保険，先任権制度等，中高年齢者の採用に不利に働く制度を調整するための措置，③中高年齢者の就職可能性を高めるための措置が求められる（雇用全体の拡大，中高年齢者に向けたカウンセリング，訓練の提供等）。④中高年齢者のニーズと機会に即した教育理念の発展と制度の拡充を行うことも必要である。では，なぜ①に示したように，募集・採用時の年齢制限は恣意的なものとされたのか。この点を中心として，より具体的にレポートの議論を辿る。

2　恣意的な年齢制限禁止の勧告

レポートは，企業がなぜ採用年齢の上限を設定するか，その理由に関する企業の回答をもとに議論を展開した。企業が年齢制限を設ける理由は次のようなものであった[21]。

- 加齢によって身体的能力が低下していること（34.2％）
- 内部昇進制度と，その結果として，採用を若年者あるいは低技能の職務に限定していること（8.1％）
- 若年者はより低額の賃金によって雇用できるが，中高年齢者は過度に高額の賃金を望む傾向にあること（7.3％）
- 年金制度のコスト・規定（6.7％）
- 中高年齢者が技能・経験の要件を充たさないこと（6.3％）
- 中高年齢者の雇用期間が将来的に長くないと予測されること（5.1％）
- 中高年齢者の応募が少ないこと（5.0％）
- 中高年齢者が教育要件を充たさないこと（4.2％）
- 中高年齢者の訓練には時間・コストを要し，投入したコストを回収できる期間も短いこと（3.0％）
- 従業員における適切な年齢バランスを崩すこと（1.7％）
- その他（中高年齢者の適応可能性の欠如・不適当な性格，医療・生命保険のコスト）

レポートは，上記の中で最も多く指摘された，加齢による身体的能力の低下を理由とする年齢差別を，次の根拠により恣意的な年齢差別であるとしている[22]。

20　*Id.* at 21-25.
21　*Id.* at 10-14 (Finding).

すなわち，現に雇用されている中高年齢者が多数存在し，使用者自身が中高年齢者を高く評価していること，年齢制限を設定する場合に身体的機能の調査がなされていないこと，類似の業務を遂行する職務の中でも企業が設定する年齢制限には企業ごとに広範な差異があること，ある企業が高年齢者を排除している職務についても中高年齢者を採用している多数の企業が存在すること，年齢制限設定に際して当該職務の多様性が考慮されていないこと，若年者の雇入れが進まない場合には年齢上限を超えた者を採用するといったように年齢制限が労働供給状況しだいで用いられなくなること，年齢制限を企業全体で設ける場合は特定の職務に年齢制限を設定する場合よりも年齢上限がより低くなる傾向があること，である。

さらに，レポートは中高年齢者の職務遂行能力が少なくとも若年者のそれに匹敵することを示す調査をあげた。現に雇用されている40代から60代の者の職務遂行能力に関する調査である。それらはたとえば，工場の製造業務については45歳を超えると生産性がやや低下するが60歳まではそれほど低下しないこと，事務労働では60歳から生産性が低下するが低下の程度は大きくないこと等を明らかにしていた。

この他，ワーツレポートは，年齢と職務遂行能力の低下との関連性が小さいことを示す根拠をいくつかあげている[23]。年齢にかかわらず身体的機能の個人差は大きいこと，加齢によって個人の能力差が拡大すること，それと同時に能力低下を補うような他の能力が発達すること，職業上要求される程度の身体的機能は通常の人は備えていること等である。

以上の議論により，加齢による身体的機能の低下を理由とする年齢制限は，職務上の要請にかかわりのない恣意的な年齢差別であり，撤廃すべしとされたのである[24]。

3　中高年齢者に間接的に不利な措置への対処

他方でワーツレポートは，恣意的でない年齢差別もあると議論している。

その1つが内部昇進制度である。レポートによれば，内部昇進制度は従業員・企業の双方に受容された制度であった。従業員の側からみると，高度の技

22　*Id.* at 6-9.
23　*Id.* at 9.
24　*Id.* at 21-22.

能・責任を要する職務に昇進してより高い賃金を得ることができるし，昇進が先任権に基づく場合はとりわけ中高年齢者に有利となる上，経営側も従業員のモラルを維持し離職を防止できるからである。

ところが，こうした人事管理は企業外の求職者，特に中高年の求職者には不利に働く。企業外への求人は低賃金・低技能の職務に限定される。企業としてはそのような低技能の職務を中高年齢者に提供することは避けたい。若年者は一般的に低賃金で雇用できるが，中高年齢者はそのような職務内容・賃金に満足せず離職してしまう可能性があるからである。低技能の職務は体力を要する場合も多いから，使用者は体力のある若年者を好んで採用するようになる。内部昇進制度のもとで従業員の年齢バランスを維持するよう職員を配置すると，これまた企業外からの中高年齢者の採用を避ける傾向を生む[25]。

こうした理由により中高年齢者の採用が進まないことについてレポートは，差別として規制すべしとは主張せず，雇用慣行の改善を勧告した[26]。

恣意的でない年齢差別として次にあげられるのは，年金・生命保険等のコストを理由とする年齢上限の設定である。たとえば私的年金については，それぞれの制度のあり方しだいで使用者が負担するコストは変わるが，40代後半の者を採用すると，20代後半の者を採用した場合よりも年間80ドル負担が増大するような私的年金制度もあるとしている[27]。この点についてもレポートは，年齢差別として規制することは勧めず，年金制度におけるポータビリティ（転職した場合でも企業年金給付が確保されること）の確立や年金受給権の確定（vesting）等により若年者の雇用に要するコストと高年齢者のそれとを近づけることができる等と述べている[28]。

さらにレポートは，中高年齢者が採用を拒否される原因として，中高年齢者に慢性疾患等の健康上の問題が生じやすいこと，教育水準が低いこと，中高年齢者が従前に修得した技能が技術革新のために時代に合わなくなっていること，

---

[25] *Id.* at 15.

[26] *Id.* at 22.

[27] *Id.* at 16-17. 生命保険については，そのコストは構成員の年齢により変わるので，平均年齢が変わらなければコストは増大しないとされた。

[28] *Id.* at 22. 年金受給権についての規制は，1974年従業員退職所得保障法（Employee Retirement Income Security Act; ERISA）により行われることになる。森戸英幸「米国の企業年金法制―ポータビリティ，支払保証，401(k)プラン―」労研444号22頁（1997年），同『企業年金の法と政策』159頁以下（有斐閣，2003年）参照。

中高年齢者は生活の本拠が定まっていて転勤可能性が低いこと等を指摘している。こうした問題についてレポートは，高年齢者のための特別の訓練・カウンセリング・プレイスメント・再教育のシステム整備等を勧告した[29]。

4 まとめ

ワーツレポートからは，雇用における年齢差別禁止立法を構想する段階で，この問題が政策的な観点からも把握されていたことを読みとることができよう。ワーツレポートは，年齢を理由とする不利益な取扱いを包括的に検討せず，中高年齢者の失業問題の解決のために，募集・採用時の年齢制限のみに的を絞って分析を行っている。また，レポートでは，年齢差別と人種差別との相違が強調される。年齢差別は人種差別のような偏狭な考えに基づくものではない。中高年齢者の採用を拒否する理由の中には恣意的なものもあるが（中高年齢者の能力が劣っているという仮定に基づく年齢制限を指す），他方で恣意的でないもの（年齢と職務遂行能力とが実際に関連している場合，内部昇進制度や年金制度を理由とする年齢制限の場合等）もある。後者については，差別禁止というアプローチとは異なる政策的アプローチ（中高年齢者の教育訓練の充実や再就職援助，企業年金制度の調整等）をとるべきだと勧告されているからである。

III 議会における審議

1 Johnson大統領の要請

ワーツレポート提出後，幾度かなされた年齢差別禁止法制定の試みは成功しなかったが，1967年にはこれが軌道に乗る。1967年1月，貧困との闘いを前面に掲げていたJohnson大統領は，次のように議会に対して年齢差別禁止立法を要請する。
　〈まだ高齢ではない，自発的に引退したのでもない多くの人々が，恣意的な年齢差別によって失業に陥っている。平均して85万人もの45歳以上の者が失業中である。45歳以上の者に多額の失業保険給付が支払われている。45歳以上の失業者は失業者全体の27％，長期失業者の40％を占めている。〉
雇用における年齢差別禁止法の制定を，中高年齢者の失業問題の解決のために

---

[29] 1965 Wirtz Report, *supra* note 5, at 23.

要請するものであり，年齢差別禁止立法が中高年齢者の雇用促進の手段として
も把握されていたことが窺える。

2　委員会・本会議の議論

(1)　年齢差別禁止法の是非

　これを受けて法案が議会に提出され審議がなされる[30]。上院・下院の委員会
で意見を開陳した者の多くは年齢差別禁止立法に賛成の立場をとった[31]。それ
らの者は，「年齢差別は非人道的で（inhumane）」，「不公正（unjust）である」，
「雇用における年齢差別を禁止することは極めて明白にかつ争う余地なく正当
なもの（right）であり，いかなる者もそのような差別を擁護することはできず，
それを禁止すべきことには一般的な合意が形成されている」等と述べた[32]。こ
のような言明は本会議の場でもみられ，たとえば立法に貢献したJavits議員は
年齢差別禁止立法の趣旨を次のように明らかにしている[33]。

　〈アメリカは，物やサービスの価値を決定するための唯一の客観的な基準と
　して，とりわけ市場に誇りを抱いている。アメリカは機会（opportunity）が
　保障される偉大な国である。その理由は明白である。身分でも特権でもなく，
　国籍・性別・人種そして年齢でもなく，能力に対して対価を支払う国だから
　である。〉

また，Yarborough議員は，次のように述べた[34]。

　〈この法案は，中高年齢者を優遇するわけではなく，あらゆるアメリカ人に
　対し，雇用と昇進について平等に考慮される機会（opportunity）を与えるも
　のである〉。〈年齢を理由として雇用・昇進における均等な機会（equal
　chance）を与えないことは，わが国の基礎をなす，自由・フェアプレイの原
　則に反する。〉

これらの見解は，年齢差別禁止立法の趣旨の1つとして，人権保障としての差
別禁止という趣旨もあったとの評価を可能にするものといえる。

　これに対し，アメリカ商工会議所（Chamber of Commerce of the United
States）等，企業側の立場の者は立法に反対した。下院の公聴会で意見を述べ

---

[30] H.R. Rep. No.90-805 (1967).
[31] 阿部・前掲注5・48頁以下参照。
[32] 1967 House Hearings, *supra note* 5, at 6-7, 156, 426 (1967).
[33] 113 Cong. Rec. 31254 (1967).
[34] 113 Cong. Rec. 2467, 31253-4 (1967).

第1節　雇用における年齢差別禁止法の成立

た同会議所の代表 Pestillo の意見を要約すると，次のとおりである[35]。

〈確かに中高年齢者の長期失業は問題であり，対策は必要だが，年齢差別禁止立法はこの問題の解決手段として適切でない。使用者が年齢制限を設けるのは，中高年齢者の能力についての誤解（misconception）があるからである。したがって，そのような誤解を解くための広報・教育活動が適切である。中高年齢者の側でも求職活動に慣れていないといった問題がある。そのため労働力開発・訓練法（Manpower Development and Training Act）のプログラム等，中高年齢者を支援するプログラムを整えるべきである。労働省は既に中高年齢者に向けたカウンセリング・職業訓練施設の紹介等に取り組んでいる。人種差別や性差別の場合とは異なり，使用者は，中高年齢者に悪意を抱いているわけではなく，中高年齢者を雇い入れることへの抵抗もない。それゆえ年齢差別の問題は，当事者の意図に着目し，違反に対し制裁を科すという手法では解決しない。制裁という手法は，積極的に法を遵守するようになるよりむしろ，巧妙に法を回避することにつながるものである。〉

このように企業側は反対したが，それも大々的なキャンペーンには至らず，新聞の扱いも大きいものではなかった[36]。反対が少なかった理由として，1964年公民権法という差別禁止法の先駆けが存在したので単に差別禁止事由が1つ付け加わるにすぎないと考えられたこと，差別撤廃のための法律に反対することが当時難しい情勢にあったこと，年齢差別の訴訟件数は多くならず立法がもたらすインパクトも大きくならないと予測されていたこと等が指摘されている[37]。

このように年齢差別禁止立法の是非をめぐる論争はあまりなされなかったが，いくつか興味深い検討がなされている。

(2)　人種差別等との相違

その1つとして，年齢差別からの救済機関として EEOC，労働省の賃金・労働時間局もしくは新しく設置する行政機関のいずれがふさわしいかということが議論されたことを指摘できる[38]。労働長官 Wirtz は，第7編の履行確保を担う EEOC は，ADEA の救済機関として適切でないと述べている[39]。年齢差

35　1967 House Hearings, *supra note* 5, at 60-76.
36　議会の審議内容については，University of Illinois at Urbana-Champaign, *supra note* 13, at 45-48 も参照。
37　Friedman, Your Time Will Come : The Law of Age Discrimination and Mandatory Retirement 13 (1984) ; O'Meara, *supra note* 13, at 14.
38　O'Meara, *supra note* 13, at 248-249.

別は人種差別とは大きく異なる。人種差別は偏狭な考え（bigotry）にもとづくが，年齢差別は中高年齢者の能力についての無理解による。それゆえ年齢差別では，他の場合と比較して教育という手法がより大きな意義をもつからだとされる。結局，労働省の賃金・労働時間局が履行確保に携わることになった[40]。

また，年齢差別禁止を単独の立法とするのか，第7編に挿入するのかという論点もとりあげられ，上で引用した年齢差別と人種差別との相違が強調されて，年齢差別禁止立法を人種差別とは別個の法律とすることが支持された[41]。本会議の場でも，年齢差別禁止立法と人種差別等を禁止する1964年公民権法を運用するなかで2つの法律の間で矛盾が生じることはないかとの質問が行われたが，これらの法律は完全に別個のものとして運用されるので抵触が生じる余地はないとの説明がなされた[42]。

年齢差別と人種差別等との相違が強調されていたことは注目される。

(3) 適用対象年齢の下限

もう1つ議論になったのはADEAの適用対象年齢の下限である。当初の法案は45歳を年齢の下限として定めていたが，州法の多くが年齢の下限を40歳に定めていたことから，結局この下限は40歳に下げられた。しかし，議会ではさらにその下限を引き下げるべきでないかということも議論された。航空会社の中にはフライト・アテンダントは32歳ないし35歳で退職する旨定めるところがあったからである。

にもかかわらず年齢下限が維持されたのは，40歳未満では年齢差別があまり行われていないとされたからである[43]。問題となったフライト・アテンダントの年齢制限については，彼女たちは当該年齢制限により，その職業（occupation）から退出させられているかもしれないが，労働市場（work market, labor force）から排出されているのではない，それゆえ規制の対象としなくてもよいとされた[44]。

---

39 1967 House Hearings, *supra note* 5, at 13. 同様の見解をDent議員，Burke議員，全国老齢者協議会のSprague等も述べた。Id. at 40, 49, 449.

40 EEOCは当時既に多くの案件を抱えており，EEOCの中で年齢差別が人種差別や性差別より優先順位の低いものとして扱われると予測されたという事情もあった。O'Meara, *supra note* 13, at 248-249.

41 1967 House Hearings, *supra note* 5, at 53-54.

42 113 Cong. Rec. 31255 (1967).

43 113 Cong. Rec. 31255 (1967).

44 1967 House Hearings, *supra note* 5, at 50.

適用対象年齢の下限を維持したのは，40歳未満に適用範囲を拡大することが，ADEA がもつ中高年齢者の雇用促進効果を減殺するよう作用することが懸念されたからでもある[45]。このことは，労働長官 Wirtz が ADEA 施行後，適用対象年齢の下限を引き下げる必要はないと述べる際に明らかにしている[46]。40歳以上65歳未満という適用範囲は25歳以上の人口の約半分，労働力人口の5分の3以上をカバーする。適用対象となる年齢層のさらなる拡大は，中高年齢者の利益の増進という観点からすると，法の実効性を低下させる可能性があると指摘しているのである。

40歳未満の年齢制限はあまりみられないから規制の必要性は低いとされ，ADEA の中高年齢者の雇用促進効果を減殺することが懸念されて適用対象年齢の下限が維持されたことは，ADEA の政策的趣旨の表れといえよう。

以上の議論を経て下院・上院で年齢差別禁止法案は可決され，Johnson 大統領の署名を経て成立に至った。委員会報告書は，法案の背景としてワーツレポートによる勧告，Johnson 大統領による立法要請に言及し，州法によって募集広告や求人票における年齢制限が減少したこと等を述べた[47][48]。

IV ADEA の内容

1 目的・背景

以上で述べた立法過程をふまえて ADEA の内容を検討しよう[49]。

ADEA の2条は法制定の目的と背景を明らかにしている。それによると，同法の目的は第1に，「年齢ではなく能力に基づいて中高年齢者の雇用を促進すること」，第2に「雇用における恣意的な年齢差別を禁止すること」である。これらの目的が掲げられた背景事情は，生産性が上昇し社会が豊かになってい

---

[45] H.R. Rep. No.90-805, at 7 (1967).
[46] 1968 Labor Relations Year Book 388-9 (1968).
[47] H.R. Rep. No.90-805, at 2-3 (1967).
[48] 1964年公民権法制定時とは対照的である。同法の委員会報告書でも黒人の失業率の高さや所得の低さは言及されているが，「雇用における平等の創出は，経済的・政治的配慮のみならず，それが正当であるから (right thing to do)」重要である，同法は「人に固有の尊厳 (dignity)」，「人が生まれながらにもっている，奪いがたい権利 (inalienable rights)」にかかわると議論されていたのである。Additional Views on H.R.7152 of McCulloch, 1964 U.S.C.C.A.N. 2517.

るにもかかわらず、「中高年の労働者が雇用の継続、特に失業後に就職しようとする際に不利益を受けている」こと、「潜在的な職務遂行能力にかかわりなく恣意的な年齢制限を設けることが広く行われている」こと、それから「失業率や長期失業率―これは、特に技能、モラル及び使用者の受け入れ可能性の低下をもたらす―は若年層に比較して中高年齢者層で高く」、「中高年齢の失業者は多数存在し、また、ますます増加している」ことであるとされる。

この2つの目的、すなわち中高年齢者の雇用促進と年齢差別の禁止のいずれに重点があったのかというと、立法資料を参照すれば、中高年齢者の雇用促進という目的が比較的重視されていた[50]。たとえば委員会報告書では、中高年齢者の雇用促進という目的だけが言及されている[51]。

そして同条は、中高年齢者の失業を引き起こす原因として、差別以外にも「その他の点で望ましい慣行が中高年齢者に不利に作用する」[52]とし、「年齢から生じる雇用上の問題への対応策を使用者と労働者が講じることを支援すること」を第3の目的として定めている。「望ましい慣行」とは、私的年金制度や内部昇進制度等を指すものと考えられる。

つまり、募集・採用時の年齢制限が中高年齢者の雇用を妨げている状況のもとで、年齢制限の設定を禁止し、それにより中高年齢者の雇用を促進するということが、ADEAの主旨であった。そのために恣意的な年齢差別については禁止するが、そうでないものは労使の自発的な取組みを促進しながら就職支援等を行うというアプローチがとられたのである。このことは次に述べる一連の

---

49 以下、ADEAの内容の紹介・訳出にあたってはとくに、中窪裕也『アメリカ労働法』（弘文堂、1995年）、阿部・前掲注5・43頁以下、花見忠「アメリカの年齢差別禁止法の施行状況と問題点」労協273号54頁以下（1981年）、奥山明良「高齢者の雇用保障と定年制問題―アメリカの年齢差別禁止法との比較で―」成城法学50号33頁以下（1995年）、森戸英幸「雇用における年齢差別禁止法―米国法から何を学ぶか」労研487号57頁以下（2001年）、同「雇用政策としての『年齢差別禁止』―『雇用における年齢差別禁止法』の検討を基礎として」清家篤編『生涯現役時代の雇用政策』85頁（日本評論社、2001年）、柳澤・前掲注7・13頁以下を参照した。

50 本会議では、「年齢差別禁止法案は、単に年齢差別を禁止する法案というだけではない。中年層と高年齢層の雇用をその能力に基づいて促進する法案である」と説明されている。117 Cong. Rec. 34740 (1967).

51 H.R. Rep. No.90-805, at 2 (1967).

52 これは、たとえば内部昇進制度の場合、在職中の中高年齢者にとっては昇進機会が保障されるので望ましい慣行であるが、求職中の中高年齢者にとっては採用を拒否されることになるので不利なものとして作用している、ということである。

規定にも表れている。

2 年齢差別禁止規定

ADEA の柱となる規定の1つは，使用者等による，年齢を理由とする雇用差別を禁止する4条である。4条(a)は，次のような使用者の行為を違法としている。

(1) 年齢を理由として，個人を雇用せず，若しくは雇用を拒否し，若しくは個人を解雇すること又はその他雇用における報酬，労働条件又は権利について個人を差別すること。

(2) 年齢を理由として，雇用機会を奪い，若しくは奪うに至るか，又はその他労働者としての地位に不利益な影響を与える方法で，労働者を制限，隔離又は分類すること。

(3) 本法を遵守するために労働者の賃率を引き下げること。

この規定に続く4条(b)は，雇用斡旋機関（employment agency）が年齢を理由として紹介をしないこと等を禁止し，同条(c)は，労働組合等の労働団体（labor organization）が年齢を理由として加入を拒否すること等を違法なものとしている[53]。

ADEA の適用を受ける使用者については，州際通商に影響を与える産業に従事し，25人以上の労働者を有すること，という要件が定められた（67年法11条(b)）。また，ADEA の適用対象となる年齢層は40歳以上65歳未満に限定された（67年法12条。この点についての改正は第2節で論じる）。

---

[53] 4条(b)と(c)の規定は次のとおりである。
　(b)雇用斡旋機関の行為
　雇用斡旋機関が，年齢を理由として，個人に雇用の紹介をせず，若しくは紹介を拒否し，若しくはその他の差別を行うこと又は年齢を理由として，個人を分類し，若しくは雇用を紹介することは違法とする。
　(c)労働団体の行為
　労働団体が次に掲げる各行為を行うことは違法とする。
　(1)年齢を理由として，個人を構成員資格から排除し，若しくは除名すること又はその他の差別を行うこと。
　(2)年齢を理由として，個人の雇用機会を奪い，若しくは奪うに至るか，若しくは個人の雇用機会を制限し，又はその他労働者若しくは求職者としての地位に不利な影響を与える方法で，構成員資格を制限，隔離若しくは分類すること又は個人を分類し若しくは個人に対し雇用の紹介をせず，若しくは紹介を拒否すること。
　(3)本条に違反して，使用者に個人を差別させること又はそのように試みること。

救済手続は、公正労働基準法（Fair Labor Standards Act）の手続についての規定が準用されるものとされ、その概要は大略次のとおりであった（67年法7条）。被差別者が訴訟を提起する場合、その60日前までに労働長官に通知を行うことが必要になる。労働長官がこの通知を受けてインフォーマルな方法（調整、協議および説得）を試みた上で、民事訴訟を提起することもあるし、労働長官が訴えなければ、被差別者が訴訟を提起することも、一定の要件を充たせば、可能である。裁判所は、雇用・原職復帰・昇進・損害賠償（付加賠償金（liquidated damages；故意（willful）である場合に賠償額が2倍となる。）を含む。）を命じることができる。

3 年齢差別禁止の例外

(1) 例外規定

ADEAは、年齢を理由とする採用・労働条件・解雇における差別を包括的に禁止する一方で、いくつかの例外を設けた（4条(f)）。

第1に、年齢が職務遂行能力の指標であるといえる場合は、年齢差別規制の例外として許容されることになった。それが、年齢が特定の事業（business）の標準的な運営（normal operation）に合理的に必要である、真正な職業上の資格である場合（Bona Fide Occupational Qualification, BFOQ）の抗弁である。

第2に、真正な先任権制度または労働者給付制度の条件に従う場合が例外として許容されている。労働者給付において年齢を基準とすることが許容されたのは、ADEAが中高年齢者に対しても若年者と同価額の給付を支払うよう使用者に強制すると、中高年齢者を雇用する場合のコストが増大し、結局中高年齢者の採用を手控えることになるだろうと懸念されたからである[54]。

この他にも適法な行為として2つの行為が列挙されている。その1つは、差別的な取扱いに年齢以外の合理的な要素（RFOA）がある場合である（4条(f)(1)）。このRFOAの抗弁の意義・趣旨については、立法過程ではあまり議論されていない。議会では、年齢以外の合理的な要素の例として、一定のことを遂行できるかどうか試すテストがあり、そのテストにパスできない場合があげられた程度で[55]、詰めた議論はなされなかった。この規定の意義は、後に訴訟の中で争われることになる（第3節で論じる）。

---

[54] 113 Cong. Rec. 31254-55 (1967).
[55] 113 Cong. Rec. 31253 (1967).

もう1つ適法な行為とされたのは，正当な事由（good cause）に基づいて解雇・懲戒する場合である（4条(f)(3)）。立法過程ではあまりふれられていないが，アメリカでは随意的雇用の原則が支配しており，これが年齢差別禁止立法の前提をなしていた可能性がある[56]。この点については第2節で述べる。

(2) 人種差別等の規制との相違

これらの例外規定に着目し，ADEAを人種差別・性差別等の規制と比較した場合の特徴をあげると，以下のようになる。

まず，上記の第2の例外（労働者給付に関する例外）に相当するような差別の正当化は，既述のように，性差別に関しては認められないことを指摘できる。合衆国最高裁は，労働者の年金保険の掛け金につき，女性の平均寿命が男性より長いことを理由に額の差を設けることは違法だと判示している。差別か否かは，ある集団が全体として有する属性をもう一方の集団の属性と比較して決定されるのではなく，個人の特性を比較して決定されるべきである。それゆえ当該集団についての一般化が真実であるとしても，そのような一般化は差別を正当化する十分な理由にはならない，とされる。

この合衆国最高裁の法解釈により，性差別については，コスト負担を理由とする差別の正当化は認められないと解釈されるに至っているが，ADEAでは労働者給付における別異取扱いが認められている。それは，ADEAの究極的な目的が，中高年齢者の雇用促進にあるとされたからである。これがADEAを他の差別規制と比較した場合に見出せる特徴の1つである。

また，上記の第1の例外（真正な職業上の資格（BFOQ））に相当する例外は，人種差別については認められていない。これに対してADEAでは，年齢と職務遂行能力との間に関連性があるとして設けられる年齢制限は許容されている。これも第7編の人種差別規制と比較した場合のADEAの特徴だといえる。

4　調査研究

先に述べたように，ADEAの究極的な目的は中高年齢者の雇用の促進にあった。この目的を達成するための方法の1つとして，労働長官による調査研究・情報提供についての規定も置かれている（3条）。

---

[56] Dent議員は，職務上の要請を満たさない労働者に対する解雇の権利を使用者から奪うような立法が制定されたことはないと指摘している。1967 House Hearings, *supra* note 5, at 72.

同条は，労働長官に対して，中高年齢の労働者の必要性・能力，雇用継続・経済への貢献の可能性に関連して調査研究を行い，その情報を提供しなければならないと定めている。労働長官はまた，同法の目的を達成するために，継続的な教育・情報提供プログラムを実行するものとされる。そして，それらに基づき，労働長官は次の諸事項を行うことができるとされている。中高年齢者の雇用に関する調査研究の実施・推進，その研究結果・資料の公表，中高年齢者の雇用機会・潜在能力開発のための公共・民間の機関の助成，州のプログラムの支援等である。

差別禁止規定と併せて中高年齢者の雇用促進のための方法が規定されたこともADEAの特徴であるといえよう。

V 小　括

1　ADEAの立法趣旨

(1)　中高年齢者の雇用促進の手段としての年齢差別規制

以上で述べた，ADEA制定前の州と連邦の取組み，ワーツレポートと公聴会・議会の議論，法律の目的規定と内容を通観し，本書の検討視角からまとめておこう。

まず，ADEA制定の主たる目的は，募集・採用時の年齢制限を禁止し，それにより中高年齢者の長期失業を解消することにあったといえる。ADEA制定前の連邦政府の取組みは，中高年齢者の再就職促進を目的としてカウンセリング等を充実させるという内容であった。労働省はこうした流れのなかで年齢差別規制を推進していたと考えられる。ワーツレポートでも，年齢差別として分析されたのは募集・採用時の年齢制限のみであったし，Johnson大統領の立法勧告も中高年齢者の失業問題解決のために年齢差別規制が求められているとの理解を示していた。

実際，中高年齢者の長期失業等が規制の背景として述べられ，規制目的は「年齢ではなく能力に基づいて中高年齢者の雇用を促進すること」にあると定められている。また，同法は差別禁止規定を置くにとどまらず，労働長官に対して中高年齢者の雇用促進のための政策をとるよう要請している。

40歳以上に適用を限定したことにも政策趣旨が表れている。40歳未満の者については労働市場全体で年齢差別が行われておらず，適用対象を広げると中

高年齢者の雇用促進という目的を損ないかねないと考えられたのである。

以上で述べたことからすると，ADEA は中高年齢者の雇用促進という政策目的の実現の手段として制定されたと考えられる。

(2) 人権保障としての差別規制という趣旨

もっとも，ADEA が制定されるに至ったのは，年齢差別は不公正な差別であり禁止すべしと考えられたからでもある。ADEA 制定より前に年齢差別を禁止していた州の中には，公正雇用慣行法の差別禁止事由のリストに年齢を加える州があった。ADEA 以前に，1964 年公民権法が先駆けとして存在したことから，その制定に反対することは困難だった。

ADEA の目的の 1 つは，「雇用における恣意的な年齢差別を禁止すること」であるとされ，そして，年齢差別規制の理念として援用された雇用機会均等という理念も人種差別等の規制と共通するものであった[57]。たとえば ADEA 制定前に年齢差別を規制した大統領命令は，雇用機会の均等原則を中高年齢者に適用することを目的としていた[58]。

つまり，ADEA には不公正な差別を禁止するという趣旨も存し，それゆえ，その規制内容も，40 歳以上 65 歳未満の者に対象を限定しながらも，募集・採用年齢の上限のみならず，昇進・労働条件等における年齢差別を包括的に規制するものになったと考えられる。

2　ADEA の特質

このように不公正な差別を禁止するという趣旨があったとはいえ，ADEA に一定の特色があることは確認しておかなければならない。BFOQ の抗弁や労働者給付に関する例外が定められ，適用対象者も限定されていることである。

こうした年齢差別規制の特徴は，年齢差別の特殊性を反映したものであったと考えられる。ワーツレポートによれば，年齢差別は，人種差別等のように雇用とかかわりのない偏見に由来するものではない。年齢差別は中高年齢者の職務遂行能力に関するステレオタイプに依拠して行われるものであり，恣意的な差別と，恣意的でないもの（実際に年齢が職務遂行能力と関連する場合，内部昇

57　奥山・前掲注 1「生成と発展 (2)」・92 頁。
58　ADEA 制定にあたっては，年金財政の負担という事情は大きな影響を与えていない。ワーツレポートは年齢差別が経済・個人に及ぼす影響を論じているが，経済に及ぼすコストとして失業保険の支出をあげるにとどまり，年金財政についての言及はない。1965 Wirtz Report, *supra note* 5, at 18.

進政策や賃金・労働者給付のコストを理由とする場合）とがある。後者については，差別として禁止するのではなく，労使による取組みを支援する等，政策的対処を行うこととしたのである。

　年齢に着目することが明白な雇用管理ではなく，間接的に中高年齢者に不利益を及ぼす措置も（たとえば内部昇進制度を理由とする中高年齢者の採用拒否等）ワーツレポートは恣意的でない差別に含めて（差別規制の対象外として）考えていたようであるが，それらが違法な年齢差別に該当しないとする明確な定めが設けられたわけではない。ただ，ADEAには第7編にみられない，取扱いの差異が「年齢以外の合理的な要素」に基づく場合は違法とならないとする規定が設けられており（4条(f)(1)）[59]，この規定が後に裁判において援用されることとなる。間接的に中高年齢者に不利益を及ぼす措置について，使用者側はそれが合理的であることさえ示せばよいとする根拠の1つとされるのである。この点に関しては節を改めて述べる（第4節）。

　以上をまとめると，ADEAは，制定当時，人権保障としての差別規制の1つとしても把握されていたと考えられるが，中高年齢者の雇用促進という目的を実現する手段としての性格がより強く，その規制のあり方も人種差別等とは異なるものだったといえる。このような特徴は，適用対象となる年齢層が40歳以上65歳未満に限定され，定年制は規制の対象とならなかったことにも反映していたが，次節でみるように，この点は後に法改正により変更される。

第2節　定年制撤廃と1978年・86年法改正

I　定年制の歴史

　最初に，アメリカで定年制（mandatory retirement）がどのように形成されてきたのかについてみておこう。

---

[59] 先述のように，この抗弁をめぐる立法資料はほとんど存在しない。労働長官Wirtzが，この抗弁または真正な職業資格の抗弁に関連して，一定の状況のもとで，使用者は，中高年齢者の雇用にコストがかさむことを抗弁として主張しうると述べていたにとどまる。O'Meara, *supra note* 13, at 113.

第 2 節　定年制撤廃と1978年・86年法改正

　まず指摘できるのは，定年制の出現は年金制度の普及と密接に関連していたことである[60]。1935年社会保障法が制定されるまでは，定年制はほとんどみられず，退職するよう求められたら退職し，そうでなければ働けなくなるまで働いていたという。ところが社会保障法が老齢年金を導入し，そこで65歳を年金受給資格が与えられる年齢として定めたため，65歳が標準的な退職年齢とみられるようになった[61]。

　1940年代になると，私的年金制度等が，老齢年金を補足するものとして広く普及した。それに伴い，退職という慣行はよりいっそう広範囲に広まることになる。年金制度の多くは，満額の年金を受給できる年齢として「標準的引退年齢」を定め，同時にその年齢を過ぎると年金は増額されないものとしたからである。それらの制度の多くは，標準的引退年齢での退職（定年制）を併せて規定していた。

　本格的に年齢差別禁止の是非が議論され始めた1965年頃には，私的年金制度の4分の3は定年の規定を有していた[62]。それらの制度内容は，定年年齢後も労働者の職務遂行能力しだいでは継続雇用がありうるとするものが75％，自動的に退職となる旨を定めるものが15％，定年年齢は65歳とする制度が最も多く，68歳や70歳とする制度がそれに続いていた。つまり，私的年金制度にカバーされる労働者の多くが，65歳になると使用者の同意がなければ雇用を継続できない状況にあった。

II　法の適用対象年齢の上限

　以上のようにADEA制定当初，定年制は既に私的年金制度の発展に伴って広く普及するに至っていたが，同法の禁止の対象にはなっていない。法の適用

---

[60] Walker & Lazer, The End of Mandatory Retirement: Implications for Management 4-14 (1978).（ジェームズ・W・ウォーカー・ハリエット・L・レーザー／松山美保子訳『定年制の終焉―アメリカの高年者管理―』（日本経済新聞社，1981年））。企業年金の生成については，國武輝久「アメリカにおける企業年金制度の概要」季労166号124頁（1993年）を参照。
[61] 老齢時に退職することが一般化したのは，1935年以降平均寿命が延び65歳以上の人口そのものが増加していたこと，農業従事者が減少する一方で民間企業や政府に雇用される労働者が増加し，定年に服する労働者が増加していたこと等の事情もあった。Walker & Lazer, supra note 60, at 6.
[62] 1965 Wirtz Report, supra note 5, at 27-33.

範囲を画する年齢上限が設けられたからである。

　ADEA が 40 歳以上 65 歳未満の者に適用されるものとされたことは既に述べた（67 年法 12 条）。適用対象年齢の上限が設けられたのは，退職をめぐる年齢差別を規制しないようにするためであった[63]。上院で年齢差別禁止法案を提出した Yarborough 議員は本会議において，次のように述べている[64]。

　「我々市民の寿命が延びるにつれて，標準的引退年齢まで，時には標準的引退年齢を過ぎても雇用を継続したいと希望されるようになっている。この法案の狙いは我々市民の標準的雇用生活を延長させることではない。この法案は，最も頻繁に行われる，40 歳から 65 歳の間の雇用における年齢差別を禁止することを目的とする」。

適用対象年齢の上限として 65 歳という年齢が選ばれたのは，それが公的年金の受給資格が得られる年齢だったからである[65]。

　また，労働長官 Wirtz は適用対象年齢の上限について，ADEA の基本趣旨が単に年齢差別の禁止というだけではないことを理由の 1 つとしている[66]。彼は，年齢差別禁止法に適用範囲の年齢上限を設けない州も当時存在したことをふまえつつ，次のように述べている。すなわち，立法資料によれば，連邦法は，年齢差別の禁止にとどまらないことを実現するように整えられた。つまり，連邦法は，中高年齢の労働者の採用および昇進が年齢ではなく能力に基づかなければならないことを明確にするように整備されたのである，と。

　つまり，ADEA の適用範囲が 65 歳未満に限定されたのは，法制定時の主旨が採用・昇進における年齢差別を規制することにあり，退職における年齢差別は対象外だと考えたからであった。退職における年齢差別についての規制は，1978 年改正以降，規制の必要性・効果を吟味した上で導入されることになる。

---

[63] 適用対象年齢の上限については，法施行後 6 ヵ月以内に，労働長官がその変更の是非を検討するよう要請されていた（3 条(b)）。また，労働長官は，年次報告により，年齢上限・下限の改正について議会に勧告することができるものとされた（13 条）。さらに，労働長官は，定年制をもたらす制度的な措置についての調査と，その調査の結果を議会に報告し立法の勧告を行うべきことも求められていた（5 条）。

[64] 113 Cong. Rec. 31252 (1967).

[65] Javits 議員は，適用対象の年齢上限の設定に反対し，65 歳という年齢は，寿命が当時より短かった時代の社会保障に由来しており，高年齢者の働く能力についての指標として時代遅れであるという意見を述べていた。123 Cong. Rec. 34297 (1977).

[66] 1968 Labor Relations Year Book 388 (1968).

第2節　定年制撤廃と1978年・86年法改正

III　企業年金制度に定める定年制

1　裁判例の展開

　以上で述べた適用年齢の上限規定により65歳定年制は認められた。では65歳未満の定年制は許容されたのか。解釈上争われたのは，65歳未満の定年制が年金等の制度において定められる場合に，その規定に依拠して労働者の意に反して退職を強制することが適法なのかどうかということである。そのような使用者の行為は，年齢差別を禁止する規定（4条(a)(1)）に反し違法となりそうである。他方で同法は，法の目的を潜脱するための口実（subterfuge）でない年金制度等の条件（terms）を遵守する（observe）ことは違法でないと定めていたので（67年法4条(f)(2)），この例外規定に該当するという解釈も成り立ちえた[67]。そこで，そのような年金制度に定める定年制が許容されるかが問題となった[68]。

　Brennan v. Taft Broadcasting Company 事件[69]では，利潤分配退職制度に基づく60歳引退制がADEAに違反するとして労働長官が訴えを提起した。制度加入自体は個人の自由であったが，それに加入する労働者は，使用者の同意がない限り60歳で引退しなければならないと定められていた。裁判所は，当該制度はADEAが制定される前に導入されているからADEAの「目的を潜脱するための口実」とはいえず，同法4条(f)(2)に照らし許容されると判示した。

　McMann v. United Air Lines, Inc. 事件[70]ではこれと対照的に，強制的な退職はADEA違反に該当するとされた。標準的引退年齢を60歳と定める従業員退職制度に加入していた者が退職し，年齢を理由として解雇されたとして訴えを提

---

[67] 規定は次のとおりである。「使用者，雇用斡旋機関又は労働団体が，次に掲げる各行為を行うことは違法でないものとする。…(2)本法の目的を潜脱するための口実でない，真正の先任権制度又は引退，年金若しくは保険制度等の真正の労働者給付制度の条件を遵守すること。但し，そのような労働者給付制度は，個人を採用しないことを正当化するものではない」。

[68] 阿部弘「雇用における年齢差別の規制について―アメリカの1967年年齢差別禁止法の改正―」レファレンス339号10頁（1979年），石橋敏郎「アメリカにおける年齢差別禁止法」労働70号132頁（1987年），花見・前掲注49・57頁以下。

[69] 500 F.2d 212 (5th Cir. 1974).

[70] 542 F.2d 217 (4th. Cir. 1976).

103

起した事案である。裁判所は，同法 4 条(f)(2)の立法趣旨を参酌して次のようにいう。ADEA が制定された際に懸念されたのは，高年齢者を労働者給付制度に組み込むことを強要すると，高年齢者の採用を妨げかねないということだったとする。したがって年金制度上の定年制は，当該制度に加入する者をその年齢で退職させることに経済上・事業上の目的があって初めて正当化されるとし，このような目的で正当化できない定年制は ADEA 違反になるとされた。

原告の訴えがしりぞけられた判決も存在した。Zinger v. Blanchette 事件[71]は，60 歳から 65 歳の労働者についてその意思にかかわりなく退職させる権限を使用者に与えるという制度のもとで，65 歳になる 1 ヵ月前に退職させられた労働者が，ADEA 違反だとして訴えを提起した事案であった。

第 3 巡回区控訴裁判所は，年齢を理由とする解雇は明文で禁止されているが，年金を伴う退職について明確にそれを禁止する規定は存在しないとする。続いて，ADEA の第 1 の目的は年齢を理由とする採用拒否と解雇の禁止であり，解雇と退職の間には明確な相違があるとする。補償のない解雇が望ましくないのは明らかであるが，十分な年金を伴う退職は一般的に歓迎され，議会もそのような退職制度は労働者の利益に資すると把握したため，年金を伴う退職を規制しなかったのである，とした。

また，裁判所は，労働長官が ADEA 制定直後に発した規則は，65 歳未満の定年制を定める退職制度も許容されると位置づけていたが，その解釈は後任の労働長官によって変更され，同法 4 条(f)(2)で許容される労働者給付というためには，一定年齢での退職が制度の財政維持その他正当な目的のために必要不可欠であるといえなければならないという立場がとられたとした。裁判所は，この後任の労働長官の解釈は制定時の法の解釈や議会の立法意図に反しており，採用しえないとした。

この他にも裁判所は立法過程の議論を詳細に引用した。当初の政府原案では，「退職制度において…労働者の意に反して別異取扱いを行うことは違法でないものとする」と規定され，定年が許容されることが明らかにされていたこと等である。さらに，ADEA が退職における年齢差別については段階的に規制を行うアプローチを採用しているということも述べている。ADEA は，労働長官に対して非自発的（involuntary）失業についての調査・立法勧告を求めているが，これは，年齢差別を一度に禁止してしまうのではなく，政策の効果を予

---

[71] 549 F.2d 901 (3rd. Cir. 1977).

測した上で規制を行うという議会のアプローチを示すものだ，としたのである。

この判決が引用する立法時の資料からは，少なくとも法制定当初は，定年退職に伴って企業年金等が支給される限り，定年制は適法であると解釈されていたとみられる。

2　合衆国最高裁判決と 1978 年法改正

このように控訴裁判所では，年金制度等に定める定年制がいかなる場合に 1967 年 ADEA 4 条(f)(2)のもとで許容されるかに関して判断が分かれた。この控訴裁判所の解釈の分裂に対して合衆国最高裁は United Air Lines, Inc. v. McMann 事件[72]において以下のように判示した。

〈ADEA の立法者意図は，同法制定前に善意で制度化された退職制度をすべて無効にしてしまうようなものではなかった。また「口実」という文言には通常の意義が与えられるべきであり，同法制定より 26 年も前に設定された制度は「口実」と評価されない。ADEA 4 条(f)(2)が設けられた趣旨は，65 歳未満の者に対する退職はそれが意に反するものであっても許容するというものであった。〉

この判決により，定年制は，年金制度に定められているときは，コストの節減になる等の経済上の目的に資するといえなくとも許容されることが明らかになった。

しかし，この合衆国最高裁判決の立場は議会により覆されることになる。1978 年法改正により，従来の 4 条(f)(2)の文言の後に，「労働者給付制度は…年齢を理由とする…意に反する退職を要求又は許容してはならない」との文言が挿入されたからである。年金制度等に定められる場合でも定年制は違法になる旨規定されたのである。

委員会報告書によれば，ADEA 4 条(f)(2)の立法意図は，高齢で採用した者を労働者給付制度の対象外とすることを可能にし，それによって高年齢者の採用を促進することにあったが，企業年金にカバーされる労働者の 4 割が定年制に服していることからすると，年金給付制度の定年制を禁止しないことには，改正によって，65 歳から 70 歳へ年齢上限を引き上げても意味がない，とされる[73]。

---

[72] 434 U.S. 192 (1977).
[73] S. Rep. No.95-493, at 9-10 (1977).

以上の経緯の中で注目されるのは、結局 1978 年改正により、年金制度に定める定年制は違法になることが明確になったとはいうものの、ADEA の制定当初は、年金を伴う退職を年齢差別禁止の例外とする解釈も存在したということである。これは労働者が経済的に保障されていることを理由に差別を正当化する立場であるといえ、ADEA がその制定当初は人権保障としての差別禁止というよりも中高年齢者の雇用機会確保に重点を置いて把握されていたことの一端を示しているといえよう。

IV 法の適用対象年齢の上限の引上げ・撤廃

1 1978 年・86 年法改正の概要

しかし定年制は法改正を経て全面的に禁止されるに至る[74]。まずは 1978 年改正により、私企業については、保護対象年齢の上限が 65 歳から 70 歳に引き上げられ、連邦公務員については、上記の年齢制限を撤廃することとされた[75]。このときに併せて企業年金制度に定める定年制が違法であることが明確にされたことは、既に述べたとおりである。

ただしその例外として、退職直前の 2 年間に「真正な上級管理職又は高度の経営方針決定に携わる地位 (bona fide executive or a high policymaking position)」に就いていた労働者については、一定額の退職給付金を受け取ることを条件として、65 歳から 70 歳までの定年制が認められた（78 年法 12 条(c)）。また身分保障 (tenure) を有する大学教員の 65 歳から 70 歳までの定年制は許容されることになった（78 年法 12 条(d)）。

1986 年改正では、民間企業の保護対象を画する 70 歳という年齢制限が取り除かれた。ただし、身分保障を有する大学教員の 70 歳以上の定年制はなお許され、州および下部自治体における法の執行職員 (law enforcement officer, 警察官等を指す)、消防士の適用除外措置が設けられた（86 年法 4 条(i)。これらの 2 つの例外規定は 1993 年 12 月 31 日に失効)[76]。

---

[74] 一連の法改正については、石橋・前掲注 68・128 頁以下、桑原靖夫「アメリカにおける中・高年問題の展開―平等の追究と新しい労働体系の萌芽―」労協 250 号 37 頁（1980 年）。

[75] Age Discrimination in Employment Act Amendments of 1978 § 3 (a), 92 Stat. 189.

2　法改正の趣旨

(1) 政治的背景

これらの一連の改正がなされた背景には高年齢者の利益団体による運動の活発化があった。高年齢者の利益団体は，1970年代・1980年代に構成員数と活動資金を増やして活発な活動を行うようになっていた。適用対象を70歳までとする1978年法改正については，アメリカ退職者協会（AARP）等のいわゆるグレイ・ロビーの影響力が指摘されており[77]，年齢上限を撤廃した1986年改正についても，急速に組織を拡大し影響力をもつようになったAARPの力が大きかったとされる。それらの団体は，年齢だけを理由に引退させられるのは許し難いことであると主張し，定年制の撤廃を求めてロビイングを行った。このような見解は国民にも支持を得ていたようで，世論調査でも，全米の成人の9割が定年制に反対しているという結果が出ていた[78]。

(2) 人権保障のための定年制撤廃

改正に際しては，年齢差別の完全な撤廃によって平等の正義や公民権（civil rights）・人権（human rights）の保障を達成できるという理念が前面に出された。ADEA制定時には，このような理念にはあまり言及されなかったが，1978年改正・1986年改正時にはしばしばそのような議論が展開された[79]。委員会報告書は，人は雇用に関して人種，性別，加齢についてのステレオタイプでなく個人の能力に基づいてとり扱われるべきであるとし，それは「基本的な公民権の問題として」要請される，と説明している[80]。一連の改正に貢献したPepper議員も，「我々はかつて性差別や人種差別を撤廃した。…年齢差別は性差別や人種差別と全く同じ害悪である」，定年制の撤廃により「高年齢者の人

76　州の警察官・消防士の55歳定年制は，1996年法改正（Pub. L. No.104-208）により再度例外として規定されたが（4条(j)），大学教員についての例外は現在設けられていない。

77　Issacharoff, Is Age Discrimination Really Age Discrimination?: the ADEA's Unnatural Solution, 72 N.Y.U. L. Rev. 780 at 810 (1997).

78　Department of Labor, Final Report to Congress on Age Discrimination in Employment Act Studies 26 [hereinafter 1982 Final Report].

79　Findley議員，Waxman議員，Michel議員，Drinan議員，Leggett議員等の発言を参照。123 Cong. Rec. 29004-5, 29014, 30559, 30562, 30572 (1977). 阿部・前掲注68・12頁も，高年齢者の雇用問題が「人権問題」として捉えられ始めたことを指摘する。

80　S. Rep. No.95-493, at 3 (1977).

権の承認においてさらに一歩前進することになる」と議論している[81]。この見解のように，年齢差別を人種差別・性差別と同列に並べる議論が展開された[82]。

(3) 法改正によって増進される利益

法改正を支持する具体的な論拠は次のようなものである。

65歳や70歳という年齢で退職させることには何ら合理的理由はなく，年齢と職務遂行能力との間に明確な相関関係はない。高年齢者の就労意欲・能力や社会的・経済的役割は，1967年法制定当時は明らかでなかったが，調査研究によって，年齢だけでは職務遂行能力の指標として不十分であることが解明されている[83]。

定年制は次のような不利益をもたらす。労働者の心身の衰退や早期の死亡につながる。達成感や自己充足感も奪う[84]。経済的困窮にもつながる。社会保障給付（公的年金）の所得代替率は，男性44％，女性59％にすぎず，私的年金制度に加入している者の所得代替率であっても男性61％，女性54％にすぎない。私的年金制度に加入していない者の割合は男性は61％，女性は80％に上る[85]。定年を撤廃ないし引き上げれば，高年齢者には労働の機会が与えられ，所得を補うことが可能になり，この不利益を避けられる，とされた。

(4) 法改正と社会保障財政との関連性

定年制撤廃が提案されたのは，社会保障制度の財政負担が年々増大しているという問題があったからでもある[86]。高年齢者をできるだけ長く労働させることによって，公的年金の支出を抑制することが意図されたのである。しかし，後述するように，定年を引き上げたとしても雇用を継続する者は多くないと考えられていたこともあり[87]，日本のように，年金支給開始年齢の引上げが議論

---

81 123 Cong. Rec. 29009-10 (1977); Walker & Lazer, *supra note* 60, at 13-14. この点に関してはカナダにおける議論も参考になる。カナダでも定年制を違法とすべきか議論されたことがある。65歳を超えて雇用を継続する労働者はごく少数であるから定年制の政策的な意義は小さいが，それが人権 (human rights) 侵害の問題なのか労働条件にすぎないのかを決定しなければならないとしている。そして，アメリカの定年制撤廃は人権保障のためになされたとされている。Dunlop, Mandatory Retirement Policy : A Human Rights Dilemma? 64 (1980).

82 Cranston議員等（123 Cong. Rec. 34300 (1977））。

83 S. Rep. No.95-493, at 3 (1977). 平均寿命の伸長等によって高年齢者は前の世代の高年齢者に比べてより健康で教育水準・技能水準が高いことも指摘されている。

84 *Id.* at 4 (1977).

85 Report by the Select Committee on Aging, Mandatory Retirement : the Social and Human Cost of Enforced Idleness 25-29 (1977).

として先行し，それと一体のものとして年齢上限を引き上げることになったというような強い関連性はみられなかったようである。

3 定年制撤廃が及ぼす影響

(1) 定年制撤廃に反対する見解

上記のような定年制撤廃を支持する議論に対して，反対する議論も強く，1978年法改正に前後して，定年制撤廃の是非をめぐって論争が沸き起こった[88]。

アメリカ労働総同盟は，次のように述べ，協約による定年制が許容されるならよいが，それをも含めてあらゆる定年制が撤廃されるなら反対である旨述べた。定年より早く退職する者が多数を占める現状にかんがみると，定年制撤廃が直ちに高年齢者の雇用増加につながるとはいえないし，高年齢者の雇用問題の解決のためには，むしろ国の総合的施策が必要である。また，労働組合は，団体交渉を通じて所得保障制度を拡充し，個人の環境・条件に即した様々なタイプの退職の方式を設けることができる。労働協約による定年の設定は，必ずしも労働者の意に反するものではない。

また，アメリカ商工会議所の代表は，このアメリカ労働総同盟の見解を支持しながら，定年制撤廃ではなく，私的年金の拡充を奨励したり高年齢者の雇用を支援したりするための対策をとるべきであると述べた。

企業の大多数は定年制撤廃に反対の立場を表明した。それらの者が示した論拠を整理すると次のようになる[89]。①一定年齢での退職は，それにより個人の能力評価を回避できるから，労働者を不平等な取扱いから保護することができる。②一定の職種においては，高年齢者は若年者よりも適格性において劣る。高年齢者は心身の機能が低下しており，賃金等の面で柔軟性に欠け，新しい技能の修得は困難で教育水準が低い。③定年制がなければ解雇の対象となるよう

---

[86] S. Rep. No.95-493, at 4 (1977). 改正が議論されていた当時，商務省長官Krepsが満額年金の支給開始年齢を65歳から68歳に引き上げる提案をしたことがあったが，これに対しPepper議員は，定年制からの保護を，社会保障の満額給付支給の年齢を68歳にすることに対するアメとして利用することには反対だとした。Report by the Select Committee on Aging, *supra note* 85, at 46-54 (1977).

[87] J.Schlutzは，「この立法は，大きな衝撃をこの国に与えないだろう。結局のところ，主要な問題は公平と権利であり，経済ではない。」と述べていた。桑原・前掲注75・44頁。

[88] Hearings Before the Senate Comm. on Human Resources, July 27 1977, at 123-126, 151-161. 阿部・前掲注68・17-19頁。

な職務遂行能力を有さない高年齢者にとっては，定年退職は，自尊心を保てるという意味で望ましいものである。④高年齢者は，社会保障その他の所得を得て退職することができるし，それによって，失業して所得がない若年者に職を与えることができる。⑤定年制は，若年者に昇進の機会を与え，企業が労働者の採用・刷新をすることを可能にする。⑥年金・医療・生命保険と給与水準を考慮すると，高年齢者の雇用にはコストがかかる。⑦定年制により，女性や少数派の者に雇用機会を与えることができる。上記の論点の中で特に懸念されたのは，③，⑥，⑦にかかわる論点である。すなわち，定年年齢の引上げや撤廃は，若年者・女性・少数派の者の雇用機会を妨げないか，企業に個別評価の導入等，人事政策の変更を迫ることにならないか，企業にコストを負わせることにならないか，といった点である。

　これらの点が議論になり，結局1978年改正では，民間企業の適用対象年齢の上限は70歳に引き上げられるにとどまり，撤廃されるには至らなかった。委員会報告書によると，1967年から1978年までの労働省の調査は，60歳から70歳までの者を対象に健康状態や職務遂行能力を調査したものであり，70歳以上の者について規制の必要性があるかどうか，仮に規制した場合にどのような影響を及ぼすかに関する情報を提供するものではない。それゆえ適用対象年齢の上限を完全に取り除くことは差し控えるとしている[90]。

　もっとも，労働長官は，適用対象年齢上限の廃止等についての評価を大統領と議会に提出するよう義務づけられた（5条）。この規定に基づく調査が実施され，年齢上限を廃止したとしてもその影響は大きくないとの予測が中間報告

---

[89] Report by the Select Committee on Aging, *supra note* 85, at 32-33 ; Walker & Lazer, *supra note* 60, at 10-13. 桑原・前掲注74・42頁。これらに対する定年制支持派の応答は，本文で述べたこととも重なるが，次のとおりである。①定年制は均等な雇用機会という考えに反する。②年齢のみによる退職は，職務遂行能力の個人差を考慮に入れていない。研究により，65歳を超えても十分に職務を遂行できることが明らかになっている。③定年制は，十分に職務を遂行できる高年齢者の心身の健康を害する。④平均的な退職所得は従前賃金水準の半分に満たないため，定年制は，高年齢の労働者に大きな経済的負担を課す。⑤出生率の低下により若年者は減少しているから，高年齢者は必要とされている。定年制は技能や経験の喪失，ひいては国民総生産を減少させる。⑥定年制は，政府の所得保障制度や年金制度のコストを増大させる。出生率が低下し，より少ない労働者がより多くの高齢者を扶養するという状況が生じている。⑦これまでの研究により，定年を引き上げるような立法の影響は軽微であろうということが示されている。

[90] S. Rep. No.95-493, at 7 (1977).

第 2 節　定年制撤廃と1978年・86年法改正

書・最終報告書により示され，それが適用対象年齢の上限を撤廃する1986年改正を可能にした。

それらの報告書の検討・分析は次のようなものであった。

(2) 企業実務・労働市場への影響

定年年齢の完全な撤廃が大きな影響を及ぼさないとされた最も大きな理由は，65歳や70歳を超えて働く者は多くないだろうと予測されたことであった。法改正が検討された当時，既に，65歳よりも早期に退職する傾向が一般的だったのである[91]。

早期退職を促した1つの要因は，老齢年金の支給開始年齢の柔軟化が行われたことである[92]。1956年社会保障法改正によって女性は62歳になると（減額されるものの）年金を受給する資格が与えられることとなり，1961年の同法改正により男性にも同様の措置がとられた。この法改正を受け多くの労働者が62歳に年金を受給するようになり，年齢差別禁止法を改正した当時では，繰上受給者が満額年金受給者を上回っていたという。

早期退職をすすめたもう1つの要因は，私的年金制度の普及とその制度のあり方にある[93]。先に述べたように，企業年金制度は戦後急速に普及し，それらの多くは65歳より前の退職を奨励する制度を整えていた。満額の受給を60歳や62歳から可能とする，あるいは，社会保障の老齢年金を受給できる65歳までの補足給付を支給する等である。

このように公的・私的年金制度が早期退職を可能にするように変更され，それは労働者側のニーズにも合致するものであったために，高年齢者の労働力率はしだいに低下していった。男性の労働力率の1950年から1981年の間の推移をみると，65歳以上の労働力率は46％から18％，55歳以上65歳未満の者については9割前後から7割へと減少している[94]。このような状況下では，定年制があるがゆえに退職させられるという者はごく僅かであり，そのような者は全退職者のうち5％から10％にすぎなかったといわれている[95]。

91　Walker & Lazer, *supra note* 60, at 6-10；阿部弘「アメリカにおける高齢者雇用問題」レファレンス376号7頁以下（1982年）。
92　1982 Final Report, *supra note* 78, at 17.
93　*Id.*
94　また，私的年金を受給して退職する者の退職年齢についての調査によると，62歳未満での退職者が3割，62歳以上65歳未満での退職者が5割いたので，65歳で退職する者は2割，65歳以上で退職する者も15％にすぎなかったとされる。*Id.* at 10-13.

そのような早期引退傾向が定年の引上げ・撤廃によって受ける影響は，労働者への調査等をもとに，短期的にはかなり小さいと考えられた[96]。使用者側への聞き取り調査でも，6 割の者が，平均的な退職年齢は数年以内には変化しないだろうと回答していた[97]。退職するかどうかの決定は，定年制ではなく社会保障制度や私的年金制度がもつ退職促進効果に左右されていたのであろう[98]。

長期的にみて法改正が及ぼす影響については，保護対象年齢の上限の 65 歳から 70 歳への引上げによって高齢の労働者はおよそ 25 万人増加し，年齢上限の完全な撤廃によってそれがさらに 20 万人増加するが（併せて 45 万人増加する），これは労働市場全体との関係ではごく僅かな増加にすぎないと考えられた[99]。

上記の予測をもとに，①若年者雇用，②個別評価等の企業の人事管理，③労働者給付に対して定年制撤廃が及ぼしうる影響について報告書が示した見解は，次のとおりである。まず，若年者の雇用に及ぼす影響について表明された懸念に対して，報告書は次のように述べている[100]。

〈若年者・女性・黒人労働者について，雇用機会の縮小の可能性が検討された。この分析の背景にある理論は，定年を引き上げる前よりも退職時期を延ばす高齢労働者の数が，若年者等に短期的には影響を及ぼしうる，というものである。しかしながら，1978 年改正による影響は小さく，さらなる改正により増加することになる高齢の労働者は，若年者についてはその 0.25 ％，黒人については 0.5 ％，女性については 0.1 ％に影響しうるにすぎないと予測されている。〉

定年年齢を引き上げてもそれは若年者等の雇用を妨げるものではないと予測されたのである[101]。

職務遂行評価（performance evaluation）導入等，企業の人事管理への影響については，労働省の 1981 年の中間報告書は次のように述べ，上限撤廃によっ

95　*Id.* at 18.
96　U.S. Department of Labor, Abolishing Mandatory Retirement : A Interim Report 8-9 (1981) ［hereinafter 1981 Interim Report］； 1982 Final Report, *supra note* 78, at 28.
97　1981 Interim Report, *supra note* 96, at 14.
98　*Id.*； 1982 Final Report, *supra note* 78, at 28.
99　1981 Interim Report, *supra note* 96, at 18-21.
100　*Id.* at 16-17； 1982 Final Report, *supra note* 78, at 29.
101　132 Cong. Rec. 25436, 32657 (1986).

て企業の評価制度が影響を受けることはないとした[102]。

「〔定年制により〕加齢とともに低下する能力評価から使用者も労働者もともに保護するような，職務遂行評価の代替手段として定年制が機能していると，年齢上限の引上げあるいは撤廃によって，あらゆる年齢においてより厳格な評価がなされるようになって，退職前に解雇される高年齢者が増加するという予期せぬ結果を招いただろう」。

「定年制をもつ企業では，職務遂行評価が実施されている割合はもともと高かったので，高年齢者の排出のために職務遂行評価がいっそう普及するという懸念は現実のものとならなかった。したがって，職務遂行評価制度と定年制は，代替的なものというより，補足的な制度として機能してきている」。この他に，退職年齢の引上げがコストの増大，特に労働者給付の費用の増大につながるかどうかという論点があった。これは法改正にあたって最も企業側が懸念したともいわれる。しかし中間報告書は，早期退職を奨励する制度が存在し，退職年齢が下がってきている当時の状況にかんがみると，年金や医療保障給付に関する変更はないだろうと予測した[103]。

企業年金制度については，この法改正に際して労働省が，標準的引退年齢以降は給付を増額しないとしてもADEAには抵触しないという見解を示していたこと[104]，労働者が長く働けば働くほど年金支給期間はその分短縮されるので，年金支給に必要な金額はむしろ減ることになるといった事情もあり，定年制が撤廃されてもコストが増えることにはならないと分析された[105]。

(3) 随意的雇用原則

前述のように定年制撤廃による影響が大きくないとされた1つの理由は，従業員に対する職務遂行評価は既に行われているので，定年制を撤廃したからといって職務遂行評価やその結果としての解雇が増えるわけではないということであった。職務遂行評価をした上で能力欠如を理由としてなす解雇がアメリカにおいて許容されていたのは，随意的雇用原則がアメリカの雇用関係の基本をなしていたからであると考えられる[106]。

---

[102] 1981 Interim Report, *supra note* 96, at 8, 12. 定年年齢の65歳から70歳への引上げは職務遂行評価のコストを増大させなかったとされる。1982 Final Report, *supra note* 78, at 28.
[103] *Id.* at 8, 12-14.
[104] 1982 Final Report, *supra note* 78, at 34.
[105] Walker & Lazer, *supra note* 60, at 78-86.

随意的雇用原則は，期間の定めのない雇用契約は各当事者が正当理由がなくとも意のままに雇用契約を終了できるというコモン・ロー上の原則である。この原則は19世紀末から20世紀末にかけてアメリカ各州の判例法として形成された。そこでは，使用者が永続的雇用を約束していたような場合でも，そのような特約が認められるためには，労働者側に単に就労するという以上の付加的ないし独立的約因（consideration）が必要と考えられ，結局随意的雇用原則が妥当すると解釈された。1970年代から，随意的雇用原則は修正され，たとえば使用者が作成する文書に「正当事由がある場合にのみ解雇する」という会社の方針が明記されていた場合には，解雇に正当事由を要すると解する裁判例もみられるようになった。しかし，一般的に解雇には正当事由が必要であるという原則が確立されるには至っていない[107]。しかもアメリカでは，一般的な解雇予告手当や解雇予告規制もない[108]。

このように解雇に対する法規制が厳格でないという状況を背景として，アメリカでは，定年制を撤廃する以前においても高年齢者の能力低下等を理由として解雇することが可能な状況であった。そのため，仮に定年制を撤廃したとしても高年齢者の雇用の不安定を惹起しないと予測され，そのような予測が，適

---

[106] アメリカの解雇法理については，小宮文人「アメリカ合衆国における解雇規制法理の綜合研究・第1編：判例法上の解雇規制法理の展開(1)～(3)」北海学園大学法学研究20巻3号409頁，21巻1号1頁，2号155頁（1985年），中窪裕也「アメリカにおける解雇法理の展開」千葉大学法学論集6巻2号81頁以下（1991年），小宮文人『英米解雇法制の研究』85頁以下（信山社，1992年），荒木尚志『雇用システムと労働条件変更法理』20頁以下（有斐閣，2001年），中窪裕也「『解雇の自由』雑感―アメリカ法からの眺め」中嶋士元也先生還暦記念論文集『労働関係法の現代的展開』341頁（信山社，2004年）等を参照。

[107] 労働協約が解雇に正当事由を要すると定めることもあるが，これによる保護も限定的である。使用者がそのような条項に反する解雇をなした場合，苦情処理に引き続いて仲裁を付託するかどうかを決定できるのは労働組合に限られるし，経済的理由による解雇の際の雇用を保障するものではなかったからである。

[108] 1988年に制定された労働者調整・再訓練予告法（Workers Adjustment Retraining Notification Act; WARN）は，100人以上の労働者を雇用する使用者に対して，50人以上に影響を及ぼす事業所閉鎖の場合，事業所のフルタイム労働者の33％以上かつ50人以上の労働者をレイオフする場合，または，500人以上の労働者をレイオフする場合に限定して，60日の予告を義務づけているにすぎない。そしてこの予告義務については，使用者に予測できない経営環境の変化の場合等の例外も設けられている。29 U.S.C. §§2101-2109. 同法の内容については，中窪・前掲注49・280頁以下を参照。

用対象年齢の上限を撤廃する1986年改正を可能にする1つの要因になったとみることができる。

議会において改正法案が審議される中でもこのことは指摘されている。Javits議員は，定年を引き上げると生産性の低い高年齢者が滞留してしまうと懸念する企業があるとした上で，使用者は，70歳であろうが，より若年の者であろうが，いつでもそのような労働者を解雇することができると述べている[109]。

V 定年制撤廃の例外

1 特定の職務についての定年制

(1) 真正な職業資格である場合

1978年・86年改正を経て定年制も原則として違法となったが，例外的に許容される場合もある。

その1つは，真正な職業上の資格（BFOQ）に該当する場合である[110]。BFOQ該当性の判断基準は，Western Air Lines v. Criswell事件合衆国最高裁判決[111]で示されている[112]。この事件の概要は次のとおりである。

被告会社の航空機には，機長と副機長，フライト・エンジニアが航空機を運航する機種があった。機長は航空機の操縦，副機長は機長の補助を行い，フライト・エンジニアは操縦には携わらず，各種機器を監視する。被告会社と労働組合との協約では，乗務員は先任権に従って空きポストを得ることができると

---

[109] 123 Cong. Rec. 34297 (1977).
[110] 29 U.S.C. §623(f)(1).
[111] 472 U.S. 400 (1985).
[112] 合衆国最高裁は，Trans World Airlines, Inc. v. Thurston, 469 U.S. 111 (1985)でも，60歳に到達した機長について，フライトエンジニアへの配置を拒否することは（60歳未満の者にそのような取扱いを認めているときには），ADEA違反に当たると判示している。この判決の他に，ADEAにおけるBFOQの解釈を示した合衆国最高裁判決として，Johnson v. Mayor and City Council of Baltimore, 472 U.S. 353 (1985)がある。この事件では，市の消防職員の55歳定年制がADEA違反に当たらないかどうかが争点となった。市の側は，連邦の公務員法により消防職員の定年制が設けられていることを根拠にBFOQに該当すると主張したが，合衆国最高裁は，そのような連邦法の存在を示しただけでは，BFOQ該当性を立証したことにはならないと判示している。

定めていたので，機長として勤めてきた原告らは，60歳（定年年齢）に達した際に，当該協約の定めに基づいてフライト・エンジニアの空きポストに申し込んだ。これに対して被告会社は，原告らには機長についての定年制が適用されるとして，その異動の申込みを拒否した。そこで原告らは，60歳定年制はADEAに違反するとして訴えを提起した。合衆国最高裁の判旨は，要約すれば，次のようになる。

〈真正な職業上の資格の抗弁は，法律の文言や立法過程の議論等に照らすと，厳格に解釈されなければならない。第1に，使用者が資格と位置づけているものには，使用者の業務と関連が薄いものがあるが，職業上の資格は，業務の本質に合理的に必要なものでなければならない。第2に，年齢という資格は，都合がよいとか，合理的であるという以上のものでなければならない。すなわち，安全確保のために職業適格性の指標として年齢を用いることがやむにやまれぬことを必要とする。このことを示すためには，すべての，またはほとんどすべての者が安全かつ効率的に職務を遂行しえないこと，もしくは，個別評価が不可能であるか，または実際的でないことを証明しなければならない。連邦航空管理局は，機長や副機長の60歳定年制を定めている。これは，加齢に伴って傷病に罹患し，心理面や身体面で変化が生じ，航空機を操縦できなくなるだろうという考えに基づいていた。しかし同局は，フライト・エンジニアについて定年制を定めなかった。フライト・エンジニアはパイロットの職務を遂行しておらず，フライト・エンジニアが事故の原因になったことはないという統計があるからである。〉

合衆国最高裁は，本件60歳定年制は，BFOQとして許容されず，ADEA違反に当たるとした。その要点は，BFOQは厳格な例外と解されなければならず，年齢が真正な職業上の資格であるというためには，①それが業務の本質のために合理的に必要であり，②すべての，または，ほとんどすべての者が安全かつ効率的に職務を遂行しえないこと，もしくは，個別評価が不可能であるか，または，実際的でないことを使用者の側で証明しなければならないということであった。

　ADEAにおいてはさらに，このような真正な職業上の資格（BFOQ）の抗弁とは別個に，州における警察官・消防士の55歳定年制も，適用を除外されている（4条(j)）。これは，警察官や消防士の業務が体力を要し，職員の能力確保によって公衆の安全を維持する必要性が高いこと，定年制の代替手段となる職務遂行評価によっては個別職員の能力を判定できず，またそのような個別評

価には費用と時間がかかること等を考慮して設けられたものである[113]。

先に述べたように，BFOQの抗弁は第7編において性差別等にも認められている。それゆえ，BFOQの存在は，少なくとも性差別規制との比較においては，年齢差別規制の固有の特徴ではないといえる。また，警察官と消防士の定年制の適用除外も，一般市民の安全確保という職業上の要請に応じて特別に設けられた例外であるから，年齢差別規制の特徴として強調できるものではない。ただ，BFOQの抗弁すら認められない人種差別との比較でいえば，例外がより広く認められるというADEAの特徴ということになるだろう。

他方，BFOQ該当性の基準の厳格度の高さには留意すべきであろう。この判決が示される以前は，35歳のバス運転手の年齢制限が問題となった事案で，40歳以上の運転手のすべて，またはほとんどすべての者が安全に職務を遂行しえないといったことを立証する必要はない，とした裁判例等もあった。乗客に危害を及ぼす危険性が少しでも増大することを信ずるに足りる「合理的理由」を立証すればよいとするものである[114]。しかし，ADEAの執行に携わる機関が，1979年に，人種差別・性差別を取り扱うEEOCに移ると，行政解釈として上記の厳格な基準が採用され[115]，合衆国最高裁も，その厳格な基準を採用したのである。

(2) **身分保障を有する大学教員の定年制**

既にふれたように，1978年・86年改正の際には，身分保障を有する高等教育機関（大学等）の教員の定年制も適用除外とされた。それは次の理由による[116]。すなわち，大学の新規採用教員数は退職者数に左右されるので，定年が禁止されると若年者，特に女性と少数派の教授を雇用することが難しくなる。高賃金の教授の雇用を継続すると教育機関の財政に負担を課す。正当な理由があるとして解雇することも理論上は可能であるが，教授の職務遂行能力を客観的に評価することは困難である，ということである。1986年改正に際してこの適用除外に賛意を表したColeman議員は，学問の自由を保障するために必要な身分保障制度が定年制撤廃によって危殆にさらされるし，新しい教員を常に注入してアイディア刷新を図り，若い教員と経験を蓄積した教員とのバランスをとって学生を刺激することが必要であると議論している[117]。しかしこの

113　132 Cong.Rec. 25444 (1986).
114　Hodgson v. Greyhound Lines, Inc., 499 F.2d 859 (7th Cir. 1974).
115　29 C.F.R.§ 1625.6.
116　S. Rep. No.95-493, at 8-9 (1977).

適用除外規定は結局，1993年末に失効し，現在では大学教員の定年制もADEAにより禁止されている。

2　上級管理職の65歳定年制

(1)　上級管理職等の意義

上級管理職の65歳定年制も適用除外される。退職直前の2年間に真正な上級管理職または高度の経営方針決定に携わる地位に就いていた者につき，当該労働者が年間4万4,000ドル以上の退職給付を受給する資格を有する場合には，65歳の定年制は違法とならないというものである（12条(c)）。

「上級管理職」「高度の経営方針決定に携わる地位に就いていた者」の意義については，EEOCの解釈例規がある[118]。「上級管理職」という文言には，企業の主要な施設の重要な機関（たとえば，主要な生産施設・販売施設）のトップ，ならびに，企業内の主要な部門・部局（たとえば，財務部・法務部等）のトップが含まれる。「高度の経営方針決定に携わる地位に就いていた者」には，ラインの権限をほとんどもたないが，企業の経営方針の展開について重要な役割を担い，その実施について提言を行う者がこれに該当する。経済的・科学的に重要な問題について評価し，企業の経営者に対して経営方針を勧告し，そのような方針についての最終的な決定に大きな影響を与える，チーフエコノミスト・チーフサイエンティスト等が含まれる。中間管理職はこれらに該当しない。

この規定は，年齢差別禁止からの適用除外を定めているため，上記の要件に合致することの立証責任は使用者が負い，しかも厳密に解釈するものとされている。

裁判例ではたとえば，労務弁護士（Chief Labor Counsel）が当該適用除外に該当するのかどうかが争われた事件として，Whittlesey v. Union Carbide Corp.事件[119]をあげることができる[120]。弁護士として法律等のアドバイスを行って

---

[117]　132 Cong. Rec. 25434-5 (1986).
[118]　29 C.F.R. § 1625.12.
[119]　567 F. Supp. 1320 (D. C. N. Y. 1983).
[120]　この規定により定年制がADEAの適用除外とされるかどうかが争われた裁判例は多くない。それは，上級管理職は65歳までに自発的に退職している，立法趣旨が明確なので訴訟に至らない，長いキャリアを経た後で自らが上級管理職であったことを否定することを潔しとしない等の理由によるのではないかと推測されている。O'Meara, *supra note* 13, at 354 (1989).

いた原告は，65歳で退職になる旨の通知を受け，当該退職の差止命令を求めて提訴した。地裁は，原告は上級管理職にも高度の経営方針決定に携わる者にも該当しないとした。上級管理職に当たらないとしたのは，当該弁護士の管理職としての職務は，その者の職務全体の中でごく僅かにすぎなかったからである。また，他の4名の弁護士の職務の配分や指揮監督等は行っておらず，従業員の採用，昇進または賃金について影響を及ぼしてもいなかった。「高度の経営方針決定に携わる地位に就いていた者」に該当しないとされたのは，原告はほとんどの時間を弁護士業務に費やしており，経営方針策定に寄与することまで求められていなかったからである。

これに対して，Moses Passer v. American Chemical Soc.事件[121]では，被告（アメリカ化学協会；化学に関する情報及びアドバイスを政府に提供する非営利組織）の教育部門のディレクターが次の理由により真正な上級管理職だとされている。主要な職務は管理業務であり，約25名の労働者を指揮監督していて，教育部門の従業員の採用，解雇，昇進および賃金の決定についても影響を及ぼしていた。また，被告協会のプログラムの計画・実施，新規プログラムの計画・開始に責任をもち，当該協会の長期的な目標を定め，経営方針を勧告していた。この者は，管理的職務以外の職務には労働時間の2割も費やしていなかったし，2,000名近くの職員中10番目に高い給与を得ていたという事情もあった。

(2) 適用除外の趣旨

この上級管理職の65歳定年制に関する規定は1978年改正の際に設けられ，現在でも維持されている。法改正時には，ADEAの基本趣旨に反する，年金額や所得額に応じて人を差別することを正当化できないといった反対論がみられた[122]。また，たとえばJavits議員は，上級職務の在職年数の制限等によっても若年者の昇進機会は確保できるとした[123]。そのような議論があったにもかかわらずこの適用除外規定が設けられるに至ったのは，定年制撤廃が若年者の昇進機会を奪うと懸念されたからであった[124]。

121　749 F. Supp. 277 (D.D.C., 1990). この他に上級副社長（senior vice president）が真正な上級管理職と認められた，Colby v. Graniteville Co., 635 F. Supp. 381 (S. D. N. Y., 1986).

122　123 Cong. Rec. 34301 (1977).

123　123 Cong. Rec. 34297 (1977).

124　S. Rep. No.95-493, at 7 (1977).

労働省は 1982 年の報告書において次のように述べている。

「上級管理職の例外は…ほとんどの大企業によって用いられている。…退職パターンの予測，昇進の保障，経営陣の刷新のために極めて重要である。経営者の決定が国民経済のために重要であり，複雑な労務管理制度を構築している大企業では…非常に重要なものである。この例外を維持するのは…国民経済全体のためなのである」[125]。

上級管理職の定年制は，若年者の昇進機会の確保，経営陣の刷新の必要性等を理由として ADEA の適用を除外されている。このことは ADEA に政策的な配慮が現在でもみられることを示すものである。また，退職給付の額が適用除外のための要件となっていることから，経済的保障の存在により年齢差別を正当化するという考えが ADEA にみられるとも把握できる。

VI 小　括

本節で辿ってきた定年制についての法規制の変遷を本書の問題関心に沿ってまとめておこう。

ADEA のもとでは当初，定年制は規制の対象とされなかった。採用・昇進における年齢差別の禁止が法規制の眼目とされたからである。法の適用対象年齢は 65 歳までとされ，企業の年金制度等に設けられる定年制に基づく定年退職は，それが 65 歳未満のものであっても，経済的保障を伴う退職であって解雇とは区別されるとして，違法でないと解釈された。

しかし，1978 年・86 年の法改正により，適用対象年齢の上限は最終的には撤廃され，定年制はすべて原則として違法であることが明確にされた。これは，高年齢者の利益団体の強力な運動を背景として，年齢差別や定年制が公民権や人権にかかわる問題であると考えられるようになったからであった。つまり，募集・採用時の年齢制限の規制（1967 年 ADEA 制定）は就業機会の確保という具体的な目的のために導入されたのに対して，定年制に関する法改正（1978 年・86 年改正）は具体的な問題解決のための手段というより人権保障を目的とする性格を強くもっていたといえる。当時，年金財政の将来的な負担についても論じられていたが，かかる考慮は高年齢者の人権保障という趣旨を上回るほど重要なものではなかった。

---

[125] 1982 Final Report, *supra note* 78, at 37.

定年制を例外として認めうる BFOQ の判断基準も，ADEA をエンフォースメントする機関が人種差別や性差別規制にかかわる EEOC に移管されたこともあって，厳格化した。真正な職業資格だというためには，年齢によることが不可欠といえなくてはならない。

　このように，ADEA は一連の法改正を経て人権保障を目的とする差別規制としての色彩を強め，定年制をも禁止するに至った。しかしここで注意すべきは，定年制の撤廃は必ずしも労働市場・雇用慣行に甚大なインパクトを及ぼすものではなかったとみられることである。アメリカでは，定年制を撤廃する以前から個別評価が行われており，高年齢者の側でも自発的に引退していたので，定年制の廃止により解雇が増大して雇用のさらなる不安定を招来する，あるいは逆に若年者の雇用機会を縮小するといった問題は引き起こさないと予測されたのである。定年制撤廃は，年齢差別が人権にかかわるという意識の高まりが推進したものであるが，見方を変えると，それが雇用慣行に重大な変革を迫るものでなかったことがそのような規制強化を可能にしたということもできる。

　また，ADEA では，現在でも上級管理職と高度の経営方針を決定する者の65歳定年制への適用を除外することにより，若年者の昇進機会の確保や企業の人事刷新の必要性に配慮がなされている。たとえば性差別であれば，直接差別を正当化しうるのは，性別による別異取扱いが特定の事業の運営に必要である場合（BFOQ）に限られる。企業の人事管理上の必要性や男性の雇用機会確保のために直接的な性差別が正当化される余地はない。これに対し，極めて明白な年齢差別ともいえる定年制でさえ，職務遂行に関連しない経営上の理由による正当化が認められ，その際，昇進機会の確保等の目的達成のために定年制に代替する手段，（ある職務にとどまる勤務期間の上限等）があるか否かは吟味されない。つまり，厳格な比例原則をみたすことは求められていない。

　このように，定年制が当初禁止されず雇用慣行等への影響に目配りしつつ徐々に規制が強化されてきたこと，現在でもなお上級管理職の定年制が許容されていることに，年齢差別規制の特徴が表れている[126]のではあるが，ADEAの雇用慣行への法的介入の程度は，制定時と比較すれば，より強力なものとなっている。ADEA を強力なものとする傾向は，次節でみるように，これ以降も続く。

第3節　労働者給付と年齢差別規制

　労働者給付において年齢を基準とする取扱いを行っていても，一定の要件を充たすものは，年齢差別禁止の例外として許容される（第1節）。しかしより具体的に，年金その他の労働者給付の受給資格あるいは給付額の算定において年齢基準を用いることが許容されるか，といった解釈上の諸問題は立法上明らかにされておらず，1980年代になっていくつかの訴訟が提起された。1990年高齢労働者給付保護法は（Older Workers Benefit Protection Act），それらの問題を解決すべく制定された法律であり，同法により多数の新たな規定が設けられた。また，給付における年齢による取扱いがいかなる場合に許されるか，という点に関連して，若年であるがゆえの取扱いはADEA違反にならないという注目すべき合衆国最高裁判決が2004年に現れている。

I　1990年法改正前の状況

　労働者給付における年齢を基準とする取扱いがいかなる場合にADEA 4条

126　このことは定年制（年齢差別）についての憲法上の位置づけからも読みとることができる。公共部門の職員には1974年改正までADEAが適用されなかったため，定年制の違憲性がいくつかの裁判において争われた。合衆国最高裁は，年齢は人種のような疑わしい（suspect）クラスではないと判示している。Massachusetts Board of Retirement v. Murgia事件（427 U.S. 307 (1976)）では，州の警察官の50歳の定年制が合衆国憲法第14修正の平等保護条項に反するかどうかが争点となった。合衆国最高裁は合理性の基準（rational basis test）に照らし，50歳の定年制は加齢に伴って職務適格性が減退した者を警察から退職させることを可能にするとしてその合憲性を肯定した。合衆国最高裁は年齢差別の特性について，高年齢者は黒人のような不平等待遇の歴史を負っておらず，老齢はすべての人が辿り着く人生の一過程であるから高年齢者は被差別少数者に対する手厚い保護を期待すべきでないとしている。年齢差別が疑わしい分類ではないと判示した最近の事例として，Kimel v. Florida Board of Regents, 528 U.S.62 (2000). これらの判決について紹介・検討する文献として，勝田卓也・樋口範雄「連邦制の下での年齢差別禁止法―州を被告に含めるADEAの規定は違憲　Kimel v. Florida Board of Regents, 120 S. Ct. 631 (2000)」ジュリ1178号109頁（2000年），浅田訓永「年齢差別問題と憲法―アメリカの年齢差別禁止法と『反エイジズム』思想を手がかりに―」同志社法学317号219頁（2006年）。

(f)(2)のもとで許容されるのかについては、法律上規定されていなかったが、その準則として、ADEA の履行確保に携わってきた労働省および（1978 年以降の）EEOC は一貫して、「平等な負担または平等な給付（equal cost or equal benefit）」ルールを採用していた[127]。これは高年齢者に対する年金・退職給付の額や保険の範囲（coverage）が若年者の給付より低額であったとしても、高年齢者のための支払額またはコストが若年者のための支払額またはコストと同価額であるならば ADEA 違反にならない、という解釈準則である。この要件を充足していることは使用者が立証する責任を負うと解されていた。これによると次のような扱いは許容される。生命保険の掛け金は被保険者の年齢が高くなるほど高額となる。たとえば 35 歳であれば 100 ドルの掛け金で 5 万ドルの給付が支給されうるのに対し、同じ 100 ドルの掛け金でも 60 歳であれば 2 万 5,000 ドルしかカバーされないという場合に、その給付額の差異が、コストが同一であることにより正当化される[128]。

控訴裁判所では、上記の行政解釈と同様、労働者給付における年齢による取扱いの差異はコストにより正当化しなくてはならないとする裁判例が多数を占めた。たとえば障害給付や離職手当（severance payment）、早期退職勧奨給付を、老齢による年金給付の受給資格のある労働者について支給せず、あるいは減額するという取扱いが年齢差別に当たらないか、争いになった。年金受給資格を基準とすることは、ある年齢以上の者を不利に扱うことになるためである。それらの取扱いは、年齢層ごとのコストの差異によって正当化されるものではないから、ADEA 違反に該当すると判断された[129]。

1986 年には法改正により[130]、企業年金制度における年齢差別禁止規定が置かれた。確定給付年金制度（defined benefit pension plan）において、一定年齢への到達を理由に、給付の累積（accrue）を停止または減額すること、および確定拠出年金制度（defined contribution pension plan）において、一定年齢への

---

[127] 29 C.F.R.§ 860.120 (a) (1970); 29 C.F.R.§ 860.120 (a)(1) (1979), recodified at 29 C.F.R. § 1625.10 (a)(1).

[128] S. Rep. No. 101-263, 1990 U.S.C.C.A.N.1509, 1524.

[129] EEOC v. City of Mt. Lebanon, 842 F.2d 1480 (3d Cir.1988); Betts v. Hamilton County Board of Mental Retardation, 848 F.2d 692 (6th Cir.1988); EEOC v. Borden's, Inc., 724 F.2d 1390 (9th Cir.1984); EEOC v. Westinghouse Elec. Corp., 725 F.2d 211 (3d Cir.1983), cert. denied, 469 U.S. 820 (1984); Karlen v. City Colleges of Chicago, 837 F.2d 314 (7th Cir.1988), cert. denied, 486 U.S. 1044 (1988).

[130] Omnibus Budget Reconciliation Act of 1986, Pub. L. No.99-509, 100 Stat. 1874.

到達を理由に，労働者の勘定（account）への配分（allocation）を停止または減額することは，それまでADEAに反しないと解釈されていたが，一転して違法なものとする規定が置かれたのである（4条(i)(1)）。年齢を直接的な理由とせず，給付額算定にあたって考慮される勤続年数に上限を設けるといった取扱いは許容されているが（4条(i)(2)），ADEAのいっそうの強化がなされたといえる。

ところが合衆国最高裁は，Public Employees Retirement System of Ohio v. Betts事件[131]において，以上の行政解釈・裁判例の流れに逆らうような判決を下す。この事件では退職給付制度において，障害を負った時点で60歳以上になっている者については，通常の退職給付のみ支給され，障害者のための退職給付は支給しないとする規定があった。61歳のときに病気に罹患して退職し障害退職給付を支給されなかった者がADEA違反だとして訴えを提起した事案である。合衆国最高裁はこれを否定した。合衆国最高裁は，労働者給付における年齢による別異取扱いは，給付以外の局面での年齢差別を意図してなされたときにのみ違法になるという解釈を示し，「平等な負担または平等な給付」という準則を定める規定は存在しないことを強調した。

II　1990年法改正の内容

上記の合衆国最高裁判決を覆すために制定されたOWBPAは，第1に，「平等な負担または平等な給付」ルール，つまり給付額の差異が許容されるのは給付に要するコストが等しい場合に限られることを明文化した。

ただし例外として，コストによる正当化がなくともADEAに違反しない取扱いについての定めも置かれた。第1に，確定給付年金制度における年齢を基準とした取扱いである（4条(l)(1)）。適法とされる取扱いは3つあり，その1つは，標準的引退や早期引退（繰上受給）の年金受給資格として55歳，60歳，65歳等の年齢の下限を設けることである。受給資格年齢の設定は年金制度の設計の仕方として一般的に受容されており，また従業員退職所得保障法でも適法と認められている慣行であるため，受給資格との関係での年齢基準が年齢差別禁止に反しないことを明確にするために設けられたと説明されている[132]。

131　492 U.S. 158 (1989).
132　S. Rep. No.101-263, 1990 U.S.C.C.A.N.1509, 1526.

2つめは，確定給付年金において，早期退職（繰上受給）を選択した場合に，保険数理上は減額すべきところの額の一部または全部を減額せずに支給する制度——これは標準的引退年齢より（つまり一定年齢より）前に退職する者を有利に取り扱っているものとして，年齢差別に該当しうる——である[133]。3つめは，社会保障の老齢年金が得られる62歳または65歳になるまでの給付額を補う，橋渡し給付（bridge payment）と呼ばれる給付（通常は月ごとの一定額の給付）である。生涯に受け取る給付額をトータルでみると，より若い年齢で退職した労働者がより多額の給付を受給できることになり，その意味で年齢差別とも把握しうるが，社会保障の給付額を超えない限り適法とされている。

第2に，事業所閉鎖や大幅な従業員削減の際に支払う離職手当について，年金受給資格のある者に対してそれを不支給ないし減額することは，原則として違法な年齢差別となるが——年金受給資格が年齢と直接に結びついていることが多いため——，例外として次の場合は許されることが定められた。たとえば，退職医療給付を支給する使用者の場合，当該労働者が年金受給資格を有するのであれば，その労働者の離職手当から退職医療給付に相当する額を減額することができる（4条(1)(2)(A)(i)）[134]。この例外は，使用者・労働組合が，事業所閉鎖やレイオフの際には希少な財源を公正に配分する必要があるとする見解を述べたため，それらの懸念に配慮したものである[135]。

第3の例外として，長期障害給付から，年金給付額に相当する額を減額するという併給調整も，一定限度において違法にならない旨が規定されている（4条(1)(3)）。

1990年法改正では，高年齢者を対象とする早期退職勧奨を禁止するか否かも議論となり，ADEAの目的と適合する自発的な早期退職勧奨制度を設け，それに従って給付を与えることは違法にならないものと規定された（4条(f)(2)(B)(ii)）。自発性の判断は慎重になされるべきで，自発性の判断要素として時間

---

[133] Id.

[134] また，退職医療給付を支給する使用者は，当該事業所閉鎖等によって付加的な年金給付の受給も可能となった労働者については，その解雇手当から，付加的な年金給付に相当する額を減額することもできる（4条(1)(2)(A)(ii)）。補足的失業補償給付（supplemental unemployment compensation benefits）と呼ばれる，満額の受給資格が得られる年齢までの所得保障のための給付（52週まで）を減額することもできる（4条(1)(2)(C)）。これらの減額については，退職医療給付の額や許容される減額の程度等も詳細に規定されている。

[135] S. Rep. No.101-263, *supra note* 132, at 1529.

が十分に与えられたか、早期退職勧奨給付について包括的で適切な情報が与えられたか、後にレイオフ等がありうる時はその際の基準等についてアドバイスを受けたか、という諸点に照らし、合理的な人物であれば申入れに応じる以外の選択肢はないと考えるかどうかが重要になろう、と説明されている（第5節でもふれる）[136]。

また早期退職勧奨制度がADEAの「目的と適合」するかどうかについては、委員会報告書では、中高年齢の者は退職勧奨せずともいずれ辞めていくだろうという考えのもとに、給付対象者を一定年齢以下の者に限定するという取扱いは、恣意的な年齢差別の禁止というADEAの目的に反するであろうとされている。この点に関して、OWBPA制定を推進したAARPは、対象者を一定年齢以下の者に限定する早期退職勧奨給付は、それ自体で（per se）直ちに年齢差別規制に反すると主張したといわれる[137]。

では、早期退職勧奨給付を高年齢者にのみ提供するという取扱いは、より若年である者に対し早期退職の選択肢を与えないという意味でADEA違反にならないか。実は議会では、高年齢者をターゲットとする早期退職勧奨給付を全面的に禁止すべきではないかということも議論された。しかしAARPは、早期退職勧奨給付の存続のため、一定年齢以上の者すべてに提供される早期退職勧奨給付は高年齢者に利益になると主張し、給付対象者の年齢の下限を定めることは違法とならないよう働きかけた[138]。この点について合衆国最高裁は後に、若年であるがゆえの差別は禁止されないと判示している（本節IV）。

III　1990年法改正の特徴

この法改正を通じて、「平等な負担または平等な給付」ルール、またそのルールの例外として許容される取扱いが明確になったことにより、労働者給付制度を存続させつつ年齢差別を禁止するための法規制の整序が行われたといえよう。

また、この改正で注目されるのは、企業年金や早期退職勧奨給付を一定年齢以上の者にのみ提供するという取扱い、つまり若年であるがゆえの差別ともい

---

[136] S. Rep. No.101-263, *supra note* 132, at 1532.
[137] Issacharoff, *supra note* 77, at 815-816 (1997).
[138] *Id.*

える取扱いが ADEA に違反しないことが明確にされたことである。この点に着目して Issacharoff は，法改正を推進した AARP の主張の矛盾を次のように指摘している[139]。AARP は，一方で早期退職勧奨給付をある年齢以上の者に与えないことはそれ自体で年齢差別に該当するとし，他方で，ある年齢以上の者に的を絞った退職勧奨給付については，年齢の高い者に利益をもたらすので許容されるべきとしており，後者の論点に移ると，年齢による取扱いはおよそすべてが疑わしいもの（suspect）であるという主張を放棄しているのだ，と。

年齢の高い者に利益をもたらす取扱いとしては，それまでも，先任権（seniority）に基づく取扱いが ADEA 違反にならないことが規定されていた（4条(f)(2)(A)）。先任権の低い者から先にレイオフされること（勤続年数の長い者に対するレイオフからの保護）や，勤続年数により増額される賃金等の制度がこれに当たると解されてきた[140]。これに加えて 1990 年法改正により，早期退職勧奨給付や企業年金における受給資格年齢の設定も ADEA に違反しないことが明文化され，ADEA は，中高年齢者を保護する法律としての性格を強めることになった。この ADEA の性格は，現在，次に述べる合衆国最高裁判決によって，さらに明瞭になっている。

IV 若年であるがゆえの差別をめぐる解釈の展開

ADEA が，高齢であることを理由とする差別だけでなく，若年であるがゆえの差別も禁止するのかという解釈問題については，行政解釈はこれを肯定する一方，裁判所では否定されることが多く，対立がみられた。この解釈上の対立に終止符を打ったのが合衆国最高裁の 2004 年の判決である。

それまで EEOC の解釈例規では，「42 歳の者と 52 歳の者が同一の職務に応募した場合に，使用者が年齢を理由として採用を拒否することは，いずれの者についても違法となる」とされており[141]，若年であるがゆえの差別も違法になるとする立場が示されてきた。ただ，退職金等の付加的な給付を高齢の労働者についてより高額にすることは，年齢差別に関連する影響を緩和すると考え

---

[139] Id. at 816.
[140] Player, Federal Law of Employment Discrimination in a Nutshell 264 (4th ed., 1999).
[141] 29 C.F.R. §1625.2(a). この解釈例規は 2007 年に改訂され，高年齢者の優遇は違法にならない，とされている。

る合理的な理由がある場合には適法になりうるとされた[142]。これはADEAのエンフォースメントに携わる労働長官とEEOCが一貫して採用してきた解釈である。

これに対し，連邦裁判所の多くは，若年であるがゆえの差別は禁止されないと解していた。Hamilton v. Caterpillar Inc.事件[143]では，被告会社は，工場閉鎖に伴い人員を削減するため，50歳以上で勤続年数が10年以上の全従業員に特別早期退職給付を提供するとしたところ，年齢が50歳未満であるために当該給付の受給資格を与えられなかった原告が，ADEA違反であるとして訴えを提起した。第7巡回区控訴裁判所は，ADEAは逆差別からの救済を定めていないと判断した。

この他，特別に有利な早期退職給付を50歳以上の者に提供していた事例[144]，一定のポストへの配転の対象を55歳以上で勤続年数が30年以上の労働者に限定していた事例[145]，退職医療給付の提供を80歳未満の者につき廃止した事例[146]等では，それらの取扱いが若年であるがゆえの差別としてADEAに違反するという主張はしりぞけられていた。

他方で，若年であるがゆえの差別もADEA違反になるとした裁判例も若干ながら存在した。被告会社が退職医療給付をその時点で50歳に到達している者を除いて廃止したため，50歳未満であるために不支給となった従業員が訴えを提起したCline v. Gen. Dynamics Land Sys., Inc.事件[147]で，第6巡回区控訴裁判所は，ADEAの文言によれば若年であるがゆえの差別も禁止されることは明らかであると判示した。この判決に対して被告会社が上告し，合衆国最高裁によりこれを覆す判決が下る[148]。

Souter判事による法廷意見は次のように説示し，年齢が高い者を有利に取扱うことをADEAは禁止しないとした。

〈「個人の年齢を理由とする差別」という語句の「年齢」には，高年齢等の修

---

[142] 29 C.F.R. §1625.2 (b). この定めも上記のように改訂されている。
[143] 966 F.2d 1226 (7th Cir. 1992).
[144] Dittman v. General Motors Corp.-Delco Chassis Div., 941 F.Supp. 284 (D.Conn. 1996).
[145] Krouse v. American Sterilizer Corp., 984 F.Supp. 891 (W.D. Pa. 1996).
[146] Lawrence v. Irondequoit, 246 F.Supp.2d 150 (W.D.N.Y. 2002).
[147] 296 F.3d 466 (6th Cir. 2002).
[148] 540 U.S. 581 (2004).

飾語が付されていないから，抽象的には，若年であるがゆえの差別を含むという広範な解釈の余地があるが，立法過程の中で手がかりとなるものはすべて，年長の労働者に向けられたものが年齢差別であるという解釈を支持するものである。第１に，労働長官の報告書では，中高年齢者が若年者の犠牲のもとに不当に有利な条件を受けているということは示されていない。公聴会の議事録でも，加齢とともに就職の可能性が低下すること，中高年齢者が固定観念をもってみられること等の事実が述べられており，中高年齢者を優遇する差別を訴える者がいたことを示す記録はない。第２に，ADEAの冒頭に置かれた規定でも，中高年齢者の再就職が困難であること，職務遂行能力にかかわりのない恣意的な年齢制限の存在，雇用慣行がもたらすコストが中高年齢者の不利に働きうること，失業率，特に長期失業率が若年者に比して中高年齢者は高いことが強調されている。第３に，ADEAの保護対象層が40歳以上に限定されていることは，この解釈を裏付けるものといえる。議会が仮に年齢のより低い者を保護することを企図していたら，40歳未満の者を適用範囲外とすることはなかったはずである。第４点として，合衆国最高裁は，ADEAは年齢の低い者を好む差別からの救済を定めていると理解してきており，たとえば，Hazen Paper Co. v. Biggins事件合衆国最高裁判決[149]は，使用者が，生産性と能力が加齢により減退すると考えて，中高年齢者を解雇するという事態が，年齢差別の核心であると述べている。控訴裁判所と地方裁判所でもこのような解釈がとられてきている。〉

次いで，年齢が低いことを理由とする差別も禁止されるとする原告らの主張は，次の理由により支持することができないとする。

〈原告らは，「年齢」という文言は，ADEAの他の部分では，若年を意味して用いられているところもあるので，それと整合的な解釈をすべきであると主張する。しかし，１つの文言が同じ法律の中で統一的に解釈されるということについて，推定は働くものの，それは絶対的なものではない。また，制定法の文言は，文脈に沿って読まなければならない。社会的歴史に照らすと，年齢差別は中高年齢者に向けたものであると理解されることが明らかとなる。このような慣用的な意味で年齢差別に言及していることは，立法過程の議論により確認することができる。第２に，ADEAにおける「年齢」という文言は，1964年第７編における「人種」や「性別」と対比することができな

---

[149] 507 U.S. 604 (1993).

い。「人種」や「性別」は一般的な言葉であり、我々は一般に、「人種」が黒人のみを意味し、「性別」が女性のみを意味するとは理解しないから、狭義のものを指すときにはそのことを修飾語によって示す必要がある。しかし、年齢差別の禁止は、人種や性別に関する類似の規定よりも狭義のものとして容易に解釈することができる。原告らは EEOC の解釈を尊重すべしとも主張するが、これは、裁判所が通常の解釈の手法を用いても立法意図が明らかにならないときにのみ妥当する議論である。〉

この判決により、ADEA においては、逆差別（若年であることを理由とする差別）は違法にならないという解釈が確立した。この点は、人種差別規制や性差別規制と比較した場合の大きな特徴である。判旨でもふれられているように、人種差別や性差別であれば、白人や男性に対する差別も違法であることが合衆国最高裁判決により確立している。そして少数派や女性に対して人種や性別を理由として優遇するような場合も、アファーマティブ・アクションとして第7編に反しないものでなければならない。

これは年齢差別禁止法理の注目すべき大きな特徴である[150][151]。この解釈を導く決め手となった ADEA の立法資料をここで一言一句紹介することは控えたが、本章第1節における分析と同様、ワーツレポートや委員会審議等に依拠した分析がなされている。

合衆国最高裁はこの他にも、ADEA の立法過程に着目して判決を下してきており、ADEA の影響を弱めるような裁判例の流れを生み出している。この点について次節では検討する。

---

[150] ただし、ニュージャージー州等若年層への年齢差別を禁止する州法もあり、州によっては若年であるがゆえの差別からの救済も受けられる。藤本茂「州最高裁が示した『副社長』解雇における若年者差別の判断基準」労判794号96頁（2001年）、柳澤・前掲注7・163頁以下参照。

[151] 連邦の財政的支援を受けるプログラム・活動における年齢差別を禁止する立法として「年齢差別禁止法（Age Discrimination Act of 1975）」があり（42 U.S.C.§6101 et seq.）、同法では若年であるがゆえの差別も違法になると解されているが、例外が広く認められているため（§6103 (b)(1)、§6102）、公的年金給付等が違法になることはない。

第4節　中高年齢者に間接的に不利な基準をめぐる判例法理の分析

　1993年のHazen Paper事件合衆国最高裁判決[152]は，年金受給権の確定（vesting）[153]の直前であったことを理由とする64歳の労働者の解雇は，ADEAのもとで違法にならないと判示した。年金や賃金コストが，勤続年数が長くなるにつれ増大する仕組みになっていて，勤続年数が長期に及ぶ者の多くが中高年齢者だという場合に，年金や賃金コストを理由とする採用拒否・解雇が許されるならば，中高年齢者の採用拒否・解雇はそれほど困難ではなく，ADEAによる雇用慣行への法的介入はその分弱められることになる。以下，判例法理の展開を検討する。

I　予備的考察

　アメリカで差別の類型として区別される「差別的取扱い」と「差別的インパクト」については既に紹介した（第1章）[154]。「差別的取扱い」には，年齢差別であれば，「50歳以上」と記した求人広告，60歳定年を制度として実施している場合等がこれに当たる。このような表面的な差別がない場合でも，「高年齢者は雇わない」と言っていた使用者が，実際に高年齢者の採用を拒否したような場合が考えられる。
　しかし実際にはこのような差別意思を示す直接証拠がなく，間接証拠から差

---

[152] 507 U.S. 604 (1993).
[153] 確定給付年金制度を整えている企業は，一定年数以上勤続した労働者について，年金の権利を確定しなければならない（29 U.S.C.§1053）。
[154] 差別の立証については，中窪・前掲注49・185頁以下，相澤美智子「雇用差別訴訟における立証責任に関する一考察―アメリカ公民権法第7編からの示唆(1)～(3)」東京都立大学法学会雑誌39巻2号609頁，40巻1号483頁（1999年），2号443頁（2000年），同「雇用差別訴訟における立証責任の分配方法に関する再検討―アメリカ法からの示唆―」労働98号159頁（2001年）。年齢を理由とする差別の立証に関する邦語文献として，末啓一郎「米国年齢差別禁止法に基づく差別訴訟事件の実際」季労175・176号189頁（1995年）。

別意思が推認されることも多い。この場合の立証方法は、個々の散発的な差別的取扱いの類型と、多数の労働者・求職者に対して行われた「系統的な差別的取扱い（systematic disparate treatment）」とで区別される。個々の散発的な差別的取扱いについては、1973年のMcDonnell Douglas事件[155]および1981年のBurdine事件[156]により、次のような3段階のルール（以下McDonnell Douglas/Burdineテストと略す。）が確立されている。

① 原告が差別の「一応の証明」を行う。
② 被告が反証として「適法で非差別的な理由」を提示する。
③ 原告が、被告の提示した理由が口実であることを証明する[157]。

系統的な差別的取扱いの類型の場合には統計資料が利用され、原告が差別の一応の証明に成功すれば、使用者が、個々のケースに関する合理的理由を示す[158]。それらが全体としてのパターンを崩しうる程度に達しない限り、差別の存在を否定しえないことになる。

差別的インパクト法理を年齢差別についても用いられうるかについては争いがあったが、後述する合衆国最高裁判決がこれを肯定し、一応の決着をみている[159]。

II 差別的取扱い法理の展開

賃金コストの高い者を解雇する等、結果的に中高年齢者がより不利になる取扱いを年齢差別と認定しうるかという問題は、差別的取扱いの類型と差別的インパクトの類型の双方に関して生じている。差別的取扱いに関しては、1993

---

155 McDonnell Douglas Corp. v. Green, 411 U.S. 792 (1973).
156 Texas Dept. of Community Affairs v. Burdine, 450 U.S. 248 (1981).
157 使用者が提示した理由が信用できないことが証明されても当然に差別が成立するわけではないが（St Mary's Honor Center v. Hicks, 509 U.S. 502 (1993)）、そのことを、差別を認定する際に考慮することは可能である（Reeves v. Sanderson Plumbing Products, Inc., 530 U.S. 133 (2000)）。後者の判決の紹介として、藤本茂「間接証拠による意図的・差別取扱いの証明」労旬1535号36頁（2002年）、相澤美智子「判例紹介：Reeves v. Sanderson Plumbing Products, Inc., 530 U.S. 133, 120 S.Ct. 2097 (2000)」アメリカ法2002-2号420頁（2002年）。
158 中窪・前掲注49・189-190頁。
159 違法な差別が成立しているかどうかは、サマリ・ジャッジメントの申立てが認められる場合と、トライアルに移行し法律問題としての判決が下される場合を除くと、陪審（jury）が評決を下す（本章第5節Ⅰ参照）。

年 Hazen Paper Co. v. Biggins 事件合衆国最高裁判決以降，この点について否定的に解する控訴裁判所が増えている[160]。

1 Hazen Paper 事件判決以前

上記判決前の代表的な裁判例としてしばしばとりあげられるのが Metz v. Transit Mix., Inc.事件[161]である。勤続 27 年の 54 歳の原告労働者が解雇され，その代わりに当該ポストに就いた者は 43 歳で勤続 17 年，賃金額は，勤務年数に応じた昇給が行われていたために，原告の半分程度であったという事情のもとで，解雇された労働者が年齢差別だと主張して訴えを提起した事案である。使用者は賃金コスト抑制という理由を示したが，第 7 巡回区控訴裁判所は，上記 McDonnell Douglas/Burdine テストの第 2 段階の非差別的な理由としてこれを認めることはできず，当該解雇は ADEA に反すると判示した。高年齢者にとってはその賃金の高さが雇用の障害になるという問題は，ADEA がまさに取り組もうとしていた問題であるから，勤務年数と賃金とに関連性がある場合に，賃金コストの削減ということを解雇についての非差別的な理由として認めると，ADEA の趣旨に反する，とされたのである。

他方で，年齢と関連する理由に拠っていたとしても必ずしも年齢差別を認定する証拠にならないとする裁判所も存在した。EEOC v. Atlantic Community School District 事件[162]は，高校教師の職に申し込み，不採用となった原告は，賃金は経験年数によって決定する旨の労働協約があったために，勤務経験 10 年で 40 歳，採用されると賃金額は 1 万 8,000 ドルを上回るが，これに対して採用された 23 歳の者は勤務経験 2 年で賃金は 1 万 5,000 ドルだったので，その不採用が ADEA 違反に該当するか，として争われた事案である。第 8 巡回区控訴裁判所は，年齢と経験年数とを同一視すると，使用者が職務経験に応じて賃金を支払っていて 40 歳以上の応募者を採用しない場合，常に年齢差別を認定することになってしまい，そうすると企業に対して 40 歳以上の者を採用するよう結果的に求めることになり，40 歳以上の者を優遇しかねないから許されないとしている。

---

[160] この論点については，柳澤武「賃金コストを理由とする解雇・採用拒否と年齢差別——アメリカ ADEA における判例法理を手がかりに——」季労 201 号 172 頁（2002 年），柳澤・前掲注 7・56 頁以下等に多くを負っている。
[161] 828 F.2d 1202 (7th Cir. 1987).
[162] 879 F.2d 434 (8th Cir. 1989).

この判旨が判例法理として確立していたとまではいえないものの[163]，高年齢者の賃金等のコストを理由とした不利益取扱いを適法と認めない裁判例がないわけではない，という状況であった。

2　Hazen Paper 事件判決以降

ところが合衆国最高裁は，62歳の原告が企業年金の権利確定を数ヵ月後に控えた時期に解雇された事案の Hazen Paper Co. v. Biggins 事件において，使用者の決定の動機が年齢以外の何らかの特性にあった場合には，たとえそれが年齢と関連する特性であったとしても，年齢を理由とする差別的取扱いは成立しないと判示した。O'Connor 裁判官の法廷意見は，要約すれば，次のようになる。

　〈差別的取扱いは，保護される要素（ADEA の場合，年齢）が実際に使用者の決定過程で役割を果たし，結果に決定的な影響を与えたものでなければ，認められない。

　このように定義される差別的取扱いは，議会が ADEA によって禁止しようとした中核的な部分に当たる。加齢に伴って生産性や能力は減退すると使用者が考え，それを理由に中高年齢の労働者を解雇することこそが，まさに年齢差別の中核である。中高年齢の労働者が，烙印（stigma）を押しつけるような不適切な範疇化（stereotype）によって雇用を奪われているという考えを基礎として ADEA は制定され，使用者に対し，中高年齢の労働者を年齢ではなくその能力に基づいて評価するよう求めている。使用者は，生産性等の労働者の特性を示す指標として年齢に依拠することはできず，それらの特性に直接に依拠しなくてはならない。

　しかし使用者の決定の動機が年齢以外の特性である場合には，不適切で烙印を押しつける範疇化の問題は生じない。このことは，典型的には年金がそうであるように，動機となる当該特性が年齢と関連する場合にも妥当する。

---

[163] 第 5 巡回区控訴裁判所は，Williams v. General Motors Corp. 事件（656 F.2d 120 (5th Cir. 1981)）で，第 4 巡回区控訴裁判所は，EEOC v. Clay Printing Co. 事件（955 F.2d 936 (4th Cir. 1992)）において，勤続年数と年齢とは区別して考えるべきだと判示している。また，第 2 巡回区控訴裁判所は，Bay v. Times Mirror Magazines, Inc. 事件（936 F.2d 112 (2d. Cir. 1991)）で，特定の個人の賃金額について，当該職務の責任等も考慮した上で高すぎると判断し，その者を解雇することは，賃金額が年齢とともに増額される傾向にあったとしても，ADEA 違反にならないとしている。

年金制度は典型的には，労働者が使用者のもとで一定年数勤続した場合に，労働者の累積した給付が没収不可能に，または確定的になることを定めている。平均すると，中高年齢の労働者は，労働市場にいる期間が長く，その勤続年数は若年の労働者よりも長いであろう。しかし，労働者の年齢は論理的には勤続年数と区別されるから，使用者は一方を考慮して他方を考慮しないことができるのであり，勤続年数に基づく決定が必ず年齢に基づくものであると把握するのは適切でない。

　被告会社の年金制度では，労働者の年金権は 10 年勤続すると確定するものとされていた。被告会社の中高年齢の労働者は若年の労働者よりも年金権の確定が近づいていることがおそらく多いだろう。しかし，年金権の確定が近いことのみを理由として中高年齢の労働者を解雇することは，年齢による差別的取扱いに当たらない。このような決定においては，法の禁止の対象となる「中高年齢者は…という傾向にある」という範疇化は存在せず烙印も押しつけられない。このような決定は，不適切で人格を損なうような，加齢に関する一般化の結果ではない。年金権の確定が近いという，当該労働者についての適切な判断なのである〉。

つまり，ADEA の立法趣旨は，加齢によって能力は低下するものだという範疇化を除去することにあったとされ，直接的に年齢を理由としていない限り，差別的取扱いとして違法になることはないと判示されたのである。確かに ADEA の制定時には，年齢差別には恣意的なものとそうでないものがあるとされた。間接的に中高年齢者に不利益を及ぼす措置は後者に当たるものとされ，年齢差別として禁止するのではなく，労使による自主的解決を促すことで対処しようと考えられていた（本章第 1 節参照）。つまり，ADEA 制定時に政策的アプローチがとられていたことがここに反映された結果，人員削減・賃金コスト抑制等をめぐる経営判断に対して法によって強行に介入することが控えられた，と把握することができる。

　この判決以後，先に述べた Metz 事件と同じような事案についても ADEA 違反は認められにくくなっている。たとえば Anderson v. Baxter Healthcare Corp. 事件[164]では，メンテナンス部門の機械工の職務の中で最も高い賃金を得ていた 51 歳の原告が，賃金コスト削減等を理由に解雇され年齢差別だと主張して提訴した。第 7 巡回区控訴裁判所——Metz 事件について判示した裁判所

---

[164] 13 F.3d 1120 (7th Cir. 1994).

である——は，年齢以外の特性に基づく場合は年齢差別にはならないとした最高裁の判旨に言及する。そして年金受給権と同様，賃金額は一般的には年齢と関連するが，完全に結びついてはいないので，解雇の動機がコスト節減にあることを証明しても年齢差別を証明したことにはならないと判示している。

III　差別的インパクト法理の展開

1　Hazen Paper 事件判決以前

　年齢と関係のある事由による解雇・採用拒否が差別的インパクト法理のもとでADEA違反になることはないか[165]。この法理を用いて判断した最初の判決は，Geller v. Markham 事件判決[166]であった。事案は次のとおりである。

　55歳で教師としての相当の勤務経験をもっていた原告は，州の学校の教員募集に応募し就労を開始した。しかし10日後に採用を拒否され，25歳の者が採用された。これは，特段の事情がない限り，俸給表の6号を下回る者を採用するという方針に従ったもので，俸給表の6号は職歴5年以上の教師に適用される給与レベルであった。原告は，俸給の高さを理由に同人の採用を拒否したのは年齢差別に当たると主張し，提訴した。

　第2巡回区控訴裁判所は，第7編のもとでの立証の枠組はADEAのもとで用いうるとし，差別的インパクトの法理も適用しうるとした。そして本件において差別的インパクトが生じているとした。同州の40歳以上の教師の中で5年以上の教師の職歴をもつ者は92.6％に上るのに対して，40歳未満の教師の60％しか5年以上の職歴をもたない状況にあったからである。

　裁判所はさらに，6号に満たない者を採用するという方針がコスト節減のために必要であるという反証も認められないとした。中高年齢者を雇う平均的なコストが若年の労働者よりも高いという一般的な理由による不利益取扱いは，例外規定に当たらない限り禁止され，コスト比較にあたり年齢に着目すること

---

[165] この論点について検討するものとして，藤井樹也「定年制と憲法」佐藤幸治先生還暦記念『現代立憲主義と司法権』319頁（青林書院，1998年），柳澤武「雇用における年齢差別禁止法理の変容―アメリカ年齢差別禁止法の下におけるインパクト法理―」九大法学81号523頁（2001年），柳澤・前掲注7・81頁以下があり，ここでの検討はそれら先行研究に多くを負っている。

[166] 635 F.2d 1027 (2d. Cir. 1980).

は，法の文言や立法趣旨に明白に反しており，年齢差別の温存・助長につながるとしたのである。

次に差別的インパクト法理の適用を認めた Leftwich v. Harris-Stowe State College 事件[167]は，州の大学で生物学の准教授であった47歳の原告が，同大学の組織再編の中で3つあった生物学のポストが2つに減らされた結果，そのポストに応募するも採用されなかった事案である。大学側は身分保障（tenure）をもつ者1名ともたない者1名に生物学の新規ポストを与えるという基準を立てており，身分保障をもつ者2名の中で原告は選ばれず，大学側の作成した評価基準によると評点が原告に劣っていた者が身分保障をもたない者という枠の中で採用された。原告は，この基準は高年齢者が採用されにくくなるものであり，同基準による不採用は ADEA 違反であると主張し，訴えを提起した。

第8巡回区控訴裁判所は，身分保障をもつ者の平均年齢は45.8歳，もたない者の平均年齢は34.3歳であることから，差別的インパクトの一応の証明があったことを肯定した。次いで裁判所は，中高年齢労働者の解雇をその賃金の高さによって正当化できるとすると，ADEA の立法趣旨に反することになってしまうとして，被告が述べたコスト削減という事情は，業務上の必要性を構成せず，正当化できないとした。また，大学はこの基準を教員の質の向上のためとして正当化しようとしたが，そのような目的達成のために身分保障の有無を考慮するのが必要な手段であることが示されておらず，身分保障をもたない者は新しいアイデアを有しているだろうという考えは，高年齢者についてのステレオタイプに他ならない，とされた。

もっとも，差別的インパクトの立証が容易だったわけではない。年齢や勤続年数以外にも中高年齢者が不利益を受けやすくなる様々な理由があるからである。その例として Holt v. Gamewell Corp. 事件[168]をあげることができる。この事件の事案は次のようなものである。原告は，被告会社で年収約4万4,000ドルのマネージャーとして就労していたが，経営効率化のため年収3万ドル以上の賃金を得ている者が解雇されることになり，63歳のときに解雇された。原告は，給与額は年齢に応じて高額になる，それゆえ高給の者を解雇することは年齢を理由とする解雇に当たると主張し，提訴した。第1巡回区控訴裁判所は差別的インパクト法理を適用すること自体は肯定したものの，本件については，

---

[167] 702 F.2d 686 (8th Cir. 1983).
[168] 797 F.2d 36 (1st Cir. 1986).

差別的インパクトの証明が不十分であるとした。原告の給与の高さは、原告がマネージャーに昇進した結果にすぎず、マネージャーとしての給与が年齢・先任権に関連づけられていることを示す証拠がなければ、高年齢者に不利な影響が及んだという証明がなされたとはいえないと判断したのである。

　ADEAのもとでの差別的インパクトの証明が困難なのは、どの年齢層に差別的な効果が及んでいるといえればよいかが明らかでないからでもある。すなわち、ADEAの保護対象となる40歳以上の者への差別的インパクトが生じていなくてはならないのか。それともたとえば、50歳や55歳以上等、保護対象となる年齢層の一部に差別的インパクトが及んでいることを証明することで足りるのか、ということである。たとえば、Lowe v. Commack Union Free School District事件[169]では、小学校の教員職への採用を拒否された原告らが、50歳以上の者が採用された割合とそれ未満の者が採用された割合を比較し、高年齢者があまり採用されていないとして差別的インパクトの立証を試みた。これに対し、裁判所は、40歳以上の者に差別的インパクトが及んでいるかどうかを検討すべきだとして、中高年齢者への差別的な効果が生じているとはいえないとした。裁判所は、原告らが用いるような手法によると、たとえば85歳の者が採用を拒否され、採用された者はすべて70歳代後半であるというときにも85歳の者への差別的インパクトが肯定されてしまうとして、このように原告側に有利なように比較対象とする年齢層を画定することは認められないとしている。

　この他にも、差別的インパクト法理が適用されたものの差別的な効果の証明に成功しなかったという事例は散見され[170]、この法理のもとでADEA違反とされた事例は、教育職のような勤続年数と処遇が明白に連動している職務にほぼ限定されているといってよい（第5節参照）。

---

[169] 886 F.2d 1364 (2d Cir. 1989).

2 Hazen Paper 事件判決以降

先に引用した Hazen Paper 事件合衆国最高裁判決は，ADEA のもとで差別的インパクト法理を用いることができるかについての判示を避けていたが[171]，これを否定するようにも読める判旨を含んでいたため，これが下級審の判断に影響を及ぼし，差別的インパクト法理の適用自体を認めない裁判所が増えることとなった。

その裁判例の1つとして，EEOC v. Francis W. Parker School 事件をとりあげる[172]。この事件の事案は，音楽教師として30年間勤務してきた63歳の者が，初等・中等学校の演劇教師の新規募集に応募したが採用されなかったというものである。学校長はこの新規採用にあたり，年俸2万8,000ドル以上の賃金は支払わないとする方針を立てていたところ，この学校の賃金は教職経験に応じて増額する仕組みとなっており，結局，演劇教師のポストには職歴1年，年俸2万2,000ドルとなる若年の者が採用された。EEOCは，当該教師の採用拒否が差別的インパクト法理のもとでADEA違反に該当するとして提訴した。

第7巡回区控訴裁判所は，要約すると次のような理由により，ADEA のもとで差別的インパクトの法理を用いることはできないと判示した。

〈Hazen Paper 事件は，判決自らも明示したように差別的取扱いのみが問題となるケースである。しかし，合衆国最高裁による ADEA の検討は本件についても有益なものである。合衆国最高裁の分析において重要であったのは，議会が ADEA により規制しようとした中核的なものは，中高年齢者への誤った範疇化であることだった。使用者の決定が年齢以外の特性による場合，不適切な，烙印を押しつけるような範疇化の問題は生じない。年齢と勤続年

---

[170] Palmer v. U.S. Department of Agriculture 事件（794 F.2d 534 (9th Cir. 1986)）では，当該解雇が行われた年以降，従業員の平均年齢が低下しているという証明によっては差別的インパクトがあったと認めていない。Rose v. Wells Fargo & Co. 事件（902 F.2d 1417 (9th Cir. 1990)）では，解雇の対象者中に中高年齢者が多いのは，余剰な管理職に中高年齢者が多いという非差別的な要素により説明しうるから，差別的インパクトの証明があったといえないとされた。Maresco v. Evans Chemetics 事件（964 F.2d 106 (2d Cir. 1992)）では，人員削減のために8人解雇された事案で，統計的な分析を行うには人数が不十分であるとしている。
[171] 507 U.S. 604, 609-610 (1993).
[172] 41 F.3d 1073 (7th Cir. 1994).

数は理論的に区別できるので，使用者は年齢を考慮せずに勤続年数を考慮に入れられる。

また，特に注目すべきは，「年齢以外の合理的な要素」に基づく差異についての例外（4条(f)(1)）である。年齢ではなく，たまたま年齢と関係のある要素により決定を行うことは，ADEA のもとでは違法にならないことをこの規定は示唆している。同一賃金法（Equal Pay Act）の類似規定[173]のもとでは差別的インパクト法理は認められていない。〉

Ellis v. United Air Lines, Inc. 事件[174]でも差別的インパクト法理の適用が否定された。この事件は，被告航空会社の乗務員に応募した原告が，体重制限によって採用を拒否された事案である。原告は，体重は加齢によって増加するから体重制限は中高年齢者に対して差別的インパクトを及ぼすものであり，体重を理由とする採用拒否は違法な年齢差別に当たると主張したが，第 10 巡回区控訴裁判所は，ADEA のもとで差別的インパクトの法理を用いることを否定した。その理由として，ADEA のもとに「年齢以外の合理的な要素」の抗弁が存在すること，Hazen Paper 事件合衆国最高裁判決が差別的インパクト法理に否定的な態度をとっていること，ADEA の立法史等が指摘された。

要約すると，Hazen Paper 事件合衆国最高裁判決以降，ADEA のもとで差別的インパクト法理を用いることを認めない控訴裁判所が増えていた。それらの判決においては，① ADEA では「年齢以外の合理的な要素」の抗弁が存在すること，② Hazen Paper 事件合衆国最高裁判決が差別的インパクト法理に否定的な態度をとっているとみられること，③立法資料を分析すると，ADEA は，加齢に関するステレオタイプに依拠する差別の禁止を目的としたのであって，中高年齢者に不利な効果が及ぶ措置をすべて禁止することを目的としていなかったといえることが，同法理の適用を否定する主たる理由となっている[175]。

なお，これらの裁判例に対し，差別的インパクト法理を用いうることを肯定している控訴裁判所もあったが，それにより違法な年齢差別を立証できた事例はほとんどみられなかった。たとえば，Smith v. City of Des Moines 事件[176]は，消防士である原告が，市が消防士に対して実施していた，自給呼吸装置を装着

---

173 男女間の同一労働に対する賃金差別禁止の例外として，「その他の性別以外の要素に基づく差異」をあげる規定である（6条(d)(1)(iv)）。
174 73 F.3d 999 (10th Cir. 1996).

しつつ消火活動に従事できるか確認するための肺活量テスト・運動負荷テストをパスすることができず，解雇された事案である。第8巡回区控訴裁判所は，当裁判所が，Hazen Paper 事件以降に差別的インパクトの法理を用いうると判断している[177]ことから，ADEA の下でも同法理を用いることを肯定したものの，結局，市側の業務上の必要性を認め，ADEA 違反の解雇に当たらないとした。差別的インパクトがあったことの一応の証明があったと認められた例もほとんどなかった[178]。

3　Smith 事件判決

　このように控訴裁判所の判断が分かれるなかで，合衆国最高裁は，Smith v. City of Jackson 事件[179]において，この論点に関する判断を初めて示すことになる。

　この事件は，市の警察職員である原告らが，市の行った昇給が，40歳以上の職員について，それ未満の職員に比して低いとし，ADEA 違反に該当するとして訴えを提起したという事案である。当該昇給においては，勤続年数5年未満の職員は，5年以上の職員と比較すると相対的に高い昇給額となっており，40歳以上の職員のほとんどは勤続年数5年以上の職員であった。この事情のもとで原告らは，差別的インパクト法理を用いた立証を試みたが，第5巡回区控訴裁判所は，ADEA には差別的インパクト法理は適用されないとしていた。

175　ここで紹介した巡回区控訴裁判所の他にも，第1巡回区控訴裁判所（Mullin v. Raytheon Co., 164 F.3d 696 (1st Cir.1999)），第5巡回区控訴裁判所（Smith v. City of Jackson, Miss., 351 F.3d 183 (5th Cir. 2003)）等が差別的インパクト法理の適用を否定した。差別的インパクト法理が ADEA のもとで用いられないとする論拠として，本文中にあげた理由の他，黒人に対する過去の教育差別が現時点で不利益を及ぼすといった状況は年齢差別の場合には生じないこと，差別的インパクト法理の判断枠組を成文化した1990年第7編改正時に，ADEA について同法理が適用されるとする法改正がなされなかったことも指摘された。

176　99 F.3d 1466 (8th Cir. 1996).

177　Houghton v. Sipco, Inc., 38 F.3d 953 (8th Cir. 1994).

178　Criley v. Delta Air Lines, Inc.事件（119 F.3d 102 (2d Cir. 1997)）では，新会社が採用したパイロットの9割以上が40歳以上であったことから，40歳以上の者に差別的な効果が及んだ証明がなされておらず，年齢による採用拒否があったとはいえないとされた。

179　544 U.S. 228 (2005). この判決を紹介・分析するものとして，柳澤武「最近の判例：Smith v. City of Jackson, 544 U.S. 228 (2005)」アメリカ法2006-2号393頁（2007年）。

これに対し、合衆国最高裁は、人種差別や性差別について発展してきた差別的インパクト法理をADEAについても適用することを肯定した。Stevens判事の意見はその論拠を、人種差別等において差別的インパクト法理を支える根拠となった、「個人の雇用機会を奪ったりその他労働者としての地位に不利な影響を与える方法で、労働者や求職者を制限、隔離又は分類すること」を禁止する公民権法第7編の規定（703条(a)(2)）とほぼ同一の規定がADEAに存在する（4条(a)(2)）ことに求める。さらに、年齢以外の合理的要素に依拠する場合には使用者の行為は違法とならないという規定（RFOA）は、差別的取扱い法理のもとでは無用な規定であるとして、重要な役割を担うのは、差別的インパクト法理を適用することを前提として、差別的インパクトを生む行為のうち合理的な理由によるものを正当化するための規定として機能するときである、と述べる。また、労働省およびEEOCの解釈例規によって、身体的適格性を採用条件とすることは、特定の労働を遂行するために合理的に必要でないときは禁じられるとされてきたことも、論拠としてもち出されている。

 この合衆国最高裁判決は、中高年齢者の保護をいっそう手厚くするもののようにもみえるが、他方で、Stevens判事の法廷意見は、差別的インパクトについての責任の範囲は第7編の場合よりも狭い（narrow）とする。ADEAについて同法理による責任の範囲が狭いとされた理由としては次の2点があげられる。第1に、ADEAには、年齢以外の合理的要素に依拠する場合には当該差異は違法にならないという、第7編にない規定が存在するという点である。このことから、ADEAについては、差別的インパクトの一応の証明がなされた場合、これに対し使用者は、当該取扱いが合理的（reasonable）であることさえ示せばよい、ということが導き出される。最高裁はRFOAの趣旨について次のように説明する。すなわち、RFOA抗弁を設けてADEAの適用範囲を狭めようとした議会の判断は、年齢は人種やその他の区別と異なり雇用のタイプによっては個人の職務遂行能力と関連することが少なからずあるという事実と、整合的である。ワーツレポートでも言及されているように、雇用に関連する基準が、たとえ高齢の労働者に対して集団としてみて不利益な効果を及ぼしていたとしても、合理的でありうるということは、想定しうる。また、年齢を理由とする意図的な差別は公民権法第7編で禁止される差別ほど行われていないのであり、このように歴史的にみたときの年齢差別と他の差別との相違が反映されたのがRFOAなのだ、と。第2に、第7編については、1989年Wards Cove Packing Co. v. Atonio 事件判決[180]が、差別的インパクト法理によって使用

者の責任が生じる可能性を減じたが，その後1991年に法改正がなされ，それらの判例法理が同改正により覆されるに至っている[181]。これに対し，ADEAについてはこの時，差別的インパクトに関する改正がなされていないから，上記1989年判決により形成された，被差別者の側に厳しい判例法理が現在でもなお適用され続けることになる，というのである。

ADEAについては差別的インパクト法理によって生ずる責任の範囲が狭いという判示に則した判断がなされ，結局，原告らの主張をしりぞけた前記控訴裁判所判決が結論としては維持されている。法廷意見は次の点を指摘する。第1に，本件では，原告らは，賃金制度の中のどのテスト，要件または慣行が高齢の労働者に不利な影響を与えたのかを特定していない。第2に，本件の昇給の決定方法は，勤続年数が浅い労働者の賃金を，同じ地域の警察職員の一般的な水準に引き上げることを目的とするものであったところ，これは，年齢以外の合理的要素によるものといえる。法廷意見は，このような昇給方法以外にも当該目的を達成するための手段として合理的な手段は存在しうるが，ADEAで用いられる合理性（reasonableness）テストの場合，業務上の必要性（business necessity）テストとは異なり，その他に差別的効果のない手段が存在しないとまでいえなくとも合理性は肯定されうると述べている。

上記の判示を第7編と比較しつつ要約すると，合衆国最高裁の立場は，差別的インパクト法理をADEAにおいても適用することを一応肯定するが，次の諸点により，責任の範囲を第7編の場合よりも狭めるものといえる。すなわち，①ADEAでは，差別の一応の証明のためには，どの制度が差別的効果を生み出したのかを特定しなければならない。これに対し第7編では，使用者の一連の意思決定過程が個々の要素に切り離して分析しえないような性質のものである場合には，原告はその全体を1つの制度・慣行と扱って差別的効果を論じることが許される（703条(k)(1)(B)(i)）。また，②ADEAでは，差別の一応の証明が成立した場合，使用者は，責任を免れるためには，当該制度・慣行が合理的であることを示せば足りる。選択した手段以外の方法がありえたかについての吟味はなされない。これに対して第7編では，使用者は当該制度が職務関連性を有し，かつ業務上の必要性に合致していることを示す必要があり，使用者が

---

[180] 490 U.S. 642 (1989).
[181] 中窪裕也「岐路に立つアメリカ雇用差別禁止法―1989年連邦最高裁判決とその余波」労研380号2頁（1991年），同「アメリカ雇用差別禁止法のその後―1991年公民権法の成立」労研388号42頁（1992年）参照。

職務関連性・業務上の必要性を示したとしても、原告側が、より差別的効果の少ない他の方法が存在したことを証明すれば、差別的効果による法違反が成立する（703条(k)(1)(A)(ii)）[182]。

4 Smith事件判決以降

この合衆国最高裁判決は、これまでADEAについて差別的インパクト法理の適用すら認めていなかった巡回区控訴裁判所においては、高年齢者の保護を手厚くする意義があるといえる。

他方、同判決は、年齢差別については同法理によって生じる責任の範囲は狭いとしていることから、その適用を認めていた巡回区においてはむしろ高年齢者への保護を弱めるものとなる。このことを象徴する事例としてMeacham v. Knolls Atomic Power Laboratory事件[183]があげられる。これは原子力研究所のリストラの中で解雇された者が出訴した事案であり、解雇対象者31人のうち30人の従業員が40歳以上であった。地裁は、陪審が差別的インパクト法理の適用により年齢差別の成立を認めた後に、被告側からの「法律問題としての判決」の申立てを却下し、Smith事件合衆国最高裁判決が下される前に判断を示した第2巡回区控訴裁判所は、この地裁の判断を維持していた[184]。

しかしSmith事件を受けて改めて審理するよう合衆国最高裁から求められた控訴裁判所は、法律問題としての判決を原審に命じる。重要性（criticality）と柔軟性（flexibility）という解雇対象従業員の選定のための基準は主観的であり、高齢者に不均等に不利益な効果をもたらしうるが、当該労働者の監督にあたっている上司が評価を行っている限りでは、被解雇者選択のプロセスは経営上の目的に資する合理的なものであるといえるから、差別的インパクト法理によって違法になることはない、と判断されている。

このように、従前に差別的インパクト法理の適用を認めていた控訴裁判所では、当該取扱いが合理的であれば違法にならないという基準を合衆国最高裁が

---

[182] 第7編は改正を経て業務上の必要性の抗弁に関する使用者の証明責任の程度は説得責任まで含むとされている（701条(m)）。しかしADEAについてWards Cove事件判決が生き続けるとすれば、ここで使用者が負う証明責任は証拠提出責任にすぎないことになりそうである。この点でもADEAに関しては、差別的インパクト法理を用いた立証は困難になるといえる。

[183] Meacham v. Knolls Atomic Power Lab., 461 F.3d 134 (2d Cir. 2006).

[184] 381 F.3d 56 (2d Cir. 2004).

示したことにより保護の範囲は狭められることになろう[185]。

IV　小　括

　賃金や労働者給付が勤続年数により増額する場合，賃金コストを理由として採用を拒否され，または解雇される等の不利益を受けるのは中高年齢者になりやすいが，このような状況があっても，Hazen Paper 事件合衆国最高裁判決が下されたことにより，差別的取扱い法理のもとで年齢差別を立証することは困難となっている。その後 2005 年に合衆国最高裁は差別的インパクトの法理の適用を肯定するに至るが，第 7 編と比較して，同法理により法違反が成立する場合は限定されている。使用者は合理性さえ示せばよく，差別的効果をもたない手段がないことまでは求められない（比例原則の要請は働かない）からである。このような態度を裁判所がとるのは，コスト削減や処遇制度の変更のために企業がとる合理的な手段に対して法が介入するのを回避する狙いがあるものと推測されているが[186]，最高裁自身，年齢差別は職務遂行能力と関係することがあり，意図的差別が行われてきた歴史がない点で公民権法第 7 編が禁止する差別類型と異なるということを指摘している。ADEA は 1970 年代からの一連の法改正を通じて，定年制を全面的に禁止するに至る等，ある面において厳格化したのであるが，この点において，年齢差別規制の法的介入は他の差別規制と同程度の強力なものとはなっていないのである。

第 5 節　年齢差別禁止法が雇用慣行に及ぼす影響

I　雇用関係の終了

　本節では，以上で考察した ADEA の内容，差別的インパクト法理の適用を

---

[185] Alaka, Corporate Reorganizations, Job Layoffs, and Age Discrimination : Has Smith v. City of Jackson Substantially Expanded the Rights of Older Workers under the ADEA?, 70 Alb. L. Rev. 143 (2006).
[186] Posner, Aging and Old Age 337 (1995).

めぐる裁判例等もふまえ，ADEA が雇用慣行にどの程度の法的介入を行い，どのような影響を及ぼしうるものなのかについて，雇用関係の終了，賃金を中心とする労働条件および募集・採用の局面を対象として若干の考察を行う[187]。

雇用関係の終了について ADEA が及ぼしうる影響としては，定年制を許容するのか，中高年齢者の解雇をどの程度制約するものなのか，定年制や解雇の代替手段となりうる退職勧奨にいかなる制限を課すのかといった点を検討することが必要になる。定年制については，上級管理職の 65 歳定年制が適用除外とされることを除くと，年齢が真正な職業上の資格であることを使用者の側で立証する必要があり（BFOQ），この例外について厳密に解釈がなされることは既に検討した（第 2 節）。したがって，ここでは解雇および早期退職を勧める制度や給付に特に重点を置いて分析を行う。

1　中高年齢者の解雇

(1)　年齢を理由とする解雇の立証

まず重要なことは，年齢を理由とする解雇の立証の難しさであろう。既に述べたように，差別的取扱いには，個々の散発的な差別的取扱いの類型と，多数の労働者・求職者に対して継続的に行われたとする系統的な差別的取扱いの類型とがあり，前者の個別的な立証は，McDonnell Douglas/Burdine テスト（第 4 節 I 参照）に従い 3 段階で行われる。解雇の場面であれば，第 1 段階として原告が差別の「一応の証明」，すなわち，①ADEA で保護される集団に属すること（40 歳以上であること），②解雇されたこと，③解雇時までの職務遂行が，使用者側の正当な要請を満たすか，上回っていたこと，④使用者が原告に代替する者を探していること，あるいは相当程度若い（substantially young）者が有利に取り扱われたことの証明を行う[188]。後任者の年齢は，必ずしも 40 歳未満である必要はない[189]。また，従業員削減のケースでは，後任者が存在することは，差別の一応の証明が成立するために必ずしも必要とされない。この一応の証明がなされた場合は，さらに第 2 段階として，被告が反証として「適法で非差別的な理由」を提示し，第 3 段階として，原告が，被告の提示した理由

---

[187] ADEA の紛争処理については森戸・前掲注 49「雇用政策」103 頁以下が詳しい。

[188] Player, Federal Law of Employment Discrimination in a Nutshell 88-89 (5th. ed., 2004).

[189] O'Connor v. Consolidated Coin Caterers Corporation, 517 U.S. 308 (1996). 本判決の評釈として，藤本茂「年齢差別推定基準の緩和化」労旬 1395 号 33 頁（1996 年）。

が口実であることを証明するというプロセスを辿る。

上記の過程の中で説得責任（burden of persuasion）は常に原告の側が負う。使用者の側が第2段階で負うのは証拠提出責任（burden of production）にすぎない[190]。とはいえ，中高年齢者を解雇し，それが訴訟にもち出されると，使用者の側としてはそれなりの立証の努力が必要になる。

ADEAのもとで，原告には陪審（jury）を受ける権利が認められているということがここで重要となる（7条(c)(2)）。陪審員は企業側に不利な判定を下す傾向にあるというのが一般的な理解である[191]。そのため，使用者は，サマリ・ジャッジメント（summary judgment）の申立てを行うことも多い。トライアル（trial. 正式事実審理）前の段階で裁判官が重要な事実に関する真正の争点がないとして下す判決を求めるのである[192]。この申立てを受けて，裁判官が，最終的にトライアルで提出される見込みのある証拠を労働者側に有利に推測しても，労働者側勝訴の評決が合理的にありえないと判断すれば，使用者勝訴の判断が下る[193]。この申立てが認められないと，トライアルが開かれ，陪審が事実認定を行う（合理的な陪審であったなら労働者に有利な判断を下すことはありえない場合，裁判官が法律問題としての判決（judgment as a matter of law）を下す）。

高年齢者の解雇という直接的手段に訴えることは，企業としては回避する傾向にあるとされているが[194]，そのような傾向には，年齢を理由とする解雇が禁じられ，しかも上に述べた立証ルールや陪審の権利が保障されているということが影響していると考えられる。経済学者の分析でも，ADEA制定は，60歳代前半層の雇用を6％増加させる，あるいは3％から4％引き上げる効果があったという分析が示されており[195]，同法は高年齢者の雇用の安定をある程度もたらしたといえるだろう[196]。

190　ADEAには，正当事由（good cause）による解雇は違法にならないとする規定があり（4条(f)(3)），この規定に基づいて非差別的理由を立証する責任を使用者が負うと解釈できないか，争われたこともあるが，この解釈は，裁判例では否定されている。Marshall v. Westinghouse Elec. Corp., 576 F.2d 588 (5th Cir. 1978).

191　O'Meara, *supra note* 13, at 112 (1989). 末・前掲注154・231頁以下。

192　連邦民事訴訟規則（Federal Rules of Civil Procedure）50条，56条に規定されている。浅香吉幹『アメリカ民事手続法』96頁，137頁以下（弘文堂，2000年）。

193　前掲 Reeves v. Sanderson Plumbing Products, Inc. 事件判決により，法律問題としての判決が下される基準が示されている。

194　森戸・前掲注49「雇用政策」94頁。

(2) 随意的雇用原則

他方，ADEA が中高年齢者の解雇を制約する程度を考えるときには，いくつかの留意すべき点がある。

まず，McDonnell Douglas/Burdine テスト（本章第4節Ⅰ参照）のもとで使用者が示す「適法で非差別的な理由」は，合理的な（reasonable）ものである必要はない[197]。人員削減や職務廃止といった経営上の事由から，職務遂行能力不足や労働者の行動等，労働者個人の事由にわたるまで，諸種の事由が非差別的な理由として認められている[198]。これに加えて，前節で論じた，加齢に伴って生じる事象を理由とした不利益取扱いが，年齢を理由とする不利益取扱いと区別され，ADEA 違反にならない可能性が高いということも，中高年齢者の解雇への制約を弱める方向に働く。

期間の定めのない労働契約における解雇について正当事由を要しないとする随意的雇用の原則がアメリカで支配していることも重要である。中高年齢者の能力は劣るというステレオタイプによる解雇はADEAにより違法となるが，能力・適格性欠如等を理由とする解雇は妨げられないのである。随意的雇用原則の例外として，労働協約上，解雇に正当事由を求める規定が置かれることもあるが，労働組合の組織率は低下してきている。労働協約による解雇制限は経済的事由による解雇には適用されないという限界もある[199]。ADEA 制定時・

---

195 川口大司「年齢差別禁止法が米国労働市場に与えた影響―米国の実証研究のサーベイ」労研521号48頁（2003年）。

196 年齢による解雇の禁止が労務管理の手法に影響を与えたということも指摘できる。アメリカでは，第7編やADEA違反が肯定された判決と否定された判決を比較し，敗訴する危険を避けられる人事考課制度はどのようなものかといった内容の分析が盛んである。それらの検討により，体系的人事考課制度，すなわち職務分析によって職務が明確になっていること，基準が職務と関連し文書化されていること，その基準が考課を行う者に配布されていること，考課結果を本人に通知していること等をみたした評価制度が，訴訟を回避するためには望ましいことが明らかになった。このような判例分析が，職務分析や人事考課が普及していく要因の1つになり，また年齢差別に関していえば，企業が中高年齢者を解雇するときに，それらの評価結果を基に行うようになる契機を与えたと考えられる。この点について論じる文献として，片岡洋子「人事管理と雇用平等法制度―アメリカ人事管理に公民権法第7編が与えたインパクト」大原社会問題研究所雑誌506号17頁（2001年）。

197 たとえば，Thornley v. Penton Pub., Inc., 104 F.3d 26 (2d Cir. 1997).

198 これらの事由の中でとくに，人員削減の一環としての解雇は，ADEA違反と認められる可能性は極めて低いと指摘するものとして，Posner, *supra note* 186, at 336.

改正時に，解雇は，年齢を理由としない限り妨げられないということが強調されてきたことは，既述のとおりである。

(3) 救　済

年齢を理由とする解雇であったことが認定されても，ADEA では救済面で弱いこと，すなわち第7編について認められる懲罰的損害賠償（punitive damages）[200]が ADEA では認められないことを指摘しておくべきであろう。

ADEA のもとで懲罰的損害賠償がなされうるか否かについて合衆国最高裁判決は存在しないが，控訴裁判所はこれを否定している[201]。その主たる論拠は，ADEA には懲罰的損害賠償について規定がないこと，懲罰的損害賠償を認めると，EEOC における調整の円滑な進行を妨げるおそれがあること，ADEA には既に懲罰的な性格をもつ付加賠償金が存在していること等である。付加賠償金は，故意による ADEA 違反の場合に賠償額が2倍になるというものであるが，第7編との比較でいえば，ADEA の抑止力は弱められているといえる。

2　私的年金と早期退職勧奨

また，中高年齢者の解雇という直接的な手段が困難であったとしても，企業には中高年齢者の退職を促す手法が残されていることにも十分に注意を払っておく必要がある。その1つとして企業年金制度の存在およびその制度設計のあり方が労働者の退職行動に大きな影響を及ぼしていることを指摘できる（本章

199　労働協約による解雇制限としては，先任権のルールがあるにすぎない。なお，正当事由がある場合にのみ解雇するという会社の方針が，雇用ハンドブック（employment handbook）等に明記されていた場合で，その旨の黙示的契約が使用者の過去の発言や解雇措置等に照らし成立していると認められるとき，それらに違反した解雇を契約違反とした裁判例もあるが，これらの法理を認める程度は州によってばらつきがある。荒木・前掲注106・20頁以下。パブリック・ポリシーの法理・公正義務の法理もあるが，前者は，法律等に明確な根拠を有する確立したポリシーの存在が必要とされており，後者はすべての州で採用されているわけではない。中窪・前掲注106「解雇の自由」341頁以下。

200　1991年公民権法102条により損害賠償が救済の1つとして導入された。懲罰的損害賠償は，使用者の積極的悪意（malice），権利の甚だしい軽視（reckless indifference）があったときに認められる。

201　Walker v. Pettit Const. Co., Inc., 605 F.2d 128 (4th Cir. 1979); Dean v. American Sec. Ins. Co., 559 F.2d 1036 (5th Cir. 1977); Pfeiffer v. Essex Wire Corp., 682 F.2d 684 (7th Cir. 1982).

第2節も参照）[202]。

　標準的引退年齢，あるいは早期退職年齢の下限を設けることがADEA違反にならないことは既に述べた。それらの年齢に至った労働者の中では自発的に退職していく者が自然と多くなるであろう。また，一定年齢以降は給付が増額しないという制度はADEAに反するが，確定給付年金制度において，一定の勤続年数，あるいは一定の給付額を超えた者について増額をしないとすることは適法であるから（本章第3節Ⅰ），企業からみれば，雇用を継続しても年金給付額が増額しない年数に至った労働者を退職させやすいことになる。

　さらに，退職を条件として企業年金の給付額上積み等を中高年齢者に提示することにより，中高年齢者に退職を勧めることが可能である。これらの措置は，解釈によってはADEAの実効性を弱める，あるいは潜脱するもので許されないと解する余地もある。しかし，以下にみるとおり，これらの措置は中高年齢者を対象にしていたとしても適法であると解されている。

　Henn v. National Geographic Society 事件[203]で，被告会社は人員削減を決定し，55歳以上の職員すべてに早期退職給付を提供することとした。15人のうち12人がこの申入れに応じて退職し，その12人のうち4人が当該退職をみなし解雇（constructive discharge）にあたりADEAに違反するとして訴えを提起した。第7巡回区控訴裁判所の判旨は要約すると次のようになる。

〈我々は，使用者がADEAを遵守しているということを一応の前提とする。労働者が申入れを拒否しても継続して就業することができるならば，その申入れは有利なものであり，当該労働者は選択肢をもつことになる。当該労働者は，退職して退職給付を受け取り，場合によっては再就職し，場合によっては余暇を楽しむことができる。継続して雇用されることも可能である。このような申入れを受けた者は，年齢を理由とする別異取扱いの受益者なのであるから，早期退職給付の設計やその提供において，差別により不利益を受けたとは主張できない。〉

つまり早期退職給付を提供された者は，年齢差別によって，より多くの選択肢を与えられているにすぎないとして，原告の主張はしりぞけられているのである。

　そこで，早期退職給付を受け取って退職した者が復職等を求めるためには，

---

[202] 森戸・前掲注49「差別禁止法」62-63頁。
[203] 819 F.2d 824 (7th Cir. 1987), cert. denied, 484 U.S. 964 (1987).

その受給・退職が非自発的なものであってADEA違反の解雇に当たるといえなくてはならないことになる。Paolillo v. Dresser Industries, Inc.事件[204]では，退職給付に関する情報を提供されてから承諾するかどうかを決定するまで1日ないし3日しか与えられていなかった。そこで判決は，労働者にはその選択肢を熟慮するための合理的な期間が与えられなければならないと説示し，退職の自発性を肯定した地裁判断を覆した。ただ，このような主張はしりぞけられることもある[205]。

既述のように1990年法改正では，ADEAの目的と適合する自発的な早期退職促進制度を設けることは違法ではないと規定されたため，これによって現在では，使用者が，早期退職勧奨給付を中高年齢者のみに提供し，その同意を得ることによって——それが自発的なものといえれば——ADEAに反することなく中高年齢の従業員を削減することができる，ということが明確になっている（本章第3節Ⅱ）。

Liebman教授は，次に述べる権利放棄契約も併せて検討した上で，このようなアメリカ（ADEA）の現況を次のように鋭く指摘している。企業が相当な代償を支払えば早期退職を実現できるとすると，ADEAの法律の「実際上の効果は，会社に高齢労働者を解雇する前にしばらく考えさせ，時にはこの法律に基づく訴訟を回避するために経済的な補償を支払わせるという程度のものとなる。言い換えれば，年齢差別禁止法は高齢労働者の解雇をいくぶん高価なものにしたということである」，と[206]。

3　訴権放棄

実務上は，この早期退職勧奨給付の受給と引き換えに訴権放棄（waiver）の合意をとるという取扱いが広く行われている[207][208]。

訴権放棄の合意について合衆国最高裁が初めて判断を示したのは，第7編に関するAlexander v. Gardner-Denver Co.事件[209]の傍論においてであった。第7

204　821 F.2d 81 (2d. Cir. 1987).
205　最近の事例として，Poland v. Chertoff, 494 F. 3d 1174 (9th Cir. 2007).
206　ランス・リープマン「高齢化するアメリカ社会と法政策」〔訳：森戸英幸〕労研371号15頁（1990年）。
207　この点について詳細に検討するものとして，井村真己「高齢者の退職に伴う放棄契約の締結と雇用差別禁止法―アメリカにおけるADEAの改正を契機として―」季労182号127頁（1997）。

編のもとで生じた訴因（cause of action）放棄を条件とする契約については，労働者の同意が「知っていてかつ自発的な（knowingly and voluntarily）」ものだったかどうかを判断しなければならないとしたのである。ADEA に関して，裁判例の多くは，この合衆国最高裁の判決に依拠し，「知っていてかつ自発的な」訴権放棄の合意の有効性を認めるという立場をとった。

　ADEA の訴権放棄をめぐる紛争はその後も多発し，1990 年法改正によって，権利放棄の合意が法的拘束力をもつための最低条件が以下のように定められた（7 条(f)(1)）[210]。

- 平均的労働者が理解できる態様で記された書面による契約の一部であること
- ADEA に基づく権利に特に言及されていること
- 当該契約の実施以降に生じうる権利の放棄は含んでいないこと
- 従前から受給することが予定されていた給付に加えて，訴権放棄に対する約因が存在すること
- 弁護士と相談するよう書面により勧められていること
- 少なくとも 21 日間の考慮期間を与えられていること
- 少なくとも 7 日間は当該契約を解消できること

---

[206] ランス・リーブマン「高齢化するアメリカ社会と法政策」〔訳：森戸英幸〕労研 371 号 15 頁（1990 年）。

[207] この点について詳細に検討するものとして，井村真己「高齢者の退職に伴う放棄契約の締結と雇用差別禁止法―アメリカにおける ADEA の改正を契機として―」季労 182 号 127 頁（1997）。

[208] ある調査によれば，主要企業の約 8 割が 1979 年から 1988 年の間に 1 回以上，早期退職勧奨プログラムを提供したことがあり，それらの企業の約 3 割が給付の条件として訴権放棄を求めていたとされる。U.S.G.A.O., Report to Congressional Requesters, Age Discrimination. Use of Waivers by Large Companies Offering Exit Incentives to Employees (1989).

[209] 415 U.S. 36 (1974). この事件の原告は，解雇された黒人の労働者であり，労働協約に基づく苦情処理手続において協議が不調に終わった後に，処分は正当との仲裁裁定を受けたが，同時期に，人種を理由とした解雇であるとして，裁判所に訴えを提起した。合衆国最高裁は，労働協約により付与された苦情処理に関する権利の行使によって第 7 編の権利の行使が妨げられることはないと判示した。

[210] 労働者集団に適用された退職奨励制度のもとでの権利放棄の場合等は，45 日以上の考慮期間が与えられなければならず，適用対象となる集団や制度の資格要件，期間制限，対象者の職務タイトルや年齢，資格を有さない者や選ばれなかった者の年齢等が通知されなくてはならない（7 条(f)(1)(F)(ii), (H)）。

この規定により，ADEA の訴権放棄契約の有効性についての判断基準が一定程度明らかになったが，なお未解決の論点も存在した。労働者が受け取った給付を引き続き保持している場合に，放棄契約を追認したことになるか否かという論点である。この点に関しては相反する裁判例が出ていたが，合衆国最高裁が Oubre v. Entergy Operations, Inc.事件[211]において判断を下したことにより一応の決着をみた。この事件では，退職金の受領と引き換えに訴権放棄契約が締結されたが，十分な考慮期間が与えられていない等の点で規制が遵守されていなかった。労働者はその受領した金銭を返還していなかったので，使用者側は，労働者がその不完全な訴権放棄を追認する意思を有することを示すとしてサマリ・ジャッジメントを求めた。しかし合衆国最高裁は，OWBPA は ADEA 上の訴権放棄が有効となるための最低条件を独自に設定しており，それは契約法からは区別されたものであること，実際上も退職した労働者は受領した金銭を既に費消していて約因を返還できないことが多いことを指摘して，当該訴権放棄契約は訴訟提起を妨げないと判断した。

このように訴権放棄契約の規制が法律上整えられ，またその規制に反して放棄契約が結ばれているときに労働者が受け取った金銭を保持したままであると放棄契約を追認したことになるという解釈がしりぞけられたことにより，高齢労働者への保護は強化された。とはいえ，それらの条件をクリアしていれば，訴権放棄契約締結により裁判所の審査を回避できることは，ADEA が雇用慣行に及ぼしうる影響について分析するにあたり，十分に留意しておくべきであろう。

II 募集・採用

1 年齢を理由とする採用差別の立証

採用の局面で年齢差別が禁止されることの影響について検討するためには，解雇の場面と同様，年齢を理由とする採用拒否が行われたかどうかの立証プロセスが問題となる（本章第4節I参照）。間接証拠を用いた立証についていえば，第1段階の，差別の一応の証明として原告が，①40歳以上であること，②そ

---

[211] 522 U.S. 422 (1998). 井村真已「判例紹介：Oubre v. Entergy Operations, Inc」アメリカ法 1999-1号 126 頁（1999 年）。

のポストにつき求人がなされていたこと，③当該募集に応募し拒否されたこと，④当該職務についての適格性を備えていること（最も適任であったとか，優位であったことを示す必要はない），⑤原告不採用の後も使用者が募集を続けているか，原告より相当程度若い者が採用されたことを示す[212]。第2段階で被告が反証を行い，第3段階として原告が，被告の提示した理由が口実であると証明するのはここでも同様である。このような立証の枠組・陪審制は，使用者に対し，採用の局面での年齢差別をある程度抑制する方向に働くといえよう。

2 新卒採用と年齢差別規制

募集・採用を新卒者に限定することも ADEA の規制対象になると考えられる。まず，EEOC の解釈例規を確認しておくと，「大学生」「近年に大学を卒業した者」等の募集広告は，ADEA によって禁止されると解されている[213]。

ただ，この点に関する確立した判例は存在しない。たとえば，EEOC の立場とは異なり，職業紹介機関が求人対象を「6月卒業者」「少年（boys）」「少女（girls）」としていたことが ADEA に反しないものとした Brennan v. Paragon Employment Agency 事件[214]がある。地裁はその理由を次のようなことに求める。

〈ADEA の目的は，40歳以上65歳未満の者が不合理な偏見によりそのキャリアを中断させられることを防止することにあった。それは，彼らの子や孫が就労を開始することを妨げる目的ではなかった。若年者の就職促進を禁止する権限は労働長官に与えられていない。そのような若年者の就職促進は公共の利益に合致し，それゆえ年齢以外の合理的な要素（RFOA）であるといえる。〉

これに対し，Hodgson v. Approved Personne Service, Inc.事件[215]では，職業紹介機関が「新卒者」という文言を用いることができるかどうかは事情に応じて異なるという立場が示されている。裁判所によれば，そのような募集が許容されるのは，職業紹介サービスを就職活動経験に乏しい新卒者に知ってもらうことを目的とする場合に限られる。そして他方で，特定の職務との関連で「新卒

212　Player, *supra note* 188, at 84-88. 後任の者が40歳未満であること（ADEAの保護対象外であること）が必要ないのは，ここでも同様である。
213　29 C.F.R. §1625.4(a) (2000).
214　356 F.Supp. 286 (D.C.N.Y. 1973), affd. without opinion, 489 F.2d 752 (2d Cir.1974).
215　529 F.2d 760 (4th Cir. 1975).

者」という条件があげられると，中高年齢者の求職を抑制するとして，その場合には ADEA に反すると説示されている。

新卒者に限定した募集が ADEA に違反するかという点について判例は確立していないことになるが，EEOC からそのような募集をやめるよう勧告を受けた場合にはその勧告に従っているため訴訟に至っていないのではないかと推測される。

3　BFOQ

年齢を理由として採用拒否を行ったことが明白である場合，それを真正な職業資格（BFOQ）として正当化することは容易ではない（本章第 2 節Ⅵ参照）。その一例として，中高年齢者を雇うことによるコスト増大という理由で BFOQ 該当性を示すことはできないことを指摘できる。ニューヨーク州の公務員法が警察官の採用について 29 歳という上限を設定していたことが問題となった Hahn v. The City of Buffalo 事件[216]では，若年で採用された者はより長く労働し，よりよい投資になると考えることは合理的であるが，経済的な考慮によっては，年齢が真正な職業資格であることを基礎づけることはできないと判断されている。

では，表現の真実性や顧客等との関係を理由とする採用年齢制限は認められるか。ADEA 制定当初に労働省が示した解釈例規は，BFOQ の具体例として，「若年又は老年の性格又は役割のための俳優及び専ら若年又は老年の消費者に訴えるためにデザインされ，向けられている製品の販売の広告又は促進のために用いられている人」をあげていた[217]。しかしその後，EEOC の解釈例規では上記の例示が削除された。列挙したものを是認していると受け止められることを懸念したためだとされる。現在では，このような理由による年齢制限が許されるかは，個別のケースに応じて判断されているものと思われる[218]。

体力水準に応じた採用年齢制限も事例毎に判断がなされるが，たとえば長距離バスの運転手の採用を 40 歳未満に限定していた事例では，安全性の確保という点で業務の本質に関係し，乗客に危険が及ぶかどうかは年齢制限以外では

---

[216]　596 F. Supp. 939 (D.C.N.Y. 1984).
[217]　29 CFR §890, 102. 花見・前掲注 49・55 頁以下。
[218]　大学の警備員に関する 45 歳の採用年齢制限につき，若い人とのかかわりをもつことが容易だということを理由の 1 つとして BFOQ に該当すると判断した例はある。EEOC v. University of Texas Health Science Center, 710 F.2d 1091 (5th Cir. 1983).

実際上確認できないことから，適法と認められている[219]。

4 救　　済

　採用差別の救済としては，一定年齢以上の者は採用しないという会社の方針が存在すれば，全社的なレベルで差止命令が発せられる可能性があるし，個別的に年齢を理由とする採用拒否が行われる場合は，採用命令（hiring order）が発せられうる。①空職がない場合で，空職ができて雇用されるまでの間や，②深刻な敵対関係が生じたために採用命令が不適切と認められる場合で，他で相当の職に就くまでの間は，賃金等のフロント・ペイを支払うよう命じられる[220]。これは強力な是正措置のようにみえる。

　しかし他方で，募集・採用段階での年齢差別への抑止力が弱まる要素もある。その１つとして採用差別については申立て・訴訟件数が少ないことを指摘できる。求職者は解雇されたときに比べて恨みを抱くことは少ないこと，採用拒否の理由について通知されることが少ないので立証上困難が生じること，損害の立証が難しいこと，勝訴したとしても損害賠償額が小さいために弁護士がそのようなケースを引き受けるのに消極的であること等がその原因としてあげられている[221]。採用命令や差止命令といった救済は，実際には原告が望むものではないという指摘もある[222]。

　また，ADEAについては，人種差別等を規制する第７編では認められる，集合代表訴訟（class action）が認められないと解されている。ADEAは公正労働基準法の手続を一部組み入れており（７条(b)），公正労働基準法の規定では，労働者は，訴訟当事者になることに書面により同意しそれが裁判所に提出されない限り，原告になることはないと定められている[223]。第７編等の集合代表訴訟の根拠規定となる連邦民事訴訟規則23条では，当該集団に属する者は，裁判所に対して書面により排除を求めない限り，裁判所の判断に拘束される。仮にこれが年齢差別についても用いられるとすると，公正労働基準法の前記規定と矛盾することになるので，同規則23条に基づく集合代表訴訟はADEAについては認められないと解釈されているのである[224]。このことは，

219　Usery v. Tamiami Trail Tours, Inc., 531 F.2d 224 (5th Cir. 1976).
220　中窪・前掲注49・217頁。
221　O'Meara, *supra note* 13, at 268.
222　Posner, *supra note* 186, at 329-333.
223　29 U.S.C. § 216 (b).

採用差別についての個人の訴訟提起や申立てが少ないことと相まって，ADEA の履行確保を妨げる可能性があると指摘されている[225]。

つまり，募集・採用の局面における年齢差別については，差別の立証の枠組，採用命令・差止命令という救済に照らせば強力な是正がなされうるようにも思われるが，訴訟件数が少ない等の事情により ADEA の影響はその分弱められていると考えられる。経済学者によって，ADEA が存在するにもかかわらず，なお採用時の差別が残存しているとの分析が示されている[226]。また，中高年齢者を保護する ADEA の存在により，中高年齢者の雇用はコスト高なものとなり，却って中高年齢者の就職が阻まれているといった指摘もある[227]。

III 賃金・処遇

日本では，年功賃金を中心として処遇面で年齢による取扱いを行う企業は多い。その一方で，従業員の高齢化が進んでくると，全員についてこのような年功的処遇を維持することが難しくなり，ある年齢に到達すると従業員の賃金を引き下げたり，管理職から外して専任職等に配置する役職定年制を実施するようになった。

年齢差別規制が行われているアメリカでは，このような年功的処遇は問題にならなかったのだろうか。高齢であるがゆえの明白な差別的取扱いが制度として行われることはほぼありえないと考えられるが，同じような状況はどのように解決されているのか，アメリカの雇用慣行としての賃金制度一般について概観した上で，裁判例をとりあげて若干検討しておきたい。

1 年功賃金

(1) アメリカの賃金制度の推移

アメリカの賃金は職務内容の評価によって決まる職務給だといわれるが，20世紀初頭は，賃金額は属人的に決まっていたという。しかし企業は，労働運動の台頭を抑える等の目的のもと，職務評価に基づく賃金制度を導入していった。

---

[224] Lachapelle v. Owens-Illinois, Inc., 513 F.2d 286 (5th Cir. 1975).
[225] O'Meara, *supra note* 13, at 268.
[226] Neumark, Age Discrimination Legislation in the US: Assessment of the Evidence, in Outlawing Age Discrimination 57-60 (Hornstein ed., 2001).
[227] Posner, *supra note* 186, at 329.

現在では、賃金制度の核となる基本給は、職務に対応して決まっている。まず職務分析（job analysis）が行われ、この職務分析を基礎として、職務記述書（job description）と職務要件書（job specification）が作成される。職務記述書には職務の義務、責任、物理的環境等が記述される。この職務分析をもとに、その職務の企業における価値が評価され（job evaluation）、企業内での職務は、職務価値に応じて10から20くらいのグループに分類される。

個々の職務の賃金は、その職務に対して企業外でどの程度の賃金が支払われているかを調査し、その水準に応じて設定される。同一グレードの中で下限賃金、中間賃金、上限賃金が設定されており、下限賃金から中間賃金へ、さらに上限賃金へと上昇していく仕組みがとられている[228]。

(2) 年功賃金のADEA違反の有無

以上のようにアメリカの賃金制度の主流は職務給であるが、年功賃金制度もみられる[229]。たとえば連邦公務員の賃金表では、同一等級の中がいくつかの号（step）に分かれており、毎年または数年ごとに1号ずつ上昇する。また、高度の技術者や研究者等、職務分析や職務評価が困難な職種では、基本給は学位取得後の期間に応じて設定されている。

このような年功賃金が年齢差別として問題になりそうだが、ADEAには違反しないと解される。先任権（seniority）に基づく取扱いは年齢差別禁止の例外の1つとして明記されており（4条(f)(2)(A)）、また、年長であることを理由とした差別のみが禁止され、年少であるがゆえの差別は違法にならないと解釈されているからである（本章第3節参照）。

2 昇給額の差異と賃金減額

以上で検討したような、高齢層に有利な処遇ではなく、年長の者に不利な取扱いはどうか。

同一業務を遂行する若年者と中高年齢者につき昇給額に差を設けることは、違法にならない可能性があることを指摘できる。D'Aquino v. Citicorp/Diner's Club, Inc.事件[230]では、裁判所は、昇給額の差額は基本給額の低い労働者の昇

---

[228] 笹島芳雄『アメリカの賃金・評価システム』22頁以下（日経連出版部、2001年）。最近では、技能・知識レベルが高まるに従って賃金を高めていく技能・知識給、業績評価を反映させた成果配分賃金や利潤分配制も広がってきているという。

[229] 笹島・同上30頁。

[230] 755 F. Supp. 218 (N.D. Ill 1991).

給額を引き上げるという企業の方針によると述べて，年齢差別に該当しないとしている。同様のことが争いとなったSmith v. City of Jackson事件判決で，合衆国最高裁は，そのような昇給の決定方法は，年齢以外の合理的な要素に基づくものとして違法にならない旨を判示している（本章第4節参照）。

　年齢ではなく勤続年数や支給額を基準に賃金や労働者給付の額を引き下げることにも留意しなければならない。

　Thomure v. Phillips Furniture Co.事件[231]は，家具の修理工として30年以上勤続し最も高額の賃金を支払われていた58歳の者の賃金が，店舗閉鎖等による経営困難の中で11％減額された事案である。このとき，賃金が相対的に低い従業員は5％の引下げにとどまり，時給6ドル以下の従業員の賃金額は維持された。第8巡回区控訴裁判所は，原告の賃金の高さはその職務内容や勤続年数を反映したものであり，その賃下げは年齢差別ではないとしている。

　Mullin v. Raytheon Co.事件[232]では，被告会社は経営危機の中，高給の従業員の賃金等級が職務に対応しているかどうかの見直しを行い，その結果，61歳で勤続28年に及ぶ原告の賃金等級を15級から12級に引き下げ，10％の賃金減額を行った。原告は差別的インパクト法理に依拠して年齢差別の立証を試みたが，第1巡回区控訴裁判所は，差別的インパクト法理の適用を否定した。その後，合衆国最高裁は差別的インパクト法理の適用を肯定しているが，差別的インパクトの一応の証明が成立したとしても，使用者は，当該制度が合理的であることを示せば足りるとされており，同様の事例でのADEA違反の立証は，今後もなお難しいと予測される。

　要するに，年齢を基準とすることが明白でなければ，勤続年数・賃金額の高さを理由として賃金額を引き下げたとしても，違法となる可能性は低い。賃金に関しては，性差別についても差別的インパクト法理を用いて違法な差別を立証することは難しいので[233][234]，年齢差別規制の固有の特徴とはいえないものの，ADEAの雇用慣行に及ぼす影響を弱めるものとして注目される。

---

[231]　30 F.3d 1020 (8th Cir. 1994).

[232]　164 F.3d 696 (1st Cir.1999). 柳澤武「判例紹介：Mullin v. Raytheon Co., 164 F.3d 696 (1st Cir. 1999)」アメリカ法2001-2号487頁（2001年）。

[233]　林素禎「男女賃金格差と間接差別法理―米国・英国の法の比較が示唆するもの―」本郷法政紀要8号493頁（1999年）。

[234]　AFSCME v. Washington, 770 F.2d 1401 (9th Cir. 1985)；International Union, UAW v. Michigan, 886 F.2d 766 (6th Cir. 1989).

第6節　アメリカ法総括

　本章の総括として，最初にADEAの趣旨についてまとめ，さらに第5節の分析を中心に要約する形でADEAが与えるインパクトについて検討し，最後に，それらの分析を通じてADEAの差別法理としての特徴について考察する。

1　立法・改正の趣旨

　ADEAの立法趣旨については，当初の主たる目的は募集・採用時の年齢制限を禁止し，それにより中高年齢者の長期失業を解消してその能力に基づいた雇用を促進することにあったといえる。それゆえ規制対象も40歳以上の者に限定された。ただ，ADEA制定には差別禁止法の先駆けとして1964年第7編が影響したため，法規制の内容についてみても，40歳以上65歳未満に限定はされるが，包括的に差別が禁止されることになった。同法には，人種差別等と同様不公正な差別を禁止するという趣旨も併存していたといえよう。

　定年制は当初，規制の対象とされなかった。採用・昇進における年齢差別の禁止がADEAの制定の眼目であったため，その適用対象年齢は65歳未満に限定された。また，私的年金制度に定める定年制については，経済的保障を伴う退職は労働者の利益になる等の理由により，ADEAのもとで違法ではないと解された。しかし，1978年改正により適用対象年齢の上限は70歳に引き上げられ，私的年金制度に定める定年制も違法になることが明確にされ，さらに1986年改正により，定年制は一部例外を除いて撤廃されるに至った。このような改正に至った理由として最も重要なのは，高年齢者の利益団体の活発な運動を通じて，年齢差別や定年制が公民権や人権にかかわると考えられたことである。一連の改正において社会保障の財政状況も改正理由としてあげられているが，年金支給開始年齢の引上げと一体のものとして定年制撤廃が議論されていたわけではない。

　ここで指摘できることは，ADEAのもとで，採用・昇進についての年齢差別が規制されるということと定年制を禁止すべきかどうかということとは，当初，区別して考えられたということである。つまり，ある事由に基づく差別が違法であるとすると，その事由に基づく差別が包括的に規制されることになり

そうであるが，ADEA に関しては，採用・昇進についての年齢差別と定年制の違法性は区別されて議論されたのである。そして，それぞれの規制目的についても違いがみられ，採用・昇進の年齢制限の禁止は主に中高年齢者の就業促進をめざすものであったのに対し，定年制が最終的に撤廃された主たる趣旨は中高年齢者の人権を保障することにあった。

ただ，ADEA が人権保障としての差別禁止の性格を強めたといっても，同法は現在でもなお 40 歳以上に適用対象を限定しており中高年齢者に対する年齢差別のみを規制している。また，保護対象となる年齢層の中でも，より高齢の者に向けた差別のみが禁じられ，若年であるがゆえの差別は違法とならないと解釈されている。つまり，ADEA にはなお，人権保障として年齢差別を禁止するという趣旨とともに，中高年齢者の利益増進を目的とするという性格があると考えられるのである[235]。

2　雇用慣行・労働市場に及ぼすインパクト

ADEA が雇用慣行に及ぼすインパクトについては以下の点を指摘できる。

まず，既述のように，1978 年改正以降，定年制や年齢差別は中高年齢者の人権にかかわるものとして把握されるようになってきたといえる。しかしながら定年制の撤廃が雇用慣行・労働市場に及ぼす影響を吟味することなく，換言するといかなるコストがかかろうとも定年制を人権保障に反する制度として撤廃すべきであるとしてかかる法規制が採用されたわけではないということを指摘できる。定年制の撤廃は，雇用慣行・労働市場に及ぼす影響は重大なものではないと予測され，それがかかる規制を導入する前提をなしていた。定年制の撤廃の前には，労働省の報告書等により，その撤廃が高年齢者の雇用を現状以上に不安定化させないこと，若年者の失業を惹起しないことが確認されていたのである。アメリカでは，定年制の存否にかかわらず，いずれにしても企業は高年齢者を容易に解雇できるし，高年齢者の側でも自発的に退職していたからであった。

---

[235] 奥山・前掲注 49「定年制問題」47 頁は，ADEA が立法目的として恣意的な年齢差別の禁止を明言していること，保護年齢の上限を撤廃していること，EEOC が履行確保を担うこと等から「雇用差別禁止法」としての理念がある一方で，同法の目的として雇用機会の確保があげられていること，40 歳以上に適用対象が限定されることから，「高齢者雇用保障法」としての理念ないし性格も有する，と論じる。これは本書の議論とも共通するものである。

つまり，アメリカでは，規制を推進したのは定年制が高年齢者の人権にかかわるという主張であったが，そのような規制を可能にしたのは，解雇が容易であり労働者の引退志向が強いゆえに，定年制を新たに禁止しても雇用慣行・労働市場に大きなインパクトを与えないという事情だった，ということもできる。また，上級管理職の定年制については，退職給付が支給されることを条件として年齢差別規制の適用を除外されている。この適用除外規定は，若年者の昇進機会の確保や企業側の人事刷新の必要性に配慮して定められたものであり，この点でもADEAには現在でもなお政策的配慮がみられるといえる。

　さらに，年齢と相関関係にある要素を理由とする採用拒否・解雇・賃金減額が，年齢差別として立証することが困難になっていることを指摘できる。賃金コストが勤続年数により上昇する仕組みになっている場合に，賃金コストを理由として中高年齢者を解雇する，または採用を拒否する事例，あるいは，勤続年数が長期に及ぶ者の労働者給付を削減するといった事例がみられた。このような場合には結果として中高年齢者が不利益を受けやすくなるが，Hazen Paper事件合衆国最高裁判決により，差別的取扱い法理のもとで違法な年齢差別であると立証することは困難となった。その後合衆国最高裁は，差別的インパクト法理の適用を肯定する一方で，同法理による責任の範囲は第7編よりも狭いとしている。差別の一応の証明のためには差別的インパクトを及ぼす制度・慣行を特定しなければならず，差別の一応の証明が成立した場合も，使用者は，当該制度・慣行が合理的であることを示せば足り，差別的効果の少ない他の方法が存在したかどうかは問題にならない旨を判示している。

　これらの判決に照らすと，ADEAにおいては，年齢自体に着目した明白な年齢差別を行わない限り，中高年齢者の採用拒否や解雇を年齢差別として厳格に禁止する状況には至っておらず，比例原則の遵守が求められると把握できる他の差別規制ほど強力な法的介入が行われていないといえる。

　この他の特徴として，ADEAによる年齢差別規制が存在するにもかかわらず，使用者は中高年齢者の退職を促すことができるという点を指摘できる。早期退職勧奨給付を中高年齢者にのみ提示し，退職するとした労働者から同時に訴権放棄契約を締結しているのである。早期退職勧奨に応じた退職や訴権放棄契約については，1990年ADEA改正により一定の法規制が施され，裁判所によっても当該合意の自発性の有無が当該事案の個別事情をもとに審査されている。そのように法規制が行われているとはいえ，合意をとりつけて中高年齢者に退職を促すことが頻繁に行われている。ADEAの雇用慣行への介入の程度

は弱められているということができる。

　結局，中高年齢者の雇用促進を基本的な立法趣旨として出発した ADEA は，法改正の過程で中高年齢者の人権保障としての差別禁止であると強調されるようになり，定年制を含め，包括的に年齢差別を禁止するに至った。しかし，人権保障としての差別禁止規制へのシフトは，雇用慣行・労働市場に大きな変革を迫るようなものではなかった。むしろアメリカでは，労働者の解雇が一般的に容易であり定年制撤廃を含めた包括的な年齢差別禁止原則をとっても，雇用慣行・労働市場の根本的見直しは必要でないという事情が，このような人権保障の側面を前面に出した包括的な年齢差別禁止を可能とした。そして，一連の法改正以降も早期退職勧奨給付を提供して高齢の従業員の退職を誘導することが可能であり，また，差別的インパクト法理を用いた年齢差別の立証が困難となっていることにかんがみると，ADEA の雇用慣行・労働市場への介入は，年齢差別の禁止という言葉の響きから我々が受ける印象ほどドラスティックなものではないといえよう[236]。

3　差別法理としての特質

　以上の検討から，ADEA を第7編における差別規制，たとえば人種差別，性差別の規制と比較した場合の特殊性を抽出すると，何が差別に該当し（逆差別や差別的効果を及ぼす場合も含まれるのか），どのような場合に差別の正当化が認められるか，という点に関して相違がみられる。

　ADEA の特徴の第1は，合衆国最高裁により，逆差別（若年であることを理由とする年齢差別）は禁止されないと解釈されるに至っていることである。人的適用範囲が 40 歳以上に定められていること，ADEA の目的規定が「中高年齢の」労働者の雇用に言及していることから導かれた解釈である。また，早期退職勧奨給付を高年齢者に対してのみ提供すること，企業年金において一定年齢に達することを受給資格の条件として定めることは，違法にならない旨の明文が置かれている。

　これに対して第7編においては，白人や男性に対する差別も禁止される。これは人種差別規制や性差別規制が，人種や性にかかわりのない（color-blind, sex-blind）社会の創設を目的とするからであろう。それゆえ，アファーマティブ・アクションとして少数派や女性を優遇する場合も，明白な不均衡の存在と白人や男性の機会を過度に妨げない仕組みがとられていることが必要であると解されている。

ADEA の第 2 の特徴は差別の正当化が認められやすいことである。

それはまず，差別的インパクト法理を用いた立証が困難になっている点に表れている。第 7 編のもとでは，表面上は中立的にみえる行為が相当程度に差別的な効果をもち，その行為の業務上の必要性および職務関連性が示されなければ，違法な差別に該当する。しかし，ADEA については，第 7 編にはない，年齢以外の合理的な要素（RFOA）の抗弁が設けられていること等を論拠として，差別的インパクトの一応の証明がなされた場合でも，使用者が，当該取扱いが合理的であることさえ示せば，問題の制度以外に差別的インパクトの少ない他の方法が存在したとしても，法違反は成立しないとされており，比例原則は適用されていないのである。最高裁はこのように判示するに際して，年齢は職務遂行能力に影響すること，雇用に関連する基準がたとえ高年齢者に不利益を及ぼしていても合理的といいうること，年齢を理由とする意図的な差別は人種差別等と比較するとそれ程多くないことを指摘する。

そして，ADEA では，明白な差別的取扱いについても，人種差別規制や性差別規制では認められないような正当化が許容されている。その 1 つが，労働者給付における別異の取扱いである。ADEA では，労働者給付に関しては，一定の場合に高年齢者に対する給付額を若年者のそれよりも低額なものとすることが可能である。たとえば高齢労働者のために負担する費用の額が若年労働者のために負担する費用の額を下回らない場合に，給付額に差を設けることが認められている。これに対して性差別に関しては，労働者の年金保険の掛け金につき，女性の平均寿命が男性より長いことを論拠としてその額に差を設けることは，性差別禁止規定に反すると解釈されている。

また，ADEA では，上級管理職の 65 歳定年制がなお年齢差別規制の適用を除外されている。この規定は，若年者の昇進機会の確保や企業側の人事刷新の必要性に配慮して定められたものであるが，そのような経営上の理由やコスト負担による差別の正当化は，人種差別や性差別では認められない。人種差別では，アファーマティブ・アクション以外の差別は正当化されることはなく，性差別でも，性別を基準とすることが特定の職務についての適格性を判断するために必要であるといえなければならず，性別を基準としない代替的手段（個別評価）が実際上不可能であることを要する（真正な職業上の資格（BFOQ））。つまり年齢差別は人種差別・性差別ほどの厳格な審査に服していない。

アメリカ法の分析を総括すると，ADEA は，年齢差別は人種差別等と異なるとして第 7 編とは別個の法律として制定され，その制定から 40 年経過する

なかで定年制を廃止するに至る等厳格化した一面もあるが，逆差別が禁止されない，差別的インパクト法理を用いた立証が認められる可能性が低い，差別禁止の例外がより広く認められるといった諸点において，第7編に定める包括的な人種差別規制や性差別規制との隔たりが今なお厳然と存在するのである。

第3章　EU法

EU 加盟国では一般に，年齢を用いた雇用管理についての規制は限定されていた。しかし 2000/78 指令は，雇用におけるあらゆる年齢差別を包括的に禁止するよう求めている。この規制により一見すると加盟国の雇用慣行は根本的な見直しを迫られそうであるが，はたしてそのようにいえるのか。最初に同指令採択前の状況について，ドイツをとりあげて検討する。年齢を理由とする異なる取扱いの実例として，中高年齢者の解雇，定年制，年齢を基準とする労働条件等について順に検討を加える（第1節）。次いで，指令の趣旨と内容を考察する（第2節）。さらに，EC 指令が加盟国に及ぼす影響を検証するため，ドイツ法・イギリス法の内容と学説（第3節・第4節），欧州司法裁判所の先決裁定を紹介し（第5節），総合的な分析を行う（第6節）。

第1節　EC 指令採択前——ドイツの場合

I　平等保障

ドイツでは，年齢による取扱いは平等や差別の問題として把握されてこなかった。基本法3条は次のように定める。

「すべての人は法律の前に平等である。」（1項）

「男性と女性は同権である。国は，女性と男性の同権が現実的に達成されることを促進し，現に存する不利益の除去をめざす。」（2項）

「何人も，その性別，生まれ，人種，言語，故郷及び家柄，信仰，宗教上又は政治上の見解を理由として，不利益を受け又は優遇されてはならない。何人も，その障害を理由として不利益を受けてはならない。」（3項）

以上からわかるように，年齢による差別には言及されていない。また，労働法の平等保障にかかわる規定としては，事業所組織法75条1項1文があったが，次のように規定され，年齢による差別はやはり含まれてこなかった。

「使用者と事業所委員会は，当該事業所において就労するすべての者が，法と公正の原則に従って取り扱われ，特に，血統，宗教，国籍，出身，政治的な又は組合の活動又は立場，若しくは性別を理由とする異なる取扱いが行われないよう監視しなければならない。」

この他に平等保障に関する規定として、男女平等に関する75/117指令と76/207指令の国内法化のため、1980年の立法により[1]、労働関係の成立、昇進、指揮命令、解雇における性別を理由とする差別、男性や女性に限った募集、同一又は同一価値労働について性別を理由として賃金の差別を行うことを禁止する規定が設けられていた（民法典旧611a条、611b条及び612条3項）。

このように、ドイツでは従来、年齢を理由とする取扱いを差別の観点から規制する立法はなかった。なお、1972年の事業所組織法改正により付け加わった旧75条1項2文は、「事業所当事者は、労働者が、特定の年齢を超えていることを理由として不利益に取り扱われないよう留意しなければならない」と定めていたが、後述するように、この規定が及ぶ範囲は限定的であった。中高年齢者の雇用の問題にかかわる法規制は、以下でみるように、専ら政策的対処として展開されてきている。

II 中高年齢者に対する解雇

1 年齢を理由とする解雇

ドイツの雇用社会における年齢の意義はまず、雇用保障・解雇との関係で検討しなければならない。

解雇に及ぶ制約として最も重要なのは1951年に制定された解雇制限法である[2]。同法は、勤続6ヵ月を超える労働者に対する、社会的正当性のない解雇を無効としている（1条1項）[3]。社会的正当性を基礎づける事由としては、労

---

1 Gesetz über die Gleichbehandlung von Männern und Frauen am Arbeitsplatz und über die Erhaltung von Anspruchen bei Betriebsübergang BGBl. 1980 I, S.1308. 基本法については高田敏・初宿正典編訳『ドイツ憲法集［第5版］』212頁以下（信山社、2007年）。ドイツの性差別規制の展開については、本沢巳代子「西ドイツにおける職場での男女平等待遇法に関する一考察」関西学院大学大学院法学ジャーナル31号35頁（1981年）、村中孝史「西ドイツにおける職場の男女平等と立法的規制」労旬1077号48頁（1983年）、中嶋士元也「西ドイツ民法典におけるEC指令適応法の展開・第I部―職場生活上の男女の均等待遇―」埼玉大学社会科学論集63号97頁（1988年）、同『労働関係法の解釈基準（下）』329頁（信山社、1992年）、中島通子「『事実上の平等』をめざした憲法改正と第2次男女同権法の成立―ドイツ男女雇用平等に向けた新たな取り組み」賃金と社会保障1140号57頁（1994年）、斎藤純子「ドイツの男女平等政策(1)(2)」レファレンス564号63頁、565号72頁（1998年）、西原博史『平等取扱の権利』（成文堂、2003年）等を参照。

働者自身に存する事由，労働者の態度・行動に存する事由，差し迫った経営上の必要性の3つが認められている（同条2項1文）。それらの事由の存在の立証責任は，使用者が負う（同条2項4文）。いずれかの事由の存在が認められても，次の場合は，解雇は，社会的に不当なものとして，無効になる。第1に，解雇が，使用者と事業所委員会が作成した被解雇者選択指針に反する場合，第2に，当該労働者を同一事業所または当該企業の別の事業所で継続雇用することが可能な場合（1条2項2文），第3に，差し迫った経営上の必要性に基づく解雇のときに，被解雇者を選択するにあたり社会的観点が十分に考慮されなかった場合である（後述）。

　さて，中高年齢者に対する解雇に特有の問題として，年齢それ自体を理由とする解雇は許されるか，ということがある。この点については，そのような解雇は，たとえその年齢に到達すると老齢年金を受給できるとしても社会的に正当化されず無効になるということが，1961年連邦労働裁判所判決により明らかにされている[4]。これは労働者が公的年金を受給できる65歳時に年齢を理由として解雇された事案であった。判例によれば，65歳に到達していればいかなる場合も労働者個人に存する解雇事由があると形式的に認めることは，個人の知識や能力，特性等を考慮するという解雇制限の性格・構造とは相容れないとされた。現在では，労働者が老齢年金請求権を取得したとしても解雇事由として認められない旨，明記されている（社会法典第6編41条1文）[5]。

　では，年齢それ自体でなく，加齢に伴う労働能力低下は，労働者自身に存する事由に基づく解雇として認められるだろうか。一般に，労働者の疾病による

2　ドイツの解雇規制については，村中孝史「西ドイツにおける解雇制限規制の現代的展開（上）（下）」季労135号145頁，136号181頁（1985年），西谷敏『ゆとり社会の条件』176頁（労働旬報社，1995年），荒木尚志『雇用システムと労働条件変更法理』89頁（有斐閣，2001年），高橋賢司「甦る解雇の自由(1)～(3)」立正法学論集38巻2号215頁，39巻1号127頁（2005年），40巻1号61頁（2006年），名古道功「ドイツ労働市場改革立法の動向」金沢法学48巻1号101頁（2005年）。また中高年齢者の解雇をめぐるドイツ法について詳細に検討するものとして，山川和義「ドイツにおける定年制の法理(1)―定年と年金の連動―」法政論集216号155頁（2007年）。

3　解雇制限法は，常時雇用される労働者が10人を超える労働者を擁する事業所についてのみ適用される（23条1項）。

4　BAG v. 28.9.1961, AP Nr.1 zu §1 KSchG Personenbedingte Kündigung.

5　50歳を超えた労働者について引退（pensionieren）させる権利を使用者が有するという約定についても，強行的な解雇制限法に違反するものとして無効になる（民法典134条）と判断されている。LAG Hessen v. 20.9.1999, NZA-RR 2000, S.413.

労働不能や適性欠如等，労務を提供しえないという状況は労働者自身に存する事由として認められうる。しかし解雇については最後の手段原則（ultima-ratio-Prinzip）が妥当すると考えられている。解雇の他にとりうる手段がある場合は，その手段を解雇の前に試みることが必要であるという。使用者は加齢に伴うある程度の能力低下を受け容れなくてはならない。能力低下が著しく，その職務に労働者がもはや適していないといえてはじめて解雇事由の存在が認められる[6]。能力低下の立証責任は使用者が負う。この立証は容易ではない[7]。

いくつかの産業では産業別労働協約において高年齢者の解雇を困難にするような追加的な解雇制限が設けられている。たとえば金属産業の協約は，55歳以上65歳未満であって当該企業に10年以上勤続している労働者は，重大な事由が存する場合のみ解雇することができると規定する（本章第3節も参照）。高齢労働者の解雇を困難にするものとして解約告知期間の要請もある。民法典には，使用者が解雇する際の解約告知期間は月末を期日として勤続2年で1ヵ月，5年で2ヵ月，8年で3ヵ月，10年で4ヵ月，12年で5ヵ月，15年で6ヵ月，20年で7ヵ月と定められており（622条2項1文），満25歳までの勤務期間はカウントされないため，勤続期間の長い高年齢者を解雇しようとすると，それに要するコストは高いことになる。

2　経営上の事由による解雇

それでは，経営上の事由による解雇はどうかというと，この場合も中高年齢者を保護するような法規制が行われている。解雇制限法では，経営上の事由により解雇する労働者を選択するにあたり，社会的な観点（soziale Gesichtspunkte）を十分に考慮しなければならない（社会的選択），と規定されていた。この社会的選択については，連邦労働裁判所の判例により，年齢，勤続期間および扶養義務等の要素が決定的であると解されてきたが[8]，条文自体は社会的観点を考慮すべきことを一般的・抽象的に要請するにすぎず，法的安定性に欠け

6　Peter, Unfreiwilliger Ruhestand, AuR 1993, S.384, 387. 名古道功「ドイツにおける中高年労働者」労旬1444号19頁（1998年）。

7　ロルフ・ヴァンク「高齢世代の雇用―ドイツ労働法における高齢被用者―」季労205号159頁（2004年）。

8　社会的選択に関しては，藤原稔弘「ドイツ解雇制限法における社会的選択の法理」季労179号121頁（1995年），藤内和公「ドイツの整理解雇における人選基準」岡山大学法学会雑誌45巻3号841頁（1996年）。

るという問題点があった。そこで2003年法改正によりこの内容は成文化され，労働者の事業所勤続期間，年齢，扶養義務及び重度障害を考慮すべきものと規定されるに至った（1条3項1文）[9]。被解雇者選定においてこれらの考慮がなされなかったと立証する責任は労働者が負う（1条3項3文）。ここで列挙された事項の中で，年齢はいうまでもなく，勤続期間という要素も中高年齢労働者の保護につながるものである[10]。

他方，同法改正は，社会的選択についての規制緩和も含んでいる。解雇制限法では，従来から，経営技術上，経済上またはその他の経営上の必要性を使用者が示す場合には，社会的選択を回避することができる旨の定めが置かれていた（旧1条3項2文）。この定めが再び改正され，「その知識，能力及び成績によって，又は，事業所の均衡のとれた人員構成確保のために，その雇用継続が正当な経営上の利益となる労働者は，対象とならないものとする」と規定されるに至ったのである。これにより，解雇の対象者が若年者に集中するという事態を避けて，適切な年齢構成を維持するために，一部労働者を社会的選択から除外しても許容されることが明確にされている[11]。

この改正ではまた，社会的選択において考慮すべき勤続期間，年齢，扶養義務および重度障害という4つの事項の相互関係をどのように評価すべきかについて，労働協約または事業所協定に定めが置かれた場合は，それら事項の相互関係の評価についての司法審査の対象は，重大な瑕疵（grobe Fehlerhaftigkeit）の有無に限られる旨規定されている（1条4項）。

これらのことにかんがみると，ドイツの解雇規制は，特に社会的選択に関しては，最近の法改正により相当程度緩和されているといえるが，他方，能力欠如を理由とする解雇は依然として困難であると考えられるし，被解雇者選択の際に年齢や勤続期間を考慮すべきことは，明文の規定により要請されている。つまり，中高年齢者の解雇への厳しい規制はなお維持されているといえよう[12]。

9 　名古道功「ドイツにおける労働市場改革立法」労旬1571号18頁（2004年），橋本陽子「第2次シュレーダー政権の労働法・社会保険法改革の動向―ハルツ立法，改正解雇制限法，及び集団的労働法の最近の展開―」学習院大学法学会雑誌40巻2号173頁（2005年）。

10 　社会的選択は，比較可能な労働者に，つまり，本質的に同一の労働を遂行する者に限られる。それゆえ使用者は，高齢労働者が若年労働者とは異なる労働を遂行していることを立証する場合には，社会的選択を回避することができる。

11 　年齢構成を「改善」することまでは認められないと解される。BAG v. 23.11.2000, BB 2001, S.1257.

とはいえ，このような中高年齢者に対する特に手厚い雇用保障も，終身続くわけではない。ドイツでは 65 歳定年制が一般的だからである[13]。

III　定　年　制

定年制は通常，「65 歳に到達した月の満了をもって」，あるいは「老齢年金の請求権を取得した月の満了をもって」，「労働関係は解雇を必要とせずに終了する」等と定められている。特徴は，多くの場合，公的年金[14]の通常老齢年金（Regelaltersrente）を受給できる 65 歳に設定され，公的年金支給と接合されていることである。様々な法規制が適用される解雇とは明確に区別されるよう取り決められていることも指摘できる。このような定年制はかつて社会法典第 6 編改正によって廃止された。学説からの批判も浴びた。しかし判例は 65 歳定年制を有効と判断し続けている[15]。

1　前提的考察

(1)　法的性質

定年制は解雇とは異なる。では，その法的性質をどう解するか。連邦労働裁判所は最初，前もって締結された解消契約（Aufhebungsvertrag）だと判断した[16]。しかし学説の批判を受けたため，1984 年 12 月 20 日判決[17]以降は解除条

12　高年齢者に退職を勧め解消契約を締結することはできる。
13　Schaub/Koch/Linck, Arbeitsrechts-Handbuch, 11. Aufl., 2005, S.304.
14　本書では社会保険の老齢年金のことを指すものとする。通常老齢年金は 65 歳に達し待機期間（原則として 5 年）をみたした被保険者に支給されるものである。ただし最近になって，年金支給開始年齢を段階的に引き上げる法改正がなされた（Gesetz zur Anpassung der Regelaltersgrenze an die demografische Entwicklung und zur Stärkung der Finanzierungsgrundlagen der gesetzlichen Rentenversicherung）。それによれば，標準的な年金支給開始年齢は，2012 年から 2029 年にかけて 65 歳から 67 歳まで引き上げられる。63 歳から 67 歳までの間に引退することも可能であるが，67 歳以前に年金を受給する場合は，受給額が一定程度削減される。
15　先行研究として，手塚和彰「60 歳定年制時代とその法的諸問題」季労別冊 9 号 160 頁（1986 年），名古・前掲注 6・20 頁がある。山川和義「ドイツにおける定年制の法理(1)(2)―定年と年金の連動―」法政論集 216 号 155 頁，218 号 139 頁（2007 年）も参照。
16　BAG v. 25.3.1971, AP Nr.5 zu §57 BetrVG 1952. この判決に対しては，契約と並行して当該契約解消のための契約を締結しているという構成に対し，批判がなされた（Herschel, Anm. zu BAG v. 25.3.1971, AuR 1972, S.94）。
17　BAG v. 20.12.1984, AP Nr.9 zu §620 BGB Bedingung.

件 (Auflösende Bedingung) だとした。裁判所によれば，定年より前に労働者が死亡したり，就労不能に陥ったり，解雇されたりする可能性があるので，定年到達という出来事が発生するかどうかは不確定である。それゆえ定年は，法律行為の効果を将来的に発生が不確定な事柄に依拠せしめるものとして，解除条件といえるとされた[18]。これを支持する学説もあった[19]。しかし通説は期限であるとした[20]。期限の定めのある労働契約の場合でも，期限が到来するためには，労働者の死亡等による労働関係の終了がなされていないことが前提になるから，定年到達という事柄が不確定だということは解除条件か期限かの判断の決め手にならないとするのである[21]。

このように法的性質をめぐって判例と学説は対立したが，有効性の判断基準として期限に関する判例法理を用いることについて両者は一致していた。判例によれば，定年は解除条件であるが，労働関係の終了時期が不確定な解除条件一般に対し，労働関係の終了時期は予測できる。その点で期限に近い[22]。しかしそうであれば，法的性質の違いは結論を左右しないため，法的性質について明言を避ける判例も現れた[23]。後の判例は，学説の影響を受けて，定年到達という出来事の発生は確定しているとして，判断基準のみならず法的性質についても期限だと解するに至っている[24]。

18　BAG v. 6.3.1986, AP Nr.1 zu § 620 BGB Altersgrenze.
19　Schröder, Altersbedingte Kündigungen und Altersgrenzen im Individualarbeitsrecht, 1984, S.149ff.
20　Belling, Anm. zu BAG v. 20.12.1984, AP Nr.9 zu § 620 BGB Bedingungen ; Joost, Anm. zu BAG v. 20.11.1987, AP Nr.2 zu § 620 BGB Altersgrenze ; Stahlhacke, Die Begrenzung von Arbeitsverhältnissen durch Festlegung einer Altersgrenze, DB 1989, S.2329, 2330 ; Gitter/Boerner, Altersgrenzen in Tarifverträgen, RdA 1990, S. 129, 130f ; Hromadka, Alter 65 : Befristung oder Bedingung?, NJW 1994, S.911.
21　満65歳という期限が到来する前提条件は，労働者が生存しており，使用者が存在しており，かつ労働契約が存続していることであるが，この3つの条件は1つの条件，すなわち，定年の時点で有効な労働契約が存在することだとする見解がある。つまり労働契約は，有効であるがゆえに，期限到来によって無効になる。65歳になった時点で有効な労働契約が存在することは期限到来の前提条件にすぎないのである。Hromadka, NJW 1994, S.911. 日本でも，定年制について，労働者が定年に至るまで継続雇用されていたときはという条件付終期付の契約であるとする学説がある（石井照久ほか編『注解労働基準法Ⅰ』280頁（勁草書房，1964年））。
22　BAG v. 20.12.1984, AP Nr.9 zu § 620 BGB Bedingung.
23　BAG v. 12.2.1992, AP Nr.5 zu § 620 BGB Altersgrenze.
24　BAG v. 14.8.2002, AP Nr. 20 zu § 620 BGB Altersgrenze.

(2) 規制権限

定年制は，労働協約（Tarifvertrag）[25]に定めることができる。労働協約法（Tarifvertragsgesetz）によると，労働協約は労働関係の内容，成立および終了について規制を行うとされており（1条1項），定年は労働関係の終了にかかわるからである。

使用者と事業所委員会（Betriebsrat）[26]で締結される事業所協定（Betriebsvereinbarung）で定年制が設けられることも多い。事業所委員会の権限は事業所組織法で定められており，人事的事項・経済的事項・社会的事項等に関して，情報提供・意見聴取を受けたり協議を行ったりする権限とともに，事業所協定を締結する権限が与えられている。事業所協定の対象は，使用者が事業所委員会の同意を得て決定しなければならない強制的共同決定事項[27]と，使用者と事業所委員会とが任意に協定を締結する任意的共同決定事項とに分けられる。定年制は後者の任意的共同決定事項だと解されている[28]。事業所協定による定年設定を否定する学説もあるが[29]，判例では事業所委員会の定年規制権限を肯定する解釈が確立している[30]。

個別労働契約によって定年が設けられることもある。

---

[25] 労働協約は，使用者団体または個別の使用者と労働組合との間で締結される。当該協約の適用範囲下にある使用者と，当該労働組合に加入する労働者との労働契約は，それにより直律的，強行的に規律される（労働協約法4条1項）。

[26] 事業所委員会とは，選挙権のある常勤労働者が5人以上雇用され，かつ，そのうち3人以上が被選挙権をもつ事業所において設置されるものである（事業所組織法1条1項）。選挙権は満18歳以上の労働者に，被選挙権は勤続6ヵ月以上の労働者に与えられる（7条，8条）。事業所協定はそれが規範を含む場合，当該事業所で就労する労働者全員に対して，直律的かつ強行的に効力を及ぼす（77条4項1文）。

[27] 始終業時刻等の一連の社会的事項（事業所組織法87条1項），人事的事項のうち採用や解雇等における人選基準（95条1項）等がこれに該当する。この場合，事業所委員会には同意しない権利がある。

[28] 大内伸哉『労働条件変更法理の再構成』182頁（有斐閣，1999年）。事業所組織法88条は「特に」安全衛生措置，福利厚生制度の設置等について規制できると定めているから，それらは例示列挙であり，定年も同条を根拠に規制権限を肯定できるとされる。BAG GS v. 7.11.1989, AP Nr.46 zu §77 BetrVG 1972 ; BAG v. 19.9.1985, AP Nr.11 zu §77 BetrVG 1972.

[29] Boerner, Der Neue (alte)§41 Abs.4 Satz 3 SGB VI, ZfA 1995, S. 537, 564 ; Joost, a. a.O. (N.20) [II.1.b].

2 定年制の有効性——初期の判例の展開

(1) 労働者の個人の領域への介入

　定年制の効力は最初，集団的規制を受けない個人的領域（Kollektivfreie Individualsphäre）を侵すか否かという観点から判断された[31]。連邦労働裁判所1971年3月25日判決は次のように述べ，定年制が個人の領域への介入であることを否定した[32]。

　「確かに，個別の労働者が定年によって，その法的地位に関して受ける影響は異なる。引退年齢に近い労働者は…賃金を受け取る見込みを失う一方で，若年の労働者は定年退職者のより良い地位に，より早期に就くことができる。そこには…個人の領域についての不当な介入は存在しない」。「定年の導入については…規制の利益と不利益が時間の流れのなかで調整されている」。「定年により可能となる，従業員の分別ある年齢構成，つまり過度の高齢化の防止は，企業のみならず従業員の利益にもなる。少なくとも一部の労働者は，ポストが空席になったことにより，一定の期間内に昇進機会が開かれるということを適切にも期待することができる。これに対応して使用者は…予測可能な人事計画と後継者計画に利益をもつ。たとえば，一定の時期にポストを与えられることにより，企業は優れた後継者をもつことになる」。「決定的な事情は，本件の原告の様々な社会給付，特に年金金庫の給付［高齢者扶助（Altersvorsorge）］が，労働者の65歳への到達を基準とするということである。…労働者が，定年への到達によって，解雇等のさらなる意思表示を必要とせずに引退して社会給付の恩恵に浴するという，分別ある帰結を本件中央事業所協定はもたらす。その

30　事業所協定に定年を定める場合は，労働協約にそれと矛盾する規制が存在しないこと，当該協約領域において，協約に定年を定めることが通常でないことが前提となる（基本法9条3項，事業所組織法77条3項1文）。荒木・前掲注2・152頁以下。労働協約がなく，当該協約領域において協約に定年を定めることが通常ではなかったことから，事業所協定に定年を定めうることが肯定された事例がある（BAG v. 25.3. 1971, AP Nr.5 zu § 57 BetrVG 1952）。また，個別労働契約上の定年が既に存在する場合は，それより低い年齢の定年を事業所協定に定めることはできない。同様の事項に関する個別契約が存在する場合は有利原則（Günstigkeitsprinzip）が妥当するからである。

31　同法理について説明したものとして，Zöllner / Loritz, Arbeitsrecht, 5. Aufl. 1998, S. 429.

32　BAG v. 25.3.1971, AP Nr.5 zu § 57 BetrVG 1952.

際重要であるのは，年金金庫による老齢年金の規制が…たとえば一定の年金年齢を前提とするような，重要な保険数理上，財政上および税法上の考慮を基礎とする，ということである」。「65歳定年の定めは一般的に，あるいは法律や協約までもが規定するものである…。このことは，このような定年規制の客観的理由の基礎となる。…世論調査によれば，65歳を超える定年導入には，実益がないことが明らかにされている。それゆえ，本件中央事業所協定の定年は，少なくとも低すぎるものではない」。

さらに連邦労働裁判所は，当該事業所協定が従前の統一規制——定年がないゆえ労働関係を使用者側から終了するためには解雇を要するという内容の統一規制——を労働者に不利に変更することについて，公正（Billigkeit）審査の観点からも検討した。契約上の統一的な規制は，事業所協定によって代替することができると解されているが，その事業所協定は裁判所による公正審査に服すると解されているからである[33]。しかし，裁判所は，前記判示を参照しつつ，定年がないと労働者は職務遂行能力の低下について特に入念に監視されるようになること，定年によって法的紛争を回避できることも指摘し，公正審査も通ると判断した[34]。

企業が提供する高齢者扶助の存在を定年制を有効だとする際の決定的な事情だと位置づけつつ，定年制によって若年の従業員に昇進機会を与えられること，従業員の均衡のとれた年齢構成や人員計画の予測が可能になること，65歳定年制が普及していること，労働者の能力への監視の強化や解雇紛争を定年によって避けられることから，定年制の有効性は肯定されたのである。

(2) 期限の客観的理由

(i) 65歳定年

先にみたように，定年は解除条件や期限と解されているため，裁判所による審査が及んでいる。解雇制限の潜脱を防ぐため，期限設定については客観的（sachlich）理由を要するという判例法理（以下「期限規制」という。）が確立しているからである[35]。その一例として，金属産業の一企業の事業所協定における65歳定年についての連邦労働裁判所の1987年11月20日判決[36]があげられる。

---

[33] 大内・前掲注28・231頁以下，荒木・前掲注2・171頁以下。

[34] 事業所協定に対する公正審査については，使用者と事業所委員会の関係には対等性が欠如するという裁判所の立場等に対する批判が多い。定年制の判決に対するこの見地からの批判もみられる。Boerner, a.a.O.(N.29), S.569f.

前記1971年判決は，定年制を有効と認めるための事情として，高齢者扶助の存在を決定的だとしていた。しかし本判決によると，それは65歳定年を有効にする必要不可欠な条件ではなく，その許容性を補強する一事情にすぎない。裁判所は次のように述べ，公的年金の請求権が存在する場合には原則として定年は正当化される，とする。

〈法定の年金保険から老齢年金が労働者に支給される場合には原則として，65歳における労働関係終了を定めることができる。これに対して，労働者の経済的保護を考慮しない65歳定年は客観的に正当化されない。解雇制限法は，労働関係の存続保護を通じて労働者に対して経済的基盤を保障するものである。労働者が法定老齢年金を受給しない場合にも，単に満65歳になったことのみに依拠して労働関係が終了してしまうならば，このような存続保護が制約されてしまう。〉

裁判所はこのように，解雇制限法の役割を経済的基盤の保障に求めた上で，法定老齢年金を受給できるならば，定年は原則として客観的に正当化されるとした。裁判所は次いで，定年を正当化する要素として，解雇を回避できる，人事・後継者の計画を予測可能にするという利益を指摘する。

「年齢による能力の低下は，個々人で異なった速さで進行し，業務しだいで異なって作用する緩慢なプロセスである…。労働者がその高齢期にいつ，加齢を理由として契約上の義務を十分に遂行できなくなるのかということの確定は，個々の事例では困難である。これは職業生活の終わりにある労働者を彼らにとって屈辱的な労務給付の審査にさらし，好ましくない解雇プロセスに至りうる。それゆえ…65歳定年の定めは通常労働者の…利益になる」。「定年は客観的に，あるいは使用者からみると既に年齢に起因する…能力の減退がみてとれた場合に使用者が解雇してしまうことを防ぐのにも適している」。「さらに〔これまでの判例〕において援用された論拠——目的にかなった年齢構成，人事計画及び後継者計画といった論拠は，65歳の定年を客観

---

35 BAG GS v. 12.10.1960, AP Nr.16 zu § 620 BGB Befristete Arbeitsvertrag. 有期契約の利用制限に関する研究として，小西國友『解雇と労働関係の終了』293頁以下（有斐閣，1995年），藤原稔弘「ドイツにおける有期労働契約の法理」法学新報101巻9・10号357頁（1995年），水町勇一郎『パートタイム労働の法律政策』154頁以下（有斐閣，1997年），橋本陽子「ドイツ」労働政策・研修機構編『ドイツ，フランスの有期労働契約法制研究報告』18頁以下（労働政策研究・研修機構，2004年）。

36 BAG v. 20.11.1987, AP Nr. 2 zu § 620 BGB Altersgrenze.

的に正当化する論拠として適切なものである。1972年…年金改革法…による柔軟な年齢上限の導入は…63歳から引退時期の自由な選択を認めており[37]，これによって従前より多くの労働者が65歳到達前に…労働生活から引退するようになっている。しかし65歳の年齢上限は現在でもなお人事計画や後継者計画を予測可能にするものであり，労働者の63歳からの引退が増加していることを考慮しても，事業所の年齢構成や後継者の昇進機会の改善をもたらしうるものである」。

つまり公的年金による経済的保障があるときは，定年によって解雇を避けられる，人事計画・後継者計画のために定年は必要である等の理由で定年制の正当性は認められたのである。

(ii) 65歳未満定年

公的年金支給開始に接合していない65歳未満の定年制として，パイロットの定年制の有効性が争われることが多い。それらは有効と判断されている[38]。たとえば1992年2月12日の連邦労働裁判所判決[39]では，企業協約に定めるパイロットの60歳定年制が問題となった。裁判所は，定年制はパイロットのみを対象にしていること，パイロットの業務の特殊性，年齢と能力低下との関連性，能力低下がもたらしうる結果の重大性（乗務員と乗客の生命への危険）を指摘し，60歳定年制は客観的に正当化されると判断した。その他の裁判例も参照すると[40]，パイロットの定年制については，65歳未満のものであっても，公

---

[37] 1972年年金改革法（Rentenreformgesetz vom 16.10.1972, BGBl. I 1972, S.1965）により，老齢年金の支給開始年齢が弾力化され，一定条件をみたす被保険者は，本人の選択により65歳以前でも早期受給できるようになったことを指している。古瀬徹・塩野谷祐一編『先進諸国の社会保障4 ドイツ』113頁［下和田功執筆］（東京大学出版会，1999年）。

[38] これらは企業協約（Firmentarifvertrag）に定める定年であるため，期限設定に関する判例法理が協約に開かれているのかどうか，つまり判例法理の規範を労働協約により下回ることが許されるかという論点が問題となりうる。裁判所はこの点についての判断を留保したまま判断を下している。BAG v. 20.12.1980, AP Nr.9 zu §620 BGB Bedingung；BAG v. 6.3.1986, AP Nr.1 zu §620 BGB Altersgrenze；BAG v. 12.2.1992, AP Nr.5 zu §620 BGB Altersgrenze. 同法理は協約に開かれた法であるとする見解として，Gitter/Boerner, RdA 1990, S.132.

[39] BAG v. 12.2.1992, AP Nr.5 BGB §620 Altersgrenze.

[40] 1986年3月6日判決（AP Nr.1 zu §620 BGB Altersgrenze）では，パイロットの55歳定年制が設けられ，定年後は期間1年の契約を60歳まで更新しうることが定められていた。裁判所は，更新可能性や公的年金支給までの給付の存在等を指摘し，55歳定年を有効とした。

的年金支給開始までの給付や勤務延長制度の存在等が定年制を正当化する客観的理由になる，と判断されている。

　フライト・エンジニアについても60歳定年制は有効とされた[41]。フライト・エンジニアは，機長・副機長の側で整備状況・離陸準備の確認，安全点検等の職務を担う者であり，操縦には携わらない。しかしこの場合も，突然の能力低下のおそれが加齢により高まること，乗客と乗務員の生命が危険にさらされること等が指摘され，フライト・エンジニアも機長と同様に，身体的・心理的な負荷が大きく，航空機にトラブルが発生した場合に特にその負荷は強まることから，60歳定年制には客観的理由があるとされた。

(3) 年齢による不利益取扱いの禁止

　事業所組織法旧75条1項2文は，「事業所当事者は，労働者が，特定の年齢を超えていることを理由として不利益に取り扱われないよう留意しなければならない」と定めていた。定年制がこの規定に反しないかということも問題になりえた。しかし連邦労働裁判所は先述の1987年11月20日判決[42]において，この規定は就労生活の延長を目的としていないとした。そうではなく，就労生活の間に，一定年齢以上であることを理由に不利益を受けることを防止することが，本条の目的である，それゆえ本条は定年を無効にするものではないと判断している。学説はこれを批判する。労働関係終了から労働者を保護するということは事業所組織法の目的の1つであると考えるからである[43]。しかし判例は変更されていない。

3　基本法に基づく審査

(1) 職業の自由

(i) 段階理論

　定年制の有効性は基本法12条1項に定める職業の自由（Berufsfreiheit）の観点からも審査されている。基本法12条1項は，「すべてのドイツ人は，職業（Beruf），職場及び職業養成所を自由に選択する権利を有する。職業の遂行（Berufsausubung）は，法律により又は法律の根拠に基づいて，これを規制することができる」と規定している[44]。

41　BAG v. 25.2.1998, AP Nr.11 zu §1 TVG Tarifverträge: Luftfahrt.
42　BAG v. 20.11.1987, AP Nr. 2 zu §620 BGB Altersgrenze.
43　Joost, a.a.O. (N.20).

基本法 12 条の審査基準として，侵害の内容に応じて 3 段階で審査されるという「3 段階理論（Drei-Stufen Theorie）」が，連邦憲法裁判所 1958 年 6 月 11 日判決以来，採用されている[45]。それによればまず，職業の選択（Wahl）への介入（①・②）と職業活動への介入（③）が区別される。前者，すなわち職業の開始に一定の条件を課すことによって職業選択の自由に介入する場合はさらに，①主観的な（subjektiv）条件と②客観的な（objectiv）条件による介入とに区別される。①主観的な条件とは，教育水準や能力，知識等，個人の事情に基づいて職業に就くことを制限するものである。この場合，比例原則（Verhältnismassigkeitsprinzip）が妥当する。当該手段は，それを設ける目的（当該職業の秩序正しい遂行）との関係で，相当なものでなければならない。②客観的な条件，すなわち当該個人に存しない事由による条件については，さらに厳格要求がなされる。極めて重要な共同体利益に対する確実なまたは極めて蓋然性の高い重大な危険が生じるのを当該手段によって防ぐといえなくてはならない。他方，このような主観的・客観的な承認条件とは異なり，③職業活動の自由は，共同の福祉の分別ある衡量によってそれが合目的的にみえる限り，制限することができる。

(ii) 法律上の定年

法律上，ある職業について特定の年齢に至ったことを免職事由と定めることがある。連邦憲法裁判所によれば，このような法律上の定年は，当該個人に着目した条件であるから，上記の分類でいえば主観的な承認条件にあたり，比例原則に服する。定年制という手段をとることが，定年がめざす目的（秩序正しい職業遂行）に照らして比例的（相当）だといえなければならない。

たとえば助産婦の 70 歳定年制が争われた連邦憲法裁判所 1959 年 6 月 16 日判決では[46]，普通は 70 歳以降能力が低下するし，母体と子の保護は極めて重要であるゆえ，比例性を備えているとされた。公証人・弁護士の 70 歳定年制の事例もある[47]。裁判所は次のようにいう。新規採用が空席になったポストに限られると，過度の高齢化をもたらす。職業への参入が遅いために職業経験に

---

44 高田・初宿・前掲注 1・217 頁，高橋和之編『新版世界憲法集』172 頁（岩波書店，2007 年）。

45 BVerfGE 7, 377. 段階理論に関しては覚道豊治「薬局開設拒否事件・判例批評」我妻栄編『ドイツ判例百選』66 頁以下（有斐閣，1969 年）。

46 BVerfGE 9, 338.

47 BVerfG v. 29.10.1992, NJW 1993, S.1575.

乏しい者しか利用できないようになるから定年制は特に重大な共同体利益に資する。目的達成のためのより穏健な手段として，例外を伴う定年制等がありうるが，一律定年制ほど有効な手段ではないし，本件では経過措置も設けられている。このようにして本件定年制は目的達成のために適合的かつ必要であり均衡を失していないから比例原則に違反しないと判断されている。

(iii) 私企業における定年

法律上の定年はこのように比例原則に服してきた。これと対照をなすのが，個別労働契約・事業所協定・労働協約による定年に対する審査である[48]。たとえば既にみた金属産業の一企業における65歳定年制について，連邦労働裁判所は，次のように法律上の定年制との相違を強調し，比例原則は適用されないとしているからである[49]。

〈特定の職業についての法律上の定年制は，主観的承認条件として職業の自由を侵害する。これには比例原則が適用される。これに対して事業所協定の定年は職業全体についての主観的承認条件ではない。個別の労働関係の存続を一定の年齢に依拠させているにすぎない。確かに一般的には，高齢労働者に対する一般的な採用慣行を考慮すると，労働関係からの65歳以降の離脱は労働者にとっては著しい制約となる。そのような侵害は客観的な理由がある場合にのみ許容することができる。もっとも，その理由は期限設定に関する法理の適用において述べた事情に見出すことができる。〉

つまり，事業所協定による65歳定年制には客観的な理由さえあればよく，期限を正当化する論拠は，65歳になると公的年金を受給できる，定年制は人事計画・後継者計画に資する等の論拠で足りる。事業所協定の65歳定年制は，基本法12条1項の見地からも，職務上の要請に基づくのか，定年制の代替手

---

48 基本法は，私人を名宛人とするものではないが，少なくともその間接的な（mittelbar）効力は肯定されてきたため，基本法による審査が行われてきていた。Hanau, Arbeitsrechtliche Probleme alternder Gesellschaften, Ritsumeikan Law Review 16, 2000, S.87,92f；Senne, Auswirkungen des europäischen Verbots der Altersdiskriminierung auf das deutsche Arbeitsrecht, 2006, S.205f.

49 BAG v. 20.11.1987, AP Nr. 2 zu §620 BGB Altersgrenze. 同様のことは既に BAG v. 6.3. 1986, AP Nr.1 zu §620 BGB Altersgrenze により判示されていた。

50 労働協約や個別労働契約による定年制についても，基本法12条1項に基づく審査が行われているが，期限についての客観的理由の存在から直ちに，労働者の職業の自由を不適切に侵害するものではないという結論が導かれている（本節III 5）。BAG v. 25.2.1998, AP Nr.11 zu §1 TVG Tarifverträge：Luftfahrt.

段は可能でないかを十分に吟味することなく、そして労働者個人の選択の自由について考慮を払うことなく、正当化されていることになる[50]。

(2) 平等原則

定年制は、平等原則を定める基本法3条の観点から審査されているが、同条違反を理由に無効とされたこともない。既述のように同条3項で年齢は差別禁止事由として列挙されていないため、定年制の審査に関して適用されるのは、一般的平等原則を定める基本法3条1項となる。一般的平等原則は、「事柄の性質により生じる、またはその他の方法で客観的に納得ができる、分別のある根拠がない場合にのみ」、違反になると解されてきていた（連邦憲法裁判所1951年10月23日判決[51]）。判例では、パイロットの定年制が以上の基準に照らして審査され、説得的で客観的な理由が存在すると判断されている[52]。

4　社会法典第6編による規制

(1) 沿革

以上のようにほぼすべての判例で有効性を肯定されてきた定年制に大きな影響を与えたのが、1992年社会法典第6編改正により設けられた旧41条4項3文である。現在は65歳未満の定年が一部65歳まで延長されるにすぎないが（社会法典第6編41条2文）、政策展開の過程で現れた議論からドイツの政策の基本趣旨を探ることができるので検討したい。

定年に関する規定は、1972年年金改革法で最初に設けられた（6編5条2項）。

「労働者が満65歳より前に法定年金保険の老齢年金を申請することができる時点において、その労働者の労働関係が解約告知なしに終了するものと定める約定は、労働者に対しては、満65歳に締結されたものとみなされる。但し、労働者がその約定を、最初に年金を申請することができる時点の直前の3年以内に書面により追認した場合は、この限りでない」。

65歳未満で公的年金を受給できる時点での一律退職が禁じられたのである。たとえば、63歳で公的年金を受給できるときはその時点で労働関係は終了する旨定めたとする。その合意が60歳から63歳の間に追認されていれば63歳

51　BVerfGE1, 14.
52　BAG v. 12.2.1992, AP Nr.5 zu §620 BGB Altersgrenze.
53　Vollstädt, Die Beendigung von Arbeitsverhältnissen durch Vereinbarung einer Altersgrenze, 1997, S.84f.

定年として認められるが，追認がなされないときは，労働者側が希望すれば，65歳まで労働関係を継続できるということである。この規定が設けられた理由は次のようである[53]。

1972年年金改革法は，それまで65歳であった年金支給開始年齢を，35年の待機期間をみたした被保険者は63歳に引き下げる等，様々な早期受給の可能性を開くものであった。職業生活からの引退の自由を労働者に与えようとしたのである。一方，早期年金受給の可能性に藉口して使用者が早期退職を迫ることが懸念された。そこで労働者を保護するために定年に関する前記規定が設けられた。併せて，早期年金受給の可能性があることは解雇の事由としてはならず，また経営上の事由による解雇における社会的選択（本節II2参照）の際に考慮してはならないと定められた。

この1972年法は，1989年12月に制定され1992年に施行されたいわゆる1992年年金改革法[54]によって，さらに強化される（社会法典第6編旧41条4項3文）。

「労働者が老齢年金を申請することができる時点において，その労働者の労働関係が終了するものと定める約定は，その時点の直前の3年以内に締結されたか又は同期間内に労働者により追認された場合にのみ有効である」。従来の規定が，65歳未満定年を65歳に延長するものだったのと大きく異なり，老齢年金に接合した定年は，65歳定年も含めてすべて，原則として無効になると定められたのである（例外は，定年の直前3年以内に合意が成立または追認されたときである）。

この1992年法改正の背景には，年金受給者に対する拠出者の割合が減少し，年金保険財政の将来的な負担が懸念されるという状況があった。平均寿命が延び，年金受給年齢の前倒しが進む一方で，出生率が低下し，教育・訓練の時期が長くなり就業率も低下するといった諸事情が，そのような事態を生じさせていた。そこで社会法典改正により，「生涯労働時間（Lebensarbeitszeit）の延長と弾力化」がめざされた。早期年金支給開始年齢の段階的引上げや部分年金の

---

54 Gesetz zur Reform der gesetzlichen Rentenversicherung vom 18.12.1989, BGBl.I 1989, S.2261. この改革法の内容を検討したものとして，森戸英幸「ドイツ1992年年金改革における『生涯労働時間の延長と弾力化』―支給開始年齢引き上げ，減額年金及び部分年金―」成蹊法学37号337頁（1993年），同「ドイツにおける年金の早期支給に関する研究―1992年改革における部分年金制度の導入を中心に―」成蹊法学39号288頁（1994年）。

導入が行われ，それらの改革を労働法の側面からも支えるために，定年制に対する規制も強化されたのである[55]。

(2) 1993年連邦労働裁判所判決

上記の規定によると，定年の約定は，直近の3年以内に成立・追認された場合にのみ有効になる。論議を呼んだのはこの規定にカバーされるのが個別契約上の定年に限定されるのか，それとも労働協約や事業所協定の定年制も含まれるのかという点であった。

連邦労働裁判所の1993年10月20日判決と1993年12月1日判決[56]は，労働協約の65歳定年制の事案である。裁判所はこのような定年制も無効になると判示した。

〈集団的契約上の規制の有効性が社会法典第6編41条4項3文に定める要件（当該約定が定年の3年以内の締結または追認）に左右されるとすると，不合理な結果をもたらす。第1に，定年制を定める労働協約が，個別労働者の退職の3年以内に締結されていることを求める理由がない。労働協約がいつ締結されたかということは，労働者の決定の自由に関係のある事柄ではないからである。労働協約当事者が定年規制を3年ごとに新しく合意しなおさなければならないとするのも説得的でない。第2に，労働協約が労働者の追認によって有効になるとすると，協約の法規範は直律的かつ強行的に適用されるとする労働協約法4条1項1文に反する。〉

このように裁判所は，個別契約上の定年についてのみ，約定締結や追認が3年以内になされたかどうかによって有効性が左右されるとした。しかし裁判所は続けて，だからといって集団的契約上の定年が許容されるという反対解釈を導くこともできないとして65歳で定年退職扱いとされた原告の請求を認容した。

〈1992年年金改革法の主たる目的は，生涯労働時間の弾力化と延長により，拠出者と受給者との数的関係を改善し，それによって人口構造の変化による負担を緩和することにあった。この目的実現のための中心的な規定が社会法典第6編41条である。社会法典第6編41条4項3文は，老齢年金を受給するのか，継続して雇用されるのかに関する労働者の決定の自由を，労働法の領域において確保するものである。合意の効果を適切に予測できる時点にお

---

55 BT-Drucks.11/4124, S.138, 144.
56 BAG v. 20.10.1993, NJW 1994, S.538 ; BAG v. 1.12.1993, NJW 1994, S.1490. この判決を翻訳・検討するものとして，土田道夫「労働協約上の定年制の適法性と効力」労旬1345号47頁（1994年），名古・前掲注6・20頁。

いて労働者が決定することが可能でなければならない，ということである。労働協約が個別労働者の決定の自由を無視し，それによって1992年年金改革法の目的である生涯労働時間の弾力化が，広範な領域において妨げられるとすると，このような法律の目的に反することとなる。

　年金財政の強化という目的との関係では，定年が集団法上の合意と個別法上の合意のいずれに基づくのかということは，問題にならない。また，集団法上の定年合意の場合に，個別契約上の定年合意に比して労働者の決定の自由の制限が小さいともいえない。労働協約による一般的な定年は，個別労働者のその都度の利益を考慮に入れていない。労働関係から離脱する時点を各人の職務遂行能力，人生設計，個人の必要性・利益に応じて自ら決定するという可能性を，労働協約による定年は，労働者から奪うのである。これに対して，個別契約による定年合意は，それに労働者が関与しているので，個人の決定権の行使とみることができる。〉
連邦労働裁判所は，社会法典第6編旧41条4項3文の趣旨として，年金財政の強化とともに，労働者の決定の自由の確保を重視する判断を示したといえる[57]。

　このように定年制を無効とすると，何歳になっても解雇からの手厚い保護を享受できるという結論になるのか。この点については判決自身，協約による解雇制限を緩和する必要性があるとする。労働者の存続保護は定年到達までだと当事者は意図してきたから，定年を無効にするならば，従来の定年以降，労働者は解雇からの保護を受けることはできないという。また，定年制が撤廃されると解雇可能性の問題が注目されると予想した学説もあった。加齢による能力低下を理由とする解雇が可能か，従業員の適切な年齢構成を差し迫った経営上の必要性として解雇事由としうるか，経営上の理由による解雇に際しての社会的選択において，適切な従業員の年齢構成という利益を考慮できるか否かといった問題が生じると予測されたのである[58]。

(3) **1994年改正**

　この連邦労働裁判所判決は多くの批判を浴びた。そこで社会法典第6編は

---

[57] 社会法典第6編旧41条4項3文の規制が協約をもカバーすると，それは協約自治（基本法9条3項）に反するという問題も生じうるが，裁判所は，職業の自由についての基本法12条1項の価値判断のもとではこの点に関して疑義をはさむべきではないと判示した。

[58] Moll, Altersgrenzen am Ende?, NJW 1994, S.499, 450.

(以下「社会法典第6編改正法」とする。）1994年に改正され[59]，次のように規定された。「労働者が満65歳より前に老齢年金を申請することができる時点においてその労働者の労働関係が解約告知なしに終了するものと定める約定は，その労働者に対しては，満65歳に締結されたものとみなされる。但し，その約定がその時点の直前の3年以内に締結されたか又は同期間内に労働者によって追認された場合は，この限りでない」。

65歳未満の定年制は原則として65歳に延長され，65歳定年制は禁止されない。つまり1992年改正前の状態に戻されたのである。改正の主たる理由は，立法資料によれば，企業の人事計画の必要性にあった[60]。

「確かに，現在のところ，65歳を超えて労働を継続することを希望する労働者の数は僅かであり，これは特に上級の職員にかかわるものである。他方，まさにここで，後継労働者のための労働ポストが妨害されている。そして経済的に困難な時期には特に必要で重要な，中期的・長期的人事計画が制約される」。

この他に，社会法典の規制が高齢労働者の雇用継続につながっていないこと等も改正理由としてあげられている。

「高齢労働者は，高い補償金により労働関係からの退職を買い取らせている。使用者は，結果が不確定的な，コストのかさむ解雇を回避するために，一部そのような要請に応じている」。「少なくとも現在，この問題が労働市場において有する意義は限定的であるが…失業状況にかんがみると，労働者が…満額の老齢年金…を受給できるにもかかわらず，65歳を超えて報酬全額を受け取りながら雇用されることを使用者に要求…できるということは，若年者にも伝えることができない」。「真の目的は就労生活の延長ではなく補償金の獲得にある労働者までもが雇用継続をますます要求するようになる…という危険がある。このことは新しい規制を切迫したものにしている」。

この立法資料によれば，1994年改正の主たる理由は，定年制を廃止したことによって，後継者のための労働ポストが埋まってしまい，中期的・長期的人事計画が制約されるといった，人事管理上の理由であった。失業問題という労働

---

[59] Gesetz zur Änderung des Sechsten Buches Sozialgesetzbuch vom 26.7.1994, BGBl. I, S.1797.

[60] Entwurf eines Gesetzes zur Änderung des Sechsten Buches Sozialgesetzbuch vom 21.6.1994, BT-Drucks. 12/8040 S.4. 改正理由については，名古・前掲注6・21頁も参照。

市場政策的理由にも言及されている。連邦労働裁判所の1993年判決とは大きく異なり、引退時期の決定の自由を労働者から奪うといった考慮は払われていない。定年制が年齢を理由とする違法な差別に該当しうるかを慎重に熟慮する姿勢は当然のことながら全くみられず、ドイツの立法政策においては、定年制が年齢を理由とする差別であるとか、人格的利益にかかわる問題であるとは把握されていなかったと評価できよう。

(4) 憲法訴訟

社会法典第6編旧41条4項3文によって65歳を超えて継続していた労働関係は、法施行から3ヵ月後である1994年11月に終了することとされた（社会法典第6編改正法2条）。しかしこの規定の効力は、同年の連邦憲法裁判所決定により翌年3月まで停止された[61]。この事件は、65歳を超えて就労を継続してきて1994年11月に労働関係が終了する旨の通知を受けた原告労働者が、同条は基本法3条1項（一般的平等原則）および12条1項（職業の自由）の権利等を侵害するとして仮の命令（Einstweilige Anordnung）を求めた事案であった。裁判所は次のように判示する。

〈労働者にとっての不利益は極めて大きいので、1995年3月までの施行を停止する。それ以降は認められない。使用者は人事計画のために明確な根拠を必要としている。労働関係の65歳を超えた継続は、立法者の労働市場政策上の目的を損なう。老齢年金を受給する労働者が労働を継続することを失業者に伝えることは困難だという立法趣旨も考慮されるべきである。〉

連邦憲法裁判所は、労働関係終了の不利益の大きさを認めつつも、1994年法改正の理由とされた、企業の人事政策への配慮、失業問題という労働市場政策上の背景を指摘し、一時的に効力を停止するにとどめたのである。

この経過規定についてはさらに連邦憲法裁判所の判決が1999年に示され、基本法に違反しないとされた[62]。定年制は年齢構成の維持や人事・後継者計画に資すること、補償金の要求を避けられること、若年者に労働ポストを与え失業を減少させることが、違反しない理由としてあげられた。

(5) 現行法の内容

社会法典第6編41条2文[63]について検討しておこう。

同規定が集団的契約上の（労働協約または事業所協定による）定年にも適用さ

---

61 BVerfG Beschluss v.8.11.1994, NJW 1995, S.41.
62 BVerfG v. 30.3.1999, AuR 1999, S.283.

れるか否かは，1994年改正前の連邦労働裁判所判決はこれを肯定したものの，1994年改正がそれを覆すために行われたことは既に述べた。にもかかわらず，1994年改正後の41条4項3文（現41条2文）は，この点を明確に規定しなかったが，学説では，集団的契約には適用されないと解されている[64]。ただ集団的契約上の定年制が有効であると1994年法によって確定したわけではない。立法資料でも事業所協定と個別契約上の定年は客観的な理由の有無に照らして審査されると指摘されている[65]。

個別契約に定める定年制には，社会法典第6編41条2文の規制が及んでいるが，その内容は，限定的である。第1に，この規定は，労働者が65歳より前に老齢年金を請求できる時点における定年を規制しているにすぎない[66]。ドイツで一般的な65歳定年制を違法にするものではない[67]。第2に，予定される退職の時点から3年以内に合意が成立しているとき，あるいは追認があったときは，65歳未満定年も有効になる[68]。判例では，63歳定年の合意が63歳から2年ほど遡った61歳の時点で成立していた事案で，社会法典41条を根拠として65歳への定年延長を導くことはできないと判断されている[69]。第3に，公的年金ではなく，高齢者扶助等の受給に接合した定年や，特定の職種の定年は，この規定の対象外だと考えられる。たとえば，公務員法の規定に従った高齢者扶助に接合した定年には，社会法典第6編旧41条4項3文は適用されないとした次のような判決がある[70]。

---

63 以前は社会法典第6編41条4項3文において規制されていたが，1997年の改正によって同条1項から3項が削除され，1998年の改正によって旧4項の2文が削除されたため，41条2文で規制されている。

64 Boerner, ZfA 1995, S.545ff.; Dieterich/Müller-Glöge/Preis/Schaub (Hrsg.), Erfurter Kommentar zum Arbeitsrecht, 7. Aufl.〔ErfKと略す。〕2007, S.2499; Schaub/Koch/Linck, a.a.O. (N.13), S.305.

65 BT-Drucks. 12/8040 vom 21.6.1994.

66 高年齢者パートタイムを理由とする年金請求権を労働者がもつ時点における，解雇によらない労働関係の終了を定める合意は許容される（高年齢者パートタイム法8条3項）。

67 ErfK, a.a.O. (N.64), S.2500.

68 ここでいう「追認」とは，労働者が事後承諾の一方的な意思表示をしてそれが使用者に到達した場合になされると考えられる。このような追認は，解消契約とは区別されると考えられる。「追認」は労働者の一方的な意思表示でなしうるのに対し，解消契約は両当事者の合意によってなされるからである。

69 BAG v. 17.4.2002, AP Nr.14 zu § 41 SGB VI.

〈社会法典第6編41条4項3文は,労働者が公的年金の請求権ではなく,単に使用者が支給する年金の請求権を取得したにすぎない場合には,適用されない。公務員法の規定に基づいて支給される高齢者扶助は,老齢年金(Rente wegen Alters)と同一ではない。連邦労働裁判所は,社会法典第6編41条4項3文が労働者の決定の自由を規定することを企図していたとして,労働協約上の65歳定年制を無効とした。しかし,決定の自由はそれ自体のために,あるいは労働者の基本権の実現のためではなく,その当時めざされた保険料拠出者と年金受給者との数的関係の改善の必要不可欠な条件であった。このような解釈は後の展開によっても確認される。1994年社会法典第6編改正法によって,立法者は労働者の労働生活からの引退の時期についての決定の自由をそれほど重要と評価していないことが明らかになった。社会法典第6編改正法による,労働者の決定の自由の制限は,立法理由において問題にすらなっていない。〉

裁判所はこのようにして,社会法典第6編旧41条4項3文が基本権の具体化ではなく年金財政の改善を目的にしたにすぎないこと,それが労働者の決定の自由への配慮なく簡単に改正されたことにも言及し,当該条文が及ぶ範囲は,社会保険の老齢年金に接合した定年に限定されるとの解釈を導いたのである。

つまり社会法典第6編41条の対象は,公的年金の受給年齢と定年年齢を連動させる場合に限られる。これは航空会社の55歳や60歳定年制の事例でも判示されている[71]。職務内容に応じて設定された定年は公的年金と連動しているとはいえず,事業所における高齢者扶助と連動していても,それは公的年金との連動とは異なると判断されているのである。

要するに,社会法典第6編41条は,個別契約上の定年にのみ適用されると解されている上,65歳以上の定年は規制対象とせず,公的年金と連動している場合に限られることも併せ考えると,包括的な定年規制とはいい難いものなのである。判旨がいうように,基本権保障ではなく,年金財政強化のための規制であるがゆえに,包括的に定年を禁止するには至っていないのだと把握できよう。

---

[70] BAG v. 26.4.1995, AP Nr.6 zu §41 SGB VI.
[71] BAG v. 25.2.1998, AP Nr.11 zu TVG Tarifverträge: Luftfahrt ; BAG v. 11.3.1998, AP Nr.12 zu §1 TVG Tarifverträge: Luftfahrt.

5　最近の判例の展開

(1)　期限規制

1994年法改正後，65歳定年を認める判例の姿勢は現在も維持されているが，期限設定について規制するパートタイム労働・有期労働契約法（Teilzeit-und Befristungsgesetz vom 21. 12 2000 ; TzBfG）[72] 14条1項も適用されるようになったこと，労働の継続が経済的な生存の基礎だけでなく自己実現につながることも考慮されるようになったこと等の変化もみられる[73]。

たとえば，老齢年金の受給権を有するときは63歳に労働関係が終了する旨定める定年制を，従業員全員の個別の合意を得て導入した事案についての2003年の連邦労働裁判所判決は，結論としてその定年の有効性を認めているものの[74]，次のような判断を示している。

〈定年年齢を超えても労働を継続することは，経済的な生活基盤を提供するものであり，また職業による自己実現を保障するものでもある。しかし定年以降の就労期間は短い。これに対し，定年によって労働者は一般に，採用・昇進の可能性が高まることで利益を受けている。使用者にとっては予測可能な人事・後継者計画が可能になる。63歳定年の場合も，この時点で労働者が公的年金を受給できる場合であれば，通常は，定年以降の労働という利益に対して，後進の労働者の利益や使用者の利益が優先されると解される。〉

裁判所は，このように，結論として定年制を有効と認めるものの，労働者が被る不利益と使用者・後継労働者が得られる利益とを衡量するなかで，労働が自己実現につながるものだということを考慮している点で，労働者の利益により配慮するようになっているといえよう。

さらに，航空会社の客室乗務員の55歳定年は客観的理由を欠いており無効だと判断する判決が2002年に登場したことも注目される[75]。裁判所は概略次のように判示する。

---

[72] BGBl.I,S.1966. 判例が形成した期限規制は1985年就業促進法（Beschaftigungsförderungsgesetz, BGBl. I, S. 710.）に規定され，その後，有期契約の締結を抑制している等の批判を受け，内容が変更されてきた。
[73] 労働者の利益に配慮がなされるようになっていると評価するものとして，Thüsing, Arbeitsrechtlicher Diskriminierungsschutz, 2007, S. 179.
[74] BAG v. 19.11.2003, AP Nr.3 zu §17 TzBfG.
[75] BAG v. 31.7.2002, AP Nr.14 zu §1 TVG Tarifverträge : Luftfahrt.

〈突然能力が低下する等のリスクが加齢のために高まるという理由によって本件定年を正当化することはできない。パイロットならば，乗客や乗務員等に危険をもたらしうるので，危険防止という航空会社の利益に対し，労働関係存続についての労働者の利益は劣後する。しかし，乗務員一般について，パイロットと同程度のリスクが伴うとはいえない。安全性に関するリスクはパイロットのほうが乗務員に比して格段に高い。にもかかわらずパイロットの定年は60歳とされている。

　補償金等によって客観的理由の欠如を補うことはできない。定年後は1年契約が最大2回まで更新される可能性，つまり57歳まで就労できる可能性があるが，契約更新は必ずしも保障されていないし賃金額も維持されないから，これによって正当化することはできない。〉

このように労働者の利益への配慮がなされてきている点は重要であるが，公的年金と接合している限りは客観的理由ありと認めていることは，従来の判決と異ならない。職務の特性を考慮せずに人事計画等の使用者の利益が優先されていることに変化はなく，後述する学説が提唱するほどの厳格度の高い比例原則が適用されるには至っていないといえる。

(2) 基本法による制約

基本法に基づく審査は，保護義務（Schutzpflicht）の観点から行われるようになっている[76]。労働関係当事者は基本法の名宛人ではないが，労働裁判所は基本法の名宛人として，労働者等の基本権が侵害されないよう，保護する義務を負っていると捉えられているのである。

また，平等審査の方法一般についても，連邦憲法裁判所が「新定式」を打ち出していることが注目される[77]。これが従来の「恣意性理論」と大きく異なるのは，当該事例で用いられている区別に応じて審査基準は変化しうるとすることである。それによれば，最初に，当該区別が人と関連するものか否か，利害関係人の行為によってどの程度動かせる事柄なのかが確定される。ここでの判定を基礎に，問題となる規制に対する統制の密度が決まる。すなわち，「比例性要件への厳格な拘束が認められる場合」には「不平等な法的効果を正当化しうるほどの質的・量的差異があるか」が個別的に審査される一方で，「単なる

76　たとえば，BAG v. 25.2.1998, AP Nr.11 zu §1 TVG Tarifverträge: Luftfahrt.
77　井上典之「平等保障の裁判的実現(3)―平等審査の方法とその権利保護―」神戸法学雑誌46巻4号694頁以下（1997年）。

恣意の禁止」である場合には区別の不公正さの明白性が審査される。たとえば基本法3条3項に列挙された人種等に依拠した区別であるときは、その目的が、例外を許すほどの憲法上の具体的な要請によるもので、目的達成のためにどうしてもその事由を用いなければならないかどうかが厳格に審査される。列挙されていない事由でも、列挙事由に近似する区別であれば、当該区別が目的達成のために必要であるだけでなく適切でなければならない、とされる。

　このような法理の変化はあるものの、基本法3条1項に照らしての定年審査は、定年制の有効性に疑問を提起する見解からみれば、なお限界を抱えていた。上記の理論によれば、特に「基本法3条3項において列挙された事由に近似」しており、「少数者の差別へと導く危険性が大きい」ものが用いられる場合には、「恣意の禁止」ではなく「比例性の要件への厳格な拘束」に服するとされるから、年齢基準は人に関連するものなので厳格な比例審査に服するとされてもおかしくない[78]。しかし、63歳定年制の違法性が争われた前述の2003年連邦労働裁判所判決でも、当該定年によって基本法3条に基づく権利を侵害されたという原告の主張は簡単にしりぞけられて終わっている[79]。期限規制にいう客観性を当該定年が備えているということから直ちに、基本法3条に基づく権利が侵害されていないという結論が導き出されているからである。

　つまり定年制は、公的年金に接合している限り、期限設定の客観的理由が認められ、職業の自由の侵害や平等原則違反を根拠として無効になることもない。一般的平等原則は、企業が設ける定年制との関係では、依然として、厳格な比例原則を求めるものと解されるには至っていないといえよう。

6　学　説

(1) 判例法理をめぐる学説

　学説では、定年制を年齢差別あるいは基本権の視点から深く掘り下げた研究は多いとはいえないが、この論点をめぐる一定の蓄積はあり、定年制、特に年金支給年齢に接合した定年制を容認する見解と、これに反対し、定年制は基本

---

[78] Senne, a.a.O. (N.48), S.212ff. 実際、新定式によって違憲とされたのは、性転換のための性別・名の変更の申請について設けられていた25歳という年齢制限であった（井上・前掲注77・695頁以下）。

[79] BAG v. 19.11.2003 AP Nr.3 zu §17 TzBfG.

[80] Hromadka, Pensionierungsalter und Pensionierungsmöglichkeiten, Beilage zu DB Nr.11/85, 1985, S. 1, 7.

権を侵害するとする学説とが対立している。

　初期の学説では，定年制について基本法の観点からの検討を行うものはほとんどみられず，定年制を容認するものが多数説であった[80]。Hanau は比較的早くから定年の有効性を基本法12条1項の観点から検討していたが，定年制を正当化する要素として高齢者扶助等を重視し，それらが得られる年齢に接合していない定年は許されないとする一方，それらの年齢に接合した定年は許容されるべきと論じた[81]。Hanau は，法律上の定年と協約・事業所協定に定める定年との違いに着目し，前者は職業選択の自由を制約するが，後者は職業遂行の自由を制約するにすぎず相当なものなので，客観的理由があれば正当化することができるとし，それが議論の前提をなしていた。

　その後，定年制を基本法12条1項ないし3条1項の見地から検討する学説が徐々に増え，それらの規定に反するとする学説も有力に唱えられている[82]。それらの学説の出発点が Hanau と異なるのは，労働協約や事業所協定に定める65歳定年制は，法律上の定年と同様に比例原則に服するとする点である。本来，労働協約や事業所協定の65歳定年制は，法律上の定年とは異なり，個々の労働関係を終了させるにすぎない。定年に至った労働者でも，他の使用者のもとで就業を継続することは可能である。しかし，高齢労働者に対する採用慣行を考慮すると，当該職業で新しいポストをみつける可能性は著しく低い。それゆえ定年制は，事実上は，職業選択の自由を侵害することになるというのである。

　それらの学説によれば，第1に，定年が，公共の (allgemein) 利益のために必要であること，第2に，職業の秩序正しい遂行という，めざされた目的との関係で，相当なものであること，つまり比例原則に反しないことが求められる。この審査基準を前提とすると，定年は，それぞれの職務上の要請によって正当化されなければならず，パイロット等の一定の職業についてのみ有効と認められることになる。

81　Hanau, Zwangspensionierung des Arbeitnehmers mit 65?, RdA 1976, S.24, 29ff.
82　Linnenkohl/Rauschenberg/Schmidt, Flexibilisierung (Verkürzung) der Lebensarbeitszeit: Arbeitnehmerstatus und "Zwangspensionierung" im Zusammenhang mit Vorruhestandsregelungen, BB 1984, S.603, 607f ; Schlüter/Belling, Die Zulässigkeit von Altersgrenzen im Arbeitsverhältnis, NZA 1988, S.297, 302ff ; Joost, a.a.O. (N. 20) [II.6] ; Stahlhacke, DB 1989, S.2329, 2332f ; Boerner, ZfA 1995, S. 554ff ; Nussberger, Altersgrenzen als Problem des Verfassungsrechts, JZ 2002, S.524, 529.

たとえば Boerner は，協約上の定年が認められるのが「絶対的な」，つまり一般的に認められ，その時々の公共政策に左右されない社会的価値の保護を目的とする場合に限られるかどうかは争いがあるとしつつ[83]，経済的・社会的・社会政策的目的の規制を実施しうるのは立法者に限られるとし，協約当事者や事業所当事者は，公共の福祉を考慮することを義務づけられておらず，公益を考慮する民主的正統性も欠如しているとする。そして，従業員のバランスのとれた年齢構成の確保や人事計画の必要性といった事情は，定年制を正当化する公共の利益としては認められず，また，労働関係の終了は，人格の自由な発展の観点からも不利益を課すゆえ，経済的保障の存在を最重視することはできないとする。

Joost, Schlüter/Belling 等が示した見解も，基本法12条1項の見地から，若年者の雇用機会確保や事業所の年齢構成の改善等は定年制を正当化する適切な目的とはいえず，公的年金の存在のみによって定年制が比例原則に反しないことを導くことはできないとする点で，一致している。これらの学説では，この他に，多くの労働者は65歳に至る以前に退職しており，定年制は労働市場政策上の手段としても必要かつ適切なものとはいえないと指摘されている。

(2) **立法政策をめぐる議論**

ドイツの立法政策のアプローチに関する学説として，Simitis の見解をあげることができる。Simitis は，定年制を一時的に廃止した1992年の社会法典第6編改正を ADEA と比較して次のように述べている[84]。

〈欧州のアプローチとは異なり，ADEA の主旨は差別を撤廃することであって，労働供給の柔軟性を高めることではなかった。それゆえ議会は，人口構造の変化やそれが労働市場に及ぼす影響を強調するのではなく，個人の労働者の状況に焦点を当て，雇用政策の観点ではなく，差別禁止法の枠内で定年制を取り扱った。換言すれば，ドイツの社会法典が，高年齢者の雇用について，将来的な労働力構成に影響する，より一般的な問題の一部として捉えているのに対して，ADEA は，年齢にかかわる問題を，高年齢者のための雇用機会の再配分の問題であると捉えている。年齢は性別や人種と同様のリストに組み入れられなければならず，それゆえアメリカでは，年齢差別は多か

---

[83] Boerner, ZfA 1995, S.557ff.
[84] Simitis, Denationalizing Labour Law : the Case of Age Discrimination, 15 Comp. Lab. L. J. 321, 335 (1994).

れ少なかれ，その他の差別のアプローチと同様に取り扱われなければならなかった。〉

　Simitisは，定年制を再び導入することを認めた1994年社会法典第6編改正について反対の立場を表明した。それは次のようなものである[85]。

〈人格が尊重されなければならないとすれば，労働能力の欠如と年齢を同じものとみなしてはならない。労働しなくなることは，孤独や自尊心の喪失をもたらし，その結果，身体的・精神的疾病に罹患しやすくなる。労働法上の保護規定の領域を拡大するために年齢を用いること，つまり，配慮に満ちた引退を前提とする規制モデルを優先させてはならない。定年制に関する論争の決定的な手がかりは，年金財政維持を保障する社会国家の義務ではなく，基本法3条にある。換言すれば，定年は何よりもまず差別の問題である。それゆえ，立法者も労働協約当事者も，高年齢者の就労を単に労働市場政策的な観点から考慮すること，つまり必要性に応じて高年齢者の就労生活を延長したり，短縮したりすることは許されない。高齢労働者を不利に取り扱うことは，女性労働者の不利な取扱いと同様に禁止されるべきである。どちらの場合も基本権にかかわるのである。〉

年金財政改善のために定年制の廃止を試み，その後人事管理，労働市場政策の理由により65歳定年制を再度容認することとなったドイツの法政策は，年齢を用いた雇用管理を性差別等と同様の不公正な差別的待遇の問題と把握するこのような立場とはかけ離れたものであるゆえに批判の対象となったのである。

7　まとめ

　定年制の検討により明らかになったのは，ドイツで一般的な65歳定年制やパイロットの定年制等の有効性が争われるケースでは，諸規制に照らした審査が行われているが，いずれにしても公的年金や高齢者扶助を受給できることにより基本的に有効なものと認められていることである。人事計画・後継者計画が可能になること等の論拠もあげられる。社会法典第6編41条も，基本権の具体化ではなく，年金財政への配慮による規制であるがゆえの限界を抱えている。

　様々な法規定による定年制についての判断が示されているが，その中でも，

---

[85] Simitis, Altersdiskriminierung—die verdrängte Benachteiligung, NJW 1994, S. 1453ff.

事業所協定に定める 65 歳定年制が，基本法 3 条 1 項や 12 条 1 項に反しないとされたことは注目される。判例によれば，期限の客観的理由が肯定されるときは，基本法に反しないという結論も同時に導き出される。それゆえ，ある年齢まででなければ職務を遂行できないといった証明を要しない。定年制の代替手段があるかという観点からの比例原則による審査も行われない。

定年制のような年齢を理由とする不利益取扱いに対する審査基準の緩やかさは，男女別定年制が，基本法 3 条 2 項・3 項や，雇用における性差別を禁止する 76/207 指令に反すると解釈されていることと比較対照すると，より明瞭になる。ドイツでは，年金の満額受給が可能となる標準的定年（Regelaltersgrenze）が男性 65 歳・女性 60 歳とされていた時期に，それに対応して男女差別定年を設ける労働協約が存在した。裁判例では，男女別定年年齢は，性別を理由とする異なる取扱いを禁ずる基本法 3 条 2 項・3 項に反し無効である（民法典 134 条）と判断されている[86]。

つまり，女性の場合は，当該定年年齢で老齢年金を受給でき，経済的に保障がなされる年齢に至っていたとしても，男性よりも不利な定年の定めであればやはり，性差別として違法無効になることが明らかになっている。欧州司法裁判所でも，年金支給年齢に男女間で差異があるなかで，年金支給年齢を超えていることのみを理由として女性を早期に解雇するという方針は，76/207 指令に反するとされている[87]。男女差別定年を正当化しようと思えば，職務遂行に不可欠な条件であると示す必要があろう。定年制が，年齢を理由とした不利益取扱いとしては検討されず，合法として容認されていることと対照的である。

もっとも学説では，定年制も比例原則に服するべきで経済的保障によっては正当化しえないとの批判が強い。この批判を受けてか，判例には変化の兆しもみえるが，EC 指令を受けてこれがさらに変容するのかということが注目される（本章第 3 節）。

IV 年齢を用いた雇用政策

以上で検討したように，定年までの雇用保障は手厚いものとなっている。しかし，労働者が公的年金支給開始に至る 65 歳まで労働を継続しているかとい

---

[86] ArbG Potsdam v. 21.4.1993, NZA 1993, S.1051.
[87] Case 152/84 Marshall ［1986］ ECR 723.

うと，そうではない[88]。

　まず早期に引退する者が多いことを指摘できる。その手段の1つとなっているのは，高年齢者パートタイム（Altersteilzeit）制度である。55歳以上の労働者がパートタイム労働に移行し，そこに失業者等を雇い入れた企業に助成金を支給する制度である。当該労働者の労働時間が半分に減少したこと等，法律に定める詳細な要件を充たす必要がある[89]。この制度に類似するものとして，従前は，58歳以上の労働者を退職させた場合に助成金が支給される制度が存在した（早期引退法（Vorruhestandsgesetz））[90]。高年齢者パートタイム法は，段階的引退を促進することを目的とする点で異なる[91]。

　中高年齢者の再就職を円滑にするための政策が施されていることも注目される。その1つは有期契約規制の緩和である。有期契約が解雇規制の潜脱として利用されてはならないという考えから期限設定には客観的な理由が必要であるという法理が1960年連邦労働裁判所決定によって確立された。この法理は，1985年・96年の就業促進法（Beschäftigung Förderungsgesetz）等を経て，現在では，パートタイム労働・有期労働契約法に成文化されている（14条1項）[92]。この規制は，使用者がその労働者と初めて契約を締結する場合（同条2項）の他，58歳以上の者を雇用する場合は適用されないものとされていた（同条3項。2006年末までは52歳以上）。有期契約の締結を高年齢者について容易にし，再就職を円滑にするためである。

　その他に，次のような高年齢者雇用政策も展開されている[93]。

　労働者側に働きかける政策として，コンビ・ローン（Kombi Lohn）がある。50歳以上の失業者が前職よりも賃金の低い職に就いたときに助成を受けられる。初年度は手取り賃金の差額の5割，2年目からは3割が助成される（社会法典第3編421j条）。また，職業訓練への助成として，これまで，従業員100名以下の企業で働く50歳以上の労働者に，認定された職業訓練を受講するた

88　森戸・前掲注54「生涯労働時間」・340頁。
89　「段階モデル」として，2年間の高年齢者パートタイムの期間中，最初の6ヵ月間は100％の労働時間，次の6ヵ月は70％，その次の6ヵ月は50％，最後の6ヵ月は30％の労働時間とする方法がある。詳しくは川田知子「ドイツ労働市場改革における高齢者雇用政策」亜細亜法学42巻1号83頁（2007年）。
90　手塚和彰「西ドイツの企業年金と早期退職制―その確立と将来」『欧米の高齢者雇用・職業問題に関する研究報告書』31頁（高年齢者雇用開発協会，1987年）。
91　パートタイム労働の期間終了時点で老齢年金を満額受給できるので，高年齢者の退職を促しやすい。ヴァンク・前掲注7・162頁，川田・前掲注89・91頁。

めの助成金を支給する制度があった。この対象年齢が45歳まで引き下げられる等，中高年齢者向けの職業訓練助成の対象範囲は広げられている（417条）。

使用者側に働きかける政策として，編入助成金（Eingliederungszuschuss）が設けられている。6ヵ月以上失業していた50歳以上の者等を1年以上の契約によって雇い入れる企業が，最長3年間（55歳以上は8年間），賃金の3割から5割を助成金として受給できる仕組みである（421 f 条。2009年末まで）。

このように，解雇の局面に限らず，ドイツでは，年齢を基準とする政策が行われてきており，法によって年齢を用いた雇用管理を推進してきた。では，採用の場面や労働関係が展開するなかでの取扱いはどうか。次にみるように，年齢を理由とする様々な取扱いは概ね適法と認められてきている。

V 採用・労働条件における年齢基準

1 労働法上の平等取扱原則

労働場面での別異取扱いの適法性は労働法上の平等取扱原則の観点から検討される。この原則は，ある労働者を，比較可能な状況にある他の労働者と比べて，客観的でない（sachfremd）理由によって恣意的に（willkürlich）不利益な取扱いを行ってはならないというものである[94]。使用者が任意に与える賞与や手当，企業老齢年金や賃金の上乗せ，指揮命令権行使（配転命令，時間外労働命令）等に及ぶ[95]。それらの支給や権利行使が，複数の労働者に影響を及ぼし

---

[92] BGBl. I, S. 4607. 有期労働契約に関する1999/70指令（Council Directive 1999/70/EC of 28 June 1999 concerning the framework agreement on fixed-term work concluded by ETUC, UNICE and CEEP, OJ［1999］ L175/43）等を受けて制定された立法である。なお，高年齢者との有期契約は，14条3項で例外とされるためには，先行する無期契約と密接な関連性を有していてはならない。この規制について論じる文献として，橋本・前掲注9・189頁以下，オランゲレル「有期労働契約に対する法規制のあり方に関する日本・中国・ドイツの比較法的分析―『契約の自由』はどこまで認められるべきか―」神戸法学雑誌56巻4号180頁以下（2007年）。

[93] Gesetz zur Verbesserung der Beschäftigungschancen älterer Menschen vom 19.04. 2007, BGBl. I, S. 538 ff. この政策展開については，川田・前掲注89・92頁以下。

[94] Richardi/Wlotzke, Münchener Handbuch zum Arbeitsrecht, 2. Aufl.〔MünchArbRと略す。〕 2000, S.154. この原則が発展してきた歴史およびその内容について詳細に検討するものとして，蜷川典子「ドイツ労働法における平等取扱原則(1)～(3)」立命館法学260号42頁，261号160頁，262号143頁（1998年）。

かつ一定のルールに則って行われている場合に適用される。これに反する法律行為は無効になり、その給付が他の労働者に既に支払われている場合、労働者は損害賠償を請求できる、あるいは給付請求権を取得することになる[96]。法的根拠は、基本法3条の平等原則に求められるが[97]、人種差別の禁止等を定める基本法3条3項ほど厳格ではないことが強調されてきている[98]。年齢差別に関しては特に、以下のような限界を抱える。

第1に、平等取扱原則よりも契約の自由（Vertragsfreiheit）が優位することである[99]。労働者との個別の合意によって賃金額が決定されているときには、平等取扱原則は適用されない。また、労働契約を締結する相手方は自由に決定できるとされる。そのため、企業が雇入れに際して年齢を考慮しても問題にならない[100]。これは差別禁止が強行的に定められている場合との大きな相違点であるといえよう。性差別禁止（民法典旧611a条、旧611b条、612条旧3項）については、募集・採用における差別も禁止の対象になり、これらの禁止規定に違反する法律行為は、同意を得ていたとしても、民法典134条により無効になると解されてきたからである。

第2に、年齢による区別は、それを設ける目的との間の関連性が欠如するときのみ、労働法上の平等取扱原則に反すると解される。年齢による取扱いが正当化されることは多い。むしろ要請されているともいわれる[101]。これに対し、性別を理由に異なる取扱いが行われるとき、それが適法と認められうるのは、性別が当該職務（Tätigkeit）の放棄しえない（unverzichtbar）要件である場合

---

[95] Münch ArbR 2000, S.157ff.
[96] Münch ArbR 2000, S.165.
[97] BAG v. 21.7.1960, AP Nr.18 zu § 611 BGB Arzte, Gehaltsanspruche ; BAG v. 28.7.1992, AP Nr.18 zu § 1 BetrAVG Gleichbehandlung.
[98] Senne, a.a.O. (N.48), S.233f.
[99] Münch ArbR 2000, S.164 ; BAG v. 19.08.1992, AP Nr.102 zu § 242 BGB Gleichbehandlung.
[100] Fenske, Das Verbot der Altersdiskriminierung im US-amerikanischen Arbeitsrecht, 1998, S.272ff ; Wank, Beschäftigung für die ältere Generation -Ältere Arbeitnehmer im deutschen Arbeitsrecht-, Vortrag in Tokyo am 8. Oktober 2003, S.8. 採用における差別に同原則が適用されない理由は、応募者と、雇用されている者との間での比較可能性の欠如にも求められる。Senne, a.a.O. (N.48), S.236f.
[101] Münch ArbR 2000, S.162. 事業所組織法75条について検討するものとして、藤内和公「西ドイツ経営組織法における経営評議会活動の制約要因（2・完）」岡山大学法学会雑誌37巻2号385頁以下（1987年）。

に限られてきた（民法典旧611a条1項2文）[102]。

2　事業所組織法による規制

既述のように，事業所委員会は，労働者が特定の年齢を超えていることにより不利益を受けることがないよう留意しなければならない（事業所組織法旧75条1項2文）。これは事業所委員会と使用者との関係に適用されるから，労働者に直接的な法的効果をもたない。しかし労働法上の平等取扱原則を具体化したものとして，同条違反があれば平等取扱原則に違反するとも考えられてきた[103]。

ただこの規定も性差別禁止のような厳格な規制ではない。第1に，高齢労働者に不利益な区別がすべて禁止されるわけではない。後述する判例によれば，事実の相違と各措置に関する重要で客観的な観点を考慮することは，可能である。健康保護のために法律・労働協約・事業所協定等において年齢制限を定めることは許容される[104]。

第2に，特定の年齢を超えた場合に労働者を優遇することは排除していない[105]。その例として，高年齢者へのより長期の休暇の付与，高齢労働者を普通解雇の対象から除外することがあげられる。事業所組織法自体も，事業所委員会の任務として事業所における高年齢者の雇用の促進をあげており（80条1項5号），高齢労働者を職業訓練の促進に際して考慮することも命じている（96条2項2文）。事業所組織法は年齢を基準にした取扱いをむしろ要請してい

---

[102] この不可欠な要件に該当する例として，次のようなものが，解釈の指針を示すためにあげられていた（Bundesarbeitsblatt 11/1987, S.40）。①真実性のある役割の遂行，たとえば，俳優・女優，歌手・ダンサー，画家等のためのモデル，ファッション・モデル，②宗教関連の職務，たとえば，カトリック教会の司祭や神学部の教員，③EC域外の職務で，法規制・宗教・文化を理由として，一方の性別のみが認められている場合，④国内・国外の安全にかかわる職務，国境警備にあたる警察職員，⑤法の執行にかかわる職務，刑務所の監視業務等である。

[103] Senne, a.a.O. (N.48), S.240.

[104] Richardi/Thüsing/Annuβ/Dietz, Betriebsverfassungsgesetz mit Wahlordnung, 8. Aufl., 2002, S.963.

[105] Fabricius/Kraft/Wiese, Gemeinschaftskommentar zum Betriebsverfassungsgesetz, 6. Aufl., 1998, S.89. もっとも，同条により保護されるのは高齢の労働者に限られない。文言上，年齢による取扱いが若年者に不利益なものか高年齢者に不利益なものかで区別されていない。より年長の労働者に対する不利益であれば，25歳，35歳といった，若年層・中年層についての年齢制限でも禁止の対象になりうる。

るともいえるのである。

3　判　　例

具体的な例をみよう。

連邦労働裁判所 1984 年 2 月 14 日判決[106]は，工場閉鎖に伴い労働関係を終了した者に支給された社会計画（Sozialplan）給付が不公正であるとして争われた事案である。社会計画とは，事業所の縮小や閉鎖，移転等の事業所変更（Betriebsänderung）が労働者に及ぼす不利益を緩和するものであるところ（事業所組織法 112 条 1 項 2 文），当該社会計画では，58 歳以上の者の給付額は月例賃金の 4 ヵ月分を上限とされたのに対し，58 歳未満は勤続年数 1 年につき月例賃金の半額分が支給されていた。当時 58 歳を超えていた原告労働者らは，58 歳未満と同一の基準であれば，月例賃金の 16 ヵ月から 21 ヵ月程度を受け取ることができたはずだった。会社側は，58 歳以上の労働者は，企業老齢年金や失業扶助・手当を受給できるし，60 歳になると失業者を対象とする早期支給の老齢年金を受給できるから，労働関係終了によって労働者の受ける不利益が 58 歳前後で異なってくることを考慮して給付額に差異を設けたと説明した。

裁判所は，事業所組織法旧 75 条 1 項 2 文には違反しないと判示した。裁判所によれば，同条によって，年齢を理由とする異なる取扱いのすべてが許容されなくなるわけではない。社会計画における別異取扱いの理由は，労働者の年齢そのものではなく，高齢労働者が，若年労働者と比較すると，労働ポストの喪失による不利益を他の方策により緩和されていることにある，とする。さらに，このような取扱いは，一般的平等原則を定める基本法 3 条 1 項にも，同様の論拠から，反しないものとされている。

離職の時点で 64 歳であり早期老齢年金の要件を充たしていたために社会計画給付を全く支給されなかった者が提訴した事案でも，事業所組織法旧 75 条 1 項 2 文に違反しないと判示されている。そのような労働者は経済的に保障されているからである[107]。

もっとも，平等取扱原則違反の主張が認められた事例がないこともない。旧就業促進法 128 条に基づいて連邦雇用庁から償還請求がなされる場合に社

---

[106] BAG v. 14.2.1984, AP Nr.21 zu § 112 BetrVG 1972.
[107] BAG v. 26.7.1988, AP Nr.45 zu § 112 BetrVG 1972.

会計画給付が通常の半額になる旨を定める事業所協定が問題となった事案である[108]。同条は，56歳を超える，一定勤続年数以上の労働者が失業して失業給付を受けとる場合に，その失業給付の半額分を，連邦雇用庁は，元の使用者に対して請求できる旨を定めていた。裁判所は，失業しているがゆえに特に保護の必要が高い者と取り扱われている労働者に対して使用者の償還義務を転嫁することは，就業促進法の趣旨に反するとして，事業所組織法の平等取扱原則に違反していると判示した。

社会計画給付に関する判例をまとめると，ある年齢以上の労働者が経済的に保障されていることを理由として対象外としたり減額することは，事業所組織法旧75条1項2文や平等取扱原則に反しない[109]。ただし制定法の趣旨に明らかに反する場合は，それらの規制に反すると解されていることになる。

高齢者扶助における年齢基準が問題となった事例もある[110]。51歳から勤務してきて65歳に退職し高齢者扶助の支払いを求めて訴えを提起した事案である。高齢者扶助規程によれば，受給資格を取得するためには，就職の時点で50歳未満かつ勤続年数20年以上であることが必要であった。判例によると，高齢者扶助において労働者の年齢による区別を行わなければ事柄に即した規制やコストの確実な計算はほとんど不可能である。それゆえ，このような年齢制限も正当化されると判断されている。

高年齢者と若年者の労働時間の相違が争われた事件もある[111]。これは，調停委員会の裁定の有効性を事業所委員会が争った事案であり，争点の1つとして，週の所定労働時間を通常の労働者は38.5時間，高齢労働者は37時間と定める規定が事業所組織法旧75条1項2文に反するのではないかが問題となったが，次のように判示される。すなわち，高齢労働者は一般的に健康上の理由

---

[108] BAG v. 26.6.1990, AP Nr.56 zu §112 BetrVG 1972.

[109] 男女の同一労働同一賃金を定めるローマ条約119条（現在は141条）のもとでも，同じような理由による取扱いの差異は性差別であると解されていない（Case C-132/92 Birds Eye Walls v. Roberts ［1994］ IRLR 29）。この事件では，労働者が早期退職する場合の企業年金の額について，国が支給する年金額（男性は65歳から，女性は60歳から支給される）を差し引いて算定していたことが，女性に対する差別に該当するかどうかが争われた。欧州司法裁判所は，男性と女性は，それぞれ年金支給開始年齢が異なっているから，同一の状況に置かれているとはいえない，それゆえ企業年金の額の差異は差別とはいえないと判示した。

[110] BAG v. 14.1.1986, AP Nr.5 zu §1 BetrAVG Gleichbehandlung.

[111] BAG v. 18.8.1987, AP Nr.23 zu §77 BetrVG 1972.

から職務遂行能力が劣ることが多いところ，労働時間短縮によって職業活動の負担を緩和できる。また，労働所得の喪失に対応することは，高齢労働者のほうが若年労働者よりも容易である。若年労働者は家族を扶養していることが多いからである，とされる。

判旨がいう高齢労働者の職務遂行能力の低さや家族状況は，一般的には妥当しよう。しかしその判断においては，個別労働者の能力・状況は勘案されておらず，年齢による別異取扱いの正当化基準が厳格でないことの一端がここに表れていると捉えることができる。

VI 小　　括

1 中高年齢者の雇用に関する法政策・判例の趣旨

ドイツでは，年齢による異なる取扱いを違法としうる法規制として，一般的平等原則を定める基本法3条1項，労働法上の平等取扱原則，高年齢者に対する不利益の防止義務を事業所当事者に課す事業所組織法旧75条1項2文が存在してきた。定年制についてはさらに，職業の自由の基本権に関する基本法12条1項，期限設定に客観的理由を求める判例法理等が存在してきた。しかし，定年制や高年齢者に対する時短等の高年齢者に不利益を及ぼしうる措置は，そのほとんどが合法性を肯定されている。

ドイツで一般的な65歳定年制は，公的年金の支給開始年齢に接合していることから，原則として正当化されると解されている。定年が必要であるとする論拠は，人事計画・後継者計画が可能になること等である。基本法3条1項の平等原則は，近年，問題となっている当該事項の性質によっては（たとえば自分でコントロールできない要素等）厳格な比例原則を要請すると解されているが，定年制等の年齢による取扱いについて同原則を適用し，手段としての適切性を吟味した事例はみあたらない。定年制を廃止した社会法典第6編41条の規制も存在したが，その目的は高年齢者の人権保障ではなく年金財政の負担の緩和にあったため，企業の人事計画の必要性等を考慮して再度改正され，現在では，早期年金受給年齢に接合した個別契約上の定年が65歳に延長されるにすぎない。集団的契約による定年は規制対象ですらない。

これに対し，ドイツの性差別規制において同じような議論が受け容れられることはありえない。性差別に関しては，一方の性別であることが職務遂行のた

めの不可欠の条件であるとして正当化されなくてはならないから，たとえば均衡のとれた性別構成を維持するという理由により男女別定年制を正当化する余地はないと考えられる。判例でも，男女別定年制は，女性が当該定年年齢への到達時に老齢年金を受給することが可能であったとしても違法になると解されている。

性差別規制等において許容されないような論拠による定年制の正当化が許されるのは，年齢を基準とする別異取扱いが，性差別等と同様の不公正な差別であると把握されていないからである。年齢による別異取扱いを差別として違法とする根拠となりうるのは基本法3条1項であるが，定年制については，客観的理由があれば，基本法3条1項による権利は侵害されていないと判断されている。労働法上の平等取扱原則は契約の自由に劣位するものとされ，高年齢者に対する不利益の防止義務を課す事業所組織法旧75条1項2文も，正当化を許す相対的な規制と解されている。それゆえ，高齢労働者のみに対する時間短縮も，高年齢者は職務遂行能力が劣る傾向にあるという一般的な議論により比較的容易に正当化されている。

2　中高年齢者の保護

他方，ドイツでは，解雇の局面においては，中高年齢者に対する保護が行われてきた。経営上の事由に基づいて解雇する労働者を選択するにあたっては，年齢・勤続年数といった社会的観点を考慮しなければならない。勤続期間に応じて長期になる解雇期間も高齢労働者の解雇を困難にしている。これらの解雇制限の定めは理論的には若年者に対する年齢差別であるとして争う余地がないわけではないが，こうした中高年齢者の優遇は差別という観点からは問題になってこなかった。

たとえば事業所組織法旧75条1項2文は，特定の年齢を超えた場合に労働者を不利益に取扱うことのみを禁止しており，年齢を理由として優遇すること（若年者に対する差別）は排除していない。定年制が基本法12条1項に反するとする学説も，中高年齢者に手厚い解雇制限等も含めて，年齢を用いた雇用管理を差別的待遇として包括的に規制すべしと主張していたわけではなかった。

第2節　EC指令による年齢差別規制

ドイツの例が示すように，多くのEU加盟国では，従来，中高年齢者の雇用の問題は不公正な差別の問題としてではなく，雇用政策として対処すべき課題であると把握されていた。これに対して，2000/78指令による年齢差別規制は，高年齢者の就業率を引き上げる政策手段としても求められたものであるが，人種差別・性差別等と同様，不公正な差別を禁止することにより人権を保障するという趣旨が前面に出されて採択に至っている。それは，経済共同体としてスタートしたEUにおいて，徐々に共同体における人権保障の重要性が強調されるようになっているからである。

I　人権保障としての年齢差別禁止

1　EUにおける差別規制の沿革

EU（EEC・EC）の差別禁止規定の趣旨を年齢差別に限らず広くみると，経済的関心に基づくものから人権思想に基づく趣旨へと移行している[112]。EECは経済共同体として出発したため，1957年ローマ条約の差別禁止規定は経済的関心に基づくものに限られていた。たとえば，男女の同一労働同一賃金を定める旧119条（141条）が設けられた背景は，当時既にかかる規制を有したフランスの企業が競争上不利になることを懸念したことにあった。加盟国国民に対する国籍に基づく差別を禁止する旧6条（12条）の目的も域内の人の自由移動の確保にあった。

しかし，そのような市場規制としての差別禁止規制に社会的規制としての色彩が加わっていった。たとえば性差別の分野については1970年代に，男女の

112　Fredman, Discrimination Law in the EU : Labour Market Regulation or Fundamental Rights?, in Legal Regulation of the Employment Relation 183,185 (Collins et al eds., 2000). 2000/78指令の採択過程に関しては，濱口桂一郎『EU労働法形成過程の分析（2）』267頁以下（東京大学大学院法学研究科附属比較法政国際センター，2005年）。

平等賃金を規定する 75/117 指令，採用・職業訓練・昇進・労働条件等をめぐる差別について規制する 76/207 指令，社会保障制度における平等取扱いの漸進的実施に関する 79/7 指令等が出されるに至った。

EEC の差別規制が社会的な色合いを帯びるようになったことは，欧州司法裁判所（ECJ）の Defrenne（No.2）事件判決[113]において明確に示されている。同判決は，119 条の目的は，同一賃金原則を実施している国家の企業がそれを実施していない国の企業に較べて競争上不利益を被らないようにすることに限定されないとした。また共同体の存在意義についても，共同体は経済的共同体であるとともに，社会的進展を確保し人々の生活・労働条件の改善を求めるために存在するとしたのである。

共同体の社会的側面がこのようにして認められるのと並行して，人権保護の要請も強まっていた。たとえば，単一欧州議定書（Single European Act）[114]前文は，「加盟国の憲法及び法律並びに人権及び基本的自由の保護のための欧州条約[115]並びに欧州社会憲章で認められている基本的権利，とりわけ自由，平等，社会正義に基づく民主主義を促進するために決意」すると述べている。

差別に関しても，外国人排斥の問題に対する欧州レベルでの対策を求める声が高まってきた[116]。障害者の雇用に関して，福祉による対処から技能を修得させ公平な機会を与えて労働市場に統合する方策に移行すべしとする考えも浸透してきた[117]。1989 年の労働者の基本的社会権に関する共同体憲章（Community Charter of the Fundamental Social Rights of Workers: Social Charter）[118]では，その前文において，「平等取扱いを保障するために，性別，皮膚の色，人種，意見及び信条による差別を含む，すべての形態の差別と闘うことが重要」であるとされた。このようにして，差別に取り組むことが重要であるという意識が醸成されてきた[119]。

---

[113] Case 43/75 Defrenne ［1976］ ECR 455.
[114] OJ ［1987］ L 169.
[115] Convention for the Protection of Human Rights and Fundamental Freedoms. 1950 年 11 月 4 日ローマで調印された。ヨーロッパ人権条約（欧州人権条約）と略される。
[116] Declaration against Racism and Xenophobia, OJ ［1986］ C 158/01.
[117] Council Recommendation 86/379/EEC, OJ ［1986］ L 225/43.
[118] EC において社会的側面に目が向けられてきたことについて論じる文献として，恒川謙司『ソーシャル・ヨーロッパの建設』（日本労働研究機構，1992 年）。

2 ローマ条約13条の新設

(1) 立法過程

このような流れのなか，EUレベルで差別に取り組む必要があると本格的に議論され始めた。その1つの契機は，欧州委員会の社会政策についての1993年の緑書に対し，欧州議会や経済社会評議会，多数のNGOが意見を述べ，差別への取組みを要請したことであった[120]。年齢差別規制はEurolink Ageが中心となって要請した[121]。しかし当時，人権保護のための条約の規定は限定されていた。国籍と性別を理由とする差別以外は，1992年マーストリヒト条約によって設けられた基本権についての包括的規定（欧州連合条約（Treaty on European Union）6条）が存在するにすぎなかった。

そこで，欧州委員会は，1994年の「欧州の社会政策に関する白書」において，ローマ条約改正時に「人種，宗教，年齢及び障害による差別との闘いについての定め」を導入することにつき本格的に検討すべきであるとの意見を表明した[122]。これを欧州議会も推進した。欧州議会は，「EUは…とりわけ人種，性別，性的指向，年齢，宗教または障害にかかわりのない平等取扱いと差別禁止の原則を挿入すべきである」とした[123]。

こうして，欧州委員会と欧州議会により，ローマ条約改正の準備を進める作業グループ（Reflection Group）――各加盟国の外務大臣，欧州委員会委員長，欧州議会の2名の議員で構成された――に対して差別禁止条項を挿入するよう要請がなされた。この要請はグループのメンバーの多数の賛成を得ることができた。「EU市民権（EU citizenship）」の概念を発展させることに資すると考え

---

119 Flynn, The Implications of Article 13 EC―After Amsterdam, Will Some Forms of Discrimination Be More Equal Than Others?, 36 CMLRev 1127, 1130 (1999). なお，この論文の執筆者は，Padraig Flynn（欧州委員会の労働社会政策担当委員）ではない。

120 Waddington, Article 13 EC : Mere Rhetoric or a Harbinger of Change?, 1 CYELS 175, 176-178 (1999).

121 Green Paper on European Social Policy――Options for the Union, Summary of Responses, para.37.

122 White Paper on Social Policy of 1994, European Social Policy――A Way Forward for the Union, COM (94) 333, ch. VI, para.27.

123 Resolution on the Functioning of the Treaty on European Union with a view to the 1996 Intergovernmental Conference――Implementation and Development of the Union, OJ [1995] C 151/56.

られたからである[124]。EUでは，1990年代に，市民的及び社会的権利（civic and social rights）についての定めを条約に挿入することにより，EU市民がEUを遠い存在の官僚機構としてではなく身近に感じられるようにし，EU市民のアイデンティティを確保すべしと提唱されていた[125]。こうした基本権の定めの導入を求める動きは，ローマ条約において社会的側面にかかわる規定が不十分であること，EUの通貨・政治・労働市場の側面における統合が必ずしも容易でなく危殆にさらされていることが背景となっていた。このような状況において，人々がEUに対して一体感をもつようにするために重要なのが社会的価値（social value）であると考えられたのである[126]。アムステルダム条約により実際にローマ条約にとり入れられたのは，差別に関する13条に限られた。しかし，この動きは2000年に採択されたEU基本権憲章に結実している。その中には，年齢差別を含めた差別禁止規定（21条）も置かれている[127]。

　差別禁止条項をローマ条約に挿入することが支持されたのは，それが自由移動の促進と市場内部の障壁廃止の一助となることが期待されたからでもある[128]。差別は，国籍を理由とする差別はもとより，それ以外の事由による差別であっても，個人が他の加盟国に移動することを抑制するという理解が浸透してきていたのである。

　さて，1995年12月，作業グループは報告書（Progress Report）を提出した。そこでは，性別・人種・宗教・障害・年齢・性的指向による差別をカバーする差別禁止条項を設けることが提唱された。各加盟国政府も，一般的には差別禁

---

124 Flynn, *supra note* 119, at 1130 ; Waddington, *supra note* 120, at 175-177 ; Bell, The New Article 13 EC Treaty: A Sound Basis for European Anti-Discrimination Law?, 6 MJ 5, 6 (1999).

125 Report of the Comité des Sages, For a Europe of Civic and Social Rights,1996.

126 この他，加盟が予測される東欧諸国に対し，EUが社会的価値をベースとしていると伝える必要があること，グローバル化する経済の波にさらされ，それまでの欧州の労働市場の状況が一変してしまうことが懸念されることも背景となっていた。Weiss, Cumulative Objectives of Fundamental Rights' Protection in the European Union, in The Protection of Fundamental Social Rights in the European Union 33-37 (Betten & Devitt (eds.), 1996).

127 Charter of Fundamental Rights of the European Union, OJ [2000] C 364/01, Article 21. 性別，人種，皮膚の色，民族的若しくは社会的出身，遺伝的特性，言語，宗教若しくは信条，政治的意見その他の意見，少数民族への所属，財産，生まれ，障害，年齢又は性的指向による差別は禁止されるものとする，と定める。

128 Bell, *supra note* 124, at 6.

第2節　EC指令による年齢差別規制

止条項の導入に賛成していることが明らかとなった[129]。

　年齢差別の禁止が積極的に支持されていたわけではない。当初の政府間会合では，年齢・障害・性的指向を理由とする差別をカバーすることについて支持を表明する加盟国はどちらかというと少数であった[130]。1996年12月のダブリン欧州理事会で示された条約草案の中で，年齢差別は，性別・人種・宗教・障害・性的指向に関する差別と並んで差別禁止条項の中に取り入れられていたが[131]，1997年3月，オランダ政府は年齢・障害・性的指向による差別を除く提案を行った。年齢差別等は既存の政策的規定に基づいて取り組むのが適切であるという理由によるものである。しかし，欧州議会とNGOの反対に遭い，そのような提案は受け容れられなかった[132]。

　イギリス政府も，ローマ条約改正が話し合われた政府間会合（Intergovernmental Conference）の白書において，これに反対の立場を表明していた[133]。すなわち，EUは基本的人権の保護や差別禁止を行う場所として適切ではない。差別問題に関しては，イギリス政府は過去の自国の実績を誇りとしており，既存の法的枠組で十分だと確信している。差別問題は国内立法で取り扱うのが適当であり，加盟国特有の事情と伝統になじむ解決が必要である，と主張したのである。しかし総選挙において労働党が勝利を収め（1997年5月），このような立場は撤回されることになる。

　以上の経過を辿り，1997年6月，アムステルダム欧州理事会においてローマ条約改正が合意され，新13条が設けられるに至った[134]。新13条の定めは次のようなものとなった。

　「この条約の諸規定に反することなく，この条約が共同体に付与する権限の範囲内において，理事会は，欧州委員会の提案に基づき，欧州議会と協議した上で，全会一致により，性別，人種若しくは民族的出身，宗教若しくは信条，障害，年齢又は性的指向を理由とする差別と闘うために適切な措置を

129　Flynn, *supra note* 119, at 1130-1131.
130　1996年6月の会合を傍聴していた欧州議会の議員のメモによるとされる。Bell & Waddington, The 1996 Intergovernmental Conference and the Prospects of a Non-Discrimination Treaty Article, 25 ILJ 320, 331 (1996).
131　Flynn, *supra note* 119, at 1131.
132　Bell, *supra note* 124, at 7.
133　Flynn, *supra note* 119, at 1129-1130.
134　OJ [1997] C 340.

とることができる」。

13条はローマ条約の原則（principle）の部分に挿入された。

(2) **13条の内容**

ローマ条約新13条は，年齢・障害・性的指向を理由とする差別といった，差別として規制することがそれまで一般的でなかった差別について対処する権限を理事会に与えている。そのような規定の挿入がなぜ加盟国の反対により阻まれることがなかったのか，その理由は，13条の規定が，加盟国の経済に負担を課すような法的措置を必然的にもたらすものではなかったからであると推測される。

第1に，13条は，差別に取り組むための「適切な措置（appropriate action）」をとる権限を理事会に与えるにすぎない。適切な措置には指令のみならず，勧告・意見・行動プログラム等拘束力のない手段も含まれる[135]。第2に，ローマ条約13条は直接効果（direct effect）をもたない。同条は差別に関する規範を含むものではないからである[136]。国籍を理由とする差別を「禁止されるものとする」と定めるローマ条約12条，男女同一賃金原則の保障を加盟国に義務づけるローマ条約141条等とは対照的である。そして第3に，ローマ条約13条は理事会の全会一致を予定している。つまり，同条に基づく提案はすべての加盟国によって受け容れられなくてはならない。加盟国には，自国の政策との抵触あるいは経済的なインプリケーションが懸念されるときは，拘束力ある措置を支持しないという手段が残されていた[137]。ローマ条約13条は，こうした理由により最終的には加盟国の支持を得て設けられるに至ったと考えられる。

3　EC指令の採択過程

ローマ条約13条に基づく措置がどのようなものになるか，条約改正の当時はまだ明らかでなかったが，1998年12月，欧州委員会の労働社会政策担当委

---

[135]　*Id.* at. 1136. Waddington, *supra note* 120, at 181.
[136]　この点に関する議論を展開するものとして，Flynn, *supra note* 119, at 1132-1133. Waddington, *supra note* 120, at 182 ; Bell, *supra note* 124, at 8. 直接効果をもつ規定とすることに加盟国の支持は得られなかった。欧州司法裁判所は，13条が直接効果をもつことを否定している。Case C-246/96 Grant ［1998］ ECR I-621.
[137]　Flynn, *supra note* 119, at 1138 ; Waddington, *supra note* 120, at 182 ; Bell, *supra note* 124, at 8.

員 Flynn は，ウィーンで開催された差別禁止に関する欧州会議において，次のような提案を行うという立場を表明した。すなわち，①雇用におけるあらゆる差別を取り扱う枠組指令（水平的指令），②雇用，物・サービス，保健，教育，スポーツ等の領域における人種差別について取り扱う指令，③行動プログラム，の3つの措置を提案するとしたのである。

　このような基本的な立場に基づいて，欧州委員会と加盟国・欧州議会・労使団体・市民団体の間で協議が行われることとなった。当初の議論で，6つの差別を等しく取り扱う水平的アプローチをとることについて合意が得られた[138]。あらゆる差別を一括して取り扱うという手法は，年齢差別の禁止等，ある差別事由を個別にとりあげて反対することを困難なものとしたと考えられる[139]。

　1999年11月，欧州委員会は，理事会・欧州議会・経済社会評議会・地域委員会に対して指令案を提出した。指令案提出後もすべての加盟国が積極的に年齢差別禁止法導入を支持したわけではなく[140]，イギリスは指令の年齢差別規制は実際的でないと懸念していた。使用者団体も反対していたが，年齢差別については後述するように，例外が特別に設けられていたので，納得が得られた。最終的には2000年11月27日，2000/78指令は採択され，同年12月2日に施行された。

　以上のようなEC指令の採択の経緯に照らすと，同指令に含まれる年齢差別規制の基本趣旨は，人権思想に基づく差別禁止にあったといえる。ローマ条約13条は「EU市民権」の確立の一環として求められていた。また，年齢差別への取組みが，「性別，人種又は民族的出身，宗教又は信条，障害…性的指向を理由とする差別」についての取組みとならんで規定されたこと，同条に基づく2000/78指令においても，年齢差別を他の差別と同等に扱う水平的アプローチが採用されたこと等からすると，年齢差別規制も他の差別規制の延長線上にあると捉えられるからである。2000年のEU基本権憲章の差別禁止条項（21条）でも，年齢差別は明示的に禁止される差別事由の1つとしてリストに加えられ

---

[138] 2002年2月下旬，Adam Tyson氏（欧州委員会雇用・社会問題総局）に行ったヒアリングによる。Bell, Article 13 : The European Commission's Anti-Discrimination Proposals, 29 ILJ 79, 80 (2000).

[139] 指令案が出される前に，本文のような手法が政治的支持を得るのに有効であるとする見解が示されていた。Flynn, *supra note* 119, at 1148 ; Waddington, *supra note* 120, at 187.

[140] http://www.eiro.eurofound.ie/2000/10/Study/TN0010201S.html

ている。欧州憲法条約でも同様である[141]。そのような 2000/78 指令の趣旨は，以下の同指令前文にも表れている。

> 「EU は，自由，民主主義，人権及び基本的自由の尊重，法の支配，全加盟国に共通する原則を基礎としており，人権及び基本的自由の保護のための欧州条約によって保障される基本権並びに加盟国に共通する憲法の伝統に由来する基本権を，共同体法の一般原則として，尊重する」（前文(1)）。

また，世界人権宣言，女子差別撤廃条約，A規約，B規約，ILO 第 111 号条約も引用されている（前文(4)）。欧州司法裁判所もまた，先決裁定を示すなかで，差別禁止規制が基本権を保障するものであることを強調してきている[142]。欧州委員会も EC 指令の提案にあたって，次のように述べている[143]。

> 「雇用平等への個人の権利を共同体レベルで認めることは，あらゆる市民のための均等な機会という基本原則の実現に EU が完全にコミットしているという明確なメッセージを送ることになるだろう」。「雇用平等の権利を認めることは，市民権を強化することになるだろう」。

そして，6 つの事由（性別，人種・民族的出身，宗教・信条，障害，年齢，性的指向）を理由とする差別規制の間にヒエラルキーが存在しないことを強調している。

> 「[欧州委員会の] 提案は，[既に規制が存在する] 性差別を除いて，ローマ条約 13 条に定める差別事由をすべてカバーしており，差別事由の間での階序付けを全く行っていない」。

以上のことから，年齢差別の禁止についても，人権保障を目的とする差別規制としての趣旨が前面に出ていたといえるのである。

II　雇用政策としての年齢差別禁止

このように 2000/78 指令に含まれる年齢差別規制は，人権思想に基づき導入された差別規制の一環として位置づけられる。しかし，EU の年齢差別規制には雇用政策としての側面もみられる。EU（EEC・EC）レベルにおける高年齢者に関する政策は当初，引退過程に焦点を当てていたが，1990 年代後半には，

141　Treaty establishing a Constitution for Europe, Article II-21.
142　Case 13/94 P v S ［1996］ ECR I-2143.
143　COM (1999) 565 final, para. 3.

高年齢者の雇用を促進する必要性があると唱えられるようになっており，年齢差別規制はかかる政策の一環でもある。

1　引退政策と高年齢者の雇用促進政策

　EU（EEC・EC）における高年齢者雇用への取組みは，1982年の「引退年齢に係る共同体政策の原則に関する勧告」[144]等の採択から始まった。この勧告は，一定年齢以降に年金受給年齢を個人が選択できるようにすること等の方策によって引退年齢を柔軟化するよう求めるものであった。労働者の基本的社会権に関する共同体憲章（1989年）も，労働者が引退する際に十分な生活水準が保障されるよう要請した。こうした1980年代の政策は，高年齢者の引退後の生活や引退への円滑な移行を保障することにその力点を置いていた。

　しかし，かかる状況について1990年代から徐々に変化がみられた[145]。たとえば，「高年齢者と世代間連帯の欧州年」に指定された1993年には理事会勧告が出されている[146]。そこでは，引退時の所得保障のみならず，「高年齢者が労働市場との結びつきを保持するよう保障すること」が要請され，「年齢による

---

[144] Council Recommendation of 10 Dec. 1982 on the Principles of a Community Policy with regard to Retirement Age, OJ ［1982］ L357/27.

[145] 高年齢者雇用への取組みとして，本文中で言及した他には，次のような政策がある。まず欧州委員会は最初，高年齢者の取扱いについての措置を勧告により設定する（Commission Recommendation 89/350/EEC concerning a European Over-60s Card, OJ ［1989］ L144/59）。次いで，高年齢者についての共同体レベルでの行動の基礎を設定したコミュニケーションが出される（Commission Communication on the Elderly, and Proposal for a Council Decision on Community Actions for the Elderly, COM (90) 80 final）。その他にもいくつかの政策が打ち出されている（Commission Decision 91/544/EEC on the Liaison Group on the Elderly, OJ ［1991］ L296/42；Council Decision 91/49/EEC of 26 Nov. 1990 on Community Actions for the Elderly, OJ ［1991］ L28/29；Council Decision 92/440/EEC of 24 June 1992 on the Organization of the European Year of the Elderly and of Solidarity between Generations, OJ ［1992］ L245/43；Resolution of the European Parliament on Measures for the Elderly, OJ ［1994］ C77/24；Resolution of the Council and of the Representatives of the Governments of the Member States, Meeting within the Council on the Employment of Older Workers, OJ ［1995］ C228/1）。

[146] Declaration of Principles of the Council of the European Union and the Ministers for Social Affairs, Meeting within the Council of 6 December 1993 to Mark the End of the European Year of the Elderly and of Solidarity between Generations, OJ ［1993］ C343 /1.

異なる取扱いが正当化される程度について評価すること」も求められている。先にふれた1994年の欧州の社会政策に関する白書は，あらゆる者を社会に統合することは，社会的公正の問題としてのみならず，人的資源を最大限に活用する必要があるから重要であるとしている[147]。また同白書は，あらゆる者の社会的統合を保障するため，所得保障のための措置から積極的労働市場政策に移行する必要があると論じている[148]。とりわけ高年齢者の貢献が促進されるべきであり，高年齢者を社会的に統合する必要があるとし，引退年齢等，それまで当然視されてきたものを検討しなおすべきであるとしている。

1999年5月には，「あらゆる年齢層のための欧州をめざして——繁栄と世代を超えた連帯を促進する」というコミュニケーションが出された[149]。そこでは，人口の高齢化のなかで今までのような早期引退の慣行[150]が継続すると労働者が不足し高年齢者を支えるための負担が増すこと，高年齢者は衰退産業でブルーカラーとしてあるいは管理職として勤務していることが多いため，それらの雇用が削減されると影響を受けやすいこと，高年齢者は職業訓練から除外されやむをえず早期に引退していることが示される。このように問題状況を把握した上で，コミュニケーションは，早期引退傾向を覆すためには雇用継続の阻害要因を除去すると同時に高齢労働者に適当な雇用機会を提供して，職業生活を続けるインセンティブを与える必要があると述べている。

2001年のストックホルム欧州理事会では，2010年までに55歳以上65歳未満の者の就業率を当時の約35％という水準から50％に引き上げるという目標が設定されている。

上記のコミュニケーションは，年齢差別規制を含め2000/78指令への動きが活発化するなかで出されており，2001年の欧州理事会決定が指令採択と近い時期になされたことからも，少子高齢化が進むなかで労働者不足と年金財政負担増大が予測される状況が年齢差別規制を推進したものと考えられる。

---

[147] White Paper on Social Policy of 1994, Ch.VI, para.12.
[148] Id. Ch.VI, para. 2, 25-26.
[149] Towards a Europe for All Ages: Promoting Prosperity and Intergenerational Solidarity, COM(1999)221.
[150] コミュニケーションによれば，60歳代前半層の男性の労働力率は，1950年から1990年の間に，80％から30％に落ち込んでいる。

2　雇用差別規制の政策的側面

そして，EU の差別規制は近年，雇用政策の一環としてもその強化が求められている。たとえば，共同体の雇用戦略を策定するガイドラインにおいて，均等機会の達成は雇用戦略の1つとして位置づけられている[151]。2000/78 指令前文は，「年齢差別の禁止は，雇用のガイドラインに定める目的を達成するために必要不可欠である」としている（前文(25)）。

2000/78 指令の提案文書においても，指令による差別規制全体の効果について，社会保障支出の抑制，家庭の購買力向上，人的資源を最大限活用することによる企業の競争力強化に繋がり，経済的成長にとって直接的な利益をもたらし，中期的には雇用を増大させると予測されている[152]。

年齢差別規制がいち早く導入されていた国の規制においても，高年齢者の雇用促進政策としての側面と不公正な差別を禁止するという側面とが併存したことが窺える。たとえば，フィンランドは，従来，早期引退を積極的に促進していたが[153]，将来的な労働力不足が懸念されるため，高年齢者雇用を促進する政策に移行している[154]。

EU の年齢差別規制が，年金政策の展開等に呼応した雇用政策の1つとしても把握できることについて，イギリスの Fredman 教授は以下のように論じて

151　たとえば，Council Decision of 22 July 2003 on Guidelines for the Employment Policies of the Member States, OJ ［2003］ L197/13.

152　COM (1999) 565 final, *supra note* 143, at 27-29. これは年齢差別も視野においた議論であると考えられる。

153　O'Cinneide, Comparative European Perspectives on Age Discrimination Legislation, in Age as an Equality Issue 195, 201-202 (Fredman & Spencer eds., 2003).

154　ただ，アイルランドについては，年齢差別規制が導入されたこととその他の政策展開との関係は薄いようである。アイルランドでは若年層の割合が EU 加盟国の中で最も高く，年金の拠出者数の減少という問題を抱えておらず，1990 年代に経済成長が著しかったため若年者失業の問題もない。しかし，そのような経済成長のなか，高齢労働者が被っている不利益が浮き彫りになったこと，当時政権をとっていたのが中道左派のアイルランド統一党（Fine Gael）と労働党の連立与党であったこと，年齢問題にかかわる NGO からの圧力，アメリカとカナダの立法の影響が背景となって，年齢差別は差別禁止事由のカタログに取り入れられることとなった。牧野利香「アイルランドの雇用における年齢差別禁止法制」JIL Discussion Paper Series 03-002（2003年），同「アイルランドの状況」労働政策研究・研修機構研究調整部研究調整課編『欧州における高齢者雇用対策と日本―年齢障壁是正に向けた取り組みを中心として―』87 頁（2004 年）も参照。

いる[155]。

〈中高年の労働者に対する雇用における差別は完全に正当なものと考えられ，そのかわりに年金その他の社会保障制度における保護が提供された。しかし，高齢労働者に対する差別の問題が議論されるようになってきた。おそらく最も重要なのは，20世紀の後半30年間，高失業と産業再構成のコストが不相当に高年齢者に課されたということである。高年齢者は若年者より先に解雇された。若年者は雇用にかかるコストが低く就職する必要性が高いと考えられたからである。引退政策がとられた結果として，高齢労働者の就業率が急激に低下した。このような高年齢者の経済活動の減少は，高齢化と同時に起こった。高年齢者の増加は，経済的活動を行わない者が多いことと相俟って高負担になっている。高度な技能をもつ労働者が著しく不足しているから，これらの傾向を覆す必要があることは明らかである。それゆえ，年齢差別撤廃が最近になって強調されるようになったのは，公正（fairness）が求められていることを突然に認識したのではなく，経営上およびマクロ経済上の必要性（business and macro economic imperatives）にその主たる推進力を得たからである。最近の政策綱領において最も顕著なのは，年齢差別の撤廃は経済的論拠により合理的といえる（business case）ということにある。〉

つまり，EC指令に含まれる年齢差別規制は，人権保障としての差別禁止の1つではあるが，高年齢者雇用を促進する政策手段としても把握されるものであった。

3 例外規定の挿入

そして，年齢差別規制は，広範な例外を設定しうる（後述）がゆえに加盟国政府と使用者団体の支持が得られたと考えられる。実際，指令の協議段階ではUNICE（欧州産業経営連盟。改称してBusiness Europeになった。），特にドイツの使用者団体が強く反対した。UNICEは，「差別をベースとするアプローチによって年齢に取り組むことの適切性には疑問がある」，「年齢の問題はより労働市場政策に関連しており，EUにおける人口構造の展開に左右される」という立場を表明していた[156]。そして，個々の経営判断に異議を申し立てられる

---

[155] Fredman, Discrimination Law 61-62 (2002). ただし，Fredmanは同時に，年齢差別のコストを過小評価すべきではなく，貧困，健康状況と精神状態の悪化，尊厳の低下および社会的孤立をもたらすということが法的介入を正当化する，と論じている。

のではないかと懸念され，若年者や高年齢者を優遇する労働市場政策も差別になりうることを批判した。しかし，年齢差別禁止の例外の存在により最終的には同意が得られた[157]。経済社会評議会も，労働市場に関する理由により年齢差別が広く正当化されてしまうのではないかと懸念しつつも，年齢を基準とした多くの保護立法や労働協約が存在すること等にかんがみ，欧州委員会の提案を受け容れる，と述べた[158]。

つまり2000/78指令の年齢差別規制は，人権保障を目的とする差別禁止としての趣旨が前面に出されて導入されたが，実際には他の差別規制と同程度の厳格な規制とはなっていない。それがEC指令に年齢差別禁止をとり入れることを可能にしたとみられるのである[159]。それでは，このように人権保障という趣旨と政策的な趣旨が併存するEC指令の年齢差別規制がどのような影響を及ぼしうるものなのか，次節で検討する。

III EC指令の内容

1 包括的な差別規制

EC指令の内容は第1章で論じたが[160]，雇用分野のあらゆる局面における，直接・間接の年齢差別がその対象となる（2条2項）。ハラスメントや差別を指示することも差別の一形態として規定されている（同条3項・4項）。直接・間接差別は次のように定義される。

第2条　差別の概念

　第1項　本指令において，「平等取扱原則」は，第1条に定める事由［筆者注―宗教若しくは信条，障害，年齢又は性的指向］を理由とする直接又

156　Union of Industrial and Employers' Confederation of Europe, UNICE Position Paper on Implementation of Article 13 of the Amsterdam Treaty 5 (2000).
157　Tyson氏（欧州委員会雇用・社会問題総局）に行ったヒアリングによる。
158　Opinion of the Economic and Social Committee, OJ ［2000］C204/17.
159　濱口桂一郎「EUの『年齢・障碍等差別禁止指令』の成立と，そのインパクト」世界の労働51巻2号36頁（2001年）。
160　以下の指令の訳出にあたっては，ロジェ・ブランパン『ヨーロッパ労働法』（信山社，2003年），小宮文人・濱口桂一郎訳『EU労働法全書』251頁（旬報社，2005年），濱口・前掲注112・267頁以下，同「EUにおける年齢差別是正への取組み」清家篤編『エイジフリー社会』87頁以下（社会経済生産性本部，2006年）を参照した。

は間接のいかなる差別も存在しないことを意味する。
　第2項　第1項においては,
　　(a)　直接差別は,ある者が第1条に定める事由［筆者注—宗教若しくは信条,障害,年齢又は性的指向］を理由として,他の者が比較可能な（comparable）状況において取り扱われるか,取り扱われたか又は取り扱われたであろう場合よりも不利益に取り扱われている場合に存在する。
　　(b)　間接差別は,表面上は中立的な規定,基準又は慣行が,特定の宗教若しくは信条,特定の障害,特定の年齢又は特定の性的指向の者に対し,他の者と比較して特に不利益（particular disadvantage）を及ぼす場合に存在する。但し,次のいずれかに該当する場合は,この限りでない。
　　　（i）当該規定,基準若しくは慣行が,正当な（legitimate）目的により客観的に正当化され,かつその目的を達成する手段（means）が適切（appropriate）かつ必要（necessary）である場合。

したがって,表面上は中立的な規定,基準または慣行が,特定の年齢にある者に,他の者と比較して特に不利益を与える場合,間接差別が成立しうる[161]。

　本指令は,公共部門及び民間部門の双方における,次の①から④にかかわる事項に関して適用される。まず,①雇用,自営業または職業へのアクセスの条件（選抜基準及び採用条件を含む。）である（3条1項(a)）。活動部門にかかわらず,また職業的階梯のすべての段階における条件（昇進を含む。）に適用される。②職業指導,職業訓練等へのアクセスにも適用される（同条1項(b)）。実際の就労体験やすべての形態・水準の訓練はこれに含まれる。③雇用条件および労働条件（解雇および賃金を含む。）（同条1項(c)）,④労働者団体や使用者団体への加入および関与,構成員が特定の職業を遂行する組織への加入および関与にも適用される（同条1項(d)）。それらの団体が提供する給付も含まれる。

　立証責任に関しては次の措置を加盟国はとるものとされている（10条1項）。差別を受けたと考える者が,直接・間接の差別があったことを推定させる事実

---

[161] 性差別の立証責任に関するEC指令では,間接差別を成立させるためには,一方の性別の者に相当程度高い比率で不利益が及んでいることが必要であると解釈され（97/80指令2条2項）,統計的証拠が求められていたが,本指令ではこの点に配慮されている。なお,性差別についても,本指令採択後,2002/73指令による改正で,同一の間接差別の定義が定められるに至った。

を立証したときは，平等取扱原則違反がなかったことを被告が証明することを保障するために必要な措置である。救済に関しては，規定違反に対する制裁の準則を定め，その準則の適用を保障するために必要なすべての措置を講じるものとされる。また，制裁は実効的，比例的かつ抑止的でなければならないと定められている（17条）。

　EC指令の趣旨の観点からは，ADEAと異なり，若年者に対する差別も原則として禁止される点が注目される。若年であるがゆえの差別をEC指令でカバーするかどうかについては，議論がなかったわけではない。閣僚理事会の下部機関である常駐代表者会議（Coreper）の社会問題作業部会の記録によれば，指令採択の2ヵ月前である2000年9月の時点でも，イギリス等は，指令の年齢差別規制の適用対象を高年齢者に限定することを提案していた[162]。年齢差別禁止規定を50歳または55歳以上の者にのみ適用することを求めていたのである。これは，そのような差別が労働市場における主要な問題であることを理由とした。しかし，このような立場は他の加盟国の支持を得られなかった。若年者失業も問題になっている上，若年層に適用しないとすると差別禁止原則と矛盾すると考えられたからである[163]。

　これは，6つの差別（2000/78指令が規制する宗教，障害，年齢及び性的指向を理由とする差別に人種差別，性差別を加えたもの）を等しく取り扱う，水平的アプローチがとられた結果でもあろう。欧州委員会の提案文書においても，各差別規制の間に序列は存在しないと明記されていたところである。EC指令の年齢差別規制が人権保障としての差別禁止の1つとして把握されたことが，年齢を用いた雇用管理を包括的に規制することに表れたといえる。

2　年齢差別規制の特徴

　このように2000/78指令に含まれる年齢差別規制は，他の差別規制と等しく取り扱われたことが反映して，一面で包括的な規制となっている。しかしなが

---

[162] Council, Outcome of Proceedings of the Working Party on Social Questions of 13 September 2000, No.11352/00, at 18.

[163] 2002年2月にTyson氏（欧州委員会雇用・社会問題総局）へのヒアリングおよび電子メールで問い合わせ，2007年3月に，2000/78指令に関する交渉に当時携わっていたNicola Cullen氏（イギリス経済産業省（Department of Trade and Industry. 2007年6月に改組されDepartment for Business, Enterprise and Regulatory Reformに変更された。）に問い合わせたところによる。

ら,第1に,年齢差別の立証に特有の困難が予想されること,第2に,年齢差別規制について指令自身が,他の差別類型にみられない例外を設けていることに注意しなければならない。その結果,EC指令の年齢差別規制の法的介入の程度は相対的に弱いものとなりうる。以下,この点を確認する。

(1) 年齢差別の立証

立証に関する年齢差別特有の困難は,特に差別的意図が明白でない場合に生じる。この場合,年齢を理由に差別を受けたと考える者は,間接証拠を用いて直接差別の意図を立証することになるが,比較対象者の問題,すなわち,誰に比較しての不利益を示さなくてはならないのかという問題があるからである[164]。たとえば,55歳の者が解雇されたとすると,代わりに雇い入れられた者が50歳であったことを示せば,年齢差別の一応の証明を果たしたことになるのか。年齢差が5歳では不十分だとすると,40歳ならどうか,30歳ならよいか等々,比較対象者との間にどれくらいの年齢差が必要か,ということが問題になる。間接差別としての立証もありうるが,このときも,不利な影響が及ぶ年齢層をいかに画定するかということが,同じように問題となる。他の差別,たとえば女性が性差別を受けたと考える場合,証拠の偏在等,差別の立証を難しくさせる要因は多々あるものの,比較対象者が男性になることに問題はなく,この点に支障はない。

(2) EC指令の例外規定

EC指令では,差別禁止についての例外がいくつか定められている。ある年齢に属することが,当該特定の職業活動の性質またはそれが遂行される状況を理由として,真正かつ決定的な職業的要件である場合には,その目的が正当であり,かつその要件が比例的である限り,差別を構成しないと加盟国は規定することができる(4条1項)。また,ポジティブ・アクション(積極的差別是正措置)は許容される(7条1項)[165]。この2つの例外は,他の差別についても許容されており,年齢差別に特に認められた例外ではない[166]。

---

164 McGlynn, EC Legislation Prohibiting Age Discrimination: "Towards a Europe for All Ages"?, 3 CYELS 279, 289 (2000). 雇用社会問題作業部会でもこの点は議論になり,間接差別については,当該措置が及ぼす影響を40歳以上の者とそれ未満の者とで比較する,というアメリカの例が紹介されている。

165 平等取扱原則は,現実における完全な平等を保障する観点から,加盟国が,第1条に定める事由に関連する不利益を防止し又は補償するための特別措置を維持し又は採用することを妨げないものとする,と規定されている。

しかし，年齢差別に関しては，次の例外がさらに認められる[167]。

第6条　年齢を理由とする異なる取扱いの正当化

　第1項　加盟国は，年齢を理由とする異なる取扱いが，国内法の事情（context）において，正当な雇用政策，労働市場及び職業訓練（employment policy, labour market, vocational training）の目的を含む正当な（legitimate）目的によって，客観的（objectively）かつ合理的に（reasonably）正当化され，かつその目的を達成する手段（means）が適切（appropriate）かつ必要（necessary）である場合においては，第2条第2項にかかわらず，差別を構成しないと定めることができる。このような異なる取扱いには，次に掲げるものが含まれうる。

　　(a)　年少者，高齢労働者及び保護責任を負う者の職業的統合（vocational integration）を促進し又はその保護を保障するために，これらの者について雇用及び職業訓練へのアクセス，雇用並びに職業に関する特別の条件（解雇及び報酬条件を含む。）を設定すること。

　　(b)　雇用又は雇用に関連する一定の便益へのアクセスについて，年齢，職業経験又は勤続期間に関する最低条件を設定すること。

　　(c)　当該ポストの訓練要件又は引退前の合理的な雇用期間が必要であることを理由として，採用について上限年齢を設定すること。

つまり，加盟国は，年齢に基づく取扱いが，①雇用政策，労働市場および職業訓練のような正当な目的によって，客観的かつ合理的に正当化され，②その目

166　さらに，このEC指令は，各加盟国の社会保障制度・社会的保護制度等の，国が行う給付には適用されないので（3条3項），老齢年金等の年齢を基準とする給付制度は本指令違反にならない。この他，指令2条5項は，「本指令は，民主主義社会において，公共の安全，公の秩序の維持及び刑事犯罪の防止，健康の保護並びに他人の権利及び自由の保護のために必要である，国内法によって規定される措置を妨げないものとする」と定めているので，警察官や刑務所職員等についての年齢制限は許されうることになる。

167　指令案提出後のコレペール・社会問題作業部会では，オランダが再三にわたり，「企業の重要な利益により必要になる区別」等を例外として列挙するよう求めていたが，取り入れられていない（Council, Outcome of Proceedings of the Working Party on Social Questions of 4 July 2000, No.10159/00, 6）。また，イギリスは，「組織における均衡のとれた年齢構成を保持するため，または，労働生活から引退への円滑な移行を保持するために特別の条件を実施すること」を例外として列挙するよう求めたが，これも取り入れられていない（Council, Outcome of Proceedings of the Working Party on Social Questions of 12 October 2000, No.12270/00 ADD 1, 5）。

的の達成手段が適切かつ必要である場合は，③国内法の定めにより，差別を構成しないと定めることができる。この規定はこれまでの諸外国の年齢差別法制で認められた例外をかき集めてきたような包括的な内容であり[168]様々な取扱いを例外としうるように読めるため，年齢差別の禁止がもたらすインパクトを弱める可能性がある。そのような結果に至るかどうかは，欧州司法裁判所の解釈しだいではあるが，緩やかな解釈がなされる可能性が指摘されている。そこでは，EC指令の前文(25)が参照される。すなわち，「年齢に関連する異なる取扱いは，一定の状況下では正当化しうるのであり，それゆえ加盟国の状況に応じて変更しうる特別の規定が必要になる。正当な雇用政策，労働市場及び職業訓練等によって正当化される異なる取扱いと，禁止されるべき差別とを区別することが不可欠である。」とされていること等が論拠となっているのである[169]。

また，上記の(a)から(c)の中では，(c)が，労働者の訓練等，使用者が投下した投資の回収を可能にするという，使用者の経済的利益に着目した規定であり，特に注目される。

定年制は，差別禁止の例外として明記されていない。定年制を許容例として明示すべしとする意見は，雇用社会問題作業部会において，2000年9月にアイルランドによって示されていた。指令採択の直前の10月にはイギリスが再度これを提案したが，例外とされるには至らなかった[170]。各国の意見の一致がみられなかったためであろう[171]。とはいえ，イギリスの提案を受けて指令前文(14)が挿入され，EC指令は引退年齢を設定する国内規定を妨げないとされた。指令採択後に年齢差別規制を導入したオランダでは，年金支給開始年齢に

---

[168] Hornstein, Options for the UK : Implementing the EC Directive, in Outlawing Age Discrimination : Foreign Lessons, UK Choices 1, 8 (Hornstein (ed.), 2001).

[169] McGlynn, *supra note* 164, at 292.

[170] Council, Outcome of Proceedings of the Working Party on Social Questions of 13 September 2000, No.11352/00, 19 ; Council, Outcome of Proceedings of the Working Party on Social Questions of 12 October 2000, No.12270/00 ADD 1, 5. この点については，濱口・前掲注112・275頁以下。

[171] 前記Cullen氏にインタビューしたところによると，定年制を例外と明記すると差別禁止原則が損なわれるような外観となってしまうこと，その他の技術的な理由により，例外と規定されるには至らなかったという。

[172] 定年制を例外としうるという解釈は，欧州司法裁判所によって示されているが，2003年にTyson氏に電子メールで照会したときも，フランスやオランダのようなアプローチは，欧州委員会からすれば，合理的な (reasonable) アプローチであると思われるということであった。

接合した定年は許容されるとの明文の規定が置かれているし，アイルランドでも，定年制は違法にならないとする規定が 2004 年の法改正後もなお維持されている[172]。学者の間でも定年制は許容されるであろうとされている（ドイツで見方が分かれていることは後述する）[173]。

　この他の年齢差別特有の例外として，加盟国は，職域社会保障制度における引退・障害給付の加入・受給資格に関して，また保険数理上の計算に関して，年齢基準の利用が認められている（6 条 2 項）[174]。また，年齢差別規制は，軍隊に適用しないこともできる（3 条 4 項）[175]。

(3) 政治的背景

　これらの例外が設けられた政治的背景の 1 つは，既に述べたように，年齢差別規制導入に関して UNICE，特にドイツの使用者団体の強い反対があったということである。指令案提出後に UNICE が展開した批判は，指令案の 5 条（採択された指令の 6 条に対応するもの）の例外のリストが網羅的でないため，先任権に基づく賞与や集団的解雇の際に労使が実施する措置等も差別となりうること，加盟国や労使が実施している，若年者や高年齢者を優遇するような労働市場政策も差別となりうること等であった[176]。なかでもドイツの使用者団体が強く反対したのは，ドイツでは，賃金・昇進・解雇・退職等に関して年齢が基準として用いられており，それらは労使合意をもとに円滑に実施されてい

---

[173] Fredman, Equality : A New Generation?, 30 ILJ 145, 152 (2001) ; Meenan, Age Equality after the Employment Directive, 10 MJ 9, 14 (2003) ; Hornstein, *supra note* 168, at 8 ; Hepple, Age Discrimination in Employment : Implementing the Framework Directive 2000/78/EC, in Fredman & Spencer (eds.), *supra note* 153, at 89-93 (2003).

[174] 「加盟国は，職域の社会保障制度の下で，引退給付又は障害給付の加入又は受給資格に関する年齢を設定すること（そのような制度の下で，複数の労働者又は労働者の集団若しくは類型について異なる年齢を設定することを含む。）及びそのような制度の下で保険数理上の計算において年齢基準を用いることは，それが性別に基づく差別とならない限り，年齢に基づく差別を構成しないと定めることができる。」

[175] ここで述べた年齢差別禁止の例外等は，宗教・信条，障害，性的指向を理由とする差別と比較しての特色でもあるが，人種差別や性差別と比較すると，雇用・職業以外，たとえば物・サービスの提供や社会保障における差別が適用対象にならない点でも相違がある（人種差別に関しては 2000/43 指令 3 条 1 項(e)-(h)，社会保障における性差別に関しては 79/7 指令 3 条 1 項があり，物・サービスのアクセス・提供に関する性差別を禁止する指令として，2004/113/EC 指令（OJ ［2004］ L 373/37）がある）。

[176] Union of Industrial and Employers' Confederation of Europe, *supra note* 156, at 5 (2000).

ると考えたからである[177]。しかし年齢差別禁止の例外を設けることが可能となったため，早い段階で納得を得ることができたという。指令6条の例外が存在するゆえに使用者団体の了承を得ることができたという経緯に照らすと，指令の年齢差別規制には，産業界に不利益なインパクトを及ぼさない，若年者・高年齢者の雇用促進政策を妨げないという政策的配慮が加えられているといえよう。

一方，かかる例外に対して，規制を推進していた NGO の Eurolink Age は「年齢差別を合法化するものである」，「条約の精神に反する」，「使用者が年齢差別を継続することを許容するものである」，「欧州委員会が近年進めている数多くの［高年齢者の雇用促進］措置・政策と矛盾する」と批判している[178]。

(4) 他の差別規制との比較

確かに，ある論者もいうように，指令6条1項の規定は，「各加盟国が，労働市場の状況を考慮して平等取扱原則の適用を事実上縮小することを可能にするものであり，EU が真に年齢差別の撤廃にコミットしているのかどうか，疑念を生じさせる」[179]。年齢差別以外，たとえば人種差別や性差別等については，直接差別が正当化される場合は極めて限定され，職業活動の性質またはそれが遂行される状況を理由として，労働者がある性別・人種に属することが，真正かつ決定的な職業的要件であるということを示す必要があり（76/207 指令2条6項・2006/54 指令 14 条2項，2000/43 指令4条）[180]，それ以外で許されるものは，母性保護を理由とする場合とポジティブ・アクションに限定されている。一般的な正当化が可能なのは間接差別だけである。

このことと対比すると，年齢差別については，直接差別について，一般的な条項による雇用政策・労働市場の観点からの正当化を認めることにより，その法的介入は控え目なものとなっている。この6条1項の基準が，間接差別の正当化基準に類似していること[181]——本指令でも，人種差別・性差別に関する指

---

177 Tyson 氏（欧州委員会雇用・社会問題総局）へのヒアリングによる。
178 Commission 'Package' in relation to the Implementation of Article 13, Eurolink Age Position Paper.
179 O'Hare, Enhancing European Equality Rights: A New Regional Framework, 8 MJ 133, 153 (2001).
180 宗教・信条を理由とする取扱いは，当該組織のエトスに関する職業上の要請により正当化しうるとする規定も別途存在する（4条2項）。
181 COM (1999) 565 final, 10-11.

令でも，間接差別は，正当な目的により客観的に正当化され，かつその措置が当該目的を達成するために適切かつ必要でなければならないとされている（2000/43指令2条2項(b), 76/207指令2条2項・2006/54指令2条1項(b)）——も，その厳格度があまり高くないことを示している。

職域の引退・障害給付における取扱いを例外としていることからみても（2000/78指令6条2項），年齢差別禁止の例外はより広い。性差別については，当初EC指令で職域の社会保障制度は適用除外とされていたが，欧州司法裁判所の先決裁定により，職域年金も賃金であるといえる以上，それを指令の適用から除外することは，男女同一賃金を定めるローマ条約旧119条に反すると判断された。職域年金における性差別は現在ではEC指令により明文で禁止されている[182]。

このような指令6条1項・2項の存在にかんがみて，EU法・労働法学者の間では，年齢差別からの保護の程度は他の差別類型に劣位していると分析されているが[183]，このような年齢差別規制の相対性は先にみたようにEC指令前文(25)でも強調されており，年齢を理由とする異なる取扱いについては，正当化されるものと禁止されるべきものとを区別することが不可欠だとされている。

では，上記の諸種の例外を年齢差別についてのみ許容することは，理論的にはいかなる論拠により正当化できるか。指令を策定する段階で指摘されたのは，年齢が技能（身体面での技能）を示す指標たりうるため，年齢差別は他の差別よりも合理的なものといえる，ということである[184]。加齢というものは，す

---

[182] 職域社会保障制度における性差別に関する指令として86/378指令があり，2006/54指令では，5条以下に規定されている。

[183] Waddington, Article 13 EC: Setting Priorities in the Proposal for a Horizontal Employment Directive, 29 ILJ 176, 179 (2000); Skidmore, EC Framework Directive on Equal Treatment in Employment: Towards a Comprehensive Community Anti-Discrimination Policy?, 30 ILJ 126, 130 (2001); Meenan, *supra note* 173, at 10. 年齢差別規制の例外はその他の差別規制と質的に異なっている，直接差別が正当化される状況は限定されるというそれまでの規制とかけ離れているとして，年齢差別は差別法理のヒエラルキーの最下位に位置づけられる，とする分析もある。Waddington & Bell, More Equal than Others: Distinguishing European Union Equality Directives, 38 CMLRev. 587, 599, 610 (2001). ECの各種指令による差別規制の間で保護の程度が異なることは欧州委員会も認めているが，保護規制の拡張は，経済的・政治的観点からの懸念が示されているため，当面は予定していないという。Communication from the Commission on Non-Discrimination and Equal Opportunities for All – A Framework Strategy, COM(2005) 224 final, para. 3.2.

第3章 EU法

べての者に影響する過程にすぎないという理由をあげる者もいたが，主たる理由は年齢差別の相対的な合理性であったとされる。

また，EC指令において差別禁止事由ごとに保護の内容・程度が異なることを理論的に説明することを試みたShiekは大略次のように論じる[185]。

〈人種によって人を区別することに科学的論拠は存在しない。したがって人種による区別を正当化するのが容易でないのは当然のことであり，直接差別は，社会的な平等を達成するという目的によってのみ正当化しうる（ポジティブ・アクション）。これに対し，年齢や障害等は身体的能力と関連する。それゆえ，それらから生じる相異を無視するならば，事実上の差別を容認することになりかねないことから，若年者や高年齢者等の異なるニーズに応じて異なる取扱いが求められる。ただ，年齢差別については，そのような多様性（diversity）を考慮した例外のみならず，労働市場政策（labour market policy）の概念を反映した極めて広範な例外が存在する。〉

また，McGlynnも，年齢差別からの保護が最も弱いのは，年齢にかかわる政策を，個人の市民権というより国家の社会政策の一部として取り扱っているためであろう，と分析している。年齢差別を含めて差別法理全体を俯瞰した上でそれを体系化する作業は必ずしも進んでいないが，立法過程における議論や学者による分析からは，年齢と職務遂行能力との関連性と，政策的配慮が加えられていることが，年齢差別規制の特質に反映されたとみられているといえる。

---

184 Tyson氏（欧州委員会雇用・社会問題総局）へのヒアリングによる。

185 Schiek, A New Framework on Equal Treatment of Persons in EC Law?, 8 ELJ 290, 310 (2002) ; McGlynn, *supra note* 164, at 294. 同じく差別規制の相違の理論的正当化を試みた文献として，Bell & Waddington, Reflecting on Inequalities in European Equality Law, 28 ELRev 349 (2003) ; Howard, The Case For a Considered Hierarchy of Discrimination Grounds in EU Law, 13 MJ 445 (2006). これらの文献では，差別規制の保護の程度は，当該事由が職務遂行能力に影響するか否か，どの程度その差別により不利益を受けていると考えられているかによって左右され，指令の（隠された）目的（高年齢者の雇用促進等），人種差別以外の差別はそれほど緊急の問題とは捉えられていないこと，年齢差別等についての法律がある国が少ないということ等も，各差別規制における保護の程度の違いを生んでいると分析されている。

第3節　EC指令がドイツに及ぼす影響

EC指令が国内法化された各加盟国の雇用慣行・労働市場にはどのようなインパクトが及んでいるのか[186]。ドイツを題材としてさらに検討を加える。国内法化以前の議論状況を確認した後、実際に制定された法律の内容とそれをめぐる解釈について考察していきたい。

I　EC指令国内法化以前の学説

1　定　年　制

(1)　**適用範囲との関係**

EC指令が採択されドイツで立法が行われる前に最も議論されたのは、定年制も違法とすべきかどうかであった。

まず問題になるのは、EC指令の適用範囲に定年制が含まれるかどうかである。これを学説は一致して含まれるとみている[187]。EC指令の適用範囲の1つに「雇用条件及び労働条件（解雇及び賃金を含む。）」がある（3条1項(c)）。そこにいう「解雇」に定年制も含まれると解されるからである。男女差別定年制のEC指令適合性が争われた事例でも、性差別に関する76/207指令の適用範

---

[186] 指令は基本的には私人対私人の関係に直接効果をもたらすものではない。しかし、国内裁判所は、指令に適合した国内法解釈を求められる。また、指令は、私人対国家の関係、つまり、地方自治体を含む国家のすべての機関と私人との関係には直接効果をもつと解されている。詳細は、庄司克宏『EU法基礎篇』119頁以下（岩波書店、2006年）。

[187] Zöllner, Altersgrenzen beim Arbeitsverhältnis jetzt und nach Einführung eines Verbots der Altersdiskriminierung, in Richardi/Reichold (Hrsg.), Altersgrenzen und Alterssicherung im Arbeitsrecht, 2003, S.517, 529f.; Lingscheid, Antidiskriminierung im Arbeitsrecht: Neue Entwicklungen im Gemeinschaftsrecht auf Grund der Richtlinien 2000/43/EG und 2000/78/EG und ihre Einfügung in das deutsche Gleichbehandlungsrecht, 2004, S.219f.; Scholz, Das Verbot der Altersdiskriminierung bei der Begründung und Beendigung von Arbeitsverhältnissen, 2006, S.213.

囲にあると解されているし[188]，2000/78指令前文(14)は，引退年齢を設定する国内規定を妨げないとするが，前文は適用範囲を画するものではないから，適用除外の根拠にならないとされる。

(2) ポジティブ・アクション

積極的差別是正措置として許容されるか，ということも検討されている。例えば，定年制を通じて高年齢者を退職させるのは，若年者の雇入れを促進するためであるという Zöllner の主張である[189]。しかし，この見方に対しては，定年制は，ポジティブ・アクションについての EC 指令 7 条 1 項の基準を満たさないという批判が強い[190]。定年制によって高年齢者を退職させても，その職に誰かが雇い入れられる保障はなく，単にポストが削減されるだけのこともある。ポストが残存しても，雇い入れられるのが若年者になる保障もない。若年層の就業率は全体としては6割を超える一方で，高齢層（55歳から65歳まで）の就業率は4割程度にすぎないから，就業を促進する必要があるのはむしろ高年齢者である。仮に若年層の労働市場の状況が厳しいとしても，それは差別によって生じたのではなく，若年層の適格性の欠如によるのだ，とされる[191]。

(3) 6条1項による正当化

見解が分かれるのは，EC 指令 6 条 1 項により定年制を正当化しうるか否かである（本章第2節III 2 参照）。正当化の論拠は 3 つある。①定年制を違法とすると，従業員の年齢構成の維持や人員・後進計画についての使用者の利益が害されるという理由，②若年者の雇用機会を奪うという政策的理由，③定年制があれば解雇を避けることができるという理由である。

たとえば最初にこのような見解を表明した Bauer は次のように論じる[192]。

---

[188] Case 262/84 Vera Mia Beets-Proper ［1986］ ECR 773, and Case 152/84 Marshall ［1986］ ECR 723.

[189] 肯定するものとして Zöllner, a.a.O. (N.187), S. 530f.

[190] Schlachter, Altersgrenzen angesichts des gemeinschaftlichen Verbots der Altersdiskriminierung, in Richardi/Reichold (Hrsg.), Altersgrenzen und Alterssicherung im Arbeitsrecht, 2003, S.355, 364ff.; Hahn, Auswirkungen der europäischen Regelungen zur Altersdiskriminierung im deutschen Arbeitsrecht, 2005, S.172; Senne, a.a.O. (N.48), S.309f.

[191] Sprenger, Das arbeitsrechtliche Verbot der Altersdiskriminierung nach der Richtlinie 2000/78/EG, S.230f.; Lingscheid, a.a.O. (N.187), S.241.

[192] Bauer, Europäische Antidiskriminierungsrichtlinien und ihr Einfluss auf das deutsche Arbeitsrecht, NJW 2001, S.2672, 2673ff.

使用者は通常，従業員の均衡のとれた年齢構成について利益をもつ。また，定年制には公共の利益もある。定年制が撤廃されると，若年者の労働市場への参入が困難になるからである。将来的に定年を廃止するなら少なくとも高齢労働者の解雇保護を緩和しなくてはならない，と論じる。

この他，Löwisch/Caspers/Neumann は，若年者の雇用促進という理由について，昨今はむしろ高年齢者の就業率引上げがめざされているとして，定年制を正当化しえないとする一方で，定年制を正当化する論拠の１つである年齢構成維持や人員計画は，効率的な企業経営の基礎的条件であるから，重要な公益に資するものだと論じ，目的としての正当性を肯定する[193]。また，65歳という年齢は適切とみることができるとする[194]。Wank も，若年者の雇用確保という理由については疑問を呈するが，定年制があれば解雇を回避できるということは正当な目的といえるとする[195]。

これらの学説に対し，EC指令6条1項の一般条項に基づく正当化を否定する見解も示されている。Schlachter，Wiedemann/Thüsing 等は次のように説く[196]。

---

[193] Löwisch/Caspers/Neumann, Beschäftigung und demographischer Wandel, 2003, S.47. 同様に Linsenmaier, Das Verbot der Diskriminierung wegen des Alters, RdA 2003, S.22, 31. 定年制は前文（14）に照らすと許容されるとする Leuchten, Der Einfluss der EG-Richtlinien zur Gleichbehandlung auf des deutsche Arbeitsrecht, NZA 2002, S.1254, 1258.

[194] 65歳定年の適切性の論拠として Scholz は，若年者の雇入れの可能性を開くためには，まずは高年齢者に退職してもらわなければならない上，公的年金を受給できるならば定年によって失う損失の大部分は緩和されているからだ，とする。Scholz, a.a.O. (N. 187), S.214ff.

[195] Wank, a.a.O. (N.100), S.11ff. Zöllner も定年がなければ不愉快な解雇に至るとする。Zöllner, a.a.O. (N.187), S.523.

[196] なお，定年制は，6条1項に列挙された3つの例外には，次の理由により，該当しないと解されている。6条1項(b)と(c)は，募集・採用や労働条件等についての例外事項である。6条1項(a)は労働関係の終了条件にも関係するが，これは，高齢層や若年層等労働市場で不利な立場にある者の優遇を許容するための規定である。定年制によって高年齢者は優遇どころか，排除されている。寿命の伸長や老年学の知見にかんがみると，労務遂行能力を欠いた高年齢者を定年によって保護するという議論は，維持できない。職業上の負荷が極めて重いような場合でなければ，健康保護目的で正当化することはできない。定年制によって新規に雇入れが行われるとしても若年者のみが採用されるわけではないから，若年者の労働市場への参加を促すともいえないとされる。Schlachter, a.a.O. (N.190), S.368ff.; Hahn a.a.O. (N.190), S.173.

定年制に関する判例は，公的年金によって経済的に保障されていることを重視していたが，定年退職によって労働者が失う人格の発展という非財産的な利益は，年金によって補うことはできない。経済的保障がなされていることは，目的の正当性を基礎づけるものではなく，定年が比例性を備えているか否かを考えるときに，労働者の不利益を緩和する要素として考慮されるべきであるとされる[197]。

若年者の雇用促進という雇用政策上の理由についても，むしろ少子高齢化が進行しているし，65歳以上の雇用継続を望む者が労働者の6％から10％程度にすぎないという統計をみると，定年を撤廃したところで若年者の雇用を阻むとは考えられず，正当化理由にならない[198]。また，定年によって空席になった労働ポストのすべてに雇入れがなされるわけでもない。若年層の雇用を促進したいならば，任意の退職を促したりパートタイム労働を促進したりといった手段もあるから，定年制は，手段としての比例性に欠けると論じられる[199]。

さらに，人員計画・後進養成の必要性という人事管理上の理由については，定年を廃止すると従業員の高齢化が過度に進むということは，理論的には考えられるが，65歳以上の雇用継続を望む者の割合の低さをみると，実際上はありえず，一般的には正当化理由にならない。仮に正当化理由になるとすれば管理職や専門職等，長期的な計画が必要な職に限定されると指摘される[200]。

定年退職よりも解雇のほうが自尊心を傷つける，そのような解雇を回避できる，という理由に対しては，能力についての審査を受けつつ労働を継続することを望む労働者に定年を設ける正当化理由にならない，と反論される[201]。

その他，定年制の正当化理由として想定される次の3つの理由にも批判が加えられる。第1に，職務遂行能力の確保という理由について，先に述べたように，65歳以上は職務遂行能力がないということは証明可能でなく，これは特別の職業についてのみ可能な正当化理由である上，職務遂行能力に欠ける者はそのことを自覚しいずれにしても辞めていくであろうと指摘される[202]。第2に，定年後に契約更新可能性があれば正当化されるとの議論については，その

---

197 Lingscheid, a.a.O. (N.187), S.240 ; Hahn, a.a.O. (N.190), S.173f.
198 Lingscheid, a.a.O. (N.187), S.242 ; Hahn, a.a.O. (N.190), S.174.
199 Senne, a.a.O. (N.48), S.314f.
200 Schlachter, a.a.O. (N.190), S.372 ; Hahn, a.a.O. (N.190), S.175f ; Senne, a.a.O. (N.48), S.310f.
201 Lingscheid, a.a.O. (N.187), S.239f.

ような制度のもとで契約の更新を拒否された労働者が訴訟を提起するとき，労働者側が適格性を立証しなければならなくなる。もし適格性の立証に成功しても，使用者には裁量があると考えられているので，その時の経営状況も更新拒否の理由として考慮され，雇用を継続できるか否かの予測可能性がなく，それゆえ定年制という手段に比例性があるとはいえないとされる[203]。

第3に，その他の労働条件との関連性による正当化がある。高齢層は，解雇の局面で若年層よりも特別の保護を受けている。賃金面でもそうである。このような高齢層を保護するような制度は，労働者が高齢になるにつれ雇用するコストが膨脹するから，どの時点でコストが増大しなくなるのか予測可能であって初めて，存続しうる。つまり雇用保障と先任権の代償が定年制だという見方である。この論拠についても，高齢層の保護が却って高齢者の雇入れを妨げているという労働市場政策的観点からの批判もあるから，定年制という手段はやはり比例性に欠けると指摘される[204]。また，高年齢者への手厚い保護の大部分は労働協約により保障されたものであるため，労働協約の適用を受けない場合に定年を正当化することができなくなるという[205]。さらに，たとえ高年齢者への保護が失われたとしても，他方で採用の機会が与えられること等によって，全体的には保護の程度は高くなるから，社会政策目的を達成するために定年制が必要であるとはいえず，比例性の要件が充たされていないとされる[206]。

2　中高年齢者の解雇

解雇の局面に関して2000/78指令はどのような影響を及ぼすか。ドイツでは既に中高年齢者の解雇が厳格に規制されてきたので（本章第1節Ⅱ参照）[207]，そこにおいて新たに年齢を理由とする解雇が禁止されたとしても，それが雇用慣行に直接的に甚大な変革をもたらすわけではないであろう[208]。

202　Wiedemann/Thüsing, Der Schutz älterer Arbeitnehmer und die Umsetzung der Richtlinie 2000/78/EG, NZA 2002, S.1234, 1239.
203　Senne, a.a.O. (N.48), S.313.
204　Lingscheid, a.a.O. (N.187), S.240f.
205　Hahn, a.a.O. (N.190), S.176f.
206　Schlachter, a.a.O. (N.190), S.372f.
207　ドイツの解雇制限法の2004年12月の法改正についての分析紹介として，名古・前掲注9・20頁以下，橋本・前掲注9・200頁以下。
208　Kuras, Verbot der Diskriminierung wegen des Alters, RdA 2003, Sonderbeilage Heft 5, S. 11, 13 ; Wank, a.a.O. (N.100), S.4.

ただ，2000/78 指令は若年であることを理由とする差別をも規制するので，解雇に際して中高年齢者をより手厚く保護することは，違法な年齢差別となりうる。まず，解雇制限法は，「差し迫った経営上の必要性」に基づく解雇の場合に，年齢や勤続期間等を考慮することを求めている（1 条 3 項 1 文）。この解雇制限法の規定は，中高年労働者をより保護するものである。逆にいえば若年であるがゆえの差別ともいいうるが，EC 指令のもとでも許容されると考えられる。

たとえば，Schmidt/Senne は次のように述べ，ポジティブ・アクションとして許容されると述べている。失業のリスクは事実上，加齢により増大する。それゆえ解雇制限法 1 条 3 項に関して勤続期間・年齢を重要な要素として考慮するのは，現実の不利益を緩和するものといえる。また，年齢や勤続年数は，個別の事情にかかわりなく他の社会的観点（扶養義務等）に優先されるわけではないゆえ許容されるという。このような高齢者保護は指令 6 条 1 項の定めに照らして正当化できるとの見解もある[209]。いずれにせよ，経営上の事由による解雇の際に高年齢者をより保護し，若年者を先に解雇することについては，EC 指令のもとでも許容されるとする立場で学説は一致している。

他方で，2004 年末の解雇制限法改正により設けられた規定では，均衡のとれた人員構成を維持するため，社会的選択から若年者等の一部労働者を除くことが可能となっており，この点で，EC 指令への適合性の問題がないわけではない。また，実務上は，年齢層に応じて労働者をグルーピングし，そのグループごとに解雇する人数を決め，その中で社会的観点によって被解雇者を選定する手法が用いられることがある。この手法によると，このようなグループ分けをせずに年齢・勤続期間のみを考慮した場合には解雇されるはずの若年者を被解雇者として選定せず，その雇用を継続することができるので，解雇前後での年齢構成を維持できるのである[210]。このような均衡のとれた年齢構成の維持

---

[209] ポジティブ・アクションとしての正当化を試みるものとして，Schmidt/Senne, Das gemeinschaftsrechtliche Verbot der Altersdiskriminierung und seine Bedeutung für das deutsche Arbeitsrecht, RdA 2002, S.80, 83 f. 指令 6 条 1 項を援用するものとして，Linsenmaier, RdA 2003, S.32；Wiedemann/Thüsing, NZA 2002, S.1234；Löwisch/Caspers/Neumann, a.a.O.(N.193), S.50.

[210] 裁判例としては，BAG v. 23.11.2000, AP Nr. 114 zu § 1 KSchG 1969 Betriebsbedingte Kündigung；BAG v. 20.4.2005, 2 AZR 201/04, NZA 2005, S.877 がある。判例を分析紹介するものとして，橋本・前掲注 9・204 頁以下。

のための措置が年齢差別としてEC指令違反にならないかも問題になりうるが，これは，そもそも社会的選択自体が高齢層を保護するものであり，その保護を緩和しているにすぎないので，指令違反に該当しないという見解が示されている[211]。

この他の中高年齢層の解雇制限として，労働協約における解雇制限があげられる。たとえば，金属産業では，しばしば，55歳以上65歳未満で勤続10年以上の労働者は重大な事由が存する場合のみ解雇をなしうる，と規定されている[212]。また，法定の解約告知期間（民法典622条2項）を延長する労働協約も存在する。たとえば，化学産業の労働協約では，勤続期間と年齢の合計に応じて解約告知期間を延長している[213]。これら諸規制も，指令6条1項(a)に照らすと，EC指令違反には該当しないと考えられる[214]。

上で述べたことをまとめると，労働関係の終了の局面に関してEC指令の年齢差別規制が直接的に及ぼす影響は，大きくならないと考えられる状況であった。ドイツでは，既に中高年齢者を保護する解雇制限が存在するため，これに年齢差別規制が新たに加わったとしても，その雇用保障の手厚さに変わりはない。定年制が年齢差別規制の例外として許容されるとすれば，新しく導入される年齢差別規制によってかかる雇用保護の規制がさらに強化されるということもなく，企業経営に重大な支障をきたすことはないと推測されるからである。

3　年齢を基準とする労働条件

(1) 賃　金

ドイツでは，年齢や勤続年数により賃金が増額する仕組みを設ける労働協約

---

[211] Löwisch/Caspers/Neumann, a.a.O.(N.193), S.50 ; Quecke, Die Änderung des Kündigungsschutzgesetzes zum 1.1.2004, RdA 2004, S.86, 89. これらの見解に対してLeuchtenは，若年者の雇用促進のための手段として適切かつ必要であることが求められるとする。Leuchten, NZA 2003, S.1259.

[212] Löwisch/Caspers/Neumann, a.a.O.(N.193), S.51. また，公共部門の職員については，40歳以上15年勤続の労働者の解雇制限が存在する。これらの解雇制限は，たとえば，合理化措置に伴う解雇で他に期待可能な労働ポストがない場合は，解雇をなしうる等の例外が設けられている。

[213] たとえば58歳で勤続2年の労働者は，法定の解約告知期間は1ヵ月であるが，協約上は4ヵ月の告知期間をおくものとされている。Löwisch/Caspers/Neumann, a.a.O. (N.193), S. 53.

[214] Löwisch/Caspers/Neumann, a.a.O.(N.193), S.53 ; Linsenmaier, RdA 2003, S.32f.

が存在してきた。それらは若年者差別として問題になりうる[215]。

ドイツの賃金制度を概観しておく[216]。ドイツの協約賃金・給与の基本部分は，職務給となっており，職務評価に基づき，協約上の賃金・給与等級が編成される。職務評価は，職務についての知識や経験，熟練度，職業訓練度，精神的および肉体的負荷，責任や権限の範囲・程度等，複数の職務標識に基づいて行われ，困難の度合いが高いほど上位の等級に分類され，高い賃金・給与が支払われる。時間賃金で支払われる現業労働者（Arbeiter）や職員（Angestellte）の場合には，職務給に加えて成績加給の制度が設けられることも多い（協約上の定めあるいは企業の任意の提供による）。

日本のような定期昇給制度として，職員については，各賃金等級の中に，賃金等級内での勤務年数や年齢による段階が設けられており，同一職務に従事していても昇給が行われる。たとえば連邦公務員の基本給は，同じ俸給等級の中で21歳または23歳を開始時点，37歳から49歳までの時点を終了時点として2年ごとに増額されるものとされていた[217]。民間部門では上級の賃金等級や職員について勤続給（勤続年数に応じて高額となる賃金）を定める協約が多い。化学産業では，E6からE12までの各賃金等級の中で就業期間が2年経過するごとに6年まで賃金が上がり，最初と最終では16％から35％の差異がある。

年齢に応じて額が逓増する年齢給は，経済的保障の必要性が高いという事情により正当化しうるとする見解もあるが[218]，正当化できないという見解が多

---

215 Löwisch/Caspers/Neumann, a.a.O.(N.193), S.34ff.
216 毛塚勝利「組合規制と従業員代表規制の補完と相克」蓼沼謙一編『企業レベルの労使関係と法』213頁以下（勁草書房，1986年），日本労働研究機構・連合総合生活開発研究所『賃金要求水準及び賃金交渉方式等の国際比較―日米欧の賃金決定システムの課題と改革の方向―』31頁以下（1994年），久本憲夫・竹内治彦『ドイツ企業の賃金と人材育成』57頁以下（日本労働研究機構，1998年），新海一正「ドイツ企業にみる人事処遇の実際」日独労働法協会会報第2号2頁以下（1999年），緒方桂子「ドイツにおける成績加給制度と法的規整の構造」季労190・191号127頁（1999年），高橋賢司『成果主義賃金の研究』（信山社，2004年）等を参照。
217 ただし連邦公務員のうちBundesangestelltentarifvertrag（BAT）の適用を受けていた者は，2005年10月以降，公務員に関するその他の協約を統合した公勤務協約（Tarifvertrag öffentlicher Dienst（TVöD））の適用を受けている。
218 Wiedemann/Thüsing, NZA 2002, S.1241.
219 Schmidt/Senne, RdA 2002, S.88f；Löwisch/Caspers/Neumann, a.a.O.(N.193), S.34f.；Linsenmaier, RdA 2003, S.29；Hahn, a.a.O.(N.190),S.126f；Senne, a.a.O.(N.48), S.263；Rieble/Zedler, Altersdiskriminierung in Tarifverträgen, ZfA 2006, S.273, 294f.

い。生活経験に報いるという観点は論拠として十分でないし[219]，生計費保障という上記の正当化理由も，有期雇用や派遣労働等，柔軟な雇用が広がっている今日では現実的ではない[220]，とされる。

　勤続給については，性差別に関するNimz事件欧州司法裁判所先決裁定[221]を参照して，一定期間の勤続により経験が蓄積され，それが職務遂行の態様に影響を及ぼすと具体的にいえる場合にのみ勤続給は正当化されるとする見解が多くみられる[222]。その基準をふまえた上で，勤続給の対象は上級の賃金等級や職員に限られる傾向にあること，勤続に応じて賃金が上がるのは当該等級内での最初の数年にすぎないことからすると，通常の勤続給は正当であると議論される[223]。また，勤続給は事業所忠誠（Betriebstreue）を促すものとして正当化できるという見解も示されている[224]。

　では逆に，高年齢層や一定勤続年数以上の者の賃金額を引き下げることは，同指令のもとで許容されるか。学説はあまり議論していないが，ドイツでは通常，労働協約により基本給が定められており労働協約には強行的効力が付与されていること等から，少なくとも基本給についての賃金制度の変更は容易ではない[225]。一方，能力・成績評価（Leistungsbeurteilung）により決定される賃金（特別賞与（Leistungszulagen）等）も近年では増加しているが，その評価基準が高年齢者あるいは若年者に不利に設定されていると間接差別が成立しうるものの，創造性や新しい知識の習得能力等若年者に有利な要素と，責任感や慎重さ等高年齢者に有利な要素が繰り入れられている限り，若年層と高齢層のどちらがその基準をみたしやすいとはいえず，通常は間接差別に当たらないと指摘されている[226]。

220　Sprenger, a.a.O. (N.191), S.214f.
221　Case C-184/89 ［1991］ ECR I-297.
222　Schmidt/Senne, RdA 2002, S.88f.
223　Linsenmaier, RdA 2003, S.29；Löwisch/Caspers/Neumann, a.a.O.(N.193), S.36；Wank, a.a.O. (N.100), S.11；Rieble/Zedler, ZfA 2006, S.295. 他方，下位の賃金等級についても勤続年数により基本給が増額するような協約は修正を余儀なくされるであろうとも指摘されている。
224　ただし論者によりニュアンスは様々で，この点について使用者の形成の自由を過度に狭めるべきでないとする見解（Wiedemann/Thüsing, NZA 2002, S.1241f.）と，長期勤続を奨励する目的での勤続給については，目的の正当性は認められるが，手段としての適切性が認められない可能性があるとする（Schmidt/Senne, RdA 2002, S.88f.）ものがある。
225　名古・前掲注6・31頁。

(2) その他の労働条件

指令採択前の判例でも問題となったように，事業所閉鎖等に際して支払う社会計画給付において，①年齢や勤続年数に応じて給付額を増額させる取扱いは，若年者への差別に当たらないか，逆に，②公的年金を受け取ることのできる労働者を給付の対象外とすることは，高年齢者への差別にならないか，が問題となりうる（本章第1節Ⅴ3参照）。この点についてはいずれも，年齢差別規制の例外としうるとされている[227]。①年齢等により増額する点については，解雇後の再就職が困難な高年齢者を支援するものとして正当化しうる（指令6条1項(a)）。②公的年金等を受け取る労働者の除外は，失業によって重大な不利益を被る労働者にのみ給付するという目的によるもので，目的として正当であるといいうる（同条1項）。

労働協約の中には所得保障（Verdienstsicherung）を定めるものがある。労働者の能力欠如やポスト削減を理由として配置転換が行われ，それが賃金等級の低下を伴う場合に，高齢労働者や長期勤続の者に限り，配転前の賃金額を保

---

[226] Löwisch/Caspers/Neumann, a.a.O.(N.193), S.43.

[227] Bauer, NJW 2001, S.2673；Leuchten, NZA 2002, S.1254, 1260；Löwisch/Caspers/Neumann, a.a.O.(N.193), S.32；Linsenmaier, RdA 2003, S.33f. これに類示するものとして，合理化に起因する解雇時に補償金を支払う旨を定める労働協約において，補償額を年齢や勤続年数によって定めることもEC指令違反に当たるかどうかが問題になりうる。たとえば，銀行業の2001年の労働協約では，合理化措置により労働関係の終了に至るとき，労働者は，勤続10年で40歳以上であれば4ヵ月分とされ，勤続が14年，18年，22年，26年になるに応じて，また，年齢が44歳，48歳，52歳，56歳になると，増額されるものとされる。勤続26年で満56歳の労働者は，14ヵ月分の月給相当額となる。ただし，労働者が老齢年金を受給できるか，63歳に到達した場合には，補償額はこれに応じて減額される。この他に，解雇制限法の金銭補償の額が年齢に応じて増額されること（通常では12ヵ月までとされるが（10条1項），50歳以上15年以上の勤続であると15ヵ月，55歳以上20年勤続であると18ヵ月まで延長される（同条2項。65歳以上は増額されない）），解消契約や解雇訴訟の和解時に支払われる給付金（年齢や勤続年数を基準とする）も，これらの規制に類似するものであるが，EC指令違反には該当しないと考えられる。

[228] Löwisch/Caspers/Neumann, a.a.O.(N.193), S.37ff；Leuchten, NZA 2002, S. 1258. たとえば銀行業の労働協約では，50歳以上10年勤続以上の労働者が，労働者の責に帰すべき事由なく低位の賃金等級の職務に変更になった場合には，従前の賃金等級の給与を支払うべきものとされている。また，合理化措置に起因して，変更解約告知により，協約上の等級が低位の職務に変更になった場合にも，勤続15年以上か，または40歳以上勤続10年以上の者については，従前の給与との差額を支払うべきものとされている。

障するものである[228]。この他，高齢層ないし長期勤続の者について，労働時間の短縮，休暇日数の延長，シフト労働の免除を行う等の取扱いも存在する。これらもすべて，一般的には，高年齢者の保護のためのものとして正当化しうるとされてきている（6条1項(a)）[229]。

4　募集・採用時の年齢による取扱い

従来，中高年齢者を採用するかどうかは企業が自由に決定でき，それに対する制約がほとんどなかったことを考えると，EC指令を国内法化する意義は，この点に関しては小さくないと思われる。その際に規制が及ぼす影響を考えるにあたって重要な次の2つのことが議論された。

第1に，年齢差別禁止の例外がどの程度許容されるか，である。差別禁止の例外として考えられたのは，たとえば，当該ポストの訓練要件，または引退前の合理的な雇用期間が必要であることを理由として，採用年齢の上限を設定することである（6条1項(c)）。若年層の顧客が多いことを理由に採用対象を若年層に限定すること等は，ある見解では，「真正かつ決定的な職業的要件」に該当し，認められる可能性が高い（4条1項）とされた[230][231]。

従業員のバランスのとれた年齢構成を維持するために若年層を雇い入れることは，許容されるとするものと，これを否定するものとに分かれる。許容されるとみるLinsenmaierは，EC指令前文(25)が，年齢差別を禁止する目的の1つ

---

[229] Löwisch/Caspers/Neumann, a.a.O.(N.193), S.39ff；Leuchten, NZA 2002, S. 1259；Rieble/Zedler, ZfA 2006, S.296. たとえば，ダイムラークライスラーでは，週40時間の労働時間が50歳以上で2時間，53歳以上で4時間，55歳以上で5時間短縮されるし，休暇については，年齢や勤続年数に応じて日数を延長する労働協約が半分を占めるという。高年齢者の労働時間を短縮し，これに賃金補償が伴わない場合には，EC指令違反かどうかという問題が生じるという見解もある。Linsenmaier, RdA 2003, S. 29.

[230] Löwisch/Caspers/Neumann, a.a.O.(N.193), S.25.

[231] 新卒者に限定した募集・採用等が年齢差別として違法になるかどうかは，間接差別の正当化が2000/78指令の下でどの程度許容されるかにより左右される。間接差別は，表面上は中立的な規定・慣行が，特定の年齢にある者に，そうでない者に比して不利益を与える場合に成立しうる。ただし，使用者は，それが正当な目的により客観的に正当化され，目的を達成する手段として適切・必要であることを示すことにより，これを阻むことができる（2条2項）。それゆえ，新卒者に限定した募集・採用等が許容されるかどうかは，欧州司法裁判所がそれらを「正当な目的により客観的に正当化され」，「目的を達成する手段として適切・必要である」と判断するかどうかにかかっている。

として多様性の確保に触れていることを論拠とする[232]。これに対し，否定する学説では，前文(25)は，年齢差別規制全体について述べたもので，企業における年齢構成の維持に直接言及したものではないから論拠にならないという。また，指令6条1項の正当化は，公共の利益のためにのみ認められるべきで，企業の個別の利益による正当化は許容されないとする立場からの批判も加えられている[233]。

第2に，どのような救済制度が整えられるかにも注意しなければならない。性差別禁止に関する76/207指令をめぐる判例を参照すると，採用差別を受けた者に対する賠償が信頼利益に限定されていたドイツの事例では，使用者に被差別者と契約を締結させることまで指令は要求しないが，賠償金による制裁を予定する場合，それは実効的で抑止力を有し，かつ受けた損害との関係で十分な賠償でなければならないとされた。たとえば応募に要した費用の賠償等の，ごく僅少な額の賠償のみでは十分でない，とされている[234]。その後のドイツの性差別規制では，採用時に差別を受けた場合，非財産的損害の塡補も請求することができると規定されている（民法典旧611a条2項，3項。差別が無くとも採用されなかったと認められると，賠償金額の上限は賃金3ヵ月分相当額となる）。2000/78指令でも，加盟国は，被差別者への補償等による制裁は，実効的，比例的，かつ抑止的でなければならないとされており（17条），上記の性差別禁止と同様の制度が用意される可能性が高く，採用時に年齢差別が行われても，裁判所が採用命令を発することまで予定されないことになると予測された[235]。被差別者と企業との間での契約締結を強制することは，契約自由への強力な介入となるし，信頼を基礎とする労使関係に相応しくないからである[236]。

---

[232] Linsenmaier, RdA 2003, S.29.

[233] Senne, a.a.O. (N.48), S.254f.

[234] Case C-79/83 [1984] ECR 1921.

[235] Wank, a.a.O. (N.100), S.8. フランスでも，採用時の年齢差別の救済としては損害賠償が予定されるにとどまる。嵩さやか「2003年フランス年金改革と『個人の選択の自由』」法学68巻3号16頁（2004年）。なおADEAの下では，雇用機会均等委員会が裁判所に対して，使用者等が課す募集・採用時の年齢制限の差止めを求めることができ，個別の労働者に対する採用命令も発せられうる。

[236] Scholz, a.a.O. (N.187), S.175.

5　年齢を基準とする政策

　有期契約の締結には客観的な理由がなければならないという，パートタイム労働・有期労働契約法の規定は，58歳以上の者（2006年末までは52歳）には適用されず，高齢層については客観的な根拠がなくても有期契約の締結が可能になっている（14条3項）。この適用除外は，それが指令違反にならないかどうか，議論があったが，これは高年齢者の再就職を容易にすることを目的とするものだから正当化される（6条1項(a)）とみられていた（EC指令に違反すると判断されたことは本章第4節Ⅰ参照）[237]。

　高年齢者パートタイム制度も，失業者等の雇入れの促進と高年齢者の段階的引退の支援に資する限りでは，EC指令に違反しないと考えられるが，最初は常勤で雇用を継続しその後完全に引退するというブロック制度が盛んに利用されており，段階的引退という目的達成のための適切な手段になっていない点に問題があるとされている[238]。

Ⅱ　一般平等取扱法の成立

1　法の概要

　年齢差別禁止を含め，EC指令を実施する法案は，2001年末に公表されていた。この法案では，年齢差別は客観的な理由により正当化されると規定され，定年制は関係する者の保護又は雇用政策上その他の公共の利益を理由とする場合に許容されると定められた[239]。この法案は可決成立するには至らず，2004年12月に改めて差別禁止法案が提出された[240]。この新しい法案について同年

---

[237]　Bauer, NJW 2001, S.2673 ; Löwisch/Caspers/Neumann, a.a.O.(N.193), S.27 ; Schlachter, Gemeinschaftsrechtliche Grenzen der Altersbefristung, RdA 2004, S. 352, 355f ; Bauer, Sachgrundlose Altersbefristung nach den "Hartz-Gesetzen", NZA 2003, S.30, 31.

[238]　Schmidt/Senne, RdA 2002, S.85f ; Wank, a.a.O. (N.100), S.18 ; Löwisch/Caspers/Neumann, a.a.O.(N.193), S.59. なお，高年齢者パートタイムを実施している企業への助成金はそもそもEC指令の対象ではないと解される可能性がある（EC指令3条3項）。

[239]　Diskussionsentwurf v. 10.12.2001.

[240]　Entwurf eines Antidiskriminierungsgesetzes v. 16.12.2004, BT-Drs. 15/4538.

3月に修正案が示された。そして同年6月に連邦議会で可決されたものの，連邦参議院が7月に両院協議会の開催を要求し，9月の選挙前に審議未了となった。

その後キリスト教民主・社会同盟と社会民主党の連立政権のもと法案が再び提出され，最終的には2006年8月，平等取扱原則の実現のための欧州指令を実施するための法律が成立するに至った[241]。それにより一般平等取扱法（Allgemeines Gleichbehandlungsgesetz (AGG)）が制定されている。法律の内容の概略を述べると次のとおりである[242]。

この法律では，人種・民族的出身，性別，宗教・世界観，障害，年齢，性的アイデンティティを理由とする不利益取扱いは防止又は排除すべきものとされている（1条）[243]。不利益取扱いが禁じられるのは，雇用・職業分野では次のものにかかわる取扱いである（2条1項）。

1　業務分野及び職業上の地位のいかんを問わず，非自営及び自営の就労へのアクセス及び職業上の昇進に関する諸条件（選抜基準及び採用条件を含む。）
2　就業条件及び労働条件（賃金及び解雇の条件を含む。），特に就業関係の遂行及び終了の際並びに職業上の昇進の際の個別法上及び集団法上の約定及び措置
3　あらゆる形態及び水準の職業相談，職業教育（職業養成訓練，職業継続訓練並びに職業転換訓練を含む。）及び職業経験実習へのアクセス

労働組合の組合員資格や給付等にも規制は及ぶ（同条1項4号）。解雇は，この法律の適用対象から外され，解雇制限法のみが適用されると規定される（2条4項）。

直接的な（unmittelbar）不利益取扱いのみならず間接的な（mittelbar）不利益取扱いも禁止される。間接的な不利益取扱いは，EC指令と同様，表面上は

---

[241] Gesetz zur Umsetzung europäischer Richtlinien zur Verwirklichung des Grundsatzes der Gleichbehandlung v. 14.8.2006 BGBl. I S. 1897.
[242] 訳語は，齋藤純子「ドイツにおけるEU平等待遇指令の国内法化と一般平等待遇法の制定」外国の立法230号91頁（2006年）を参照した。同法について紹介するものとして，山川和義「ドイツにおける年齢差別禁止の動向――一般平等取扱法の制定を契機に――」労旬1657号43頁（2007年）。
[243] 指向（Ausrichtung）ではなくアイデンティティ（Identität）とされたのは，同性愛であることだけでなく，性同一性障害であることを理由とする差別等も含まれるようにするためである。斎藤・同上93頁。

中立的な規定，基準又は手続が，第1条に定める事由により，ある者に対し，他の者に比べて特に不利益を及ぼす場合に成立する。ただし，当該規定，基準又は手続が，正当な（rechtmäßig）目的により客観的（sachlich）に正当化され，かつこの目的を達成するためにその手段が適切（angemessen）かつ必要（erforderlich）である場合はこの限りでない，と規定される（3条2項）。年齢による取扱いは，若年であることを理由とするものも高齢を理由とするものも対象になる，つまり両面的な規制になっている[244]。訴訟において，一方当事者が，一般平等取扱法に定める事由を理由とする不利益取扱いを推定させる間接事実を証明した場合においては，他方当事者は，不利益取扱いから保護する規定に違反していないことの立証責任を負う（22条）。

就業者（Beschäftigte）[245]は，1条に列挙された事由によって不利益に取り扱われてはならず（7条1項），これに反する約定は無効になる（同条2項）。不利益取扱い禁止に違反した使用者は，それにより生じた損害を賠償する義務を負う（15条1項）[246]。使用者が集団的約定を適用していた場合は，故意又は重過失の場合にのみ，損害を賠償する義務を負う（同条3項）。募集に際しても年齢を理由とする不利益取扱いをしてはならない（11条）[247]。もっとも，使用者が不利益取扱禁止規定に反したということは，就業関係や職業訓練関係，職業上の昇進の成立の請求を基礎づけるものではない（15条6項）。差別を受けたと考える者が連邦反差別局（Antidiskriminierungsstelle des Bundes）で相談を行ったり情報を提供してもらうこと等も今回の立法によって可能になっている（連邦家庭・高齢者・女性・若年者省に設置されている（25条以下））。

積極的差別是正措置は，現実の不利益を防止し又は緩和するために適切である場合には，許される（5条）。1条に定める事由に基づく不利益取扱いは，

---

[244] BT-Drucks. 16/1780, S. 31；Bauer/Göpfert/Krieger, Allgemeines Gleichbehandlungsgesetz, 2007, S.58.

[245] 男性労働者及び女性労働者（Arbeitnehmer und Arbeitnehmerinnen），職業訓練に従事する者，経済的従属性により労働者類似とされる者（家内労働に従事する者を含む。）である（6条1項）。求職者及び就業関係が終了した者も含む。

[246] 被差別者は非財産的損害の賠償を求めることも可能である（15条2項）。採用については，選考における不利益取扱いがなかったとしても採用されなかったという場合には，3ヵ月分の月給相当額が賠償額の上限となる。

[247] この規定に違反したときの効果として，採用を拒否されたことが年齢によるものだったことを推認させる一要素になりうるという見解がある。Sprenger, a.a.O. (N.191), S.199ff.

遂行する業務（Tätigkeit）の性質（Art）又はその遂行の条件を理由として，その事由が真正（wesentlich）かつ決定的な（entscheidend）職業的要件（berufliche Anforderung）である場合には，目的が正当であり，その要件が適切である限りにおいて，許容される（8条1項）。

なお，一般平等取扱法と併せて改正された事業所組織法では，年齢を理由とする不利益取扱いをしてはならない旨規定する75条1項2文は削除され，年齢（Alters）を理由とする不利益取扱い（Benachteilung）が他の差別類型と並んで規定されることとなった（75条1項。この他，前掲の事由に（本章第1節参照），性的指向，人種・民族的出身，世界観，障害が差別類型として追加された）。

2　年齢差別禁止の例外

年齢差別については，前述の例外に加えて，EC指令6条1項と同様の，一般的な正当化条項が設けられている（10条）。

　年齢を理由とする異なる取扱いは，客観的（objektiv）かつ適切（angemessen）であり，正当な（legitim）目的によって正当化される場合にも，第8条にかかわらず，許容される［筆者注―1文（以下同じ）］。この目的を達成するための手段（Mittel）は，適切（angemessen）かつ必要（erforderlich）でなければならない［2文］。このような異なる取扱いには，特に次に掲げるものが含まれうる［3文］。

1　年少者，高齢就業者及び保護義務を負う者の職業生活への参入を促進し又はこれらの者の保護を保障するために，就業及び職業訓練へのアクセスに関する特別な条件並びに特別な就業条件及び労働条件（賃金支払い及び就業関係の終了に関する条件を含む。）を定めること。
2　就業へのアクセス又は就業に関連した一定の便益について，年齢，職業経験又は勤続年数に関する最低条件を定めること。
3　特定の労働ポストの特別な訓練要件に基づき又は引退までに適切な就業期間が必要不可欠であることに基づいて，採用について上限年齢を定めること。
4　事業所内の社会保障制度において，制度への加入又は老齢年金若しくは障害給付の受給の条件として年齢制限を設けること（このような制度において，特定の就業者又は就業者集団について異なる年齢制限を設けることを含む。）及びこのような制度において，保険数理上の計算のために年齢基準を用いること。

5　就業者が年齢を理由として年金を申請できる時点における，解雇によらない就業関係の終了を定める約定。社会法典第6編41条は妨げられない。
6　事業所組織法にいう社会計画給付において，両当事者が，基本的には年齢に左右される労働市場での機会が年齢の相当な重視により明らかに考慮されている，年齢又は勤続によって段階をつけた補償規制を定めた場合，又は，失業手当受給後に必要があれば年金受給資格を有するため経済的に保障されている就業者を社会計画給付の対象から除外した場合において，その給付に格差を設けること。

上記の1号から4号は，EC指令6条1項・2項をほぼそのまま引き写したものである。5号と6号は，2005年3月の公聴会での意見をふまえて付加された。公聴会において，使用者団体等から，定年制等を例外として列挙すべしとする意見があり[248]，労働法学者等も，社会計画給付における年齢に応じた取扱いが差別禁止法に抵触するのかどうか等が明確でなく，法的安定性の欠如が問題であると懸念したからである[249]。これにより，公的年金支給に接合した定年制（5号）や社会計画給付における年齢に応じた取扱い（6号）が例外として明記されるに至った。法制定当時に定められていた，解雇に際しての年齢による取扱いについての例外（制定当時の6号・7号）は，2006年12月の法改正により削除されている[250]。

性別や人種による直接差別は，職業遂行の条件である場合のみ正当化できる（8条）。その他には積極的差別是正措置が認められるにとどまる（5条）。一般条項による正当化が可能なのは間接差別だけである（3条2項）。これに対し，年齢差別では，直接差別であってもこのような一般条項による正当化が許される。その論拠は，立法過程では，年齢が皆に影響するものであることと，経験等，年齢と関連性のある要素が多いことに求められている[251]。詳細は次のとおりである。

「年齢というメルクマールは，1条に列挙されるその他のあらゆる事由と比較して，特別な構造により際立っている。就労者は皆，その職業生活の間

248　Deutsche Bundestag, Ausschuss für Familie, Senioren, Frauen und Jugend, Protokoll Nr. 15/51 vom 7.3.2005, S.124.
249　Protokoll, a.a.O. (N. 248), S.27, 29, 38.
250　Gesetz zur änderung des BRG und anderer Gesetze v. 2.12.2006, BGBl. I, S .2742, 2745.
251　BT-Drucks. 16/1780 Regierungsentwurf v. 8.6.2006, S.36.

にいつかは『決定的な』年齢を迎える可能性を有する。たとえば，20歳の就労者が職業訓練を経て職業に就くとか，55歳の就労者が労働市場から排除されるといったことである。ある職業部門では若年の就労者の『耐久力』の高さが重要になりうるが，別の職業部門では生活上・職業上の経験の豊富さが重要なことがある。ここでは極めて複雑な関連性が存するゆえに，立法者による一般的に妥当する解決は可能ではない。そのため，この規定は指令によって設定される原則の実施に限定されたものであり，それによって指令のように柔軟に運用しうるものになっている。」

3　新法に関する解釈問題

10条の一般条項に依拠して年齢を理由とする異なる取扱いを正当化しようとするとき，まずは正当な目的によることが示されなければならない。正当かどうかの判断に際しては，使用者・労働協約当事者からみた事実上・職業上の関連性が考慮されるべきと立法資料は述べる[252]。

ここでいう「正当な目的」が限定的に解釈されるべきか否かについては争いがあった。EC指令では，正当な目的の例として，条文で「雇用政策，労働市場，職業訓練」が示されているため，そのような公共の（allgemein）目的だけに限られるのか，それとも単に当該企業のみにかかわる目的であっても正当とみてよいか，という争いであるが，一般平等取扱法の立法資料では後者の立場がとられ，企業のみにかかわる目的でよいとされた[253]。学説では公共のものといえない目的は正当でないとする見解もあったが[254]，そのような限定的解釈を導くべきでないとする見解によるならば[255]，たとえば従業員のバランスのとれた年齢構成を維持するために採用年齢制限を設けることも，正当として認められよう[256]。

正当な目的と認められるときは，次に，手段としての適切性・必要性が示さ

252　BT-Drucks. 16/1780, S.36. 10条によって正当化しうる取扱いには，当事者の合意がある場合も，指揮命令，配置等の一方的な措置も，含まれうる。同条では「異なる取扱い」と定めているだけだからである。Worzalla, Das neue Allgemeine Gleichbehandlungsgesetz, 2006, S.111.
253　Thüsing, a.a.O.(N.73), S.173.
254　Schlachter, a.a.O. (N.190), S.368.
255　Waltermann, Altersdiskriminierung, ZfA 2006, S.305, 315.
256　Adomeit/Mohr, Kommentar zum Allgemeinen Gleichbehandlungsgesetz, 2007, S. 479.

第3節　EC指令がドイツに及ぼす影響

れなくてはならない。例えば，20歳までの顧客相手に流行の洋服を販売する職員として，同世代でその者自身，商品を身に着けられるような者を雇い入れることは，正当な目的によるものだが，この目的で25歳までの者のみを採用の対象とし35歳以上になったら解雇するという取扱いは，手段としての適切性・必要性を具備していないとされる[257]。

以上で述べた，目的・手段の観点からの一般条項による正当化（10条1文及び2文）は，次に検討する1号から6号において列挙されていなくとも認められうるが，他方，それらで列挙されていたとしても，一般条項による審査を免れるわけではない[258]。10条の列挙事由は，一般条項に引き続く「このような異なる取扱いには，特に（insbesondere）次の各号に掲げるものが含まれうる（können）」との規定（10条3文）を受けて定められているためである[259]。以下，各号の内容を概観しておく。

—1号—

1号によって許される年齢による取扱いは，次の目的による取扱いである[260]。①年少者の職業生活への参入を促進することや，②高齢就業者の職業生活への参入を促進すること，③保護義務を負う者の職業生活への参入を促進すること，あるいは，④これら3つのカテゴリーに入る者を保護することである。「保護義務（Fürsorgepflicht）を負う者」には，子，高齢の家族，障害のある家族を扶養している者等がこれに該当しうる。

---

[257] Worzalla, a.a.O. (N.252), S.112.

[258] Bauer/Göpfert/Krieger, a.a.O. (N.244), S.167 ; Worzalla, a.a.O. (N.252), S.113 ; Schiek (Hrsg.), Allgemeines Gleichbehandlungsgesetz (AGG), 2007, S.202, 205 (Schmidt).

[259] 立法資料では「柔軟に運用しうるもの」とされる10条については次のような評価が寄せられている。すなわち，そこには「客観的」「正当な」「適切かつ必要」といった不確定概念が入り込んでいる。この規定に基づいてケース・バイ・ケースで利益衡量がなされるであろうから，年齢差別禁止の適用範囲がどこまで及ぶのかは，立法者ですら分からず，これを明確化する任務は判例と学説に委ねられたことになる。それゆえ，10条は，「一般平等取扱法で最も複雑な規定」であり，この規定についてコメントを加えるのは，密林の中で道筋をつけるようなものだとも評されている。Worzalla, a.a.O. (N.252), S.111 ; Thüsing, a.a.O.(N.73), S.169 ; Bauer/Göpfert/Krieger, a.a.O. (N.244), S.158.

[260] Worzalla, a.a.O. (N.252), S.113f. たとえば，子をもつ労働者は就労機会を得るのが困難なため，子をもたない労働者よりも優先して雇い入れることは，正当化しうるとされる。病気の子を看病するために有給休暇を付与することも例としてあげられる。

これらの目的により，①就業及び職業訓練へのアクセスに関する特別な条件，②特別な就業条件及び労働条件（賃金支払い及び就業関係の終了に関する条件を含む。）を定めることが許されうる。問題になるのは，本号に該当しうる取扱いが，比例性を備えていると判断されるか否かであろう。

本号によって許容しうるかが検討されているものとして，労務を提供できなくなった高年齢者について賃金水準を維持しつつ職務を変更する所得保障制度をあげることができる。このような制度の目的は，高年齢者の保護という正当なものであるが，いかなる場合に適切性が肯定されるかは，不透明な状況である。たとえば40歳以上の者のみに賃金保障を行うというように，単に年齢のみに依拠して対象者を定めているときに適切といえるかといったことが課題になるとされる[261]。

—2号—

年齢差別禁止規制は，直接差別・間接差別を問わず，また年齢の上下を問わず及ぶため，明白な年齢制限はいうまでもなく経験や資格を条件とすること等も，場合によっては違法になりうる。ただ，年齢や職業経験または勤続年数が，①労働契約の成立や昇進，あるいは，②何らかの給付についての前提条件とされることは，本号に基づいて許容されうる。

①の例としてたとえば，管理職を雇い入れるときに管理職としての10年以上の職業経験を有することを求めることが考えられる。

②の例として，年齢給・勤続給が想定されるが，年齢のみによる賃金増額は，正当化できないという見解が多い[262]。これに対し，年齢を直接の理由としないものについては許容されやすいと解されている。立法資料でも「賃金に関しては，たとえば，職業経験と関連させることは，単に年齢に関連させることよりも容易に正当化されるであろう」とされる[263]。

問題は具体的な事案に照らして当該取扱いが比例性を備えているか否かであろう[264]。たとえば，同じ賃金等級の中で勤続年数に応じて3段階の幅を設けることは，従業員の忠誠心を評価するものとして，より良い労務提供が可能になったことへの対価として許容されるだろうとされている。後述するように，性差別に関する最近の欧州司法裁判所先決裁定によると，使用者は，職務給制

261　Schmidt, a.a.O. (N.258), S.208.
262　Schmidt, a.a.O. (N.258), S.209.
263　BT-Drucks. 16/1780, S.36.
264　Thüsing, a.a.O.(N.73), S.189.

度の枠内で設けている勤続給について，職務との関係での具体的な立証を要しないと解されていることもあり，職務給制度をとり，同じ等級の中で勤続年数によって差異を設けることは正当化されるのではないかと推測される（第5節V参照）。

また，長期勤続の記念として休暇を付与したり，賞与を支払ったりという慣行があり，これも従業員の忠誠心を評価するという正当な目的によるといえると考えられている[265]。高齢層についての労働時間の短縮も健康保護のためとして正当化されると解されている[266]。

―3号―

特定の労働ポストの訓練要件または引退までに適切な就業期間が必要不可欠であることを理由として，採用年齢の上限を設定することは，3号によると，例外として認められうる。ここでも10条の目的・手段の点に着目しての審査が及ぶことはいうまでもない。

―4号―

高齢者扶助において支給開始年齢を65歳と定めること等，年金制度への加入や老齢・障害給付の条件としての年齢制限の設定は，4号により許される。

―5号―

5号は，公的年金を申請できる時点に接合した定年制を規定しており，現在一般的とされる65歳定年制は原則として許容されることになりそうである[267]。ただ学説ではなお異論もある。公的年金を受給できる年齢より以前に引退する労働者が多いことから，定年は通常は不要であるとするのである。この理由によりSchmidtは，定年が正当化される場合が，公的年金支給開始年齢まで多くの労働者が働き続けており，定年が撤廃されたときにその年齢以降も就労を継続できるような職業に限定されるというように，10条5号はEC指令に適合するよう限定解釈すべきだという。また，Bertelsmannは，次にみるMangold

---

[265] Schmidt, a.a.O. (N.258), S.209.
[266] Schmidt, a.a.O. (N.258), S.210.
[267] Sprenger, a.a.O. (N.191), S.237ff.; Bauer/Göpfert/Krieger, a.a.O. (N.244), S.171f. ただし，年金支給開始年齢は現行の65歳から67歳に段階的に引き上げられる（Gesetz zur Anpassung der Regelaltersgrenze an die demografische Entwicklung und zur Stärkung der Finanzierungsgrundlagen der gesetzlichen Rentenversicherung vom 20.4.2007, BGBl. I S. 554. 67歳以前に年金を受給する場合は，減額される（45年間以上保険料を支払った被保険者は引き続き減額なしに65歳から老齢年金を受給できる））。したがって将来的には定年は67歳まで引き上げる必要があろう。

事件欧州司法裁判所先決裁定に照らせば，EC指令に違反する規定は効力をもたないとして，定年制を一般に正当化しうるものと規定する10条5号は効力をもたないと主張している（この点については，2007年に欧州司法裁判所の先決裁定が下された）[268]。

なお，公的年金を申請できる時点よりも以前の早期定年については，真正かつ決定的な職業的要件であることを示せば（8条1項），あるいは，客観的かつ適切であり正当な目的によること，目的を達成する手段として適切かつ必要であることが示されるならば，許容される（10条)[269]。

—6号—

社会計画給付において，①年齢や勤続年数に応じて給付額を増額させる取扱いと，その場合に増額される年数に上限を設けること，②公的年金を近い将来受け取る労働者を給付の対象外とすることは，6号によって許容されうる[270]。ここでも目的・手段についての審査は及ぶが，①年齢等により増額する点については，雇用終了後の再就職が困難な高年齢者を支援するものとして正当化しうるとされている。また，②公的年金等を受け取る労働者を除外する目的は，失業によって重大な不利益を被る労働者にのみ給付するということにあり，正当であると議論されている。

以上のような内容にかんがみると，EC指令と同様に，ドイツの年齢差別規制には，年齢差別のみの例外が数多く列挙されており，その介入の程度は，他の差別規制に比較して控えられているといえよう。このような差別事由間での階序付けは認められるのか，欧州司法裁判所先決裁定や国内裁判所判決の展開が注目されている。そこで，EC指令採択後の欧州司法裁判所先決裁定の展開，また，一般平等取扱法が2006年8月に施行されてからのドイツの（下級審レベルではあるが）裁判所のいくつかの判断を検討しておこう。

---

[268] Schmidt, a.a.O. (N.258), S.213 ; Bertelsmann, Altersdiskriminierung im Arbeitsrecht, ZESAR 2005, S.242, 250（法案段階の規定について論じている）．
[269] Schmidt, a.a.O. (N.258), S.216.
[270] Worzalla, a.a.O. (N.252), S.120f.

第 4 節 EC 指令をめぐる裁判例の展開

I Mangold 事件

　ドイツの有期契約規制の高年齢者についての緩和が年齢差別に該当するか否かが問題となった Mangold 事件先決裁定をみておこう[271]。先にみたようにドイツでは，期限設定に客観的な理由を求める法律が存在する（パートタイム労働・有期労働契約法 14 条 1 項）。この規定は 58 歳以上の者を雇用する場合は適用されないとされ（同条 3 項），さらに 2006 年末までは暫定的措置として，その適用除外年齢が 52 歳に引き下げられていた。原告は当時 56 歳の労働者であり，有期契約によって採用され期間満了により雇用が終了し，提訴した。
　この高年齢者についての規制の緩和は，年齢を理由とする直接差別に当たるため，前記指令 6 条 1 項に則して，目的が正当でありそれを達成するための手段が適切かつ必要といえなければならない。欧州司法裁判所はこの適用除外の目的，すなわち失業して再就職が著しく困難な高年齢者の就職を促進するという目的自体は正当であると認める。このような公益目的（public-interest objective）の正当性に疑いの余地はないとするのである。しかし同裁判所は次のように判示し，パートタイム労働・有期労働契約法 14 条 3 項は，52 歳以上の者を一律に適用除外にする点において，前記目的との関係で適切かつ必要とはいえないとする。
　「この点に関して，加盟国が，社会政策・雇用政策（social and employ-

---

[271] Case C-144/04 Mangold [2005] ECR I-9981. 同判決について検討する邦語文献として，川田知子「海外判例レポート　高齢者を優遇する労働市場と EU 指令の年齢差別規制」労判 912 号 96 頁（2006 年），橋本陽子「EU 法の最前線（77）」貿易と関税 54 巻 9 号 75 頁（2006 年），名古道功「EC 企業法判例研究（93）—ドイツ有期労働契約法と EU 指令との抵触」国際商事法務 34 巻 12 号 1650 頁（2006 年）。なお，本判決は，ここで引用した判旨以外も注目されている。年齢差別の禁止を一般原則と認めていること，私人間への指令の適用を結果的に認めていると解釈できること等であるが，ここでは紙幅の関係上検討しない。

ment policy）の分野において，その目的を達成しうる手段を選択するに際して広範な裁量（broad discretion）を有するということに，疑問の余地はない」。

「52歳に到達した労働者はすべて，契約が締結される以前に失業していたのか否か，その失業期間がどのくらいの期間であったのかにより区別されることなく，引退年金の受給資格が得られるまで有期契約を提供され，それは際限なく何度も更新される。これも適法である。このような多くの労働者が，その年齢のみを理由として，その職業生活の相当部分の期間において…労働者保護の主要な要素である雇用の安定という利益から除外される危険にさらされる」。

「当該労働市場の構造や当該労働者の個人的状況に関係する考慮にかかわらず年齢基準のみを設定することが，失業した高齢労働者の職業的統合という目的を達成するために客観的に必要であると示されなければ，こうした立法は，有期雇用契約の適用の唯一の基準として当該労働者の年齢を考慮する点において，目的達成のために適切かつ必要な範囲を超えたものといえる。」

「比例原則を遵守するためには，個人の権利からの逸脱が，可能な限り，平等取扱原則からの要請と追求されている目的からの要請を調和させていることが求められる」。

この裁定から明らかなように，年齢差別禁止の原則は公益目的によって修正されうるものである。加盟国は，比例原則を遵守しなくてはならないものの，どの手段を選択するかについて広範な裁量を与えられている。欧州司法裁判所は，加盟国の政策が男女間の間接差別に当たるかどうかが争われた事案について同様に，加盟国の裁量を強調し，その政策決定を尊重してきた。年齢差別についてはさらに，直接差別をも含めて，いかなる政策手段をとるかについて裁量が与えられるということ，つまり厳格な比例原則には服さないことが本判決によって確認された意義は極めて大きい。本裁定の結論は一見すると厳しいようにも思えるが，ドイツの法律が高齢労働者に対して法の目的と衡量して著しく大きな不利益を課す事例だった，つまり加盟国に広範な裁量が与えられるとしても，その裁量の範囲をも逸脱する例外的な事例であったゆえに，高齢者の適用除外がEC指令違反とされたものと位置づけられよう。

その一方で本裁定は，年齢差別の禁止，そしてそれを解釈する欧州司法裁判所の重要性を高める内容も含んでいる。EC指令の前文が各種国際文書や各国の憲法の伝統に言及していることから，年齢差別禁止原則は共同体法（Communitiy law) の一般原則と解されるとするのである。それゆえ，指令は私人間に直接効果をもたないと解されているにもかかわらず，また年齢差別規制についてのドイツの実施期限である 2006 年末には至っていなかったにもかかわらず，欧州司法裁判所は，ドイツの裁判所は共同体法に反するような国内法の規定を考慮しないことによって年齢差別禁止原則の実効性を保障する責任を負う，という結論に至った。この裁定を受けて，次に述べるような定年制を許容する国内法は EC 指令に違反しないのか，ということが注目された。

II Palacios 事件

1 法務官意見

定年制に関しては，スペインの Palacios 事件において，2007 年 2 月に法務官（Advocate General）Mazák が EC 指令に反しないとする意見を示した。スペインでは，労働者憲章（Estatuto de los Trabajadores）において 1980 年以来，一定の年齢での強制的引退が，失業率を抑える手段として認められてきたが，2001 年に，社会保障の負担を考慮して柔軟な引退を促進するために，当該規定が削除された。2003 年には 2000/78 指令を受けて，同憲章で，年齢を理由として差別されない権利を労働者は有すると定められた。しかし，労働者の引退を許容する労働協約の適法性が争われるようになり，労働協約に定める定年制に関し，以下のように，2 つの要件を充足するものを適法と認める立法が 2005 年に再び導入されている。

　社会保障法に規定する標準的引退年齢に労働者が達したことを理由とする雇用契約の終了を規定する条項は，次に掲げる要件を充足する場合においては，労働協約に置くことができる。
(a) より確実な雇用の安定，有期契約の無期契約への転換，雇用の維持，労働者の新規採用その他雇用の質の向上を図る目的等，雇用政策と一貫しており労働協約に定められた目的と当該施策が関連していること及び
(b) 雇用契約が終了する労働者が，最短の拠出期間（又は，この点に関する条項が労働協約に含まれているならば，より長期の拠出期間）をみたしており，かつ，当該労働者の拠出制度のもとで老齢年金を受給するために必要な社会保障法上の条件をみたしていること。
施行日以前に締結された労働協約については，上記の(b)の要件のみを充たせば

よいものとされている。

　1940年生まれの原告（Palacios）は，民間企業に勤めていた労働者であり，2005年7月に解雇通知を受けた。同年3月に締結され両者に適用されていた労働協約には，「雇用促進という利益を確保するため，引退年齢は65歳とする。但し，当該労働者が老齢年金を受給するために必要な拠出期間の要件を充たしていない場合は，この限りでない。この場合には，労働者は，その期間を満了するまで雇用を継続することができる。」との規定が存在しており，Palaciosは解雇された時点で社会保障の老齢年金を満額で受給できる資格を得ていた。Palaciosは，自身の解雇は基本権，特に年齢を理由として差別されない権利を侵害するもので無効だと主張し，スペインの社会裁判所に提訴した。同裁判所は欧州司法裁判所に対し，第1に，ローマ条約13条およびEC指令2条1項に定められている，年齢差別を禁止する平等取扱原則は，前記のスペインの法律を妨げるかどうか，第2に，仮に妨げられるとすると，国内裁判所は，前記の法律規定を適用しないよう求められるのかという点に関し，先決裁定を求めた。これに対し法務官意見は，第1の点について，①2000/78指令による年齢差別禁止規定は定年退職には適用されない，仮に適用されるとしても，②指令6条1項により正当化されるとする。

　①の点に関する意見は次の議論により導かれる。2000/78指令の適用範囲を定める3条は，「雇用条件及び労働条件（解雇及び賃金を含む。）」と規定する。強制的引退がこの「解雇」に当たり「雇用条件及び労働条件」に含まれるならば，指令の適用範囲下にあるといえることになる。しかし，指令前文(14)が，EC指令は「引退年齢を設定する国内規定を妨げない」と規定していることに留意すべきである。確かに，男女で異なる定年制が設けられていた事例では，定年制は「解雇」に該当するとして性差別に関する76/207指令の適用範囲下にあることが肯定されているが，年齢差別は性差別とは異なり，より狭い解釈が求められている。年齢差別禁止が経済的・金銭的な側面において及ぼす影響は潜在的には大きい。このことを立法者は意識していたようである。そして年齢差別には特殊性がある。年齢というものは，いわば物差しにおける一目盛りなのであり，年齢差別は段階的なものである。それゆえ，比較対象者が明確な女性差別に比べると，年齢差別を把握することは困難である。さらに，年齢差別禁止の適用が複雑で微妙な評価を要する一方で，年齢にかかわる区別は，社会政策・雇用政策の中で一般的にみられるものである。年齢に関連した区別は特に引退制度においては当然のことながら固有のものである。EC指令6条は

年齢差別についての特定の例外を規定するが引退年齢を設定する国内規定すべての上に「ダモクレスの剣」をぶら下げることは問題である。引退年齢は社会政策・雇用政策と密接に関連しており、そこでは加盟国に第1次的な権限が留保されるべきである。このような考慮のもとに共同体の立法者は、引退年齢を設定するルールにEC指令が適用されないことを明確にするため、前文(14)を挿入したとみられる。前文(14)の文言も、妨げない（without prejudice）となっており、正当化の可能性について述べてはいない。

②については、仮にEC指令が引退にも適用されるとしたら、という留保のもとで次のように述べられる。スペインの立法は、様々な世代の雇用を促進するための政策の一部として採用されたものであり、これは目的において、正当であるとする。そして「適切かつ必要」の要件については、社会政策・雇用政策の分野では目的を達成しうる施策の選択に関して加盟国は広範な裁量を有するとし、欧州司法裁判所は複雑な問題についての評価を、その加盟国において社会政策・雇用政策を決定する加盟国政府や労使のかわりに下すべきでなく、明白に比例的でない施策のみがチェックされるべきであるとする。Mangold事件では、多くの労働者がその就労生活の相当部分の間、安定した雇用という利益から除外されることを強調しているが、本件ではそのような事情は存在しない。したがってEC指令が引退にも適用されるとしても、スペインのような法律は排除されないと述べている。

2　欧州司法裁判所先決裁定

この事件について、2007年10月に欧州司法裁判所の先決裁定が示された[272]。

先決裁定は上記①の点について、2000/78指令の適用範囲が「雇用条件及び労働条件（解雇及び賃金を含む。）」とされていること（3条(1)(c)）に言及した上で、問題になっている立法は、労働者が65歳に到達したときに雇用関係が自動的に終了することを許すものであり、雇用関係の期間と当該労働者の就業に影響するものであるから、上記「雇用条件及び労働条件（解雇及び賃金を含む。）」に該当し、同指令は適用されるとする。また、前文(14)は、引退年齢を決定する加盟国の権限を妨げないと述べているだけであり、雇用契約終了の条件を規制する国内規定を指令の適用から除外するものではない、とする。

上記②の点に関しては、労働者が引退年齢に達すると雇用契約の自動的終了

---

[272] Case C-411/05 Palacios ［2007］ ECR 00.

に至るというスペインの立法は，年齢に直接に依拠するものであり，直接差別に該当する（2条1項および2項(a)）としながら，指令6条1項に基づいて正当化されると判示する。

まず，当該立法の目的は，文脈から判断すると，国内の労働市場を規制すること，特に失業を抑制することにあったとされ，そのような公益目的の正当性について疑いを差し挟むことはできない，とされる。雇用政策・労働市場の状況は，指令6条1項で明記された目的の1つであり，また，ローマ条約2条等では共同体の目的の1つとして高水準の雇用を促進することとされているからである。他の先決裁定においても，雇入れの促進が社会政策の正当な目的に当たると判示してきており，本件のような，ある類型の労働者が労働市場に参入する機会を改善する手段にこのような評価があてはまることは明白である，とする。

次に先決裁定は，上記目的のためにとられた手段が「適切かつ必要」か否かの審査に移り，Mangold事件裁定を援用し，加盟国と労使は，特定の目的を追求するだけでなくそれを達成しうる手段の決定において広範な裁量を有すると説示する。そして前文㉕の「加盟国の状況に応じて異なりうる特別な措置」という文言から明白なように，加盟国は，政治上・経済上・社会上・人口動態上の，あるいは予算に関する考慮をふまえて，当該加盟国の労働市場の現状を顧慮して，人々の労働生活を延長するのか，あるいは逆に早期引退をさせるのかの選択について，裁量を有する，という。

そして，スペインで強制的引退の手続が何年間か撤廃されていた後で再び導入されたということは関係ないとする。当該加盟国の雇用状況に関する環境変化に適応するなど，正当な公益目的を達成するために用いる手段を変更する可能性が，国・地域・産業レベルで権限を保持する者（competent authorities）に対して与えられるべきであることに，その理由を求める。

このように述べ，本裁定は，関係する異なる利益の間での適正なバランスを保つのは，加盟国の権限保持者であるとしつつ，この文脈で規定された国内の措置が，加盟国が追求する目的を達成するために適切かつ必要な範囲を超えないよう保障することも重要であるとして，次のように，「適切かつ必要」の審査を行う。

加盟国の権限保持者が，本件のような措置は労働市場へのアクセスを容易にして完全雇用を促進することにあり国内の雇用政策の文脈で正当な目的を達成するために適切かつ必要である，という見解をとることは，不合理（unreasonable）にはみえない。

　また，当該措置は，規定された年齢制限に到達したことを理由として強制的引退に服する労働者の正当な権利を著しく侵害するものとみることはできない。当該立法は特定の年齢に依拠するだけでなく，その者が就労生活の終了時に引退年金によって経済的な報酬を受け取る資格を有することを考慮したものである。そして，その引退年金の水準は，不合理と考えられるものではない。

　さらに，当該労働市場の全体的な状況だけでなく，当該職務（job）の特性も考慮されるようにするため，今回の国内法は，労使当事者が，労働協約の形式で，それゆえ相当の柔軟性をもって，強制的引退制度の適用を選択することを，許容するものである。

　以上から導かれた本裁定の結論は次のとおりである。本件のような国内法，つまり，①労働協約に含まれる強制的引退条項は以下の場合に適法であるとするもの，すなわち，②その条項が，国内法が設定した65歳という年齢に労働者が到達していることおよび③老齢年金の受給資格を得るための社会保障法に定める条件をその労働者がみたしていることのみ要件として規定しているときに，それを適法と認める立法は，雇用政策・労働市場に関連する正当な目的に拠って立つものであって，公益目的を達成するためにとられた手段が目的との関係で「不適切（inappropriate）で不必要（unnecessary）だということが明白でない（not apparent）とき」は，適法である。

　本裁定の直接の影響は，上記①から③の要素を備えた国内法に限定されようが，定年制を許容する国内法が指令に反しないとしたことの意義は，そのような立法をもつ国がほとんどであることにかんがみると，決して小さくない。また，EC指令6条1項は，差別的な手段が正当化されるためには目的との関係で適切かつ必要でなくてはならないという比例原則を規定するが，その厳格度が，場合によっては，「不合理にはみえない」「不適切で不必要だということが明白でない」という程度にまで緩められるということも，EUの年齢差別規制の性格を理解する上で，極めて重要な意義を有する。

　これは性差別と比較すると明らかである。男女間の直接差別を正当化しようとするとき，特定の例外規定に依拠しなくてはならず，例外に当たるかどうかの判断は厳格度の高いものとされることは既に述べた（第1章第2節）。より緩

---

273 Case C-317/93 Nolte ［1995］ ECR I-4625; Case C-444/93 Megner ［1995］ ECR I-4741; Case C-167/97 Seymour-Smith ［1999］ ECR I-623.

やかな基準が適用されてきたのは，加盟国の国内法が「間接差別」に該当するかどうかが争われたケースであった[273]。週労働時間が15時間未満の僅少労働者を社会保険の対象から外すドイツの立法が，そのような職に占める割合の高い女性への間接差別にならないかとして争われたNolte事件・Megner事件で，欧州司法裁判所は，国内の社会政策について加盟国は広範な裁量の余地 (broad margin of discretion) を有するとして，立法府はその権限を行使するに当たって，目的達成のために当該立法が必要であると合理的に考える資格がある (reasonably entitled to consider) と述べていた。また，不公正解雇の申立てを2年間雇用されていた者に認めていたイギリスの立法が，勤続年数が短い傾向にある女性への間接差別になるとして争われたSeymour-Smith事件で，同裁判所は，「当該準則が社会政策の正当な目的を反映するものであり，当該目的が性別による差別に関係がなく，選択した手段が当該目的達成のために適当であると合理的に考えられた (could reasonably consider)」ことを加盟国は示すべきである，と説示していた。つまり，間接差別においては，事例によっては，合理性 (reasonableness) テストをパスすればよいとされていた[274]。

年齢差別については，Mangold事件先決裁定から明らかなように，直接差別であっても加盟国は広範な裁量を有する。また，Palacios事件先決裁定は，男女間の間接差別についての一連の先決裁定を引用しておらずそれら裁定が示した基準との異同は明らかでないものの，「不適切で不必要だということが明白でない」という文言からすれば少なくとも，加盟国の政策的判断に厳格な比例原則を適用しない場合もありうることが判明したといえよう。

III　ドイツの一般平等取扱法に関する裁判例

ドイツの裁判例として，経営上の理由による解雇が年齢差別禁止規制違反に該当しないかが争われた事件で，EC指令の年齢差別規制違反が問題になっているので紹介しておきたい[275]。この事件では，事業所変更による解雇に際し，従業員を年齢に応じて5つのグループ（25歳まで，25歳を超え35歳未満のもの，35歳以上45歳未満のもの，45歳以上55歳までのもの，55歳以上）に分け，各年

---

[274] Barnard, EC Employment Law 368-371 (3rd ed., 2006).
[275] ArbG Osnabrück v. 5.2.2007, NZA 2007, S.626. 本判決その他の，一般平等取扱法に関する裁判例については，山川・前掲注242・43頁。

齢層の中で、年齢、勤続期間、扶養義務および重度障害の4つの基準に則した社会的選択を行うという指針が設けられていた。

この指針を使用者は事業所委員会の同意を得て策定していたが、裁判所によれば、仮にこのような指針が一般平等取扱法・EC指令に反するならば、その解雇は直ちに無効になる。一般平等取扱法は、解雇はその適用対象から外され解雇制限法のみが適用されるとするが（2条4項）、その解雇制限法がEC指令に反するとすれば、その適用除外規定の適用は許されないからだとする（上記Mangold事件判決を参照する）。それゆえ、EC指令・一般平等取扱法に反しないか否かは、解雇制限法の規定とはまた別途判断されるべきだとするのである。裁判所はこのように述べて、本件では、従業員の年齢バランスを維持しようとすることについて、使用者側が何ら正当化を試みていないとし、当該解雇は一般平等取扱法により無効であると判断している。

第5節　EC指令がイギリスに及ぼす影響

I　規則制定の経緯

イギリスは、EU加盟国の中では比較的、広範な雇用差別法制を整えてきた[276]。1970年平等賃金法（Equal Pay Act）、1975年性差別禁止法（Sex Discrimination Act）、1976年人種関係法（Race Relations Act）および1995年障害者差別禁止法（Disability Discrimination Act）があった。性差別禁止立法は、男女平等を求める19世紀以来の運動の成果である。1976年人種関係法は、戦後の好景気の時期にコモンウェルス諸国からの移民が急増し、移民への差別を規制する必要性に応じて制定に至ったものである。1995年障害者差別禁止法は障害者団体による活発なロビー活動の結果、導入されている。いずれの立法

---

[276] Deakin & Morris, Labour Law 571-579 (4th ed., 2005). イギリスの雇用平等法制に関する文献として、花見忠『現代の雇用平等』80頁以下（三省堂、1986年）、浅倉むつ子『男女雇用平等法論―イギリスと日本』（ドメス出版、1991年）、同「男女同一賃金原則における同一『価値』労働評価について（上）（下）―イギリス同一賃金法の研究」東京都立大学法学会雑誌35巻1号55頁、2号27頁（1994年）等を参照。

第3章 EU法

についても，アメリカの法律（1964年公民権法第7編と1990年障害をもつアメリカ人法（Americans with Disability Act））が及ぼした影響は大きいといわれる。しかし年齢による雇用管理が禁止されることはなかった（第1章第4節Ⅲ2参照）。

ところが，2000年にEC指令が採択されたことを受けて，差別禁止立法に向けた協議が翌年から開始された。年齢差別に関して2003年・2005年に協議が行われた。イギリス政府は2005年の協議を開始する際に年齢差別を禁止する規則の草案を示した。この規則案についての労使，市民等からの意見をふまえ，規則案とほぼ同一の内容で，2006年4月，雇用平等（年齢）規則（Employment Equality (Age) Regulations；以下「規則」という。）が制定されるに至った[277]。規則は同年10月から施行されている（1条）。なお，EC指令は性的指向，宗教・信条による差別の禁止をも求めていたため，イギリスでは2003年に雇用平等（性的指向）規則（Employment Equality (Sexual Orientation) Regulations）および雇用平等（宗教又は信条）規則（Employment Equality (Religion or Belief) Regulations）が制定されている[278]。

この年齢差別禁止規則の目的は，立法資料によれば「年齢による差別を受けている人々の参加と経済的（及び社会的）貢献を最大化すること」にある。そして年齢による慣行の中に客観的に正当化できるものがあることから，政府は，「個人の機会と選択を拡げ労働市場への参加を促進する一方で，使用者の効率的経営を可能にする」ことをめざしているとする。さらに，このような政府の介入が許されるのは，差別によって労働市場に参加しない者がいるとすれば人的資源を有効に活用できていないことになり，国家全体の生産の低下にもつながるからだと説明される[279]。つまり，規則の目的として人権保護ということは強調されず，人的資源の活用といった雇用政策的な目的が中心としてあげられ，使用者の経営上の効率性に配慮することが明らかにされている。規則がこ

---

[277] SI 2006/1031. 本規則の内容と規則案を検討したものとして，鈴木隆「イギリス雇用差別禁止法の再編(5)」島大法学49巻4号237頁（2006年），同「雇用における年齢差別禁止規則の制定」労旬1636号46頁（2006年），小宮文人『現代イギリス雇用法』185頁以下（信山社，2006年）。なお，本規則は1972年欧州共同体加盟法に基づいて制定されており，法律と同一の効力をもつ。

[278] それぞれ SI 2003/1661, SI 2003/1660.

[279] DTI, Employment Equality (Age) Regulations 2006 : Regulatory Impact Assessments, para.2, 5 (2006).

のような政策的趣旨に基づいて制定されたことは，次に述べる雇用平等（年齢）規則の内容にどのように反映されているだろうか。最初にその概略を示す。

II 規則の概要

1 違法な行為

違法になるのは3つの類型の年齢差別とハラスメントである（2条1項）。その中で中核的な規定は直接差別（direct discrimination）と間接差別（indirect discrimination）を定義する次の規定である（3条）[280]。

(1) この規則において，次の場合は，ある者（「A」）が他の者（「B」）を差別しているものとする。
(a) AがBを，Bの年齢を理由として，その他の者に対して行い若しくは行うであろう取扱いに比して不利益に取り扱い又は
(b) AがBに対し，Bと同一の年齢集団に属さない者にも平等に適用し若しくは適用するであろう規定，基準若しくは慣行を適用しているが，
　(i) その規定，基準若しくは慣行が，Bと同一の年齢集団に属する者に対して，その他の者に比して特に不利益を及ぼす若しくは及ぼすであろう場合であり，かつ，
　(ii) Bに対して当該不利益を及ぼしており，
かつ，当該取扱い若しくは事案によっては当該規定，基準若しくは慣行が，正当な目的を達成する比例的な手段であることを，Aが示すことができない場合。

上記の規定によると直接差別は，①年齢を理由として，②不利益に取り扱われ，それが③正当な（legitimate）目的を達成する比例的な（proportionate）手段といえない場合に成立する（3条1項a号）[281]。ある取扱いが①「年齢を理由として」いることを示すためには，まず適切な比較対象者（comparator）を措定する必要がある[282]。その上で申立人は，年齢に関する偏見がなければ（but for

---

[280] その他報復としての差別，年齢差別を指示すること，年齢を理由とするハラスメント等が違法とされる（4条ないし6条）。

[281] ②の不利益取扱いがあったというためには，異なる取扱いがなされたというだけでは足りず，物理的，経済的その他の損失を伴わなければならない，と解されている。Age Discrimination : A Guide to the New Law 13 (Kapoor (ed.), 2006).

当該不利益取扱いを被らなかったということを立証する[283]。

間接差別は次の場合に成立する（3条1項b号）。①AがBに対し，B以外の者にも適用する規定，基準若しくは慣行を適用し，②その規定等がBの年齢集団に特に不利益を及ぼし又は及ぼすであろうといえ，かつ③Bも当該不利益を被っており，④当該規定等が正当な目的を達成する比例的な手段であることをAが示せない場合である。②の不利益については必ずしも統計証拠を示さなくてもよいとされている[284]。

この規則は，「雇用（employment）」関係を中心に適用される。ここでいう「雇用」は雇用契約，徒弟（apprenticeship）契約又は本人が労務を遂行する契約に基づく雇用を指す（2条2項）[285]。保護対象は特定の年齢層に限定されていないので，アメリカ（ADEA）と異なり，若年であることを理由とする不利益取扱いもカバーされることになる。

2　履行確保

本規則違反があると考える者は雇用審判所（employment tribunal）に申し立てる（36条1項）。その際，立証責任は次のとおりとなる（37条2項）。すなわち，差別があったと審判所が結論づけることができる事実を，申立人が証明した場合には，被申立人がそうでなかったことを証明しない限り，審判所はその申立てを認容するものとされる。審判所は，次に掲げるものの中から公正かつ衡平（just and equitable）であると考える救済を与えることができる（38条1項）。①権利確認命令，②補償金を支払うよう求める命令，③差別又はハラスメント行為が申立人に及ぼす不利益な効果を緩和する目的で実現可能と認められる行為を一定の期間内にとるよう求める勧告[286]である。ただし，間接差別による補償金支払命令は，被申立人に差別の意図がないときは，権利確認命令と勧告を行った上で，それに加えて補償金の支払いを命じることが公正かつ衡

---

[282] 比較対象者は実際に存在していない仮定の者でもよいが，当該労働者と事情が同一又は実質的に異ならないことが求められる（3条2項）。

[283] 年齢が不利益取扱いの唯一の理由である必要はないが，少なくとも主要な理由でなければならないと解されている。Kapoor, *supra* note 281, at 13. なお，外見上の年齢を理由とする不利益扱いもここでいう差別に含まれる（3条3項b号）。

[284] *Id.* at 16.

[285] 年齢差別禁止の名宛人は使用者だけでない。詳細は拙稿「雇用における年齢差別の禁止—イギリス，ドイツを中心に—」神戸法学雑誌56巻4号1頁以下（2007年）。

平であると考える場合にのみ、命じることができる（38条2項）。また、規則に反する契約の条件、労働協約（collective agreement）の条件等は無効になるとされる（43条，付則（Schedule）5第1条1項，4条2項）[287]。

3　正当化のための一般条項

イギリスの年齢差別禁止法の特質を考える上で重要なのは、EC指令と同様、直接差別・間接差別を問わず同一の定式による正当化（正当な目的を達成する比例的な手段といえるか否か）が認められていることである。この定めは規則制定に至るまで次のような経緯を経ている。

すなわち、最初の2003年の協議では、正当とされる目的は5つに限定されていた。①健康、福祉及び安全、②人事計画の円滑化、③当該ポスト特有の訓練要件、④忠誠を促進しそれに報いること、⑤引退前の合理的期間の必要性である[288]。しかしこれら以外にも目的として正当なものはあるとして反対された[289]。そこで2005年の規則案では、正当な目的を限定することはやめ、EC指令6条1項に類似した規定とし、正当化しうる年齢基準の例を3つあげることとした。①特定の年齢層の職業的統合又は保護のための年齢条件の設定、②高年齢者を採用し又は雇用を維持する目的で、雇用又は雇用にかかわる一定の利益について下限年齢を設定すること、③訓練要件及び引退前に合理的な期間が必要であることを理由とする、採用又は昇進年齢上限の設定である。しかし結局、規則ではこの例示部分が削除され、正当化を認める一般条項のみが残っている。

また、EC指令では正当化の要件の1つとして、手段が「適切かつ必要（appropriate and necessary）」であることが求められているが、規則ではこの

---

[286] 被告が勧告に従わないときは、新たに損害賠償を命じ又は既に命じた賠償額を増額させることが（審判所が公正かつ衡平であると考えるならば）可能である（38条3項）。差別を受けたと考える者は、平等人権委員会（Equality and Human Rights Commission）に相談に行くことができ、同委員会は裁判所への提訴の権限も有する。

[287] ①当該条件等を取り込むことにより契約の作成が本規則に基づいて違法になる場合、②当該条件等がこの規則により違法になる行為を助長するために取り込まれている場合、および③当該条件等が本規則により違法になる行為の実行について規定する場合が想定されている。

[288] DTI, Equality and Diversity: Age Matters, Age Consultation 2003, para.3.15.

[289] DTI, Equality and Diversity: Coming of Age, Consultation on the Draft Employment Equality (Age) Regulations 2006, para. 4. 1. 5 (2005).

文言に代えて「比例的 (proportionate)」という文言が用いられている。この理由は次のように説明される[290]。必要性 (necessity) という文言を使用すると，当該目的の達成に不可欠な手段といえなければならないとして厳格な要件と解されるおそれがある。しかし指令が求めるのは，そのような絶対的基準でなく，当該措置の差別的効果と目的の重要性との比較衡量によって判定される比例性という基準である。それゆえ規則は比例的という文言を用いたとされる。

以上のように，年齢による取扱いが適法と認められる余地を広く残そうという意図に基づいて，正当化の目的の限定や例示が控えられ，さらに比例的という文言が用いられたことは，イギリスの年齢差別禁止立法が政策アプローチに近いことを示すものといえる。また，規則がもたらすインパクトは，この一般条項に定められた正当性・比例性の解釈によって左右されるといえよう。目的の正当性としては特に，差別をやめることによって生じるコストを理由に正当化しうるか，ということが重要だと指摘されている[291]。

4　年齢差別禁止の例外

年齢による取扱いは，前記の一般条項によって正当化された場合に加えて，次の場合も例外として許される。

制定法の規定を遵守するためになした行為 (27条) や国家の安全保障のためになされる行為は，違法にならない (28条)。積極的差別是正措置も許容される (29条)。剰員整理手当の額を勤続年数に応じて算定することも例外と認められている (33条1項)[292]。1998年全国最低賃金法 (National Minimum Wage Act 1998) と1999年全国最低賃金規則 (National Minimum Wage Regulations 1999) に則した取扱いも差別禁止の例外として容認される (31条)。16歳及び17歳，18歳から21歳までの者の最低賃金 (時間給) はそれらを超える年齢の者の賃金より低く設定されてきたところ，若年者の雇用を抑制しないようにという配慮に基づき，年齢差別禁止規定に違反しないことが明記されたのである[293]。疾病により早期退職した就労者に対して生命保険を提供する場合に，

---

[290] DTI, Employment Equality (Age) Regulations 2006: Notes on Regulations, para. 15.

[291] Rubenstein, Age Regulations 2006 Part1: Key General Principles, 152 EOR 15, 16 (2006).

[292] 法定の剰員整理手当を支払うことは規則27条により適法とされているから，この規定は，法定額への上乗せ支給を適法とする点に意義がある。

標準的引退年齢又は65歳に達するとその生命保険の適用を終了させることは違法にならない（34条1項）。

さらに次の例外規定が注意を引く。引退を理由とする65歳又は65歳以上における解雇は年齢差別禁止規制に服さない旨が明らかにされている（30条）[294]。加えて，標準的引退年齢を超える者，それがない場合には65歳以上の者には，採用における年齢差別禁止規制は及ばないとされている（7条4項）。この他，便益（benefit）の提供において勤続期間を考慮することが一定の場合に許されると明記されている（32条）。

以上の概略をふまえた上で，雇用平等（年齢）規則の特質について分析するが，この規則は詳細で複雑なものであるため，検討対象を絞り募集・採用と労働条件，引退の3つの場面に焦点を当てて考察することにしたい。

III 採用過程における年齢による取扱い

1 差別の禁止

使用者の差別を規定する7条によれば，募集・採用のプロセスにおける年齢差別は原則としてすべて違法になる[295]。この規定は直接差別・間接差別を問わず，また若年層に不利なのか高齢層に不利なのかに関係なく適用されるため，様々な取扱いが（潜在的には）違法になりうる。たとえば次のようなものが考えられる[296]。テレビ会社がメディア学の学位を取得していることが望ましいとして従業員募集するとき，この条件は高年齢者に不利になる。高年齢者でそうした学位を有する者は非常に少ないからである。また，経験を採用条件とすることも間接差別になりうる。たとえば資格取得後の経験が2年から4年の者という条件を設定すると，これは若年者にも高年齢者にも不利益になりうる。

---

[293] DTI, *supra note* 290, para.105.
[294] この例外規定は1996年雇用権利法230条1項に定める労働者等に適用される（30条1項）。
[295] 使用者が次に掲げる差別をすることは違法になると規定される（7条1項）。
　(a) 雇用を申し込む者を決定するために行う措置において。(c) 雇用を申し込むことを拒否し又は故意に申し込まないことによって。
[296] DTI, *supra note* 289, para.4.3.7 ; Sprack, Guide to the Age Discrimination Regulations 2006 53-55 (2006).

さらに，新卒者に限定することも高齢層への間接差別になりうる。これらは後述する例外に該当しなければ違法になる。

2 遂行される職務内容に応じた例外

次の場合には，使用者が採用，昇進及び訓練において年齢による取扱いをしても，規則は適用されない（GOQ（Genuine Occupational Qualification）。8条）。①当該雇用の性質又はそれが遂行される状況を考慮して，年齢に関連する性質（characteristic related to age）を有することが，真正かつ決定的な職業要件（occupational requirement）であり，②特定の事例において，その条件を適用することが比例的であり，かつ③その条件を適用される者がその条件を満たさない場合又はその者がその条件を満たしていると使用者が確信せず，かつ，確信しないことが，すべての事情を考慮して合理的である場合である。このような例外は，前述のとおりアメリカ（ADEA）においても認められているものである。

3 引退年齢を超える者についての例外

イギリス法の特徴は，採用における年齢差別禁止規定が，使用者の標準的引退年齢を超える者，使用者が標準的引退年齢を有しない場合には65歳以上の者には適用されないと明記されていることである（7条4項a号）。使用者への応募から6ヵ月以内にそれらの年齢に達する者も規則の適用から外されている（同条4項b号。標準的引退年齢の概念については第1章第4節Ⅲ2）。この適用除外は，後述する引退規定との関係で認められたものである。すなわち，65歳以上の者（標準的引退年齢がある場合にはその年齢以上の者）を引退させるとき，不公正解雇の規定は及ばない。それゆえ仮に65歳以上あるいは標準的引退年齢以上の者を雇い入れたとしても，結局年齢差別に該当することなく引退させることができる。そうであれば，それらの者につき雇入れ時点での差別を禁止しても無意味だという理由によるのである。

4 積極的差別是正措置

積極的差別是正措置を認める要件が緩やかであることも指摘しておきたい。特定の年齢又は年齢集団の者が就労機会を与えられるよう促すことは，それらの者が年齢に関連して受ける不利益の防止又は補償を行うことが実施主体からみて合理的であると考えられる状況においては違法にならないとされている

(29条1項b号)[297]。ここでは性差別その他の差別の場合と比較して積極的差別是正措置が適法と認められ易くなっている。合理性は差別を行う側の主観によって判断される。また、当該職務に就いている者で是正措置対象となる年齢層の者がその他の年齢層と比較して少ないことの証明は求められていない[298]。

5 正当な目的および比例性の要件を充たす場合

以上に加えて規則3条1項の一般的な正当化も可能であるから、採用プロセスにおける年齢による取扱いが許されるかどうかは結局、どのような目的が正当と認められるか、どのような場合に比例性の要件を充たすのかによって左右されることになる。この点の解釈は、今後の国内裁判所・審判所および欧州司法裁判所の判例の展開を待たなければならないが、ある論者は性差別や人種差別ほど限定的には解されないのではないかとする[299]。規則自体が広範な例外を認めている上、およそ人の能力と関連性のない人種や性別に基づく不利益取扱いならば直ちに不公正だと考えられるが、年齢や経験は能力と関連する場合があり何が不当なのかがはっきりしないからである。この立場からは、たとえば、バランスのとれた年齢構成を維持する目的で特定の年齢層を雇い入れることも正当と認められることになる。また、若年層を顧客とする店舗において若年層を雇い入れることは、目的として正当と認められうるとする見解がある[300]。

要するに、今後の解釈に委ねられる面が大きいとはいえ、採用時の年齢差別禁止規定は、間接差別や若年であるがゆえの差別にも及ぶ点において極めて広範なものである一方、例外の可能性もより広く開かれているのである。規則は標準的引退年齢または65歳を超える者には適用されない。正当な目的および比例性の要件を充足するときも違法にならない。積極的差別是正措置の要件も厳格なものではない。性差別の場合は①真正な職業資格（性差別禁止法7条）、②妊娠・出産その他特に女性に影響のあるリスクが生じる状況又は一般的な安全衛生に関する規定遵守のために必要な場合（51条）等の特定の例外事由に該

---

297 職業組織の行う同様の積極的差別是正措置も許される（同条2項及び3項）。
298 DTI, *supra note* 290, para.94 ; Kapoor, *supra note* 281, at 23.
299 Kapoor, *supra note* 281, at 28-29.
300 Rubenstein, *supra note* 291, at 17.
301 その他、国家の安全のための行為（52条）、警察、刑務所職員（17条、18条）、スポーツ競技の参加者（44条）、牧師（19条1項）等に関する例外が規定されている。

当しなければ違法になる[301]。それとの比較でいえば例外が認められる余地はより広く残されているといえる。これはアメリカ法（ADEA）と比べた場合のイギリス法の特徴でもある。

IV 労働条件における年齢による取扱い

1 差別の禁止

比較法的考察のため労働条件における年齢基準の適法性についてもみておこう。労働条件（terms）および便益（benefits）[302]における取扱いは次のように包括的に禁止されている（7条）。

(2) 使用者が…次に掲げる差別［筆者注――年齢による直接差別又は間接差別］をすることは，違法になる。
    (a) その者に与えている雇用の条件において。
    (b) その者に与えている昇進，配転，訓練又はその他の便益を受ける機会において。
    (c) その者に対し前号に定める機会を与えることを拒否し又は故意に与えないことによって。

2 勤続期間による取扱いについての例外

ここで特徴的なのは勤続期間（length of service）に基づく便益（benefit）についての例外である（32条1項・2項）。労働者の勤続期間が5年以内のときは，勤続期間が短いことを理由とする不利益は違法にならず，個別事情に応じた正当化も求められない。勤続期間が5年を超える労働者については，経営上の必要性（business need）により勤続基準を用いた方法をとっていること，それが使用者からみて合理的だと考えられることを示さなければならない。もっとも，経営上の必要性の判断はそれほど厳格なものでなく，就労者の一部又は全員の忠誠若しくは動機付けの促進又は経験への報酬等は，経営上の必要性として認められうると規定されている。つまり，便益における勤続期間による取扱いは，目的手段の観点からの正当化をすることなく勤続5年以下の労働者に

---

302 便益は，施設及びサービスも含む，と定義される（2条2項）。

ついては一律に，5年を超える者については経営上の必要性さえ示せば足りるものとされており，年齢差別としての規制が緩められているのである[303]。

イギリスでは，たとえば労働協約には，いくつかの賃金等級が定められ，各等級に対する時間給・週給と，奨励給等の各種手当，時間外労働等の割増賃金率が定められることが多い[304]。同一等級内で1年間勤務すると適切に職務が遂行されていれば基本賃金の2.5％が増額され，3年間の勤務により5％が増額される等の（少なくとも過去にはみられた）例は，勤続年数が5年以内の者の優遇として，規則違反にならないであろう。

3 EC指令との関係

この勤続期間による便益の例外について，立法者は，EC指令6条1項に照らすと指令には違反しないと説明している[305]。経験豊富な従業員を引き寄せ，雇用し続け，またそのような者に報酬を支払うために勤続期間を考慮する人事管理は正当な目的によるものだと理由が述べられている。職務遂行ではなく忠実さに報いることにより，そして給与水準が停滞しないでほしいという労働者の合理的な期待に応えることにより，従業員の定着を図ることができるとされる。また，この例外規定は比例性を保障しており，その点でも指令6条1項により許容されると説明されている。

この点については，性差別に関するCadman事件欧州司法裁判所判決に照らせば，EC指令には違反しないものと推測される。勤続期間を賃金額に反映させることが女性への間接差別に該当するか否かにつき，同判決は緩やかな立場を示しているからである[306][307]。これは，イギリスの労働安全衛生執行局の女

---

[303] 就労者の勤続期間を算定する場合は，次のいずれかの期間の長さを算定するものとされる（32条3項）。すなわち，(a)就労者が特定の水準（努力，技能及び決定等の観点から就労者に対してなされる要請に照らして評価される）若しくはその水準以上であると合理的に考えられる労働により就労した期間又は(b)就労した期間全体である。いずれの方法によるにせよ，勤続期間は就労してきた週の数によって算定される（同条4項a号）。欠勤した期間は，欠勤についての従来の取扱い等を考慮して控除が合理的でないといえる場合を除き，控除することができる（同項b号）。

[304] 日本的雇用制度研究会編『欧米諸国の労働協約を通じた賃金・雇用制度の調査研究グループ報告書』65-98頁〔山下幸司執筆〕（1994年）。

[305] DTI, *supra note* 290, para.113.

[306] この点については拙稿「EUの雇用平等法制の展開」法時79巻3号64頁（2007年）も参照。

[307] Case C-17/05 Cadman [2006] IRLR 969.

性監督官である原告が，年収約3.5万ポンドだったところ，同僚男性の年収は3.9万ポンド，4.3万ポンド等で原告よりも高かったため，これは男性職員らの勤続年数が長いからだと主張し，男女賃金差別に当たるとして提訴した事案である。イギリスの控訴裁判所が欧州司法裁判所に付託したところ，同裁判所は次のように説示する。

「勤続期間基準を用いることは，当該労働者がその義務をより良く遂行できるようになる経験が得られることに報いるという目的を達成するために適切なものである。したがって労働者がこの点に関して重大な疑いを生じさせうる証拠を提出しない限り，使用者は，特定の職務に関して当該基準を用いることが適切であることを具体的に立証する必要はない。」

「賃金の決定に関して，遂行される労務の評価に基づく職務分類制度がとられている場合には，個別の労働者が当該期間に得た経験によりその義務をより良く遂行することが可能になったことを示す必要はない。」

Cadman事件は男女間の間接差別の事例であるが，勤続年数の賃金額への反映が年齢差別に該当するか否かが争われるケースで同様の判断が下される可能性は高いであろう[308]。

V　引退規制

1　概　要

定年制は，最も明白な年齢を理由とする取扱いともいえるが，規則制定によってすべてが違法になったわけではない。規則制定によって変更されることになったのは次の点である。第1に，65歳未満定年について，使用者が当該定年年齢を正当化できないときに，不公正解雇の規制が及ぶようになったことがあげられる（従来は標準的引退年齢が存在すれば，65歳未満でも不公正解雇規制は

---

[308]　DTI, *supra* note 290, para 113-116. EC指令を提案した欧州委員会の文書において，年齢差別の正当化に関する6条1項が性別による間接差別についての基準を参照して定められているとされていたこと等を論拠とする。もっとも，この判決を紹介・検討した橋本陽子「EU法の最前線88」貿易と関税55巻6号75頁（2007年）がドイツの学説（Zedler, Anmerkung zur Cadman, NJW 2007, S. 49）をあげて指摘するように，年齢と勤務年数との関係は性別に比較して密接であることもあり，年齢差別に同判決の射程が直接に及ぶわけではない。

及ばず，正当化の必要はなかった）。65歳以上の定年については，引退を理由とする定年退職として原則として年齢差別規制は及ばないが，この場合，労働者が雇用の延長を申し出たときにそれを考慮する義務が，使用者に課されることになった。このように手続面での規制が付け加わったのが第2の変更点である。

こうして，従前に比べれば，より高齢まで就労できる可能性が高まっているとみられる。もっとも，以下に示す調査を参照すると，この法改正が影響を与える者は多くないのかもしれない[309]。イギリスでは，定年制は日本ほどは普及していない。2003年の調査によると男性については，65歳を定年年齢とする職場で働く者は約50％，65歳未満は16％となっているが，残りの3割は定年を設けない職場で就労している[310]。女性についても，定年年齢が60歳の者が最も多く31％，65歳の者が19.3％，60歳未満の者が1.1％，63歳が0.5％，65歳を超える者が0.5％となっているが，定年年齢を有さない職場で就労している者も4割以上存在するからである。しかも，定年が設けられている場合に定年年齢に至るまで働く者は19％にすぎないとされており，定年まで働いて引退した者のうち意思に反して退職させられた者は半数程度であろうとも指摘されている。

このことからすれば，規則制定の影響は実際にはそれ程大きくないのかもしれないが，引退をめぐる規制のあり方はイギリスの年齢差別禁止法理の特質を明らかにする上で重要であると考えるため，以下検討する。

2　解雇規制

引退に関する規制のあり方を理解するためには，解雇法制の概要を把握しておくことが前提としてまず必要になる[311]。

イギリスにおける解雇規制として，予告違反の解雇については損害賠償請求をなしうるとする違法解雇（wrongful dismissal）の法理をまずあげることができる。期間の定めのない雇用契約を終了するときは予告をなすべきことが，契

---

[309]　Cheetham, Age Discrimination : The New Law 45 (2006).
[310]　公的年金（基礎年金）の満額の受給は，65歳であり，かつ，44年の拠出期間をみたした場合に認められる。女性は60歳とされているが，2020年には65歳に引き上げられる（Phil Agulnik（訳：山田篤裕）「年金改革の展望―民間セクターに移管するのかそれとも提携するのか―」武川正吾・塩野谷祐一『先進諸国の社会保障Ⅰ　イギリス』425頁（東京大学出版会，1999年））。現在，公的年金支給開始年齢を65歳から68歳に引き上げる法案が2006年11月に議会に提出され，審議が続いている。

約の黙示的条件として求められるという，19世紀以来，コモン・ローのもとで発展してきた法理を基礎とし，後に制定法に取り込まれた法理である。現在では，1996年雇用権利法（Employment Rights Act）において，勤続1ヵ月以上の労働者に対しては勤続年数に応じて1週間から12週間までの予告期間を置くよう求められている（86条）。

もっとも，期間の定めのない雇用契約は，予告の点を除けば，契約当事者は自由に終了させることができた。解雇理由が制限されるのは，契約上の明示的な条件として特定の終了事由を定めている事例に限られると解されていた。しかし1971年に，労働者は不公正に解雇されない権利を有する旨定められるに至り（労使関係法（Industrial Relations Act 1971）），不公正解雇（unfair dismissal）制度が導入される。現在では1996年雇用権利法において，解雇が不公正か否かは，次の2つの点から審査を受けるものとされている[312]。

第1に，当該解雇事由が，同法で規定される解雇事由に該当するかどうかである。すなわち，①労働者の能力・適格性，②労働者の行動，③剰員であること，④当該雇用の維持が法律上の義務又は制限に違反することのいずれかに該当するか（98条2項a号ないしd号），あるいは，⑤その他の実質的理由（98条1項）に該当することを使用者は立証しなくてはならない。これらの解雇理由の1つに該当することが立証されると，第2に，解雇の公正さについて判断がなされる。公正かどうかは，使用者が解雇にあたり合理的に行動したか，ということと，事案の衡平（equity）と本案の実質（substantial merit）に照らして決定される（98条4項）。また，使用者は制定法に定める手続，すなわち解雇の前に労働者を招致して会合を行い，解雇理由を説明し，労働者に異議申立ての権利を与えるといった手続を履践しなければならない[313]。これらが全うされず，それが専ら又は主として使用者の不遵守に帰する場合には，原則として

---

[311] イギリスの解雇法制に関する文献として，小宮文人『英米解雇法制の研究』（信山社，1992年），同「不公正解雇法制の改革」労旬1427号30頁（1998年），唐津博「イギリスにおける整理解雇法ルール」季労196号110頁（2001年），神吉知郁子「イギリス不公正解雇制度における手続的側面の評価の変遷」季労210号148頁（2005年），小宮・前掲注277・221頁以下等を参照。

[312] 「解雇（dismissal）」の概念は，有期契約の期間満了による終了やみなし解雇も含む広い概念である（1996年雇用権利法95条1項）。小宮・前掲注277・228頁以下。

[313] 2002年雇用法（Employment Act 2002）と2004年雇用法（紛争解決）規則（Employment Act 2002（Dispute Resolution）Regulations 2004）により設けられたものである。神吉・前掲注311・156頁以下。

自動的に不公正解雇とみなされる（98 A条）。

　解雇が不公正だと判断されると，復職や再雇用が命じられ，それらが適当でないときは金銭補償がなされる。金銭補償として，職の喪失等の補償のための基礎裁定（basic award）と金銭的損害についての補償裁定（compensation award）とがある（118条1項）。基礎裁定は労働者の年齢，勤続年数及び週給に基づいて算定される（119条）。

3　雇用終了理由としての引退

　では，年齢を理由とする差別が禁止されることによって，既存の法制にどのような変更が加えられたのだろうか。

　1つは，解雇法制における各種年齢制限が廃止されたことである。不公正解雇の申立て（109条）と剰員整理手当の権利（156条）の年齢上限の撤廃と，不公正解雇についての基礎裁定や剰員整理手当に関する64歳以降の漸減が廃止されている（119条4項・5項，162条4項・5項）。

　他方で，労働者の雇用の終了が引退（retirement）を理由とすると判断されると，年齢差別禁止規制は適用されないものと規定され（雇用平等（年齢）規則30条），解雇事由として「引退」が付け加わった（98条2項ba号）。雇用終了が引退に当たるかを判断するためにはまず，当該事案が次の①から⑤のいずれに該当するかをみておく必要がある[314]。

①　標準的引退年齢（normal retirement age）を有さない。雇用終了時点で労働者等が65歳未満である。
②　標準的引退年齢を有する。その年齢以前に雇用が終了する。
③　65歳未満の標準的引退年齢を有する。その年齢以降に雇用が終了する。
④　65歳以上の標準的引退年齢を有する。その年齢以降に雇用が終了する。
⑤　標準的引退年齢を有さない。雇用の終了日に65歳以上である。

①と②の場合，使用者は引退を解雇の理由とすることはできない（雇用権利法98 ZA条ないし98 ZC条）。それゆえ使用者は不公正解雇（unfair dismissal）に関する規定に服し，引退以外の理由が存し，公正さをみたすことを要する。③の場合，使用者が65歳未満の標準的引退年齢の設定を正当化して雇用平等（年齢）規則に反しないことを示さなければ，引退を雇用の終了の理由とすることができない（98 ZE条2項）。規則3条1項に照らし，目的の正当性，手段

---

[314] Kapoor, *supra note* 281, at 66-67.

としての比例性を備えていなければならない。この正当化に成功すると解雇の理由は引退であったとされうる。これらの場合に対して④と⑤の場合，使用者はその引退年齢を正当化する必要はない（98 ZD 条及び 98 ZB 条）。使用者が次に述べる手続的義務を尽くしていると労働者には何の救済も与えられないことになる。

4　手続的義務

　労働者を引退させようとする使用者は，当該労働者に対して，引退の1年前から6ヵ月前までの間に次の事項を書面で通知する（notify）義務を負う（付則6第2条1項）。労働者が雇用を延長するよう申し出る（make a request）権利を有することと，当該労働者を引退させることを予定する日についてである[315]。雇用契約中に引退に関する条件が存在するか否か，以前に引退日や労働者が申し出る権利に関する情報を提供していたか否かを問わず，使用者はこの通知をしなければならない（同条2項）。

　引退の6ヵ月前までにこの通知義務が履行されなかったときは次のようになる。雇用終了日から14日前までは，労働者に通知を行う継続的義務（continuing duty）が引き続き使用者に課される（4条）。使用者が14日前までに通知をし，労働者が雇用の継続を申し出た場合，使用者はこの申出を考慮する義務を負う。労働者が申し出ないと雇用は終了するが，その場合でも使用者は通知義務の履行の遅延について，週給8週間分を上限とし雇用審判所がすべての事情を考慮して公正かつ衡平と考える額を支払うよう裁定されうる（11条3項）[316]。後述するように，引退の効果が発生する日の14日前までに使用者の予告がなされなかったときは，不公正解雇とみなされる（1996年雇用権利法 98 ZG 条2項a号）。

　使用者が適時に通知を行った場合についてみると，この場合，労働者は引退

---

[315] 「引退予定日」は，労働者を引退させることを予定する日として使用者が通知した日を指す。ただし，使用者が6ヵ月前の通知を怠り，労働者が使用者に通知されるより前に雇用継続を申し出た場合であり，かつ，使用者が引退させる予定だと信じる合理的な理由が当該労働者にある場合には，労働者がその申出において特定した日が引退予定日となる。（以上については付則6第1条2項）。

[316] これは使用者が付則6第2条によって通知義務を課される最終日（労働者が引退予定日を知らない場合にはその日を知った又は知るべきであった最初の日）から始まる3ヵ月の期間内に請求しなければならない（11条2項a号）。

予定日以降の雇用継続を申し出ることができる（5条1項）。この申出は予定される引退日の3ヵ月前までに行うことを要する（同条5項a号）[317]。使用者はこの労働者の申出を考慮する（consider）義務を負う（6条）。この申出を考慮した上でやはり引退させようと考える使用者は，労働者から申出を受けてから合理的な期間内に，その労働者と申出について協議するため，会合（meeting）を開催しなければならない（7条1項）[318]。これによって労働者にはその言い分を陳述する機会が与えられる。

会合が終了し，労働者の申出に応じることを決定した使用者は，その旨を書面で労働者に通知するものとされ，その書面で，期間の定めの有無及び期間がある場合は存続期間を記さなければならない（7条6項及び7項a号）。申出を拒否する使用者は，引退させる計画であることと雇用終了日を労働者に確認することになる（同条6項及び7項b号）[319]。申出を拒否された労働者は異議を申し立てる（appeal）ことができるが，異議を申し立てる際にその理由を示す必要がある（8条2項）。異議を申し立てられた使用者は再び会合を開催しなくてはならない（同条3項）。使用者は労働者の申出に応じるか拒否するかについて改めて考慮し，その結果を通知する（同条8項）。

この考慮義務は，実体的なものではなく手続的なものであると評されている[320]。規則案では，使用者が「誠実に（in good faith）」考慮しなかったとき，労働者は異議を申し立てることができるとされていたが，この部分は最終的には削除されている。また，使用者が労働者の申出を拒否するとき，使用者は理由を示す必要はないし，労働者が雇用審判所において使用者側の理由について

---

[317] 労働者は申し出る際に，引退予定日以降，無期雇用又は有期雇用のいずれによる雇用継続を希望するかを明らかにしなければならない。また，申出は書面でなければならない。申出は1引退予定日につき1回限り可能である。使用者が第2条の通知義務を怠った場合であっても，引退予定日前の日であれば申し出ることができる（付則6第5条2項ないし5項）。

[318] 労使ともに，会合に出席するためにあらゆる合理的な手段をとらなければならない。合理的な期間内に会合を開催することが実現可能でないとき，使用者は，会合を開催せずに申出を考慮することができる。会合開催後，使用者は，できるだけ早く，申出に対する決定結果を労働者に書面で通知する（付則第7条）。

[319] 雇用延長を申し出たが拒否された労働者及び自身が申し出た引退予定日よりも早い引退予定日を決定された労働者は，異議を申し立てることができるため（8条），このような労働者には，異議申立ての権利についても通知する（7条）。

[320] Rubenstein, Age Regulations 2006 Part3: Retirement and Dismissal 154 EOR 21, 29 (2006).

5 引退と不公正解雇

それでは,以上の手続を履践しなかった場合には,雇用終了に関していかなる効果が及ぶのか。この点にも留意し,引退にかかる雇用終了がどのような場合に公正と判断されるのかを示すこととする。

(1) 引退が解雇の唯一の理由として認められる場合

次のいずれかに該当し,かつ考慮手続が全うされた場合には,引退が解雇の唯一の理由だったものと取り扱われる。

① 使用者が標準的引退年齢を有しておらず,65歳以上の労働者の雇用を終了させた場合(1996年雇用権利法98ZB条2項)

② 使用者が65歳以上の標準的引退年齢を有しており,当該標準的引退年齢以降の引退予定日に雇用を終了させた場合(98ZD条2項)

③ 使用者が65歳未満の標準的引退年齢を有しており,その引退年齢を,正当な目的を達成する比例的な手段であるとして正当化し,かつ,その労働者の雇用を当該標準的引退年齢以降に終了させた場合(98ZE条3項及び4項)

(2) 引退が解雇の理由と認められない場合

これに対し,次の場合には,引退は解雇の理由として認められない。使用者は,引退以外の理由を示すことが必要になる。

④ 使用者が標準的引退年齢を有しておらず,労働者が65歳に到達していない時点で雇用を終了させた場合(98ZA条)

⑤ 使用者が標準的引退年齢を有しているが,労働者が当該標準的引退年齢に到達していない時点で雇用を終了させた場合(98ZC条)

⑥ 使用者が65歳未満の標準的引退年齢を有しており,その年齢で雇用を終了させたが,正当な目的を達成する比例的な手段であるとして正当化できない場合(98ZE条2項)

⑦ 労働者への通知等によって定まった引退予定日より前に雇用が終了した場合(98ZB条3項及び4項,98ZD条3項及び4項,98ZE条5項及び6項)

(3) 解雇の理由が審査される場合

この大きく2つに分かれるケースの中間として,当該解雇が引退を理由とするものだったのかを審判所が判定する次の場合がある。すなわち,

⑧ 使用者が,引退予定日の6ヵ月前までに通知するという手続の全部又は

一部を怠った場合（98 ZB 条 5 項，98 ZD 条 5 項，98 ZE 条 7 項）である。審判所はこの場合次の事情を考慮して解雇の理由を判定する（98 ZF 条）。

- 使用者が，労働者に対して引退予定日を通知する継続的義務（雇用終了の 2 週間前までの通知）を遵守したか否か。
- 使用者が，雇用終了の 2 週間前までに通知を行ったとすれば，その通知は，雇用終了のどの程度前に行われたか。
- 労働者の申出を考慮するための会合に関連する手続に使用者が従い又は従おうと努めたかどうか。

(4) 引退解雇の公正さ

審判所が，当該解雇の理由又は主たる理由が引退にあると判断すると，不公正解雇の判定手続に移る。次に掲げる場合は不公正であると判断される（1996年雇用権利法 98 ZG 条）。

① 労働者に対し，遅くとも 2 週間前までに，引退予定日及び雇用延長を考慮するよう申し出る権利について書面で通知しなかった場合。
② 労働者による雇用延長の申出を考慮しなかった場合。
③ 労働者の雇用延長申出の拒否に対する異議申立てを考慮しなかった場合。

(5) 引退規制と EC 指令

以上のような引退規制をとるに至った経緯を確認しておこう[321]。

イギリス政府は，2003 年の協議開始当初，定年を原則として違法なものとし，使用者が客観的正当化に成功した場合にのみ例外的に認めるか，あるいは 70 歳以上の定年については正当化を要しないこととするか，いずれかのアプローチをとることを提唱していた。しかしこの協議では，賛成が 52 ％，反対が 43 ％と見解が分かれた。また正当化を求めない定年年齢を 70 歳とすることにつき賛意を表したのは 24 ％にすぎず 65 ％は反対していた。そこで 2005 年 7 月に開始された協議において，イギリス政府は，65 歳以上の定年年齢の設定を許容する方針をとり，その旨の規則案を示すこととなった。

DTI（経済産業省）によると，定年制を全面的に禁止すると，職域年金その他の便益にマイナスの影響を及ぼすことが懸念され，また定年制は企業の人員計画のためにも必要であると考えられたゆえにこのような規制に至ったとされる。そして，この 2 点に関する使用者の懸念に対応するということは正当な社

---

[321] DTI, *supra note* 289, para.6.1.

会政策目的であり，指令6条1項に依拠して許容されると説明されている[322]。詳細は次のとおりである。

　「人事計画とは，引退年齢に依拠して使用者が労働を計画し，労働者がキャリアと引退とを計画できる目標年齢であることを意味している。

　使用者にとっては，一定の引退年齢に依拠しうると，一定の自然減を考慮して，募集・採用や訓練，労働者の配置や賃金構造，職域年金の計画を立てることが可能になる。これは指令において間接的に認められている。6条1項(c)は，当該ポストの訓練要件又は引退年齢までの合理的な期間の必要性を理由とする採用年齢上限の設定を正当化しうる別異取扱いとして列挙する。引退年齢までに他の事情によって労働者が離職することはありうるが，それでも引退年齢は，使用者の人事計画において重要な要素となる。使用者と労働者の双方にとって，一定の引退年齢に依拠できることにより，（しばしば上級職の）職を若年者から奪うことを避けることが可能になる。

　労働者は，既定の引退年齢があると分かると，それ以降労働しうるかの確信ができなくなる。これは現時点で貯蓄して引退に備えることを促進し，永久に就労し続けられるだろうと想定してキャリア・年金計画を延ばすといった事態を防ぐことになる。これは労働者に対して引退に備えてより多く貯蓄するよう促すという政府の政策に沿う。

　職域年金その他の労働関連の便益に及ぼす不利な影響を避ける必要性とはどういうことかというと，もし使用者がすべて，個別的にみて客観的に正当化される引退年齢のみしか設定しえないとすると，職域年金制度その他の労働関連の便益の提供に不利な影響をもたらすおそれがある，という懸念に基づくものである。使用者の中には，それら便益を65歳以上の者を含めすべての労働者に対して提供することによるコストを避けるため，むしろ便益を削減又は撤廃してしまおうとする者もいるだろう」。

許容される定年を65歳にした理由は，先にみたように，引退年齢を65歳に設定する企業が多く，そのような慣行を考慮して設定されたということである。

---

[322] DTI, *supra note* 290, para.100.
[323] DTI, *supra note* 289, para.4.9. 65歳という年齢に設定された理由が，その年齢で年金を受給できること自体ではなく企業の慣行への配慮にあったことは，2007年3月に，DTIの年齢差別規制の担当者であるCharles Fuller氏にインタビューを行い，確認した。なお，年金支給開始年齢を65歳から68歳に引き上げる法案が2006年11月に議会に提出され，審議が続いている。

これまでイギリスでは，公的年金の支給開始年齢が65歳だったため（女性は60歳。2020年に65歳に引き上げられる），引退年齢も65歳だと通常考えられていた[323]。65歳未満の定年を許容することが必要か否かにつき，政府は2011年に見直しを予定しているが[324]，現段階では要するに，経済的・社会的実態をふまえたプラグマティックな考慮に基づいて65歳以上定年を許容したのだといえよう[325]。

(6) 考慮手続

定年後の雇用継続に関する考慮手続は，子をもつ労働者が柔軟な労働を申し出る権利を範として設けられたとされている[326]。イギリスでは，2002年雇用法による1996年雇用権利法の改正により，6歳までの子をもつ労働者には，労働時間や就労場所の変更等を申し出る権利が付与され，使用者はその申出を真摯に考慮しなければならないものとされている（80F条ないし80I条）[327]。これと同じような義務を引退の場面でも課した理由は次のとおりである。すなわち，政府としては，人々が労働市場でなしうる貢献を考慮せずに引退させるという文化の転換をめざしているが，引退年齢は現時点では必要であると考えられるため，まずは使用者と労働者を引退問題について協議させることにより，この文化の転換を推進していくのだと説明される[328]。日本の高年齢者雇用安定法18条の2が，年齢制限が真に必要なものかを使用者に考えてもらうことを意図して，募集・採用時の年齢制限について説明義務を課しているのと類似した立場である。もっとも次に述べるように，このような引退規制が指令違反に該当しないのかという問題はある。

有期契約規制の52歳以上の適用除外をEC指令違反とした前記Mangold事件判決で，欧州司法裁判所は，雇用の安定を労働者保護の主要な要素と位置づ

---

[324] DTI, *supra note* 289, para.6.1.24.
[325] Cheetam, *supra note* 309, at 47 ; Sargeant, The Employment Equality (Age) Regulations 2006 : A Legitimisation of Age Discrimination in Employment 35 ILJ 209, 224 (2006).
[326] DTI, *supra note* 289, para.6.3.
[327] 同法の内容については，内藤忍「イギリスにおける仕事と家庭生活の両立のための法政策の進展」労旬1609号39頁以下（2005年）。
[328] 労働組合側はこの考慮義務の導入について，実効的でないと批判し，労働者の申出を拒否する場合にはその理由を示すべきだとしていたが，この意見は立法に取り入れられていない。DTI, Equality and Divesity : Coming of Age, Report on the Consultation on the Draft Employment Equality (Age) Regulations 2006, para.6.15 (2006).

け，労働市場や労働者個人の状況にかかわりなく年齢によって一律にこの重要な保護から除外することの不利益は大きいとしている。このことをふまえると，65歳以降の労働者が年齢のみを理由に雇用の安定という利益を享受しえなくなる点をとらえて比例性に欠けるという見方もできそうである。

 ただ，ドイツの52歳以上の適用除外規定とイギリスの65歳の引退規制との間には決定的な相違がある。イギリス法が正当化を要しない引退年齢と定めるのは，公的年金支給開始年齢でもある65歳である。Mangold事件判決も，「引退年金の受給資格が得られるまで」，「職業生活の相当部分の期間において」，有期契約の反復更新がなされるような不安定な地位に置かれることの不利益の大きさに着目している。実際，スペインのPalacios事件で欧州司法裁判所は，公的年金支給に接合した定年を許容するスペインの立法は，指令に違反しないと判断した（本章第4節II参照）。また，イギリス法では，考慮義務等の手続的規制も施されている。したがって，公的年金支給が可能な65歳以降の引退について正当化を求めないイギリスの規制がEC指令違反にならないと判断される可能性は高いといえよう。

第6節　EU法総括

1　中高年齢者の雇用をめぐる法の趣旨

 ここまで検討してきた，EU法とそれがドイツ・イギリスに及ぼす影響について，ここでまとめておきたい。

(1)　EC指令前のドイツ法の状況

 ドイツでは，年齢差別を違法としうる法規制として，一般的平等原則を定める基本法3条1項，職業の自由についての基本法12条1項，労働法上の平等取扱原則，高年齢者に対する不利益を課さないよう求める事業所組織法旧75条1項2文等があった。しかし，たとえば65歳定年制は，上記の諸規制に基づいて審査が行われてきたが，公的年金によって経済的に保障されているならば正当化されると判断され，均衡のとれた人員構成や人事計画の必要性もその有効性を基礎づける論拠としてあげられる。労働法上の平等取扱原則は，契約自由の原則と衝突する場面では後ろに退き，年齢を理由とする採用拒否に制約

を課すものではないと解されている。

　これに対し、企業の人事管理上必要だという理由による正当化は、たとえば性差別禁止規制であれば、受け容れられない。性差別は、ある性別に属することが特定の職務の遂行に不可欠といえない限り、許容されない（民法典旧611a条1項2文）。このような差異が生じるのは、年齢を基準とする別異取扱いが、性差別等と同様の不公正な差別として把握されてこなかったからである。というのは、年齢による別異取扱いを差別の観点から違法だと主張するときはまず、基本法3条1項に依拠することになるが、同条は一般的平等原則を定めるにすぎない。一般的平等原則には、事柄の性質に即した理由があるならば、違反しないと解されてきた。事業所組織法旧75条1項2文や労働法上の平等取扱原則も絶対的な規制ではなく、正当化を許す相対的な規制である。

　定年制を一時的に廃止した社会法典第6編1992年改正も、年金財政の強化を趣旨とする施策であったため、高年齢者の雇用継続につながっておらず、他方で企業の人事計画を妨げており若年者の失業率が高いことにかんがみて、早くも2年後に改正されてしまっている。つまりドイツでは、年齢を理由とする異なる取扱いは、判例においても法政策においても、性差別等のような労働者の人格的利益にかかわる差別とは把握されず、高年齢者の就業率の向上を目的とする部分的な規制にとどまってきたといえる。

(2) EC指令における年齢差別規制の趣旨

　このような従前の状況とは対照的に、2000/78指令により、ドイツ・イギリスを含めEC加盟国は、募集・採用・労働条件・解雇に至るまで雇用のあらゆる局面における年齢差別を包括的に規制しなければならなくなった。年齢差別の概念には、若年者に対する差別や間接差別も含まれる。このような包括的な規制が行われたのは、年齢差別の禁止を含め、人種差別・性差別その他の差別禁止を同様に扱う水平的アプローチがとられたためでもある。年齢差別規制は、人権保障のための差別禁止の1つとして把握されたといえる。基本権憲章21条において差別禁止事由のリストに年齢差別が加えられていることも、このことを裏付ける。

　もっとも、2000/78指令による年齢差別規制には、中高年齢者の就業率を引き上げることによって社会保障財政の負担を緩和するという狙いもあった。政策目的を実現する手段としての性格も有するのである。また、同指令の年齢差別規制は若年者に対する差別をも禁止の対象とするが、解雇制限における中高年齢者の手厚い保護や勤続給等は差別禁止の例外としうる等（6条1項）、中

高年齢者への有利な取扱いを厳格に禁止するものではない。つまり，政策的な配慮が加えられた結果として，エイジ・フリーな雇用管理が厳格に求められていない。EC指令には中高年齢者の保護という趣旨も存在しているといえる。

2　年齢差別規制が雇用慣行に及ぼしうるインパクト

　ドイツ・イギリスをはじめとする各加盟国は，年齢を基準とする別異取扱いを包括的に禁止しなければならなくなった。募集・採用時の年齢制限が禁止されることの意義は小さくないであろうし，加盟国政府や企業は従来の発想の大きな転換を迫られそうにみえる。しかし，そのような結果に至らない可能性がある。2000/78指令に応じた年齢差別規制は，ドイツやイギリスの雇用慣行，特に労働関係の終了に大きな影響を及ぼさないかもしれないからである。

　指令6条1項は，年齢による別異取扱いは，目的の正当性，手段としての比例性を充足すれば許されると規定する。指令の前文(14)は，指令は「引退年齢を設定する国内規定を妨げない」としている。スペインの定年制に関するPalacios事件で，欧州司法裁判所は，労働協約に含まれた強制的引退条項を，①その条項が，国内法の設定した65歳という年齢に労働者が到達していることと，②老齢年金の受給資格を得るための社会保障法上の条件を当該労働者がみたしていることを要件として規定しているときに許容する国内法について，雇用政策・労働市場に関連する正当な目的に拠って立つものであって，適切かつ必要であると認める。

　また，たとえばドイツでは，既にその解雇規制において，中高年齢者に対する保護ないし優遇が行われている。しかし，EC指令のもとでは正当化されるとする見解が一般的である。これらの手厚い解雇制限が存続する限り，中高年齢者に対する解雇はそもそも困難であるから，年齢を理由とする解雇を禁止しても手厚い雇用保障が施されることに変わりはなく，新たな規制が雇用慣行の大きな変更を迫ることにはならないと考えられる。

　募集・採用時の年齢差別が禁止される点については，これまでドイツやイギリス等でこのような規制がなかったことからすると，その影響は小さくないかもしれない。ただ，実際にどの程度効果があるかは，どのような立証枠組・救済を設けるか，何を違法とし何を容認するかによって左右される。EC指令に対応して設けられる年齢差別規制の多くでは，たとえば，当該ポストに訓練が必要であること，または退職前の合理的な雇用期間が必要であることを理由とする，採用年齢の上限の設定を規制の例外として定めることが多い。ドイツで

制定された法律にはこの例外が取り入れられている。ドイツやイギリスで議論されているように，事業所の年齢構成を考慮して年齢制限を設けることができるか等の論点について，仮に緩やかな基準によって解釈が行われると，募集・採用における年齢制限が規制されることの意義はそれほど大きなものとならないかもしれない。

つまり，ドイツ等の加盟国では，従来，年齢を用いた雇用管理を不公正な差別として把握せず，雇用政策の観点からの規制を施してきたが，2000/78指令採択により，雇用のあらゆる局面における年齢差別を包括的に禁止するよう求められている。包括的な差別規制が行われるのは，年齢差別規制が他の差別規制と同様の，人権保障のための差別禁止として把握されたからである。しかし，人権保障としての差別禁止規制であるといっても，同指令は雇用慣行，特に雇用関係終了にかかわる局面については，大きな変革をもたらさないのではないか。言い換えれば，同指令が定年制をはじめとして年齢差別について広範な例外を設けていることが，人権保障としての差別禁止のリストに年齢を加えることを可能ならしめたということもできるのである。2000/78指令は，人権保障を前面に出して包括的な年齢差別規制を行う場合，必然的に，年齢差別の正当化を広範に認めざるをえないという年齢差別規制の1つの特色を示すものと理解することが可能である[329]。

3　EC指令の差別法理としての特質

以上の分析をふまえ，2000/78指令に含まれる年齢差別規制を，性差別や人種差別の規制と比較すると，次のような特殊性が看取される。

性差別や人種差別については，直接差別が正当化されるのは，一定の職業活動の性質またはそれが遂行される状況を理由として，ある性別・人種に属することが，真正かつ決定的な職業的要件を構成している場合に限定されている（76/207指令2条6項・2006/54指令14条2項，2000/43指令4条）。

これに対し，2000/78指令では，年齢差別は，①雇用政策，労働市場及び職業訓練のような正当な目的によって，客観的かつ合理的に正当化され，②その目的の達成手段が適切かつ必要であり，国内法において定めが設けられるなら

---

[329] ただ，そのようなことになるかどうかは，なお未知数の要素もある。2000/78指令に対応した年齢差別規制が，ドイツを含め各加盟国の雇用慣行に及ぼす影響は，欧州司法裁判所や国内裁判所の判断に左右されるからである。

ば，差別を構成しないものとすることが可能である（6条1項）。この基準は，間接差別の正当化基準と同様のものであり，欧州司法裁判所によると，加盟国は，どのような手段をとるかという点について広範な裁量を有する。

このように，年齢差別規制は，人種差別や性差別の規制と比較してより緩やかな規制となっている。例外としうるもののうち最も重要なものは，公的年金に接合した定年を差別規制の例外として設定しうることであり，この他にも，たとえば，当該ポストに訓練が必要であること，または退職前の合理的な雇用期間が必要であることを理由とする，採用年齢の上限の設定を例外としうる点も，注目される。職務遂行に当該属性が必要かどうかという観点を超えた例外が許されているのである。また，定年制についての欧州司法裁判所判決で明らかになったように，年齢差別については，厳格な強い比例原則に適合していることは，必ずしも求められていない。欧州司法裁判所は，場合によっては，公益目的を達成するためにとられた手段が目的との関係で「不適切（inappropriate）で不必要（unnecessary）だということが明白でない（not apparent）とき」は，EC指令には違反しない，としているからである。

さらに，2000/78指令においては，若年者に不利益を及ぼす取扱いも含めて年齢差別として包括的に禁止する原則が採用されているが，そのような年齢差別の多くが差別の正当化の例として列挙されていることにも注意しておかなければならない。まず，ドイツのような解雇に際しての高年齢者の保護が年齢差別規制の例外として許容されうる。また，勤続給については，年齢差別規制の例外と明記されることにより，あるいは間接差別における正当化が容易に認められ，容認されると考えられる。ドイツでは，学説は，解雇制限法における中高年齢者の保護は同指令に反しないとする点で一致しており，勤続給についても，アイルランドでは年齢差別禁止の例外とする明文の規定があり，イギリスは要件を緩めている。

これが人種差別や性差別であれば，少数派や女性を優遇する場合，ポジティブ・アクションとして正当化されなくてはならない（76/207指令2条8項・2006/54指令3条，2000/43指令5条）。これに対し2000/78指令に含まれる年齢差別規制では，高年齢者を保護・優遇するような法規制・雇用管理について，ポジティブ・アクションとしての正当化（7条）と別個に定めが置かれ（6条1項），年齢差別規制の例外として認められる可能性が高くなっているのである。

つまり，2000/78指令に含まれる年齢差別規制には，他の差別規制と比較し

て差別の正当化がより緩やかに認められ，若年者に不利に働く人事管理や賃金制度が許容される可能性が高いという特徴が看取される。

第4章　年齢差別禁止の差別法理としての特質

雇用における年齢差別禁止の法理にはどのような特質があるか。このことを明らかにするため，本書では，第1に，アメリカ法とEU法の年齢差別規制が，人権保障としての差別禁止と把握されたのか，中高年齢者の雇用機会確保を目的とする政策であったのか，あるいはそれらの趣旨が併存していたのかについて，それらが立法・採択に至った経緯や趣旨に着目しつつ，分析を行った。これに加えて第2に，それら諸規制が雇用慣行・労働市場に重大な変革を迫るような強力な法的介入を行うものであったのかを検討した。それらの検討を通じ，第3に，アメリカとEU・ドイツ・イギリスの年齢差別規制を，人種差別や性差別の禁止等の他の差別規制と比較した場合にみられる特質について論じた。

本章では，第1章で論じた日本の法政策・判例・学説の状況を念頭に置きながら，上記の3つの検討視角に沿ってアメリカ法，ドイツ法・イギリス法・EU法および日本法を通観して，これらの比較法的考察が日本の年齢差別をめぐる議論に与える示唆について考察する。

I 中高年齢者の雇用をめぐる法規制の趣旨

1 中高年齢者の雇用政策としての日本とドイツの法規制

(1) 雇用政策

中高年齢者の雇用をめぐる法規制の趣旨は，日本・ドイツ（EC指令以前）とADEA・2000/78指令が対照をなしている。

日本やドイツで行われてきたのは，中高年齢者の雇用機会確保を目的とする，政策的観点からの施策である。

ドイツではかつて，定年制が（一部例外はあったが）撤廃されたことがある（社会法典第6編1992年改正）。この法改正は，高年齢者の雇用促進によって，年金保険の保険料拠出者に比較しての年金受給者の割合が過大になるのを防ぐことを目的とした。しかし，法改正の結果，定年制が撤廃されても就労する高年齢者が増加することはなく，定年制廃止という方策では高年齢者の雇用促進という所期の目的は達成されなかった。この他，企業の人事管理には定年制が必要と考えられ，若年者失業という問題状況が存在したこともあって，結局この規制は再び2年後に改正されてしまう。定年の約定を原則として全面的に無効とする規定を改めて，社会保険の老齢年金の早期受給年齢（60歳，63歳等）に接合した個別労働契約上の定年を65歳まで延長するという内容にとどめ

ものとされたのである（社会法典第6編41条2文）。かかる規制も見方によっては年齢差別を部分的に規制するものといえなくもないが，雇用促進という目的に照らして必要な範囲でのみ規制を行うものであり，その主旨は，年齢による取扱いを撤廃することにあったのではない。

日本では，60歳未満の定年制の禁止と65歳までの高年齢者雇用確保措置の義務づけにより，65歳までの雇用機会を確保するという政策が整えられている（高年齢者雇用安定法8条，9条）。この長年にわたって続いてきた政策の基本的な考え方は，定年制の雇用保障機能に着目して，それを雇用政策の手段として利用しようというものである。60歳未満の定年を禁止する趣旨は，あくまでそれまでの雇用の安定を図ることにあり，年齢を理由とする不公正な差別を禁止するという理念に則るものではない。近年では経済の長期低迷のなか，雇用対策法改正によって募集・採用にあたり年齢にかかわりなく均等な機会を与える義務が事業主に課されるに至ったが，この法改正の目的は年長の若年層や中高年齢者の再就職促進にあるため，適用対象は募集・採用時の年齢制限に限定されている。定年制を含め年齢差別禁止法を導入しようという議論もあるが，現在の立法的論議の主流は，そのような規制を中高年齢者のための雇用政策の選択肢の1つとして把握し，それが他の政策手段と比較して必要かつ効果的なものなのかを検討すべしとするものである。日本の政策や議論もドイツと同様に，年齢による人事管理への規制を，高年齢者の雇用機会確保のための手段と把握するものといえよう。

(2) 判例法理

判例上，年齢に着目した雇用管理が憲法上の平等原則等の観点から審査されているが，それらが直ちに違法になるとは解されていない点でも，両国は共通している。

ドイツで一般的な65歳定年制は，基本法12条1項（職業の自由の基本権）や基本法3条1項（一般的平等原則）等に反しないものと判断されている。その論拠としては，定年の存在により，定年年齢に達するまで解雇を回避することができるから，労使双方を利するものであって，しかも均衡のとれた年齢構成の維持や人事計画・後継者計画が可能になるといった諸事情があげられる。年齢を理由として不利な労働条件を課すことについても，それ自体を理由として直ちに違法になるとは解釈されていない。そのような措置は，特定の年齢を超えたことを理由とする不利益取扱いをしないよう留意すべしとする事業所組織法旧75条1項2文や労働法上の平等取扱原則によれば，違法になりうる。

しかし，たとえば解雇等の際に支払う社会計画給付の額について，年金受給が可能な高齢の労働者への給付額をより低額にすることや高年齢者のみの労働時間短縮は，それら諸規制に反しないと解されている。

日本でも，55歳定年制が憲法14条1項ないし公序に違反するかどうかが争われているが，裁判所ではそのような主張はいずれもしりぞけられている。その論拠は，定年の形式的平等性，定年までは雇用が保障されること，若年者に雇用・昇進の機会を開くこと，使用者も賃金コストを抑制し人事を刷新することができることに求められた。判例法理も，前述の法政策と同様に，日本型雇用慣行のもとで定年制を違法とすることは，高年齢者の雇用安定という利益に資するものではなく，企業の人事政策や若年者の労働市場の状況にマイナスの影響を及ぼすため適切でないとする立場をとっているといえる。また，多くの企業は，高年齢者雇用安定法改正に従って55歳から60歳に定年を延長するなかで，就業規則の変更や労働協約の改定により55歳以降の賃金を減額しているが，それが年齢差別であり憲法14条1項・労基法3条に反するとの主張が認められたことはない。さらに，整理解雇の場合に，たとえば53歳以上の者等，一定年齢以上の者を被解雇者として選択する基準を設けたとしても，そのような解雇が直ちに無効になるとの結論は導かれていない。

(3) 中高年齢者の優遇と年齢差別

両国において，一定年齢層の保護や雇用促進のための措置，特に高年齢者の保護・優遇は問題視されない傾向が看取されることも指摘できる。

日本では，定年制は年齢差別であり違法だと解する学説があり，近年では，募集・採用時の年齢制限や定年制を規制すべしとする立法論も展開されている。しかし，それらの議論の大半は，定年制と一体のものとして定着してきた年齢給・勤続給等を含めて包括的に年齢差別を禁止することを構想しているわけではない。

ドイツでは，むしろ中高年齢者に対する保護が法律により積極的に要請されている。典型的なのは，経営上の事由による解雇の場合に，被解雇者を選択するにあたり，年齢や勤続期間を考慮しなければならないという解雇制限法の規定である（1条3項1文）。使用者の解約告知期間が勤続年数に応じて延長されることも（民法典622条2項），勤続年数が長い傾向にある中高年齢者の解雇をより困難にする。これらの中高年齢者に対するより手厚い保護は，若年であるがゆえの差別として年齢差別とも把握しうるが，この観点から検討されてきていない。事業所組織法旧75条1項2文が，一定の年齢を超えたことによる不

利益取扱いのみを禁止し，年長者への優遇を排除するものでなかったことも指摘できる。

　日本とドイツにおいては，従来，年齢を用いた雇用管理は不公正な差別として規制や議論の対象となることはほとんどなく，雇用政策の観点から必要な法規制が企業の人事管理や労働市場への影響について配慮しつつ選択的に，パッチワークのように実施されてきたにとどまるといえよう。高年齢者雇用に関する取組みには権利アプローチと功利主義アプローチがあるとしたO'Cinneideも，本書と同様に，EU加盟国における既存の政策は後者のアプローチだったと分析している[1]。

2　人権保障を目的とする差別規制としてのADEA・EC指令

　このような日本とドイツの法状況とは対照的に，ADEAと2000/78指令は，年齢差別規制を人種差別や性差別等と同様に，人権保障としての差別禁止として把握するものである。それゆえADEAもEC指令も，あらゆる年齢差別を原則として包括的に禁止している。

　ADEAは，中高年齢者の雇用促進を主たる目的として制定されたものではあるが，日本の改正雇用対策法等と比較すれば，より包括的な規制となっていた。主要な課題であった募集・採用時の年齢制限のみならず，年齢を理由とする解雇や労働条件の差異等も含め全般的に年齢差別を禁止していたからである（4条(a)(1)）。このような包括的に差別を禁止するというスタイルがとられたのは，同法に先立って1964年公民権法第7編や各州の年齢差別規制が存在し，それらの形式に倣ったからであると推測される。ADEAには，中高年齢者の雇用促進という目的を実現する手段としての趣旨とともに，不公正な差別として年齢差別を規制するとの趣旨も併存し，それが，募集・採用時の年齢制限という再就職の障害を取り除くにとどまらない，より包括的な禁止規定を導入する結果に至らしめたと考えられるのである。

　そして規制の包括性は後に，定年制の禁止において，より明瞭に表れる。ADEAは制定当初，その適用対象年齢を65歳未満に限定しており，65歳未満の定年制も，それが企業年金制度等の枠内で定められる場合には違法になら

---

[1] O'Cinneide, Comparative European Perspectives on Age Discrimination Legislation, in Age as an Equality Issue 195, 196 (Fredman & Spencer eds., 2003).

ないと解釈する余地があった。しかし，法改正の過程で定年制は中高年齢者の人権にかかわると議論されるようになり，適用対象年齢の上限は撤廃されるに至っている。定年年齢が公的年金の支給開始年齢に設定されていても，あるいは企業年金を受給することができるとしても，原則として違法になる。定年制が違法でないというためには，BFOQ（4条(f)(1)）該当性，すなわちその年齢以上のすべてまたはほとんどすべての者が安全かつ効率的に職務を遂行しえないこと，もしくは，個別評価が不可能または実際的でないことを，使用者の側で示さなくてはならないと解されている。一連の改正を支える論拠として，社会保障の財政状況にも言及されてはいたが，適用対象年齢の引上げが年金支給開始年齢の引上げとセットになっていたわけでもなく，現在の ADEA は，年金支給開始年齢までの雇用機会確保に限定されず，より人権保障としての差別禁止という性格を強めている。

2000/78 指令は，アメリカと異なり定年制は例外として許容するが，中高年齢者に不利な年齢差別のみならず，若年者に不利益を及ぼす年齢差別をも規制する。この意味において包括的な年齢差別規制となっている。これは EU において年齢差別規制が他の差別規制と同じように取り扱われたことの帰結である。つまり，EU では，性差別に関するいくつかの指令，人種差別に関する 2000/43 指令と宗教・信条，障害，年齢および性的指向を理由とする差別に関する 2000/78 指令により，あらゆる差別について序列なく不公正な差別的待遇として取り組むという立場（水平的アプローチ）がとられているのである。EC 指令の根拠となるローマ条約 13 条において，年齢差別はその他の差別と並んで規定され，基本権憲章の差別禁止条項においても，年齢差別は差別禁止事由のカタログに加えられている。

このように，特に一連の改正後の ADEA と，EC 指令に含まれる年齢差別規制は，人種差別や性差別の法規制の延長線上にあるものとして，つまり人権保障としての差別禁止を主旨とする規制と位置づけることができる。

3 ADEA・EC 指令における雇用政策としての側面

もっとも，ADEA にも 2000/78 指令に含まれる年齢差別規制にも，中高年齢者の雇用機会確保を目的とする法規制としての性格が看取される。

2000/78 指令は，前述のように若年者に不利益を及ぼすような差別を禁止するが，その一方で，高年齢者の保護のための解雇制限規制，勤続給等はその規制の例外としうるものとみられる（6条1項(a), (b)）。ドイツで成立した一般平

等取扱法でも,解雇制限法に従って,経営上の理由による解雇に際し年齢を考慮することは適用対象外とされている。それらがEC指令に違反しないのかどうかは欧州司法裁判所の判断を待たなければ確かなことはいえないが,そもそもEC指令の差別禁止規制に年齢差別が取り込まれた背景として,少子高齢化の進展のなか,各国の社会保障財政や人的資源の活用の観点から高年齢者の雇用促進が要請されているという事情が大きかったことも考え併せれば,高年齢者の雇用促進に資する諸規制がEC指令違反とされるとは思えない。

ADEAにおいては,40歳以上という適用対象年齢の下限を設定していること(12条),先任権制度(勤続年数の短い者から先にレイオフの対象にする等)は例外として許容されること(4条(f)(2)(A)),企業年金等の受給資格を一定年齢以上の者に限定することは適法である旨の明文の規定が置かれていること(4条(1)(1)(A))等の諸点に,中高年齢者の雇用促進を目的とするという同法の性格が反映されている。現在では,そもそも若年であるがゆえの差別は禁止されないと解釈されている(2004年連邦最高裁判決)。

4 小　括

まとめると,ADEAにもEC指令に含まれる年齢差別規制にも,中高年齢者の雇用機会確保の政策手段としても把握することができる点,またエイジ・フリーな雇用管理を厳格に求めてはいない点において,日本とドイツにおける中高年齢者の雇用政策と共通するような政策的側面がみられる,といえる。

諸外国の年齢差別禁止立法にも政策的側面があるとすると,日本でも,中高年齢者の雇用機会を確保する政策手段として年齢差別禁止法を導入してよいとの議論につながるかもしれない。しかし,単純にそのように議論することは適切でない。ADEAもEC指令の年齢差別規制も,人種差別・性差別その他の差別の規制の影響を受けて導入されるに至っており,不公正な差別を禁止するという趣旨が主たる規制目的として前面に出されている。それゆえ募集・採用,労働条件,解雇等の局面における年齢差別全般を不公正な差別として包括的に禁止するという形がとられる。ADEAは,法改正を経て人権保障を目的とする差別規制としての性格を強め,定年制をも禁止の対象に含めるに至っている。EC指令においては,あらゆる差別について同じように取り組むという立場がとられたことから,若年であるがゆえの年齢差別も原則どおり禁止されている。そうした包括的な年齢差別規制は,日本の現在の法政策のあり方,すなわち純然たる雇用政策の観点から,定年制,募集・採用時の年齢制限等,場面ごとに

個別的な是正を図っていくというものとは出発点が異なっている。

したがって，日本で，人権保障を目的とする差別規制として年齢差別を禁止する際には，その規制趣旨の帰結として，包括的な年齢差別禁止から出発し，例外的にその禁止の解除を認めるというアプローチをとることになるであろうことを十分に認識する必要がある。そして注目しておくべきは，以下において論じるように，ADEA と EC 指令の年齢差別規制は，人権保障を目的とする包括的な差別規制ではあるが，雇用慣行・労働市場への過剰な法的介入にならないかについて慎重な考慮が払われていることである。

II 中高年齢者の雇用をめぐる法規制のインパクト

1 日本とドイツの法規制

アメリカ法，EU 法および日本の中高年齢の雇用をめぐる法規制について，その規制が雇用慣行・労働市場に及ぼす（及ぼしうる）インパクトに着目して分析すると次のようにいうことができる。

日本とドイツの従来の法規制は，中高年齢者の雇用機会の確保を目的として政策的観点からの規制をなすものであったため，雇用慣行・労働市場と整合的な規制になるように設計されていた。日本では，定年制は，撤廃するとその雇用保障機能を害し，企業実務を混乱に陥らせ，若年者の雇用機会を狭めるといったことが懸念され，維持されてきた。ドイツでも同様である。日本の 2007 年改正雇用対策法が事業主に課す，募集・採用時に年齢にかかわりなく均等な機会を与える義務については，従業員の年齢構成を維持する必要がある場合等，アメリカと比較すれば，広範な例外が設けられているといえる。それは，それらの諸規制が，不公正な差別待遇の禁止を主旨とする強い規制ではないからであろう。

2 EC 指令

日本とドイツの雇用政策的観点からの法規制に対し，年齢差別規制の趣旨として人権保障としての差別禁止であることが前面に出されている ADEA と EC 指令に含まれる年齢差別規制は，雇用慣行に重大な変革を迫るものなのだろうか。

EU については，年齢差別規制の例外が広く認められている点に注意してお

かなければならない。最も重要なものとして，老齢年金に接合した定年を差別規制の例外として設定しうることを指摘できる。同指令前文(14)は，指令は，引退年齢を設定する国内規定を妨げないとしており，年金支給開始年齢に接合した定年制は許容される可能性が高いのである。実際，EC指令採択後に年齢差別規制を導入したフランス・オランダ・ドイツ・スペインでは，かかる定年制を規制の例外としている。また，同指令採択前に制定された法律であるが，フィンランドの年齢差別規制も年金支給開始年齢における雇用の終了を規制の例外としていた。アイルランドも，法の適用対象を65歳未満に限定する規定は改正したものの，定年制を許容する明文の規定は維持している。2006年に制定されたイギリスの規則でも65歳以上の定年は許容される。欧州司法裁判所も2007年10月の判決でスペインの立法について指令違反には当たらないと判示している。

他方，募集・採用時の年齢差別が禁止されることの意義は，これまでそのような規制が全くなかったドイツ・イギリス等では小さくないかもしれない。ただ，どれほど採用時の年齢差別を抑制しうるのかは様々な要素により左右されうる。たとえばEC指令では，当該ポストの訓練要件または引退前の合理的な雇用期間が必要であることを理由とする採用年齢の上限の設定は，規制の例外として許容されている（6条1項(c)）。実際，EC指令を国内法化したフランスでは，そのような理由による採用年齢上限を年齢差別規制の例外として明記している。アイルランドもそうである。ドイツの法律でも同様の例外規定が設けられている（10条3号）。これらの例外規定は，解釈しだいでは，規制の実効性を弱めうる。実効的な救済が得られるかということも問題であろう。

3　ADEA

アメリカ（ADEA）についても，雇用慣行・労働市場への直接的介入の程度を弱めるような，規制の例外と解釈運用の存在を指摘することができる。

まず，ADEAでは現在でも，上級管理職の65歳定年制は，一定額以上の引退給付が提供されることを条件として，規制の適用から除外されている（12条(c)）。これは若年者の昇進機会と企業の人事刷新の利益に配慮しての規定である。

差別的インパクト法理を用いて年齢差別を立証することが困難になっていることも注目される。差別の一応の証明の段階で，どの基準が差別的インパクトを生んでいるのかは，被差別者が特定しなければならない。さらに，被差別者

が差別の一応の証明に成功しても，使用者が当該措置の合理性を示せば，使用者の利益が差別的効果がより少ない方法によっても達成できるかどうかは問題とされない（2005年合衆国最高裁判決）。また，差別的効果の立証には，どの年齢層に不利な影響があるといえなくてはならないのか，という年齢差別に特有の困難も伴う。これらの点により，賃金コストを理由とする採用拒否・解雇，勤続年数が長期にわたるために賃金が高額になっている者の賃金を減額すること等，中高年齢者に実際上より大きな不利益を及ぼす措置を違法な年齢差別であると立証することは難しい状況になっている。

　そうすると，アメリカでも，ADEAに違反することなく，年齢に着目した日本の雇用管理と同様の措置を実施することが可能ということになる。たとえば，日本の裁判例のなかには，被解雇者選定の基準として年齢を用いることについて，年齢という基準は客観的で主観的要素が入り込まないこと，労働能力の劣る者から整理解雇することを意図していること等から，合理性を肯定するとするものがある。ADEAのもとでは，このような経費削減の必要性に対応するために中高年齢者を解雇することは，年齢を理由にすると違法になるが，賃金コスト節減を理由にすれば可能である。また，日本では55歳以上の者の賃金減額は憲法14条1項や労基法3条に反しないとされているが，ADEAのもとでも，賃金額・労働者給付の価額の高い者からその額を減額することは，年齢差別に該当しない可能性が高い。このようなケースで勤続年数に応じて賃金・労働者給付が増額する仕組みになっていると，中高年齢者が賃金削減の対象となりやすくなり，事実上，中高年齢者の賃金を引き下げられることになる。

4　年齢差別規制を可能とする雇用慣行・労働市場

　こうした差別禁止の例外と解釈運用の存在に加えて，アメリカ・EU，いずれにおいても，年齢差別規制が雇用慣行・労働市場に対する過剰な法的介入とならない背景が，その雇用慣行・労働市場自体に存在しているとみられる。

　アメリカでは，定年制は，法改正の過程で高年齢者の人権にかかわると強調されるようになり，撤廃されるに至っているが，改正の際に，定年制を撤廃したとしてもさらなる雇用の不安定を招来しないことが予測されていた。適用対象年齢を70歳に引き上げた後の労働省の報告書によれば，定年制をもつ企業では既に職務遂行評価が実施されている割合が高く，定年年齢が引き上げられても，職務遂行評価制度は，定年制の代替的なものというより補足的な制度として機能していたので，職務遂行評価による解雇増加という懸念は現実のもの

とならなかった，とされている。つまり，定年制を撤廃して高年齢者の人権保障をすべしとする主張は，雇用慣行・労働市場に大きな影響を及ぼさないとする予測が労働省の報告書により出され，政策的観点からも許容されるという状況下で具体的法改正に結実したのである。

　また，使用者は定年制が禁止されてもなお中高年齢者の退職を誘導することができる。早期退職勧奨給付を中高年齢者にのみ提供して退職させ，それと共に訴権放棄契約を締結することができるからである。早期退職奨励給付の提供や訴権放棄契約については，1990年ADEA改正により一定の法規制が施され，裁判所によっても同意の自発性の有無等が審査されているものの，中高年齢者への退職勧奨や訴権放棄契約の締結は一般的に行われている上，年金制度の設計の仕方により，一定年齢での退職を誘導することも可能である。このようにして，ADEAが存在するにもかかわらず，中高年齢者との雇用関係を企業が終了させることは必ずしも困難ではないのである。

　EUでは，アメリカとは対照的に，既に中高年齢者を保護する解雇制限が存在するため，これに年齢差別規制が新たに加わったとしてもその雇用保障の手厚さに変わりはない。定年制が年齢差別規制の例外として許容されるとすれば，年齢差別規制によって雇用保護の規制がさらに強化されることもなく，企業経営に重大な支障をきたすこともないのである。

　繰り返し述べてきたように，たとえばドイツでは，経営上の事由に基づく解雇のときは，年齢や勤続期間を考慮して誰を解雇対象にするかを選定しなくてはならない。使用者の解約告知期間は勤続年数が長いほど長期間に及び，勤続20年の労働者の場合7ヵ月にもなる[2]。加齢による能力低下を理由とする解雇も容易にはなしえない。ドイツにおいて厳格な解雇制限が存続する限り，中高年齢者に対する解雇はそもそも困難なのであるから，年齢を理由とする解雇が新たに禁止されることになっても，アメリカとは逆の意味で，そのことが雇用慣行・労働市場に及ぼす直接の影響は大きくならないといえる（そのかわりに定年制は例外として認めなければならないとの要請が働く）。

　また，欧州では高年齢者の早期引退志向が強いので，年齢差別を禁止したことのみでは，即座に高年齢者の就業率が上昇して若年者の雇用機会を妨げる等，労働市場政策としての大きな弊害が生ずることも予想されない（2005年の各国

---

[2] これに対し日本では，勤続年数にかかわりなく，30日の解雇予告期間を置くことが求められるにすぎない（労基法20条1項）。

の就業率について表1を参照)。つまり、雇用関係終了の局面に関しては、早期引退志向とそれぞれの解雇法制をも勘案すると、年齢差別規制が直接的に雇用慣行や労働市場に及ぼす影響は甚大なものではないという状況の存在を指摘できる。

　日本のようにドイツでも年齢・勤続年数により賃金が増額する仕組みが定められていることがあるので、そのような制度を変更して年功賃金部分を廃止することが年齢差別として禁止されると企業経営上支障をきたすのではないかとも考えられるが、そのような懸念もあまり必要ではないと推測される。なぜなら、ドイツでは、基本的に労働協約により基本給等が定められており、それを引き下げることはそもそもたやすいことではないし、年齢や勤続年数別の賃金格差は日本ほど大きくない（表2）。その結果、年齢・勤続年数を基準に賃金を引下げることが事実上、あまり想定されないと考えられるからである。

表1　各国の就業率（2005年）

	アメリカ	イギリス	ドイツ	フランス	日本
15－54歳	71.5%	72.6%	65.5%	62.3%	69.3%
55－64歳	60.8%	56.8%	45.5%	40.7%	63.9%

出所：OECD"Labour Market Statistics-INDICATOR", "Employment Outlook 2006"
　＊　ビジネス・レーバー・トレンド386号33頁（2007年）から抜粋。

表2　賃金の勤続年数別格差（製造業，2002年）

（勤続年数1～5年（日本は0～4年）の賃金=100）

国	性別	年				
		1-5 (0-4)	6-9 (5-9)	10-19	20-29	30-
日本	男性	100.0	112.6	138.0	173.3	185.9
	女性	100.0	108.5	119.7	136.2	164.3
イギリス	男性	100.0	109.2	121.2	128.9	130.7
	女性	100.0	106.6	109.1	108.4	106.5
ドイツ	男性	100.0	114.8	124.1	131.7	137.9
	女性	100.0	114.4	130.6	139.2	144.7
フランス	男性	100.0	109.5	117.6	120.7	128.3
	女性	100.0	107.3	110.9	119.8	104.2
イタリア	男性	100.0	110.5	117.7	127.5	123.9
	女性	100.0	102.7	112.8	123.9	116.1

出所　日本：厚生労働省「平成14年賃金構造基本統計調査」(2002)
　　　その他：EU "Structure of Earnings Statistics 2002"
　　　（　）内は日本。日本は月間所定内給与額，EU各国は月間総収入についての数値。
* 労働政策研究・研修機構編『データブック国際労働比較（2007年版）』172頁（労働政策研究・研修機構，2007年）より抜粋。

5　小　　括

　このように，年齢差別規制は，たとえその趣旨として人権保障ということが前面に押し出されていたとしても，それぞれの国の雇用慣行・労働市場に甚大な影響を及ぼさないからこそ，包括的に年齢差別を禁止すること，換言すれば，人権保障を目的とする差別禁止の1つとしての年齢差別規制が可能になると考えられる。

　雇用慣行・労働市場への影響に配慮しつつ年齢差別を禁止するとすると，各国の状況しだいでは，年齢差別を包括的に禁止する一方で，その例外を直接差別も含めて広範に定めることになりうる（日本とアメリカ・ドイツ・イギリスについての表3を参照）。2000/78指令はその証左である。同指令を実施するドイツの法律は6つの例外事由を設けている。スペインの定年制に関するPalacios事件で欧州司法裁判所は，2000/78指令前文(25)の「加盟国の状況に応じて異なりうる特別な措置」という文言に着目し，加盟国は，政治上・経済上・社会上・人口動態上の，あるいは予算上の考慮から，当該加盟国の労働市場の現状を顧慮して，どの政策を選択するかを決定する裁量を有するとしている。

表3 雇用における年齢に基づく取扱いに関する取組み

		日本	イギリス	ドイツ	アメリカ
定年	65歳以上	・適法と解される。	・手続的義務が尽くされていれば年齢差別禁止規則に反しない。	・原則として差別禁止法に反しない（目的手段の観点から正当化される必要はあり）。	・原則として差別禁止法違反 ・例外―①職業遂行の条件である場合，②上級管理職の定年制等
定年	65歳未満	・60歳以上ならば適法，65歳までの雇用確保措置導入義務あり。 ・例外―雇用確保措置の対象者は労使協定を締結すれば限定可	・原則として解雇規制が及ぶ。 ・例外―①職業遂行の条件である場合か②目的・手段の観点から正当化される場合であり，かつ手続的義務が尽くされているとき	・原則として差別禁止法違反 ・例外―①職業遂行の条件である場合，②目的・手段の観点から正当化される場合 ・65歳未満での早期年金支給に接合した個別契約上の定年は65歳に延長	・原則として差別禁止法違反 ・例外―①職業遂行の条件である場合等
採用過程の年齢による取扱い		・年齢のより高い者に不利な，65歳未満の者に対する年齢制限についての説明義務 ・年齢にかかわりのない均等な機会を与える義務（若年層に不利な年齢制限を含む）	・若年層に不利な制限も含め原則は年齢差別禁止規則違反 ・例外―①職業遂行の条件である場合，②65歳又は標準的引退年齢を超えた者への差別である場合，③積極的差別是正措置として許される場合，④その他目的手段の観点から正当化される場合	・若年層に不利な制限も含め原則は差別禁止法違反 ・例外―①職業遂行の条件である場合，②定年までの合理的期間及び訓練条件を理由とする場合（目的手段の観点から正当化される必要あり），③積極的差別是正措置として許される場合，④その他目的手段の観点から正当化される場合	・年齢のより高い者に不利な制限は原則として禁止 ・例外―①職業遂行の条件である場合，②40歳未満に不利な場合
年功による処遇		・適法と解される。	・5年未満の勤続年数の者については年齢差別禁止規則違反にならない。 ・5年以上の勤続年数の者については経営上の必要性に資することを示せば規則に違反しない。	・原則として差別禁止法違反 ・例外―年齢給又は勤続給（目的手段の観点から正当化される必要あり）	・適法と解される。

このように，広範な例外を付した差別禁止規制をも人権保障としての差別禁止規制として把握することは，人権の意義を希釈することにもつながりうる。欧州では近年，解雇からの保護や休暇に関する権利をも基本権（fundamental rights）として把握する等，労働法の規制を広く人権にかかわるものとして把握するような傾向がみられる。このような傾向に対しては，そのような権利は普遍的で奪い難い基本権とは異なる性質のものではないか，中核的な権利とそうでない権利は区別すべきではないかと懸念されている[3]。かかる議論が示すように，雇用慣行・労働市場のあり方が反映されざるをえない年齢差別規制を人権保障としての差別禁止として把握することは，中核的権利の意義を曖昧にするおそれがあり，適切でないと考えられる。

III 年齢差別規制の差別法理としての特質

以上の分析から，年齢差別規制には，第1章第2節で設定した2つの方向性において，差別法理としての特質が看取される。第1に，中高年齢層の保護・雇用促進のための取扱いを許容する傾向にあること，第2に，既存の雇用慣行・労働市場への配慮がなされることである。具体的に敷衍すると次のようになる。

1 雇用促進・保護の志向

(1) 年齢差別における逆差別

年齢差別規制の1つめの特徴は，逆差別，すなわち若年者に不利な年齢差別が規制の対象外とされ，あるいは容易に正当化されるということである。

アメリカでは，ADEAは40歳以上に適用対象を限定しており，それも論拠の1つとなって，若年であることを理由とする差別を禁止していないと解する合衆国最高裁判決が出ている。また，先任権制度や企業年金の受給資格として一定年齢以上であることを求めることは許容されると明記されている。

EU加盟国は若年者に対する差別も含めて年齢差別を禁止した。しかし，子細にみると，たとえばドイツでは解雇に関して諸種の保護的な規制が存在し，高年齢者を雇い入れた場合の助成金や高年齢者パートタイム制度等の政策も施されており，むしろ法によって年齢を用いた雇用管理が要請されているといえ

---

[3] Hepple, The EU Charter of Fundamental Rights, 30 ILJ 225 (2001).

る。それらの取扱いが若年であるがゆえの差別に当たらないか、ということは一応問題になる。しかし、これらの高年齢者を保護する政策・実務と年齢差別禁止原理との緊張関係を解決する手がかりとして、EC指令6条1項が存在する[4]。この規定により、正当な目的によって客観的かつ合理的に正当化されること、その目的の達成手段が適切かつ必要であることの双方の要件を充たせば、差別を構成しないとすることができる。ドイツでは、解雇制限法に従って被解雇者選定の際に年齢を考慮することは、年齢差別規制の例外として許容されるとされている。アイルランドの年齢差別規制でも、先任権に基づく賃金または労働条件における区別を規制の例外としている。イギリスでも、勤続給は、5年以下の労働者については正当化を要しないものとされ、5年を超える労働者についても経営上の必要性と、使用者からみてそれが合理的だと考えられることを示せば足りるとされている。

(2) 差別法理一般との比較

人種差別や性差別の場合はどうか。現在のアメリカ・EUの人種差別や性差別の禁止は機会の平等の理念を基礎とするといえる（第1章第2節参照）。単に形式的に差別的取扱い（直接差別）を禁止するのみでなく、雇用促進のためのより積極的な措置にわたる領域があるからである。差別的インパクト（間接差別）法理、積極的差別是正措置（アファーマティブ・アクション／ポジティブ・アクション）はその表れである。

翻って年齢差別についてこの点をみると、差別的インパクト（間接差別）法理が適用されるにとどまらず、中高年齢者の保護に軸足を置いていると解することができる。アメリカでは、逆差別（若年であるがゆえの差別）は規制対象とならないため、高齢層の優遇・保護についての正当化は必要ない。ドイツ等では高年齢者の保護が、許されるというだけでなく、むしろ法によって要請されている。EC指令では、そのような高年齢者の雇用促進政策は、ポジティブ・アクションの規定とは別途、許容されるべきものと規定されている（6条1項(a), (b)）。これが年齢差別規制の差別法理としての特殊性の1つである。

---

[4] Skidmore, The European Employment Strategy and Labour Law: a German Case-Study, 29 ELRev 52 (2004).

2　雇用慣行・労働市場への影響についての配慮

(1)　定年制

　雇用慣行・労働市場への配慮が典型的に表れるのは，極めて明白な年齢差別ともいえる定年制を規制の例外とする場合が多いという点である。このことが年齢差別規制の第2の特殊性である。

　アメリカでは，1967年 ADEA 制定当初，65歳が法の適用対象の上限とされ，定年制は ADEA の適用対象外とされていたが，一連の改正を経て定年制は撤廃されるに至っている。オーストラリアでも，州レベルの年齢差別規制のすべてが定年制を禁止している。このように定年制をも含めて年齢差別を規制する国もあるが，カナダでは，連邦や主な州の人権法の適用対象は65歳未満に限られており，定年制に服する労働者は労働人口の約半数に上る。そしてアメリカでも上級管理職については，年金等の退職給付が一定額以上支給されることを条件として，その65歳定年制が ADEA の適用から除外されている。ニュージーランドでも，従前の適用対象の年齢上限が撤廃されたとはいえ，一部例外が設けられている。

　EU では，たとえばドイツでは，判例上，65歳定年制が，一般的平等原則等様々な観点から審査されてきたが，企業の人事計画上の必要性，若年従業員の昇進機会の確保等を論拠として，有効であるとされてきた。EC 指令採択後も，定年制は例外としうる。従来から年齢差別規制を有するアイルランド・フィンランドは，定年制を例外として許容されるものとしてきたし，EC 指令採択後に年齢差別禁止規定を導入したフランス・オランダ・ドイツ・イギリスも，明文において老齢年金支給に接合した定年制が許されることを定めている。その際，当該職務遂行上の必要性を示す必要もなく，定年以外の代替的な手段がないかどうかの審査はなされない。65歳定年を規定する労働協約を許容するスペインの立法は，欧州司法裁判所によれば，失業抑制という公益目的達成の手段としてみて不適切で不必要だということが明白でないから，EC 指令に反しないとされている。厳格な比例原則には服していないのである。

(2)　定年制以外の措置

　アメリカ (ADEA) においては，人種差別や性差別の規制とは異なり，差別的インパクト法理によって違法な年齢差別が認定される可能性が低い。賃金コストが勤続年数により上昇する仕組みになっているところで，賃金コストを理由として労働者を解雇するとき，あるいは，役職ポストの削減を理由として労

働者を解雇または降格するとき，解雇や降格の対象が中高年齢者となる傾向にあるが，Hazen Paper 事件合衆国最高裁判決が出たことにより，これらのケースで差別的取扱い法理のもとで違法な年齢差別であると立証することは困難になっている。差別的インパクト法理については，合衆国最高裁は，Smith 事件において，年齢差別への適用を一応認めたものの，その正当化基準は第7編の場合よりも緩やかである。というのは，人種差別や性差別の場合であれば，たとえ当該措置に職務関連性・業務上の必要性があるとしても，当該措置の他にとりうる差別的インパクトの小さい手段があるならばやはり違法になるが，年齢差別の場合はそこまで求められず，当該措置が合理的であることを使用者が示せば違法にならないからである。

さらに，年齢差別については，労働者給付における年齢に応じた取扱いが一定の要件のもとに認められ，コストによる正当化が許される。

EC 指令では，年齢差別禁止の例外は，それが①雇用政策，労働市場および職業訓練のような正当な目的によって，客観的かつ合理的に正当化され，②その目的の達成手段として適切かつ必要であれば，認められる（6条1項）。この基準は従来，性差別規制において，間接差別の正当化のために用いられてきた基準である。つまり，年齢を理由とする直接差別は，性別を理由とする間接差別の正当化基準と同程度の基準，言い換えれば性別を理由とする直接差別よりも緩やかな基準によって審査されるという位置づけを与えられている。

そして，たとえば募集・採用時の年齢制限の禁止について，当該ポストの訓練要件または引退前の合理的な雇用期間が必要であることを理由とする，採用年齢の上限の設定等を規制の例外として許容する（6条1項(c)）。フランス・アイルランド・ドイツでは，そのような理由による採用年齢上限を年齢差別規制の例外として明記している。

EC 指令ではさらに，職域の年金・障害給付制度における年齢による取扱いも例外とされる（6条2項）。アイルランド・オランダ・ドイツでは，この規定に対応する定めが存在する。

(3) 差別法理一般との比較

典型的な年齢差別ともいえる定年制が，公的年金支給や一定額以上の年金給付の存在を条件としつつ，企業の人事管理上の必要性や若年者の雇用・昇進機会確保を理由として正当化される。このことが象徴するように，職務遂行に不可欠な属性といえずとも，雇用慣行・労働市場への影響についての配慮により例外が認められ，比例原則に適合するよう厳しく要請されることもない。これ

は年齢差別規制の特徴である。そのような理由による差別の正当化は，人種差別や性差別では，アメリカをはじめとする英米法系の諸国であれ EU 加盟国であれ，先進諸国ではどの国であっても認められない。企業の人事計画の必要性や労働市場の状況を論拠として直接差別が正当化される余地はなく，当該具体的な職務との関係で，人種や性別と職務遂行とに関連性があることを示さなくてはならないし，手段として不可欠であるといえなくてはならない。差別的インパクト法理（アメリカ）でも，人種差別・性差別に関しては，合理性のみでは正当化するのに十分でない。

3　小　　括

年齢差別規制には，①エイジ・フリーな雇用管理を厳格には求めない，②年齢差別の典型ともいえる定年制を許容したり，差別的インパクト法理の一応の証明がなされてもその正当化がより容易に認められる等の点で，雇用慣行・労働市場への配慮がなされる，という2つの特色がある。これらの特色を平等法理の発展という観点から図式化することが許されるとすれば，次のようになる。横軸は，差別を受ける傾向にある者の雇用促進・保護をどの程度志向しているかを示し（上記の①の要素），縦軸は，どの程度雇用慣行・労働市場への配慮がなされているか（上記の②の要素）を示す。

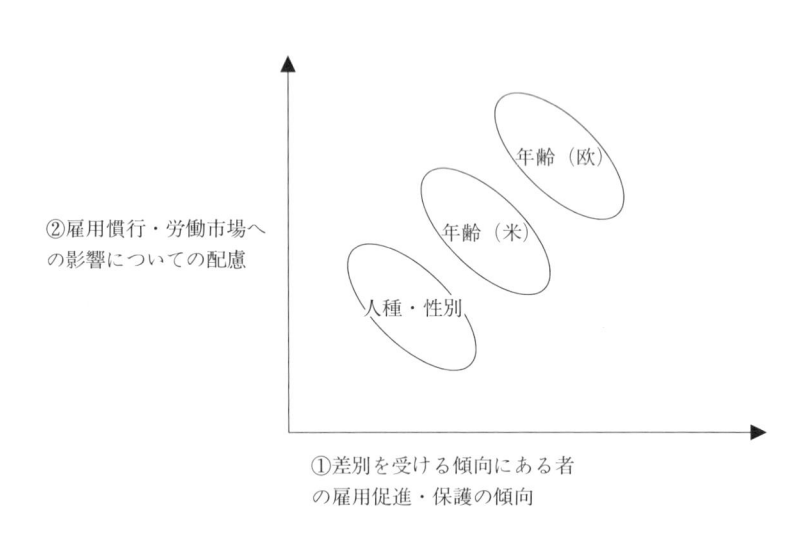

政策志向ベクトル図

①の要素については、アメリカもEUも、差別的インパクト・間接差別の法理を適用し、アファーマティブ（ポジティブ）・アクションを一定の要件のもとで認める人種差別・性差別と比較すると、年齢差別については、より雇用促進・保護を重視しているといえる。適用対象を40歳以上に限定し若年であるがゆえの差別を違法としないアメリカ（ADEA）と、若年者差別も規制対象とするEC指令とを比較すると、アメリカはより中高年齢者の保護を志向しているようにも思える。しかし、ドイツ等は、高年齢者の解雇を特に厳しく制限する等、法によって年齢による雇用管理を求めているといえる。この点に着目すると、EU加盟国の中には、より雇用促進・保護に傾いているところがあるといえよう。

②の要素については、アメリカもEUも、年齢差別についてのみ認められる例外が存在し、雇用慣行・労働市場への介入は、人種差別・性差別に比べると控えられる傾向にある。人種差別・性差別については、差別的取扱い（直接差別）があったとひとたび認定されると、それを正当化するためには、当該職務の遂行に当該属性を有することが不可欠あるいは決定的といえなくてはならないが（アメリカでは、人種差別については、BFOQすら認められない）、年齢差別については、労働者給付についての例外が認められたり（アメリカ）、職域年金等の給付制度における年齢による取扱いが許容されたりする（EU）。そして、全体的にみると、EUではアメリカよりも、年齢差別禁止からの例外がより広く認められる可能性が高いと考えられる。たとえば、アメリカで定年制が認められるのは、BFOQに該当する場合を除けば、警察官等の特定の職業や上級管理職に限られるが、EU加盟国の国内法では、老齢年金の支給に接合した定年制が許容されると規定されている。募集・採用時の年齢制限についての例外もある。

EU（および加盟国）が、一方で雇用促進・保護をより積極的に推進しつつ（①の要素）、他方で雇用慣行等への介入をより控える傾向にある（②の要素）というのは一見矛盾するようでもあるが、そうではなく、①と②とは相関関係が成り立つ面もあると考えられる。たとえばドイツでは、高年齢者への手厚い解雇制限により高年齢者の雇用の安定を図っているが（①の要素）、解雇制限が存在するがゆえに定年制を存続させることが必要になる（②の要素）。

そして、年齢差別規制を差別法理一般に比較した場合のこの2つの特質は、つまるところ、年齢差別規制における政策的側面の表れであるといえよう。

まず、①の要素に関しては、年齢差別規制の適用対象年齢に下限が設けられ

たり（ADEA），中高年齢者の保護に手厚い解雇制限規制が年齢差別規制の例外とされたりする（EC指令）のは，当該規制が人権保障を目的とする差別禁止としての趣旨だけでなく中高年齢者の雇用促進の手段としての趣旨を併せもつからであると考えられる。それゆえ，若年者に対する年齢差別は，それが中高年齢者の保護や雇用促進を目的とするものであれば許容され（それどころか法によって要請され），あるいは中高年齢者に対する差別ほど深刻なものではないと考えられて規制の対象外となるのであろう。

②の要素に関して，たとえば定年についていえば，定年制を撤廃したときに生じる問題——使用者の人事管理上のコスト，若年者の雇用機会を奪う等——を理由として許容されることから，年齢差別禁止を中高年齢者の絶対的な人権保障としての規制と把握せず，政策的考慮を働かせるという姿勢を読みとることができる。EC指令の年齢差別規制を分析する学説も労働市場政策の考えが反映されているとしている。また，欧州司法裁判所も，定年制を適法と認める立法を雇用政策・労働市場に関連する目的によると把握した上で，目的達成のためにとる手段の選択について加盟国は広範な裁量を与えられている，とする。ADEAの差別的インパクト法理についていえば，年齢差別で問題となりうるのが，中高年齢者の賃金コストを理由とする採用拒否・解雇・賃金引下げであり，それらが人件費削減についての企業の経営判断にかかわるものであるため，当該措置が合理的であればよいと解釈されたものとみることができる。つまり，差別的インパクト法理を用いた審査を緩やかなものとすることにより，企業の経営判断に強力に介入するのを回避している。ここにもまた政策的配慮が表れているのである[5]。

このような年齢差別規制の差別法一般における特殊性は年齢差別の性格に由来すると考えられる。第1に，年齢は労働者の職務遂行能力や雇用によるコストあるいはその引退行動の指標となることがあるという年齢基準の合理性，第2に，すべての者が必ず老齢になるし，年齢差別は社会の一部の者のみを悪意をもって不利に取り扱うものでなく，社会的な非難の対象になりにくい，第3に，第2点目とも関連して，年齢を用いた雇用管理や雇用政策は一般的であり

---

[5] また，そもそも間接差別の規制は，年齢差別規制の場合に限らず，政策的考慮が働く余地があるものと考えられる。たとえば，欧州でも，労働法規制が一方の性に不利益な効果を及ぼす場合については，「加盟国は社会政策措置の性質とその実施の詳細なあり方について，合理的な裁量の余地をもつ」と判示されている（Case C-444/93 Megner [1995] ECR I-4741）。

第 4 章　年齢差別禁止の差別法理としての特質

それらを違法とすることは，一部の労働者だけでなく，雇用慣行・労働市場全体に影響するので，その影響の甚大さを考慮せざるをえない，といった点がさしあたり考えられる[6]。これらの要素が複合的に作用するゆえに，年齢差別規制を設けるとしても，人種差別規制や性差別規制のような，差別禁止の例外が極めて限定されるような規制にならないのではないだろうか。今後さらに考察を進めたい。

IV　アメリカ法と EU 法が日本法に与える示唆

　諸外国の差別禁止法理の検討から得られる示唆は何であろうか。一般に，ひとたび，ある事由に基づく差別が違法であるとすると，その事由に基づく差別が包括的に禁止されるように思われる傾向があるが，年齢差別に関しては，それが若年者に対する差別か，直接差別なのか間接差別なのか，定年制なのか，設定されている年齢が何歳かにより，場面ごとに，規制の必要性・許容性を議論することが必要になる，ということである。そして，年齢差別規制は，たとえそれが人権保障のための差別禁止として把握されるとしても，それぞれの国の雇用慣行・労働市場に甚大な影響を及ぼすほど強力な規制ではありえず，常に政策的考慮とのバランスにおいて法規制のあり方を考えることが要請される。年齢差別には合理的なものとそうでないものがあり，合理的でないものについてのみ廃止していくべき法理として顕現する相対的な規制，それが年齢差別禁止の法理だといえよう。

　したがって，純然たる雇用政策の観点から年齢差別規制の導入について検討する場合には特に，年齢差別禁止の是非といった単純な議論ではなく，日本の雇用慣行・労働市場の状況を念頭に置いた上で，定年制，募集・採用時の年齢制限，解雇，年功的賃金・人事処遇等を個別的に検討することが必要不可欠であるといえる。そして，その際には，それらの制度を禁止することが，中高年齢者の雇用機会の確保という目的との関係で，手段として必要・適切なものかどうか，雇用慣行や労働市場に甚大な悪影響を及ぼさないかどうかを吟味しな

---

[6] アメリカの立法過程ではこれらの点に言及されて，EC 指令の立法過程では第 1 の点が指摘され，例外が広く認められることになった。アメリカで，差別的インパクト法理のもとで生じる責任は ADEA については狭いと判示した Smith 事件判決は第 1・第 2 の点にふれており，EU の Palacios 事件に関する法務官意見は第 3 の点に言及している。

ければならない。とりわけ定年制については，日本の雇用慣行や労働市場における定年制の機能（雇用保障機能）を前提とすると，それを年齢に基づく差別であるとして撤廃することは却って雇用の不安定を招来するおそれがあり，慎重な検討が求められる[7]。

日本においては近年，特に募集・採用時の年齢制限を禁止すべしとする議論が高まり，これは 2007 年 6 月に雇用対策法によって実現した。今後も年齢を用いた雇用管理を規制しようという動きは強まるかもしれない。しかしその場合には，次に述べるように，政策的考慮を取り入れた規制にふさわしい位置づけを与えるべきであろう。

立法論として考えたときは，現行の男女雇用機会均等法のような，人権保障としての差別禁止という趣旨を前面に出した包括的な年齢差別禁止法を新たに制定することは必要ではない。規制の目的が，特定年齢層の雇用機会確保にあり，年齢差別撤廃による平等権保障それ自体を主旨としないのであれば，差別禁止法の体裁をとることなく，雇用対策法や高年齢者雇用安定法による既存の政策を強化すべきか否かを論じれば足りるように思われるからである。また，人権保障を目的とする差別規制と年齢差別規制を同列に位置づけながら，他方で年齢差別規制については雇用慣行への強力な法的介入を控える（たとえば定年制を年齢差別禁止の例外とする。）ことになると，それは人権保障を目的とする差別規制の意義を希釈することにつながりかねない[8]。さらに，年齢を理由とする雇用管理を原則として年齢差別に当たると位置づけることは，たとえば年齢給・勤続給や退職金等，年齢や勤続年数に応じて増額する賃金や手当を廃止・削減することの論拠として利用されるというように，高年齢者の保護という最初の狙いと反する機能をもつおそれもあるのではないか。

このように筆者としては，年齢を用いた雇用管理の問題は，これまでどおり，募集・採用時の年齢制限や定年制等について，個別に是正を図っていく政策的

---

[7] もっとも，中高年齢者に対する早期退職の勧奨や出向・転籍の広がりにみられるように，定年制の雇用保障機能も薄れてきた。したがって，将来的には，日本型雇用慣行が大きく変化して，定年制撤廃のインパクトが甚大なものでなくなる可能性がある。

[8] たとえばEUでは，「これまで，性差別を理由とする直接差別を正当化しうるとは認められていなかったが，年齢を理由とする制限や除外が新しい立法において許容されうるとすると，これが性差別の分野に逆に影響する可能性がある。」と指摘されている。Flynn, The Implications of Article 13 EC- After Amsterdam, Will Some Forms of Discrimination be More Equal Than Others?, 36 CMLRev 1127, 1140 (1999).

アプローチをとるのが望ましいと考えるが，仮に年齢差別規制を将来的に日本に導入するとすれば，諸外国の法規制を参考にすることはできよう。年功的処遇等の中高年齢層の保護に資する慣行を例外とすること（①雇用促進・保護の志向），定年制，役職定年制，一定年齢以上の者の賃金減額等，現在定着しておりその禁止が企業実務を混乱に陥らせることが懸念されるものにつき，一定の規制を施しつつ許容すること（②雇用慣行・労働市場への配慮）等がありうる。このとき，①の要素と②の要素とを別々に切り離して論じえないことも，忘れてはならない。たとえば，中高年齢層の保護を重視して年功的処遇を例外として許容するならば，ある年齢以上に至った労働者の賃金減額は，一定の条件のもとに認めることが必要になろう。

また，現在の最も大きな課題は定年年齢と公的年金支給年齢との開きをどうするか，という問題だと思われるが，定年への規制を今後強めていくとの前提でいえば，諸外国のアプローチは参考になろう[9]。規制の影響や人々の意識等の社会的状況に目配りしながら定年を延長・撤廃していくというアプローチである。たとえばアメリカでは，定年を撤廃すると高年齢者に対する解雇がなされ，却って雇用の安定を損なうのではないか，若年者の雇用機会を減らすのではないかといったことが検討課題とされ，労働省の報告書がそうはならないとの試算を示したことから，定年制撤廃に至っている。

このように年齢による取扱いへの規制を徐々に拡張するアプローチをとるときは，労働者代表ないし労働者個人と使用者との協議・交渉に問題の解決を委ねるのが適切か否かということも課題となろう。たとえばイギリスでは，使用者が65歳以上の者の雇用を終了させること等は引退を理由にするものとして年齢差別の規制から外されており，実体的規制の範囲はさしあたり限定されている。一方で雇用継続を申し出る権利を労働者に与え，会合を開きその申出を検討する義務を使用者に課す等，手続の履践を求めている。引退に関する人々の意識改革を狙いとするものである。日本でも継続雇用の対象者を労使協定で限定することは適法と認められているが（高年齢者雇用安定法9条1項），このようなアプローチの適切性や有効性については，諸外国の立法の効果もみながら考察を深める必要があろう。

9　労働法におけるハードロー・アプローチとソフトロー・アプローチについて論じたものとして，荒木尚志「労働立法における努力義務規定の機能―日本型ソフトロー・アプローチ？―」中嶋士元也先生還暦記念『労働関係法の現代的展開』19頁以下（信山社，2004年）。

さらに、日本の現行法の解釈としては、年齢を用いた雇用管理が、年齢を理由とすることのみから直ちに公序違反に該当するといえるか、ということも検討しなければならない。この点については、既述のような海外での立法の存在は、解釈論上も年齢差別を他の差別と同様に取り扱うべきだとする論拠になるという人もいるかもしれない。しかし、立法により年齢差別を禁止すべきだという価値判断と、具体的な立法がなくても年齢差別であり違法だと解釈することとは、別の問題として区別しうる。たとえばアメリカでは、ADEAが1967年に制定された以後も、合衆国憲法第14修正の解釈では、年齢差別は、「合理性の基準」によって審査されると解されている。合衆国最高裁は、高年齢者には、差別的待遇を受けてきたという歴史はなく、老齢はすべての人が辿り着く人生の一過程であり、少数派の人々に対するのと同等の保護を期待すべきでないから、年齢は人種のような疑わしい基準とはいえないと結論づけている（第2章第2節Ⅵ参照）。

また、アメリカやEC指令における年齢差別禁止からの例外規定等をも参照すると、年齢差別禁止の法理は雇用慣行への影響を配慮しての規制として現れている。年齢差別の禁止は、諸外国の法理をみる限りでは、現段階では、それに反する合意を直ちに無効とする程の普遍的に確立された原理だとはいいにくい。したがって、海外の動向を、定年制は公序違反で無効と解すべきことを肯定する決定的な事情として援用することは難しいと考える。

本書では、アメリカ法と、EU法、その中でもドイツ・イギリスに限定して比較考察を行ったが、2000/78指令が及ぼす影響については、なお未知数の段階にある。そのため、加盟国の対応や欧州司法裁判所の判断を今後も継続して追行し、考察を進める必要がある。雇用差別規制の実効性を論じる上で欠かせない差別の立証や救済に関する分析も、よりいっそう深めなければならない。

また、第1章で論じたように、EU加盟国の中でも、中高年齢者の雇用をめぐる従来の法制度は多様である。その他、カナダ等コモン・ローの支配する諸国における年齢差別規制にも、定年制を規制対象とするかどうか等の点で相違がみられる。日本のように年齢差別規制を行っていない国もある。これらの多様な法規制は、年齢差別を人権にかかわると把握するかどうかに左右されるの

---

10 高年齢者をめぐる法的問題について包括的な検討を加えた文献として、山口浩一郎・小島晴洋『高齢者法』（有斐閣、2002年）、加齢と能力や意欲等との関係について論じた文献として、田尾雅夫ほか『高齢者就労の社会心理学』（ナカニシヤ出版、2001年）。

か，雇用慣行・労働市場の相違が背景となっているのかをより精密に検討することも必要となる。その際には，所得保障のあり方や雇用の場面で年齢がもつ意味等をさらに深く捉えた考察が求められる[10]。

　また，今後はより広く差別規制一般を視野に入れて，さらに研究を深めていきたい。たとえば性差別規制は先進諸国では普遍的なものとなっているが，障害者雇用に関しては，日本のように雇用政策としてそれを実施している国がある一方で，障害者に対する差別を規制している国もある。雇用慣行・労働市場の状況を十分に分析した上で，年齢差別の規制を考察すること，さらには，差別法一般における年齢差別概念の特殊性の検討を深めることを通じて差別法全体の体系化へと考察をすすめることを今後の研究課題としたい。

事項索引

あ 行

RFOA（年齢以外の合理的な要素）［アメリカ］　59,96,140-,154,164

ILO　34,214

アファーマティブ・アクション（→積極的差別是正措置）

アムステルダム条約　210

EEOC（雇用機会均等委員会）［アメリカ］　59,91

EC指令
　——76/207　4,12-,170,198,208,226-227,229,240,254,283
　——2000/43　4,15,19,226-227,283-284,293
　——2000/78　3,68-,71,207,213-214,217,219,221-,251-,281-,293,295
　——2002/73　4,14
　——2006/54　4,12,14-15,19,226-227,283-284

一般平等取扱法［ドイツ］　241-,257-258

AARP（アメリカ退職者協会）　107,126

ADEA［アメリカ］　3,59-60,93-,160-
　——1967年制定　93-
　——1978年改正　100-,105-
　——1986年改正　106-
　——1990年改正　124-

OWBPA（高齢労働者給付保護法）［アメリカ］　60,124-,153

か 行

解雇権濫用法理　39-,57
解雇制限法［ドイツ］　64,170-,234,259
間接差別　6,13-,20-,68,220-,261-
期限規制［ドイツ］　64,178-,192-,251
基本権　64,193-,210,213,302
基本法［ドイツ］
　——3条　64,169-,184,194-,280
　——12条　64,181-,194-,280

逆差別
　——人種・性　6
　——年齢　68,127-,163,221,234,293,302-

勤続給（→年功賃金）
形式的平等　9,11-,36,42-,
契約の自由　201
結果の平等　16
行為準則　67
公序良俗［定年制］（→定年の有効性）
公正労働基準法［アメリカ］　96,156
高年齢者
　——雇用安定法　28-,43,52,290
　——雇用確保措置　30-,290
　——の解雇・賃金減額（→年齢差別）
　——パートタイム［ドイツ］　199,241
公民権法第7編［1964年］［アメリカ］
　11-,83-,142-,149,151,156,163-
考慮義務［イギリス］　275
コモン・ロー　114,272
雇用機会均等委員会［アメリカ］（→EEOC）
雇用権利法［1996年］［イギリス］　66,272
雇用対策法　27,50-,53-,
雇用における年齢差別禁止法（→ADEA）
雇用平等（年齢）規則［イギリス］　261-

さ 行

再雇用［日本］　29,30-,
差別的インパクトの法理［アメリカ］　6,13-,20-,136-,162,296-
差別的取扱いの法理［アメリカ］　6,18-,132-
サマリ・ジャッジメント［アメリカ］　147
GOQ（真正な職業上の資格）［イギリス］　266

事業所協定の定年 ［ドイツ］　176, 183, 195
事業所組織法75条1項 ［ドイツ］　64, 169, 202-
実質的平等　9, 13-
社会計画 ［ドイツ］　203-, 238, 245
社会的選択 ［ドイツ］　172-, 234, 259
社会法典第6編41条 ［ドイツ］　64, 171, 184-, 189-, 245
若年者の雇用　36, 57, 112, 173, 221, 223, 230-, 244, 264
若年であるがゆえの差別　(→逆差別)
就業規則の変更
　　──と賃金引下げ　37-, 291
　　──と定年制　35-
剰員整理手当 ［イギリス］　67, 264, 273
職域社会保障　13, 70, 225, 227
職業訓練　68, 202, 208, 220, 223, 244
職業の自由 ［ドイツ］　(→基本法12条1項)
職務評価　157-, 236, 270
人権保障　4, 49, 53, 79, 99-, 107-, 120, 160-, 207-, 219, 292-
人種関係法 ［イギリス］　259
人種差別禁止
　　──アメリカ法　18, 79-, 89, 97, 129, 163-
　　──EC法　(→2000/43指令)
　　──ドイツ法　169, 242
真正な職業上の資格
　　──アメリカ法　(→BFOQ)
　　──イギリス法　(→GOQ)
随意的雇用 ［employment at will］　6, 113-, 148-
性差別禁止
　　──アメリカ法　18, 80, 97, 129, 163-
　　──EC法　12-, 207-, 226, 269-, 283
　　──ドイツ法　169, 201, 240, 242
　　──日本法　34, 55-,
性差別禁止法 ［イギリス］　67, 259, 267-
積極的差別是正措置　14-, 61-, 130, 164, 303, 307
絶対的平等　9

先任権　59, 96, 127
相対的平等　9
訴権放棄 ［アメリカ］　151-, 298

た　行

退職勧奨　125-, 149-, 298
男女雇用機会均等法　34, 55-
男女差別定年制　56, 198, 229
中高年齢者等の雇用の促進に関する特別措置法　27-
長期雇用慣行　25-, 42
懲罰的損害賠償 ［アメリカ］　149
直接差別　6, 18-, 68, 220-, 246, 261-
定　年
　　──延長　27-, 30-
　　──制の歴史　23-, 100-
　　──撤廃　32, 100-, 115-
　　──とアメリカ法　60, 100-, 160-, 296-
　　──とイギリス法　270-
　　──と企業年金制度　101-
　　──とドイツ法　174-, 181-, 229-
　　──の有効性　28, 35-, 41-, 177-, 181-, 192-, 194-, 289, 304, 310
適用対象年齢の下限 ［アメリカ］　82, 92-
適用対象年齢の上限 ［アメリカ］　60, 82, 101-
同一賃金法 ［アメリカ］　81, 140

な　行

日本国憲法14条1項　33-, 291
年金支給開始年齢　30-, 35, 37, 108-, 177-, 185, 194-, 215-, 224, 245, 253, 292-
年功賃金　23-, 37, 41-45, 157-, 236, 268, 300
年齢差別
　　解雇における──　39-, 44-, 95-, 132-, 146-, 170-, 233-, 276-
　　最低賃金と──　264
　　採用における──　153, 265-, 282
　　賃金(コスト)・処遇における──　37-, 44-, 95-, 122-, 132-, 158-

315

年齢差別の禁止
　　［アイルランド］　62,70-
　　［アメリカ・州法］　81-
　　［オーストラリア］　61-
　　［オランダ］　69-
　　［カナダ］　61-
　　［ニュージーランド］　61-
　　［フィンランド］　63-
　　［フランス］　64-,69

　　　　　は　行

パートタイム労働・有期労働契約法［ドイツ］　192-,199,241,251
陪審　147-
BFOQ（真正な職業上の資格）［アメリカ］　18,59,96,115,155-
標準的引退年齢（→定年［イギリス］）
平等原則
　　——日本法（→日本国憲法14条1項）
　　——ドイツ法（→基本法3条）
比例原則　18-21,182-
付加賠償金［アメリカ］　96,149

不公正解雇［イギリス］　66,270-,276-
ポジティブ・アクション（→積極的差別是正措置）

　　　　　ま　行

民法典［ドイツ］
　　——620条　64
　　——旧611a条　170,201,240,281
目的手段の審査　18-,223-,246-,261-

　　　　　ら　行

労基法3条　34,37-38,41,44
労働者給付［アメリカ］　59-60,96,105,124,126
労働法上の平等取扱原則［ドイツ］　64,200-,202,203-,280
ローマ条約
　　——13条　3,209-,254
　　——141条（旧119条）　13,207,212,227

　　　　　わ　行

ワーツレポート　59,84-

〈著者紹介〉

櫻 庭 涼 子（さくらば・りょうこ）

　　1998 年　東京大学法学部卒業
　　2000 年　東京大学大学院法学政治学研究科修士課程修了
　　現　在　神戸大学法学部准教授・東京大学博士（法学）

〈主要論文〉

「年齢差別禁止の差別法理としての特質(1)～(5・完)—比較法的考察から得られるもの」法学協会雑誌 121 巻 12 号，122 巻 3 号・5 号・6 号・9 号（2004-2005 年）

年齢差別禁止の法理

2008（平成 20）年 2 月 5 日　第 1 版第 1 刷発行

　　著　者　櫻　庭　涼　子
　　発行者　今　井　　　貴
　　　　　　渡　辺　左　近
　　発行所　信山社出版株式会社
　　〒113-0033　東京都文京区本郷 6-2-9-102
　　電　話　03(3818)1019（営業）
　　　　　　03(3818)1099（編集）
　　F A X　03(3818)0344
　　　　　　印刷・製本／暁印刷・大三製本

Ⓒ櫻庭涼子，2008. Printed in Japan
ISBN978-4-7972-2497-9　C3332
NDC 366.028

━━ 労働法判例総合解説 ━━

実務に役立つ理論の創造

柳屋孝安　著
休憩・休日・変形労働時間制　　　2,600 円
　　労働時間規制のあり方を論点別に検証

野川　忍　著
団体交渉・労使協議制　　　2,900 円
　　団体交渉権の変質と今後の課題を展望

道幸哲也　著
不当労働行為の成立要件　　　2,900 円
　　不当労働行為の実体法理と成否を検証

価格はすべて税別

━━ 信山社 ━━

判例総合解説シリーズ

石外克喜 著
権利金・更新料の判例総合解説　　　2,900 円

生熊長幸 著
即時所得の判例総合解説　　　2,200 円

土田哲也 著
不当利得の判例総合解説　　　2,400 円

平野裕之 著
保証人保護の判例総合解説〔第2版〕　　　2,900 円

佐藤隆夫 著
親権の判例総合解説　　　2,200 円

河内　宏 著
権利能力なき社団・財団の判例総合解説　　　2,400 円

清水　元 著
同時履行の抗弁権の判例総合解説　　　2,300 円

右近健男 著
婚姻無効の判例総合解説　　　2,200 円

価格はすべて税別

信山社

━━━━━判例総合解説シリーズ━━━━━

小林一俊 著
錯誤の判例総合解説　　　　　　　2,400円

小野秀誠 著
危険負担の判例総合解説　　　　　2,900円

平野裕之 著
間接被害者の判例総合解説　　　　2,800円

三木義一 著
相続・贈与と税の判例総合解説　　2,900円

二宮周平 著
事実婚の判例総合解説　　　　　　2,800円

手塚宣夫 著
リース契約の判例総合契約　　　　2,200円

中尾英俊 著
入会権の判例総合解説　　　　　　3,200円

価格はすべて税別

━━━━━信山社━━━━━

蓼沼謙一著作集

第Ⅰ巻	労働法基礎理論	近刊
第Ⅱ巻	労働団体法論	14,000 円
第Ⅲ巻	争議権論 (1)	12,000 円
第Ⅳ巻	争議権論 (2)	12,000 円
第Ⅴ巻	労働保護法論	近刊
第Ⅵ巻	労働時間法論 (1)	近刊
第Ⅶ巻	労働時間法論 (2)	近刊
第Ⅷ巻	比較労働法論	近刊
別 巻	労働法原理	近刊

価格はすべて税別

信山社

―― 既刊・新刊 ――

編集代表
菅野和夫・中嶋士元也・渡辺章

友愛と法

〔山口浩一郎先生古稀記念論集〕

本体 13,600 円（税別）

かねてより，「近代社会の出発は自由・平等・友愛といわれるが，法律部門においては友愛の研究はほとんどみられない。友愛の本格的研究も必要だ」と主張し研究を重ねてきた山口浩一郎先生に，第一線の研究者が献呈した古稀記念論集。『友愛と法』というタイトルのもと，それぞれの論文を労働法編・社会保障法編・友愛編に分類し，多様な視点から労働法・社会保障法の理論を展開する，最高水準の研究論集。研究者・実務家に必携必読の書である。

―― 信山社 ――